本书内容为厦门市社会科学界联合会、厦门市社会科学院2011—2013年厦门市社会科学调研重大课题"闽台历史民俗文化遗产资源调查"系列课题研究成果之一，课题由厦门理工学院承接并组织完成。

闽台历史民俗文化遗产资源调查系列

2013年
厦门社科丛书

中共厦门市委宣传部
厦门市社会科学界联合会 合编

林寒生 著

闽台

传统方言习俗文化遗产

资源调查

厦门大学出版社
XIAMEN UNIVERSITY PRESS
国家一级出版社
全国百佳图书出版单位

《闽台传统方言习俗文化遗产资源调查》

本 专 题 主 持 人：林寒生

本 专 题 组 成 员：林寒生　　连心豪　　洪惟仁　　杨光宇
　　　　　　　　　彭炳华　　黄国聪　　许永茂　　吴锦霖
　　　　　　　　　范纯正　　廖金璋　　傅唤民　　蓝永泉
　　　　　　　　　陈素贞　　许耿瀚　　苏相达　　林伟忠
　　　　　　　　　蒋文鹃　　朱星芸　　陈白萍　　周　轶
　　　　　　　　　许彬彬　　陈凯丽　　傅杏兰　　裴梦苏

本 专 题 图 片 摄 影：林寒生　　刘芝凤　　王煌彬

参加田野调查人员：林寒生　　连心豪　　洪惟仁　　杨光宇
　　　　　　　　　彭炳华　　黄国聪　　许永茂　　吴锦霖
　　　　　　　　　范纯正　　廖金璋　　傅唤民　　蓝永泉
　　　　　　　　　陈素贞　　许耿瀚　　苏相达　　林伟忠
　　　　　　　　　蒋文鹃　　朱星芸　　陈白萍　　刘芝凤
　　　　　　　　　王煌彬　　曾晓萍　　池荣秀　　卓小婷

1

2

3

1. 入闽开漳留在闽南的陈政、陈元光将士后人，
   如今是闽南方言传承的主体之一
2. 河南固始陈元光铜像
3. 在闽南各地，无论在外财路多广，
   回乡祭祀，一定用方言颂词
4. 福建人日常生活用各自方言交流
5. 福建各地民间祭典仪式上，
   道士开坛祭典全部用方言进行
6. 从刘氏布质族谱看，刘氏在长汀
   使用方言至少有500年以上
7. 妇女在劳动中用方言交流，表象上是
   解闷，实际上是在交流和传承生产民俗

4

5

6

7

1

1. 畲族妇女故事多
2. 屏南县双溪镇双溪村老人在给我们讲方言历史
3. 刘芝凤教授带学生在云霄县列屿镇油车村整理蔡家老人的方言歌本
4. 闽南话演出的歌仔戏《十八相送》
5. 宁德畲族用方言唱词表演歌舞
6. 闽南用方言演唱的歌仔戏

2

3

4

5

6

1

2

3

1. 台湾的闽人以庙为组织，在民间节祭
   习俗歌舞表演中，进行方言和习俗的传承
2. 1717年台湾赛戏图
3. 闽南话演出的台湾歌仔戏
   《纣王娶亲》
4. 台湾台东民间艺人是闽南方言
   表演艺术的传承主体之一
5. 台湾台中掌中木偶用闽南方言配音表演

4   5

1　　　2

3　　　4

1. 林寒生教授（右）向厦大文史专家连心豪教授请教闽南方言文化
2. 林寒生教授和学生在刘芝凤教授家中校改闽台方言课题出版稿
3. 老厦港吴国斌正在向作者介绍本地方言民俗
4. 聆听吴锦林教授介绍莆田方言故事
5. 在新北三芝阿美人收获祭上采访民俗方言
6. 作者考察王审知固始故居遗址

5　　　6

总　序

　　闽台历史民俗文化是民族文化和地域文化的融合体,是中国当代文化的有机组成部分。对闽台历史民俗文化进行全方位的调查与研究,是继承和发扬优秀传统文化的基础性工程,也是厦门社科工作者义不容辞的责任。

　　经过多位社科专家学者数年的努力,《闽台历史民俗文化遗产资源调查》丛书终于面世了。该套丛书涵盖闽台民间信仰习俗、民间文学、民间艺术等十三个方面,视野宽广、资料翔实。注重田野考察,掌握第一手资料,是该套丛书的一个鲜明特点;收集保存珍贵的民俗文化遗产资源,纠正相关研究中的一些资料文献误差,是该套丛书的又一个重大贡献。

　　两岸同根,闽台一家。福建和台湾文化底蕴相通、学术传统相似,《闽台历史民俗文化遗产资源调查》的出版就是一个很好的范例。习近平总书记最近指出,"要使中华优秀传统文化成为涵养社会主义核心价值观的重要源泉"。如何进一步挖掘闽台特色文化资源,让人民群众在优秀历史文化的传承中受到启迪和教育,切实"增强文化自信和价值观自信",是时代赋予的重大课题。我期待厦门社科研究工作一直走在全省、全国的前列,体现出应有的担当。

中共厦门市委常委、宣传部部长

叶重耕

目　录

第一章

综　述

第一节　闽台传统方言习俗特点与本课题的意义

闽台方言习俗资源素来以丰富多彩而著称。其特点有以下方面：

1.类别繁多,异彩纷呈

国内汉语方言,一般分为官话、晋语、徽语、吴语、湘语、赣语、粤语、客话、平话和闽语 10 个大类,闽台方言便有 5 类。除了闽语这一大面积方言之外,闽西有数量相当的人说客话,闽西北有人说赣话,闽北闽浙两省交界处的浦城有人说吴语。此外,省内还有个别村镇说一种北方近代汉语传承下来的官话方言。除汉语方言之外,福建另有国内人口最多的畲族说畲话;在台湾,除了占总人口近 80% 的人说闽南话外,还有一定比例的人口说客话。此外,岛内还有不少"原住民族",说的则是南岛语系语言。这些语言或方言,面目各异,各具特色,互相之间多难通话,却有着各自通行的区域或范围,使闽台方言呈现出殊方异语和多姿多彩的典型特色。

2.历史悠久,层次复杂

闽台两省的最重要方言,其形成历史都十分悠久。例如闽语中的福州话、闽南话、建瓯话、莆田话、永安话等,形成时间均在 1000 年以上。其中建瓯话历史最长,可以追溯到汉晋六朝,闽西客话主要由五代与宋朝客家从中原第二次南迁带来,其形成历史也有千年左右。从历史层次看,闽台方言也比其他方言来得复杂,其语音、词汇和语法在保存古汉语面貌方面也十分突出。以语音为例,闽语尤其其中的闽南方言竟然有一整套文白异读系统,其白读音多能反映上古汉语读音,而文读音则反映了唐宋前后读音特点;词汇之中,如说脚为"骹"[kha¹]等,见诸战国时代古籍《尔雅》①;数词"一"说"蜀"[tsit⁷],见诸汉朝扬雄《方言》②;饭锅说"鼎"[tiã¹],见诸东汉许慎《说文》③;而"儿子"说"囝"[kiã¹]则见诸唐诗④;语法方面,第一人称说"女"(汝),见诸《论语》⑤;第三人称说"伊"[i¹],见诸南朝刘义庆《世说新语》⑥。

由于上述原因,闽台方言在外地人听来便觉得意蕴难明,难以听懂,因而被人谑称为"南蛮鴂舌"之语。

3.流播异地,源远流长

历史上福建因处崇山峻岭,耕地面积有限,衣食艰难,故遇天灾人祸或社会动荡,往往有成批人背井离乡,外出谋生。他们近的在省内,远的到省外,更远的则冒着生命危险,漂洋过海,远涉东南亚各国或其他地区。而到异地他乡,有的烧砖烧瓦,有的制造陶瓷,有的垦荒种植,有的捕捞水产,有的做生意经商。这在闽南沿海(也包括闽西客家)人中较为突出。今福建省内有不少闽南方言"插花点",例如闽东一带的宁德碗窑、霞浦的三沙与牙城、福鼎的白琳与南镇等,便是这样形成的。至于外省的浙南、广东的潮汕及雷州半岛、江西的上饶、广西的平南,以及海南的许多县市,均拥有大面积闽南方言片区;东南亚一带新加坡、印尼、马来西亚、菲律宾等国家和地区,也有大量说闽南方言的华人侨胞,也是从闽南沿海一带世世代代移民辗转带去的。其中,鸦片战争之后的五口通商,对闽方言的海外传播也有一定促进作用。

4.两岸同胞,语缘一致

台湾岛内目前有近 3000 万人口,其中近 80% 人口说闽南方言,其先民大多是郑成功为复台由漳泉一带招募来的,性质上属于军事移民,其中也包括后来陆续由大陆移徙岛内开发与垦殖的闽南人;而岛内占 11% 的人口说客家方言,则多为继闽南人之后递续赴台湾岛开发或经商的客家人带来。由于两岸闽语、客语同源,且又具有源流关系,因此在语言交际上毫无障碍,表现出惊人的一致,深刻反映了两岸同胞同宗同祖的历史渊源和血浓于水

---

① 《尔雅·释兽》:"马四骹皆白,驓。"郭注:"膝下也。"《集韵》:"骹,口交切。"《说文》:"胫也。"

② 《方言》:"蜀,一也。南楚谓之独。"郭注:"蜀犹独也。"《集韵》蜀,殊玉切,义同。

③ 《说文》:"鼎,三足两耳,和五味之宝器也。"《集韵》都挺切,义同。

④ 囝:见《全唐诗》顾况《囝别郎爸》诗;《集韵》:"闽人谓子为囝。"九件切。

⑤ 《论语·阳货》:"子曰:食夫稻,衣夫锦,於女安乎?"其"女"即"你"。

⑥ 《世说新语·汰侈》:"大将军曰:自杀伊家人,何预卿事?"此"伊",即"他"。

的手足之情。

语言是民俗的符号,又是民俗文化的镜像,透视各地纷繁复杂、千姿百态的地域方言,人们往往可以多层面地了解各地民俗文化的深刻内涵和丰富形式。因此,对各地传统方言的解剖、分析,可以帮助人们发现或发掘出不同民族或民系习俗文化的特质,并对其作客观的价值评判,以吸收其民主性的精华,剔除其封建性的糟粕,为经世治国和移风易俗提供参考和借鉴,为建立现代社会文明、构建社会主义先进文化服务,为推动四化建设和奔小康服务。从这个意义上说,闽台方言习俗资源的调查不但必要,而且富有现实意义。况且闽台两岸自古以来地缘相近、血缘相亲、文缘相承、商缘相连、法缘相随,方言习俗和民俗风尚又一脉相承,因此,对两岸方言资源的深入调查更可加深人们对两岸同胞同宗同祖的认识,并增进其经济、文化等方面的交流往来,为最终实现祖国和平统一大业贡献力量。

20 世纪 50 年代,祖国大陆开展过方言普查和推广普通话工作,并取得了重大成效;改革开放以后,随着各地内引外联步伐的加速,特区开发区的成立、推进,以及招商引资、人口流动的推动,城乡交流的日益频繁,各地方言正在逐步萎缩,某些弱势方言甚至接近濒危境地,福建方言也面临着萎缩的局面。在台湾,20 世纪 50 年代推行"国语"(即普通话)成绩卓著,无论官方或民间,均随处可见"国语"交际的普及,但与之俱来的是岛内方言地盘的日趋萎缩。虽然岛内有关部门也采取并实行了一系列保护方言和乡土文化的政策和措施,但随着全球化步伐的加速,方言的使用和交际也不可避免地受到冲击,地域文化的保护和抢救也面临重重障碍。因此,本课题的实施正是与联合国教科文组织发起的抢救和保护非遗工作桴鼓相应,具有长远的价值和现实的意义。

第二节 闽台方言习俗的历史形成

一、闽台闽语的历史形成

史前的闽台地区,据台湾考古学者的最新研究鉴定,早在 7900—8000 年前,在闽江口流域的马祖岛上,便有"亮岛人"居住、活动,其背景应是新石器时代。这比以往发现的平潭平原乡壳丘头贝丘遗址(公元前 5000 年之母系社会)和闽侯县石山贝丘遗址(前3000年,父系社会)又早了几千年。《周礼·职方氏》称,周代福建已有所谓"七闽"。唐代贾公彦在注疏"七闽"时指出:"《国语》曰:闽,芈蛮矣。"并以为"闽"或"七闽"属芈姓楚蛮,七系国数,即部族数。闽、楚同宗,均三苗后裔。唯其语言,已难知晓。春秋战国之时,楚国一度成为南方大国,其势力已扩展到湘赣、两广、安徽、江浙等地。《史记》与《资治通鉴》均载:楚威王六年(前334),楚兴兵伐越,"打败越,杀王无彊,尽取吴地至浙江","越以此散,诸族子争立,或为王,或为君,滨于江南海上,服朝于楚"。胡三省注曰:"国于海上者,汉之瓯越、闽越、骆越其后也。"这说明至少在公元前300多年,楚文化已播迁入闽。今闽侯庄边山的9座楚墓群,便是战国楚人入闽的铁证。因此,上古汉语最早的方言楚语、南楚语,必然成为今闽语中的最早一个层次。这也就是今闽语中古语词数量以古楚语最占优势的重要原因。如闽方言母亲说"奶"、深水说"潭"、叶子说"箬"、知道说"晓",其实都是古楚语的孑遗①。吴越族入闽之后,渐与原福建闽族融合,闽越族出现在历史舞台上。后在推翻暴秦的历次斗争中,闽越族首领从楚将番(鄱)阳令吴芮北上反秦,并从武关攻入陕西,时达6年,闽越文化首次与中原文化有了广泛接触。因楚霸王项羽分封各路义军时未封无诸等闽越王族,无诸便率闽越军队佐汉击楚,并为汉王朝基业奠定立下功劳。汉高祖五年(前202),汉廷立刻封无诸为闽越王,于是闽越国立,都东冶(在今福州)。汉武帝元封元年(前110),闽越国灭,其前后历92年。这样,先期入闽的楚文化便与随后形成的闽越文化有了进一步交融,并在今闽语中留下了印记。今福州话说妇女为"诸娘",女孩子为"诸娘囝",一般人认为此即指称"无诸国的娘子"和"无诸国的女子",看来有一定理据。而在当今福建常见的地名中,有"浦、濑、坂、墟"等一些用词,语言学界普遍以为是保留至今的古越语词,或许正是此一史实的残迹②。

历史上因征蛮或移民(含避乱所引起的移民)对闽台方言形成产生较大影响的有下列几次:

1.汉武帝元封元年(前110),南越相吕嘉反,旋覆灭,翌年,汉廷遣朱买臣率领四路大军围剿闽越,闽越王余善败绩。汉武帝便以"东越狭多阻,闽

① 奶,《广韵》:"奴蟹切。母也,楚人呼母。"潭,《说文》:"水出武陵潭成玉山。"又"深也。"箬,《说文》:"楚谓竹皮曰箬,而勺切。"晓,《方言》:"党、晓、哲……,知也。楚谓之党或曰晓。"

② 游汝杰:方言与中国文化[M].上海:上海人民出版社,2006。

越悍，数反覆"为由，"诏诸军吏皆将其民徙江淮间，东越地遂虚"。据朱维幹考证，大规模的汉军入闽，"在福建历史上，这是第一次"。当然，被强迫迁徙的，主要是闽越族中比较强势的贵族和军吏，至于底层的民众未必随同前往，一些躲过这场劫难的闽越人后来重返故里，汉朝便趁势建一冶县，隶会稽郡，以靖边氛。此乃汉武帝在推行郡县制后在福建成立的第一个县，从而成为中原政权渗入闽省的开端。此间，已有一些留守福建的北方军士在当地安营扎寨，以防变乱。如西汉武帝朝左翊将军河南许州人许滢在"闽越平"后，以其"数反覆，为边患，复蒙旨永镇斯土"，便驻师南安郡西南百里境（同安），其墓葬及营城旧址迄今仍存。故当地人口碑中有"未有同安，先有许督"之语。从冶县成立，至建安初年（196），近300年间闽省安定，中原及江东汉人便有不少或因避乱，或因入驻，或因流放，或因炼丹采药等相率递续入闽定居。如七国之变，吴太子驹亡逸闽地（《汉书·吴王濞传》）；汉何仙兄弟通福州九仙山（《古今图书集成·职方典》1033卷《福州考》）；"黄兴，吴孙权将也。与妻曹氏弃官入闽，居邑南之凤山"（《惠安县志·寓贤传》）；暴君孙皓，宗室前辈，与废太子孙和有关系者，家属悉迁于东冶（《三国志·吴书·孙皓传》）；东汉末年，时局动荡，南北分裂，泰、嵩、华、恒诸名山，采药之士不得前往，便改道江南以降，著名炼丹家左慈、葛玄、郑思远等便栖居霍童修真采药，致使霍童享有"三十六小洞天"之雅称。由于汉人入闽纷至沓来，福建生齿日繁，至东汉末，人口已增至10万户之数。且随着生产恢复，海上交通发展，置建安郡时（260），侯官县还设立了典船校尉。汉献帝建安八年（203），冶县一分为五，新设侯官、汉兴、南平、建平、建安5县，不久又增至7县（一说9县）。另一方面，随着汉人入闽，中原文化在闽省也不断扩大影响，深入里巷坊间。今考古学界先后在福州、闽北光泽发现的一些东汉墓葬都带有中原文化特征；而汉代的各类器物，如福州陶制谷仓、汉代铜镜、环首铜削刀，邵武的汉代凹形铁锸，长汀的汉代铁鼎、铁剪与陶器等，在八闽大地屡有所见，其式样、装饰等已基本汉化。说明南下闽省的中原汉人与闽越人之间从物质文化至制度文化方面已基本同化、融合，估计其语言也进入整合阶段，闽方言的雏形应已初步形成。今闽语中普遍说脚为"骹"、糯米为"秫"、晒（太阳）为"曝"（上见诸《尔雅》），说稀饭为"糜"、筷子为"箸"、烟草为"薰"（以上见诸《说文》），说嘴巴为"喙"、船帆为"篷"、病愈为"差"（以上见诸《方言》),等等,便是有力证据。①

2.汉末三国鼎立,孙吴政权为与北面曹魏抗衡,便以武力开拓东南,派遣吴将韩晏、贺齐、钟离牧等人先后 5 次入闽,用 62 年时间征服福建山越遗民,并在福建建立了历史上第一个州郡——建安郡(260)。随后,东吴人民便陆续经浙江会稽南下入闽北和闽东等地开发。其入闽者主要取道浦城,其中第一批入闽则取道海路。由于入闽者主要来自江淮一带,其语言应以吴语或吴楚通语为主。例如说人为"农",堤坝为"埭",土堆为"墩",浮萍为"藻",衣袖为"手帨",等等,便是。②

3.西晋末年,"永嘉之乱,衣冠南渡,如闽者八族"(宋代梁克家《三山志》),应是历史上中原汉人迁徙入闽的第一个高峰。据《晋书·地理志》说:"闽越遐阻,僻在一隅。永嘉之后,帝室东迁。衣冠避乱,多所萃止。"宋代路振《九国志》则进一步指出:"永嘉二年(308),中州板荡,衣冠始入闽者八族,陈、林、黄、郑、詹、丘、何、胡是也。以中原多事,畏难怀居,无复北向。故六朝间仕宦名迹,鲜有闻者。"此次中原汉人南下,有的直接入闽,有的先滞留江浙,然后继续南下。他们的到来,促使福建人口急剧膨胀。据《三山志》称:晋安郡初置(282)时,闽中仅 3800 多户,18000 人;永嘉乱后(309),人口倍增。而当司马氏政权从建安郡分出晋安郡时,辖县竟多达 8 个:原丰(永泰)、晋安(福州)、侯官(闽侯)、温麻(连江)、罗江(罗源)、宛平(南平)、同安(晋江)、新罗(龙岩)。此次入闽的中原汉人,大多定居在闽江中下游的福州一带,建溪、富屯溪流域的建瓯一带,以及晋江流域的泉州一带。他们带来了河南中州一带的汉晋口语,也是福建历史上古老的上古汉语,并促进了福州话、泉州话和建瓯话的正式形成。此即俗间所谓的"十五音系统"。此类

---

① 骹,《尔雅·释兽》:"马四骹皆白,騱。"郭注:"膝下也。"《集韵》:"口交切。《说文》:胫也。"秋,《尔雅·释草》:"粢、稷,众秋。"曝,《说文》作"暴",《小尔雅》:"晒也。"糜,《集韵》:"忙皮切。《说文》:糁也。"箸,《汉书》:"食所用也。"《说文》:"饭㩻也。"薰,《集韵》:"许云切。《说文》:香草也。"喉,《集韵》:"充内切,口也。"《方言》:"喉,息也。"《音义》:"口喉。"篷,《方言》:"车篹,南楚之外谓之篷。"《集韵》:"蒲蒙切。船连帐也。"差,《方言》:"差、间、知,愈也。南楚病愈者谓之差。"

② 农,《庄子》:"石户之农",成玄英注:"农,耕人也。"《集韵》作"儂",其义"我也。吴语"。奴农切。埭,《集韵》:"待戴切。以土堰水也。"吴语区常用词,如"河埭"(河坝);也常做地名,如吴县有"黄埭",温州有"莲花埭、曹埭"等。墩,《集韵》:"都昆切。平地有堆曰墩。"吴楚通用语,如湖北大冶有谢公墩,杭州西湖有阮公墩,等等。藻:浮萍。《广韵》:"符霄切。"《方言》云:"江东谓浮萍为藻。"帨:衣袖。《方言》:"衣褾,江东呼帨。"《类篇》:"袖也。"

方言的特点是:普通话部分声母 f 读 p、ph(如:飞、浮等),部分卷舌音声母读 t、th(如:致、缠、耻等),有些 h 声母读 k(如:寒、糊、猴等)。萧梁天监年间(502—519),晋安郡另析出南安郡;而晋安郡则于陈永定元年(557)升级丰州,领上述三郡,福建正式升为省级机构。据朱维幹先生考证,南朝陈文帝天嘉年间(560—566),又有一些江浙的中原人士辗转入闽。而闽方言则在上述基础上又有了较大扩展。今闽方言中第三人称说"伊",远指说"许",学舌说"学",即晋语遗存①(南朝宋刘义庆的《世说新语》可以为证)。因而,唐朝诗人张籍《永嘉行》诗才有"北人避胡皆在南,南人至今能晋语"的描述。

4.唐高宗总章二年(669),泉潮间"蛮獠啸乱",朝廷遣陈政将军前往平乱。据《颍川开漳族谱》称,陈政先率一批北方军士入闽,后又以兵少请援。朝廷命政二兄陈敏和陈敷前往,率 3000 名兵士、58 姓军校驰援,母魏氏随军偕往。当队伍来到浙江江山县界时,陈敏兄弟病故,魏氏代为统领,直奔漳州与政会师,终于击溃蛮獠,擒斩蓝、雷,踏平 36 寨。政殁后子元光继统帅任,承继父业,平靖边氛,并奏建漳州。陈家祖孙四代经营漳州,屯守江营,垦殖荒野,功德至著,因而元光被漳州百姓奉为开漳圣王、菩萨公,纪念他的威惠庙遍及泉漳各地。由于此间中原汉人入漳并建立地方政权,有力促进了闽南经济文化的发展,并给当地带来了 4 世纪的中原官话。这便是漳州方言的由来。

5.唐代末年,北方五代更迭,南方十国称王,河南固始人王潮、王审知兄弟率光、寿二州数万军士追随光州刺史王绪征战闽中,攻取汀泉之后,占领福州,降服建州,平定全省。896 年,王潮受命福建观察使,王审知为副使。潮殁后,唐以福州为威武军,拜审知为节度使。唐亡,梁太祖加拜审知中书令,封闽王,升福建为大都督府。王氏家族治闽时间长达半世纪,他们在福建全省各地都建立过地方政权,其所带来的 10 世纪中州方言在全省各地都有过大面积普及,其中对以福州话为代表的闽东方言的发展更有十分深刻的影响。今闽方言口语儿子说"囝",父亲说"郎罢(爸)",竞赛说"鬥",热闹

---

① 伊:第三人称。刘义庆《世说新语》:"王僧恩轻林公。蓝田曰:'勿学汝兄,汝兄自不如伊。'"许:那个。《世说新语·规箴》:"(罗)君章曰:'不审公谓谢尚何似人?'桓公曰:'仁祖是胜我许人。'"其"许人"即"那个人"。学:指搬弄口舌。《世说新语·轻诋》:"有人向真长学此言者。真长曰:'我实亦无可与伊者。'"其"学此言",即"搬弄此言"。

说"闹热",正是唐代口语遗留①。

6.北宋末年,国家积贫积弱。北方辽金压境,中原战乱频仍,又有不少中原人士避乱入闽。正如朱熹《跋吕仁甫诸公帖》所称:"靖康之乱,中原涂炭,衣冠人物,萃于东南。"宋室南移临安(杭州)后,江浙、湖湘、闽广等地"流寓之人遍满","忆昔瓯粤险远之地,为今东南全盛之邦"。人口激增,促进了福建经济生产的繁荣,发展福、泉、建(瓯)、汀(州)、邵(武)等地也成为皇室世家迁居之所。南宋恭宗德祐二年(1276)三月,蒙古军攻克临安,恭宗及谢、金两太后就擒,五月一日,益王、信王判福州、泉州,陈宜中、张世杰等拥端宗在福州登极时幼帝仅11岁,福州成为临时首都。未久,邵武、南剑州等沦陷,福安府(福州)破,皇室人员被迫浮海逃窜泉潮之间,终均殁于海上。此间前后,北方来了不少忠义保驾之士,史称官兵70万,民兵30万。后宗室人员及南下军士中有相当一部分人留寓闽粤沿海,其中以福、泉、漳州及潮汕一带为最。福州郊区城门乡的林浦村、漳浦著名的赵家堡、华安丰山镇的银塘等处,迄今尚有赵宋宗室君臣及后裔遁迹其地的遗址和谱牒记载。北方中原文化又一次南渐,促进了近代汉语在闽粤东南沿海的传播。今闽语脱(衣)说"褪"、睡觉说"困"、揉搓说"挼"、潮湿说"润"等,便见诸宋代口语。②

上述的征蛮、避乱、流亡及其他各种形式的移民,对闽方言的酝酿、形成及发展、扩张等都产生过不同程度的冲击和影响。不同时代与不同地域的移民在闽方言的语音、词汇和语法系统的内部结构与表达形式中都留下各不相同的烙印,从而使闽方言中各个层面的语言质素呈现出异彩纷呈的鲜明特点。而其中又以其保留不同历史阶段的古音、古词面貌的突出特点而令人瞩目。

至于台湾岛内闽南方言,则主要是明郑时期闽南人入岛复台及垦殖带去的。下文将有述及,此不另赘。

---

① 囝、郎罢(爸):唐顾况有《囝别郎罢》诗,其"囝"指儿子。"郎罢(爸)",福州指父亲。唐秦韬玉《贫女诗》"敢将十指夸针巧,不把双眉斗画长","斗"指竞赛;白居易诗《雪中宴起偶咏所怀兼呈张常侍庶子皇甫郎中》"红尘闹热白云冷,好於闹热中间安置身",二句中"闹热"即"热闹"。

② 褪,柳永《荔枝香》词"金缕霞衣轻褪"句中指"脱(衣)";困,宋苏轼《贺新郎》"渐困倚孤枕眠清熟"句指"睡觉";"挼"指揉搓,见鹿虔扆《临江仙》词"手挼裙带,无语倚银屏"句;潮湿说"润",见周邦彦《满庭芳》词"地卑山近,衣润费炉烟"句。

二、闽台客话的历史形成

罗香林《客家研究导论》(1992)以为，东晋之前，客家先民原为中原汉人。其北方住地，北起并州上党，西届司州弘农，南达扬州淮南，东至豫州新蔡安丰。客家第一次南迁，则为永嘉乱后，元帝渡江之时；第二次在唐末僖宗年间，黄巢起义由北而南，队伍由江浙转赣闽，不少客户为躲避战祸而迁往赣南、闽西，寻找避难落脚之所；第三次在南宋之末，元兵追逼，迫使不少客籍人民离开闽西、赣南，辗转驰驱于粤东、粤北地区；第四次是明末清初，客系内部人口膨胀，而其住地却田少山多，向外开拓的强烈欲望迫使部分定居赣南与粤东、粤北的客系民众不得不背井离乡，远出谋生。他们近的转入粤中、粤西，远的迁至湖广、四川，更远的则漂洋过海，进入台湾甚至东南亚等地。第五次迁徙则在清代同治年间，时因其居住地土客械斗，社会动荡，经当地有关部门调解，地方当局协助一批恩平、新兴、台山、鹤山等粤东客民迁往粤西之高、雷、钦、廉诸州，更远的则到达海南岛的崖县、定安一带。闽西客家方言的形成，与前两次移民有关，台湾客家的来源，则与客家第四次迁徙关系较大。

据客家学专家研究，客家方言主要形成于前三次迁徙。客家先民经过前几次南迁，便在闽粤赣三省交界处山区定居下来。由于这些地区群山环抱，交通闭塞，他们与外界联系较少，这有利于他们在相对安定而偏僻的环境之中劳动、生息，同时也有利于保存某些由中原先辈传承下来的传统礼俗与生活习惯，并在这种比较封闭的自然社会环境中孕育出独具特色的客家方言。至于后两次客家向外移民，则使客民有机会使自己的语言向远处播迁，并使其成为汉语方言中的一支强势方言。

客家先民迁徙并定居闽西、粤东和粤北之前，当地原先居住的是畲族。后来客畲长期和平相处，汉畲两族百姓虽在经济生产和社会生活中有过摩擦、矛盾，但经过旷日持久的磨合，尤其通婚、经商、交流，频繁的民族互动和共同的劳动、生活使两族人民融合成水乳交融、密不可分的关系。而客家的先进文化和生产技术便逐渐为畲族所接受，客家方言同样也给畲族语言以深刻影响，甚至与普通话一样，成为畲族第二语言。如今各地畲族话中，所吸收的客话语词几乎达到 80%以上。同理，在客话之中，也因语言接触因素，吸收了不少南方畲族文化因子，使客话带有不少与闽语、粤语等南方方言迥异的色彩和特点。

三、闽西北赣语的历史形成

闽西北富屯溪和金溪流域,地理上与江西东北部相邻,语言方面则属于江西省东部赣语抚州片与闽语的过渡地带。据文献称,这里地域上为旧建安郡地,原先通行的是以建瓯语为代表的闽北方言,因为地域与建溪连片,素来受赣语深刻影响和渗透。尤其是唐末五代黄巢部队过境之后,不少江西抚南一带及附近郡县百姓多经邵武铁牛关和杉关等入闽避乱,定居于此。因此,及至宋初,当地外来人口已占辖区总数的三分之一。宋代置邵武军,辖邵武、光泽、建宁、泰宁四县,又有不少江西移民入境。南宋初年,闽北爆发范汝为起义,各县市人口锐减三分之一,一时之间,里巷寂寥,哀鸿遍野,"前村不复炊烟起,长似清明寒食时";至元兵围汴前后,更是万户萧疏,民不聊生,此间赣人东来则有增无已,以致闽北诸县市"到处都有迁来三五代、八九代的老表"。这种情况直接促使当地语言日益赣语化,其中又以直接与江西连片的建宁、光泽,毗连江西的邵武、泰宁等县市赣语化最为严重,闽语的底色已大部消退,而与该片距离稍远的顺昌、将乐、泰宁等县市则保留有相对较多的闽语特征。

参考文献:

1.福州志文史资料工作组.福州地方志[M].福州(内部资料),1979.

2.福建省汉语方言调查指导组.福建省汉语方言概况(讨论稿)[M].厦门:厦门大学出版社,1963:1—28.

3.黄典诚.福建省志·方言志[M].北京:方志出版社,1998:1—16.

4.袁家骅.汉语方言概要[M].北京:文字改革出版社,1983:247—307.

5.福建省方志委.福建省志·华侨志[M].福州:福建人民出版社,1992.

第二章
闽东方言

第一节　闽东方言的形成与分布

闽东方言以福州话为代表，其形成历史已 1000 多年。福州是我国东南沿海历史最为悠久的城市之一，长期以来一直是福建省政治、经济、文化中心，也是闽东地区 18 个县市的中心。周代的七闽，地域上包括了今福建全省以及浙南、粤东、赣南和赣东北的一部分，其中心便在福州。春秋战国时期楚文化向福建播迁，秦朝设立闽中郡，都东冶，汉高祖刘邦封无诸为闽越王，"王闽中故地"，以致东汉建安元年(196)汉朝廷遣商升首任福州及福建省行政长官，与晋安郡设立(280)、严高太守于会城修筑子城、疏浚西湖，闽省内所有政治、军事行动都在福州发生。由于上述特殊的原因，加上自然环境优越，闽东尤其福州便成为历代北方中原汉人和江淮移民南下入闽的首选定居地。他们所带来的中原汉语和江东吴楚方言直接播迁福建，并促进了福州话的形成。隋唐五代尤其王潮、王审知家族治闽数十年间，注重保境安民、发展生产，开辟商埠、设学四门，使福州市经济、文化进入了一个重要发展时期，从而确立了它作为全省政治、经济和文化中心的地位。两宋之时，中原连年征战，"靖康之乱，中原涂炭"，而福建则相对安定，吸引了不少中土人士来闽定居，使福州话不断丰富、发展。明清时期，福州商港直接与东南亚、日本和朝鲜开展贸易活动，并成为全省商品集散中心；明成祖时，郑和七次下西洋，六次均选择福州作始发地。鸦片战争之后，福州又成为五口通商口岸之一。四通八达的闽江水运和吞吐量巨大的马尾港在全省交通运输中的地位举足轻重；新中国成立后修筑的铁路、机场、公路网络使福州成为省城与各辖区地市，以及福建与外省交通营运中心。这为福州话在闽东地区的传播以及向他处(如南平)扩散提供了便利条件。目前全省说闽东话的约有 900 万人。

闽东南片临江傍海,北片多山地丘陵。城镇人家多供职机关或从事经商与手工生产,沿海临江百姓多从事水运、造船、水产养殖和捕捞、晒盐,郊区农户以农副业生产为主,山区一带则主要以经营农耕、木材、茶果和土纸为生,有些人则从事烧砖造瓦。共同的经济生活和社会联系不断充实、丰富了福州话的内容。作为八闽首府,福州地区历来文教发达,兴学崇教之风兴盛,科举人才辈出,秀士"俊造如林",省城福州更是人才荟萃。清乾嘉时期问世的福州地方韵书《戚林八音》是国内首见方言字典,并成为全国各地方言字典的蓝本,更是福州民间学习福州话的识字课本。创作于乾嘉时期的福州方言小说《闽都别记》,与清道光年间成书、长达 500 万字的方言七言韵文评话小说《榴花梦传记》在市井坊间广为流传;创始于 300 年前、用福州话演唱的闽剧和民间说书评话、曲艺伬唱和民乐"十番"在民间长期流行,清咸同年间创始的福州折枝诗钟和以诗结社活动在榕城断续举办了几十年。上述这一切都以福州话为代表的闽东方言的成熟、发展注入无穷养料,不断丰富了闽东方言的内涵,并增强了它的表现力。

闽东方言分为南北两片。南片包括省城福州及其周边的闽侯、长乐、连江、罗源、永泰、闽清、福清、平潭、古田、屏南等 11 个县市。南片因地处涧关以下,地域上辖闽江中下游,水势相对平缓,民间称该片方言为"平水腔"。只是近三四十年来,南片的古田、屏南划归宁德地区管辖,语言上受北片方言影响与渗透,逐步吸收了北片方言的一些特点,与南片其他县份已经有了不少差异。

闽东北片方言主要含宁德地区的福安、宁德、周宁、寿宁、霞浦、柘荣、福鼎 7 个县市。北片的霞浦,唐武德六年(623)曾设长溪县,元至元二十三年(1286)升县为福宁州,清雍正十二年(1734)升州为府,与福州联系较多,故霞浦话曾经是北片代表。新中国成立后,福安成为专员公署驻地达数十年之久,使福安话地位骤然提升,取代了霞浦话;"文革"后,地区改迁宁德,宁德话影响增大,成为与福安、霞浦话并驾齐驱的语言。福鼎话因受温州话影响,独立性更强。因此北片方言多呈离心倾向。但总的说来,因福安地处闽东山区腹地,处于四周各县中心,民间方言韵书《安腔八音》与《七音字诀》又以福安话为对象,长期流行于北片,因此,福安话在本片威信仍然较高,可作为北片方言代表。

第二节 闽东方言的流播

目前,闽东方言除在上述 18 个县市外,还播迁到闽北南平、建瓯、建阳、尤溪、武夷山、邵武、顺昌等地。上述闽北一带地处闽江上游,与闽江下游的福州长期水运往返频繁;南福铁路建成后,因与鹰厦线相接,闽北与福州交通更加便捷,往来更为密切。抗战期间,不少福州人内迁南平;新中国成立后,因修建古田水库和鹰厦铁路,以及筹办工厂、企业和做生意等,也有不少闽东沿海民工迁居南平、邵武等地。故闽北各地几乎到处可以听到有人说福州话。

近百年来,不少闽东人与闽南人一道到台湾从事抗日活动和经商等,他们也把闽东方言播迁到宝岛,目前台北的林森同乡会每年活动,都有不少福州老乡参加。

此外,闽东方言还远播到海外一些国家和地区。如民国时期闽清人黄乃裳从福州招募数万人到沙捞越垦荒,据 1949 年统计,时福州属华侨已近 5 万人,占沙捞越三分之一人口。如益以诗巫、民那丹和泗里奎,则占侨居人口的 80%。此外,东南亚的缅甸、新加坡、印尼,尚有不少新中国成立前出国谋生或经商的福州籍华人和华侨;而日本、美国、加拿大等有不少长乐、福清籍华人华侨。他们大多是新中国成立后尤其是"文革"后的新移民。粗略统计,海外说福州话的人口应不下于 100 万。

第三节 闽东方言代表——福州话

闽东方言以福州方言为代表,本节重点介绍福州话特点[①]。

一、语音特点

1.声韵调系统

(1)声母表

p 边肥 ph 波皮 m 蒙微

---

① 本章记录的福州话为福州市区口语,也是作者母语。

t 低竹　　th 他琛　　n 日男　　l 柳驴

ʦ 曾珠　　ʦh 出清　　s 时丝

k 求纪　　kh 气可　　ŋ 语昂　　h 喜回　　ø 莺英

[说明]

A.福州话声母共 15 个(含零声母)。上列声母中的第一个例字,为福州地方韵书《戚林八音》代表字。

B.声母 ʦ、ʦh、s 与细音韵母相拼时,发音部位后移,与 ʨ、ʨh、ɕ 相近;

C.声母 k、kh、h 与细音韵母相拼时,发音部位前移,与 c、ch、ç 相近;

D.多音节连读音变时,出现两个声母变体 β 与 ʒ;

E.口语之中,声母 n、l 发音不稳定,出现自由变读现象。

(2)韵母表

①元音韵

a(a)嘉(架)	ɛ 西低	œ 初(梳)	o(ɔ)歌(告)
i(ɛi)之(至)	u(ou)孤(故)	y(øy)须(箸)	ia(ia)奇(夜)
ie(iɛ)鸡(计)	iu(ieu)秋(钓)	ua(ua)花(挂)	uo(ɯɔ)过(货)
ui(uoi)杯(醉)	yo(yɔ)桥(悦)	ai(ai)开(爱)	au(au)郊(孝)
eu 沟	øy(ɔy)催(帅)	uai(uai)歪(怪)	

②鼻音尾韵

aŋ(aŋ)山(散)	iŋ(ɛiŋ)宾(并)	uŋ(ouŋ)春(俊)	yŋ(øyŋ)银(众)
iaŋ(iaŋ)声(镜)	ieŋ(iɛŋ)天(现)	uaŋ(uaŋ)欢(犯)	uoŋ(ɯɔŋ)光(劝)
yoŋ(yɔŋ)香(向)	ɛiŋ(aiŋ)灯(店)	ouŋ(auŋ)缸(钢)	øyŋ(ɔyŋ)东(送)

③塞音尾韵

aʔ(aʔ)盒(喝)	ɛʒ□(mɛʔ⁵)(羊叫声)	œʔ(kœʔ⁵)(抛)	oʔ(ɔʔ)薄(桌)
iʔ(ɛiʔ)习(的)	uʔ(ouʔ)勿(谷)	yʔ(øyʔ)育(郁)	iaʔ(iaʔ)展(吓)
ieʔ(iɛʔ)叶(设)	uaʔ(uaʔ)活(泼)	uoʔ(ɯɔʔ)局(国)	yoʔ(yɔʔ)药(歇)
ɛiʔ(aiʔ)泽(得)	ouʔ(auʔ)核(骨)	øyʔ(ɔyʔ)或(角)	

[说明]

A.福州话韵母有 46 个。上列表中除入声韵外,第一个例字是《戚林八音》韵母例字。

B.口语中音节[ŋiau⁴⁴],单用时作象声词,一般表示猫叫声;在双音节词[ŋiau⁴⁴ʦiʔ⁵]中与[ʦiʔ]组合,共同表示"突然睁眼,意外地发现对方",多用于女人逗趣小儿时。该音节有音无字,又无其他用法,故不收入韵母表。

C.表示否定的语素"𣍐"[iŋ]不单说，与后面音节连读时，往往因其声母发音部位不同而发生变读，如"𣍐卖"[m⁵³ma²⁴²]、"𣍐是"[n⁵³nɛi²⁴²]、"𣍐去"[ŋ⁵³ŋɔ²¹³]。但上述音节缓读时则可还原读[iŋ]。

D.韵母之中，声调遇平声、上声、阳入（即平调或降调）为一类，读"紧韵"；声调遇去声或阴入（即曲折调、升调）为一类，读"松韵"。上表中括号外的韵母属"紧韵"，括号内的韵母属"松韵"，松韵可看作紧韵的"变韵"。

E.《戚林八音》中，福州话入声韵尾分-ʔ、-k 两套。当代福州话中多数人已界限模糊，倾向于读-ʔ，上表按新派读音处理。

（3）声调表

表 2-1

调类	1.阴平	2.阳平	3.上声	4.阴去	5.阳去	6.阴入	7.阳入
调值	44	53	31	213	242	23	5
例字	天心	田成	水海	志气	字样	式吉	轴笛

[说明]

A.福州话声调共 7 个。双音节连读时，出现两个新调：半阴去 21，半阳去 24。如："强盗"[kyoŋ²¹tɔ²⁴²]、"鼓掌"[ku²⁴tsuoŋ³¹]。

B.上声调实际调值是 311，尾音可以拖长。如"水"[tsui³¹]。

2.连读音变

连读音变是福州话的典型特征，其音变形式含声、韵、调三方面，下分别介绍：

（1）连读变声

福州话多音节连读时，后音节声母往往受前音节韵母（或韵尾）影响而发生音变。其变化规律是：

A.上字韵母是元音的，下字声母变为浊音。如：

花瓶 hua⁴⁴piŋ⁵³→hua²¹βiŋ⁵³

交道 kau⁴⁴tɔ²⁴²→kau⁵³lɔ²⁴²

米缸 mi³¹kouŋ⁴⁴→mi²¹ouŋ⁴⁴

小姐 siu³¹tsia³¹→siu²⁴ʒia³¹

B.上字韵母是鼻音的，下字声母变为鼻音或浊擦音。如：

钟表 tsyŋ⁴⁴piu³→tsyŋ⁵³miu³¹

军队 kuŋ⁴⁴tuoi²⁴²→kuŋ⁵³nuoi²⁴²

公家 kuŋ⁴⁴ka⁴⁴→kuŋ⁴⁴ŋa⁴⁴

清醒 tsʰiŋ⁴⁴ tsʰaŋ³¹ →tsʰiŋ⁵³ ʒaŋ³¹

C.上字韵母是-ʔ尾的,下字声母多变为浊音。如:

索仔 sɔʔ²³ kiaŋ³¹ →so⁵³ iaŋ³¹

脉搏 maʔ⁵ pauʔ²³ →ma²¹ βauʔ²³

白塔 paʔ⁵ tʰaʔ²³ →pa²¹ laʔ²³

客鹊 kʰaʔ²³ tsʰuoʔ²³ →kʰa⁵³ ʒuoʔ²³

(2)连读变韵

福州话多音节连读,前音节的韵母属于阴去、阳去或阴入三个调类,一般要发生变韵,原来的"松韵"一律还原为紧韵。变化的规律是:

A.前音节韵母主元音是后元音,连读时变前元音。如:

架子 ka²¹³ tsy³¹ →ka⁵³ tsy³¹

蔗粕 tsia²³ pʰɔʔ²³ →tsia⁵³ pʰɔʔ²³

灶前 tsau²¹³ sɛiŋ⁵³ →tsau⁴⁴ lɛiŋ⁵³

B.前音节韵母主元音是低元音,连读时变高元音或半高元音。如:

告诉 kɔ²¹³ sou²¹³ →ko⁵³ lou²¹³

限制 aiŋ²⁴² tsiɛ²¹³ →ɛiŋ⁵³ ʒiɛ²¹³

德行 taiʔ²³ haiŋ²⁴² →tɛiʔ⁵ haiŋ²⁴²

恶婆 auʔ²³ po⁵³ →ou²¹ po⁵³

钢铁 kauŋ²¹³ tʰiɛʔ²³ →kouŋ⁵³ tʰiɛʔ²³

桌面 tɔʔ²³ mɛiŋ²¹³ →to⁵³ mɛiŋ²¹³

节约 tsiɛʔ²³ yɔʔ²³ →tsiɛʔ⁵ yɔʔ²³

电光 tiɛŋ²⁴² kuoŋ⁴⁴ →tiɛŋ⁴⁴ kuoŋ⁴⁴

过房 kuɔ²¹³ puŋ⁵³ →kuo⁴⁴ βuŋ⁵³

劝蛮 kʰuɔŋ²⁴² maŋ⁵³ →kʰuoŋ⁴⁴ maŋ⁵³

国民 kuɔʔ²³ miŋ⁵³ →kuo²¹ miŋ⁵³

袋仔 tɔy²⁴² kiaŋ³¹ →tøy⁵³ kiaŋ³¹

冻子(冻疮)tɔyŋ²¹³ tsi³¹ →tøyŋ⁵³ ʒi³¹

角角(角落)kɔyʔ²³ kɔyʔ²³ →køy²¹ kɔyʔ²³

建立 kyɔŋ²¹³ liʔ⁵ →kyoŋ⁴⁴ liʔ⁵

角色 kyɔʔ²³ saiʔ²³ →kyo⁵³ laiʔ²³

C.前音节韵母是复元音,连读时变单元音(辅音尾韵中的复元音也变单元音)。如:

四角 sɛi²¹³ kɔyʔ²³→si⁵³ kɔyʔ²³

故事 kou²¹³ søy²⁴²→ku⁵³ løy²⁴²

锯柴 køy²¹³ tsha⁵³→ky⁴⁴ tsha⁵³

禁忌 kɛiŋ²¹³ kɛi²⁴²→kiŋ⁵³ ŋɛi²⁴²

粪扫 pouŋ²¹³ sɔ²¹³→puŋ⁵³ nɔ²¹²

铳子（子弹）tshøyŋ²¹³ tsi³¹→tshyŋ⁵³ tsi³¹

桔饼 kɛiʔ²³ piaŋ³¹→ki²⁴ piaŋ³¹

谷雨 kouʔ²³ y³¹→ku²⁴ y³¹

竹箸 tøyʔ²³ nuoʔ⁵→ty²¹ nuoʔ⁵

（3）连读变调

福州话有复杂的连读变调。一般来说，大凡两字连读，上字多要变调。其规律可分为三种类型（阴入变调有两类，分别用阴入①和阴入②表示）。

A.上字为阴平、阴去、阳去、阴入①的变调规律：

a.下字遇阴平、阳平、阳入，则上字变阴平。如：

公家 kuŋ⁴⁴ ka⁴⁴→kuŋ⁴⁴ ŋa⁴⁴

砖窑 tsuoŋ⁴⁴ iu⁵³→tsuoŋ⁴⁴ ŋiu⁵³

升学 siŋ⁴⁴ houʔ⁵→siŋ⁴⁴ ŋouʔ⁵

信心 sɛiŋ²¹³ siŋ⁴⁴→siŋ⁴⁴ siŋ⁴⁴

教员 kau²¹³ uoŋ⁵³→kau⁴⁴ uoŋ⁵³

数学 sou²¹³ houʔ⁵→su⁴⁴ ouʔ⁵

病干 paŋ²⁴² kaŋ⁴⁴→paŋ⁴⁴ kaŋ⁴⁴

饭前 puoŋ²⁴² sɛiŋ⁵³→puoŋ⁴⁴ sɛiŋ⁵³

旧历 kou²⁴² liʔ⁵→ku⁴⁴ liʔ⁵

借书 tsuɔʔ²³ tsy⁴⁴→tsuo⁴⁴ tsy⁴⁴

排球 pɛ⁵³ kiu⁵³→pɛ⁴⁴ kiu⁵³

拍石（打石）phaʔ²³ suoʔ⁵→pha⁴⁴ suoʔ⁵

b.下字遇上声、阴去、阳去、阴入①，上字变阳平。如：

工友 køyŋ⁴⁴ iu³¹→køyŋ⁵³ ŋiu³¹

虚报 hy⁴⁴ pɔ²¹³→hy⁵³ pɔ²¹³

军帽 kuŋ⁴⁴ mɔ²⁴²→kuŋ⁵³ mɔ²⁴²

公式 kuŋ⁴⁴ sɛiʔ²³→kuŋ⁵³ nɛiʔ²³

报纸 pɔ²¹³ tsai³¹→po⁵³ ʒai³¹

四块 sɛi²¹³ tɔy²¹³→si⁵³ lɔy²¹³

气象 khɛi²¹³ tʂhuɔŋ²⁴²→khi⁵³ tʂhuɔŋ²⁴²

爱国 ai²¹³ kuɔʔ²³→ai⁵³ kuɔʔ²³

遏雨 tauŋ²⁴² y³¹→touŋ⁵³ y³¹

断气 tauŋ²⁴² khɛi²¹³→touŋ⁵³ khɛi²¹³

背运 puoi²⁴² ouŋ²⁴²→pui⁵³ ouŋ²⁴²

电熨 tiɛŋ²⁴² ouʔ²³→tiɛŋ⁵³ ŋouʔ²³

烛斗 tsuɔʔ²³ khɛi²¹³→tsuo⁵³ lau³¹

拍气 phaʔ²³ khɛi²¹³→pha⁵³ khɛi²¹³

拍字 phaʔ²³ tsɛi²⁴²→pha⁵³ tsɛi²⁴²

曲尺 khuɔʔ²³ tʂhuɔʔ²³→khuo⁵³ ʒuɔʔ²³

B.上字为上声、阴入②的变调规律：

a.下字遇阴平、阳平、阳入，则上字变半阴去。如：

火星 xui³¹ siŋ⁴⁴→xui²¹ siŋ⁴⁴

水牛 tsui³¹ ŋu⁵³→tsui²¹ ŋu⁵³

犬肉 khɛiŋ³¹ nyʔ⁵→khɛiŋ²¹ nyʔ⁵

雪花 suoʔ²³ hua⁴⁴→suo²¹ hua⁴⁴

测量 tʂhaiʔ²³ luoŋ⁵³→tʂhɛi²¹ luoŋ⁵³

桔箬 kɛiʔ²³ nuoʔ⁵→ki²¹ nuoʔ⁵

b.下字遇上声，上字变半阳去。如：

海水 hai³¹ tsui³¹→hai²⁴ ʒui³¹

格子 kaiʔ²³ tsy³¹→kɛi²⁴ tsy³¹

C.上字为阳平、阳入的变调规律：

a.下字遇阴平，上字变阴平。如：

平安 piŋ⁵³ aŋ⁴⁴→piŋ⁴⁴ aŋ⁴⁴

麦麸 maʔ⁵ phuo⁴⁴→ma⁴⁴ phuo⁴⁴

b.下字遇阳平、上声、阳入，上字变上声。如：

行船 kiaŋ⁵³ suŋ⁵³→kiaŋ³¹ nuŋ⁵³

船尾 suŋ⁵³ mui³¹→suŋ³¹ mui³¹

羊肉 yoŋ⁵³ nyʔ⁵→yoŋ³¹ nyʔ⁵

石头 suoʔ⁵ thau⁵³→suo³¹ lau⁵³

白粿 paʔ⁵ kui³¹→pa³¹ kui³¹

学习 hou$?^5$ si$?^5$→hou^{31} si$?^5$

b.下字遇阴去、阳去、阴入，上字变半阴去。如：

洋气 yoŋ^{53} khɛi^{213}→yoŋ^{21} khɛi^{213}

鱼肚 ŋy^{53} tou^{242}→ŋy^{21} tou^{242}

涂色 tu^{53} sai$?^{23}$→tu^{21} lai$?^{23}$

白布 pa$?^5$ puɔ^{213}→pa^{21} βuɔ^{213}

白蚁 pa$?^5$ ŋiɛ^{242}→pa^{21} ŋiɛ^{242}

绿色 luo$?^5$ sai$?^{23}$→luo^{21} lai$?^{23}$

福州话多音节连读，除末音节外，前面的音节声、韵、调经常要发生音变，以致音节界线模糊，听感上便觉得含糊不清，本地人感觉像"瓮吼摒橄榄"（瓮里倒出橄榄），外地人习得也不容易。

3.文白异读

福州话有相当一部分字有文白两读。文读保留唐宋时期中古音读法，白读则多反映汉晋六朝语音特点。这是不同历史时期北方汉人移徙所带来的。有时一个汉字可能不止一个白读，或许是包括了多个语音层次的缘故。一般来讲，文读音主要体现于书面语词、诗文诵读、广播媒体和戏曲舞台中的生旦类角色的念白，以示"文雅"，白读则多用于日常生活中的口语交际，戏曲舞台中的丑角念白，尤其插科打诨之语多用白读。

福州话文白异读可分为下列几种类型：

（1）韵、调相同，声母不同的对应

表 2-2

文读	白读	例　　　词
p	m	螃 phaŋ^{53}：～蜞；maŋ^{53}：～蟹
t	th	张 tuoŋ^{44}：老～；thuoŋ^{44}：几～纸
n	ts	鸟 nɛu^{31}：禽～；tsɛu^{31}：～屎
ts	t	滓 tsai^{31}：渣～；tai^{31}：薰～（烟灰）
ts	th	储 tsy^{44}：～蓄；thy^{44}：～存
ts	s	槽 tso^{53}：马～；so^{53}：水～
ts	k	枝 tsie^{44}：～节；ki^{44}：踢几～（毽子）
tsh	t	促 tshøy$?^{23}$：～进；tøy$?^{23}$：时间～（短促）
tsh	s	床 tshouŋ^{53}：眠～；souŋ^{53}：炊～（蒸笼）
tsh	kh	齿 tshi^{31}：不～；khi^{31}：～轮

续表

文读	白读	例　词
s	th	馊 sɛu⁴⁴：～主意；thɛu⁴⁴：臭～
	ʦ	少 siu³¹：多～；ʦiu³¹：过～
	h	岁 suoi²¹³：太～；huoi²¹³：～数
ŋ	kh	愚 ŋy⁵³：～蠢；khy⁵³：野～（很笨）
h	p	富 hou²¹³：财～；pou²¹³：野～（很富裕）
	ph	覆 houʔ²³：～盖；phouʔ²³：～落去
	ʦ	喙 huoi²¹³：口～；ʦuoi²¹³：～皮角（唇角儿）
	k	糊 hu⁵³：～涂；ku⁵³：米～
	kh	呼 hu⁴⁴：招～；khu⁴⁴：～鸡
	ø	下 ha²⁴²：～盐；a²⁴²：～底
ø	m	味 ɛi²⁴²：口～；mei²⁴²：无～（没趣儿）
	t	馀 y⁵³：～数；ty⁵³：十～本（书）
	n	仁 iŋ⁵³：～义；niŋ⁵³：花生～
	s	翼 iʔ⁵：羽～；siʔ⁵：鸡～
	h	活 uaʔ⁵：～泼；huaʔ⁵：～血

（2）声、调相同、韵母不同的对应

表 2-3

文读	白读	例　词
a(a)	ai	沙 sa⁴⁴：～漠；sai⁴⁴：～地
	ua	鸦 a⁴⁴：乌～；ua⁴⁴：老～
	uai	麻 ma⁵³：～疹；muai⁵³：出～
	iɛ	弟 ta²⁴²：徒～；tiɛ²⁴²：依～
o(ɔ)	uo(uɔ)	播 po²¹³：～音；puɔ²¹³：～田（插秧）
	iɛ	鹅 ŋo⁵³：天～；ŋiɛ⁵²：～母（母鹅）
	ai	蓑 so⁴⁴：～衣；sai⁴⁴：棕～
	uai	破 phɔ²¹³：～坏；puai²¹³：～布

续表

文读	白读	例　　词
ε	œ	徙 sɛ³¹:迁～;sœ³¹:～～动
	ie	啼 thɛ⁵³:～哭;thie⁵³:～嘛(哭)
	ai	脐 tsɛ⁵³:～带;sai⁵³:腹～
i	ia	欺 khi⁴⁴:～骗;khia⁴⁴:～死去
	ie	宜 ŋi⁵³:～宾;ŋie⁵³:便～
	ai	指 tsi³¹:～示;tsai³¹:手～
	ui	皮 pi⁵³:调～;pui⁵³:纸～
u(ou)	œ	初 tshu⁴⁴:～中;tshœ⁴⁴:～三
	o	母 mu³¹:～体;mo³¹:鸡～
	au	腐 hou²⁴²:～败;hau²⁴²:豆～
y(øy)	a	师 sy⁴⁴:～长;sa⁴⁴:～父
	o(ɔ)	去 khøy²¹³:过～;khɔ²¹³:～年
	i	履 ly³¹:～历;li³¹草～(草鞋,室内穿)
	u	躯 khy⁴⁴:～体;khu⁴⁴:中～(中间部位)
	ie	刺 tshøy²¹³:讽～;tshie²¹³:～鸡
	iu	须 sy⁴⁴:胡～;tshiu⁴⁴:喙～(胡子)
	ai	私 sy⁴⁴:～人;sai⁴⁴:～家(私有)
	uo	输 sy⁴⁴:运～;suo⁴⁴:～赢
ai	ε	奶 nai³¹:～油;nɛ³¹:肥～～(胖女人)
	i	来 lai⁵³:～宾;li⁵³:～去
	øy	才 tsai⁵³:天～;tshøy⁵³:秀～
	ie	阶 kai⁴⁴:～级;kie⁴⁴:～座
	ui	开 khai⁴⁴:～除;khui⁴⁴:～门
	ai	埋 mai⁵³:～没;muai⁵³:～落去
au	a	饱 pau³¹:～满;pa³¹:食～了
ɛu	o	喉 heu⁵³:歌～;ho⁵³:～咙
	u	浮 phɛu⁵³:～夸;phu⁵³:～动
	au	走 tsɛu³¹:～狗;tsau³¹:偷～(逃跑)

续表

文读	白读	例　词
øy	ai	雷 løy⁵³：～电；lai⁵³：～公
ie	ia	爹 tie⁴⁴：依～；tia⁴⁴：老～（官老爷）
iu(ieu)	a	猫 miu⁵³：熊～；ma⁵³：～仔（猫）
	u(ou)	旧 kieu²⁴²：仍～；kou²⁴²：～底（过去）
	au	昼 tieu²¹³：～夜；tau²¹³：上～（上午）
	ɛu	调 tiu⁵³：～查；tɛu⁵³：～糖
ua	au	抓 tsua⁴⁴：～捕；tsau⁴⁴：乱～
uo	u	普 phuo³¹：～通；phu³¹：～～色（色淡）
	iu	珠 tsuo⁴⁴：～蚶；tsiu⁴⁴：弹～（弹簧），目～（眼睛）
	ui	裹 kuo³¹：包～；kui³¹：～粽（包粽子）
ui	øy	推 thui⁴⁴：～翻；thøy⁴⁴：～托
uai	ɛ(a)	快 khuai²¹³：～乐；khɛ²¹³：～食（快吃）
aŋ	uŋ	潘 phaŋ⁴⁴：姓～；phuŋ⁴⁴：～水（泔水）
	uaŋ	坂 paŋ³¹：长～坡；puaŋ³¹：后～（地名）
	ɛiŋ	斑 paŋ⁴⁴：～点；pɛiŋ⁴⁴：汗～
iŋ	aŋ	平 piŋ⁵³：～安；paŋ⁵³：～直
	yŋ	隐 iŋ³¹：罗～（人名）；yŋ³¹：～瞒
	ouŋ	影 iŋ³¹：电～；ouŋ³¹：弹～（投影）
	iaŋ	名 miŋ⁵³：～誉；miaŋ⁵³：～声
	ieŋ	明 miŋ⁵³：光～；mieŋ⁵³：～旦（明天）
yŋ	ouŋ	中 tyŋ⁴⁴：～央；touŋ⁴⁴：～昼（中午）
ɛiŋ	aŋ	猛 mɛiŋ³¹：凶～；maŋ³¹：～火
	iŋ	灯 tɛiŋ⁴⁴：～光；tiŋ⁴⁴：挑～
	uŋ	崩 pɛiŋ⁴⁴：～溃；puŋ⁴⁴：山～
	ouŋ	行 hɛiŋ⁵³：～径；houŋ⁵³：两～
	iaŋ	行 hɛiŋ⁵³：～动；kiaŋ⁵³：～步
	uaŋ	梗 kɛiŋ³¹：～概；kuaŋ³¹：菜～

续表

文读	白读	例　　词
ouŋ	yŋ	根 kouŋ⁴⁴：茅～；kyŋ⁴⁴：树～
	øyŋ	江 kouŋ⁴⁴：宋～；køyŋ⁴⁴：～边
ieŋ	iŋ	烟 ieŋ⁴⁴：～台山；iŋ⁴⁴：火～
	ɛiŋ	前 tsieŋ⁵³：～线；sɛiŋ⁵³：鼓楼～
uoŋ	ouŋ	长 tuoŋ⁵³：～安；touŋ⁵³：～衫
	iaŋ	凉 luoŋ⁵³：～风；liaŋ⁵³：～衣裳；
uaŋ	ouŋ	暖 nuaŋ³¹：温～；nouŋ³¹：～酒
	ɛiŋ	还 huaŋ⁵³：～原；hɛiŋ⁵³：～钱
yɔŋ	iaŋ	健 kyɔŋ²⁴²：～康；kiaŋ²⁴²：野～（很健康）
aʔ	ɛiʔ	拔 paʔ⁵：提～；pɛiʔ⁵：～草
	uaʔ	跋 paʔ⁵：～涉；puaʔ⁵：～倒
iʔ(ɛiʔ)	aʔ	捐 iʔ²³：作～；aʔ²³：大～（一直作捐）
	ɛiʔ	密 miʔ⁵：秘～；mɛiʔ⁵：～斗裤
uʔ	øyʔ	目 muʔ⁵：～的；møyʔ⁵：开～（睁眼）
	uoʔ	牧 muʔ⁵：～场；muoʔ⁵：～病（治病）
yʔ	uoʔ	绿 lyʔ⁵：～化；luoʔ⁵：～色
aiʔ	aʔ	百 paiʔ²³：～货；paʔ²³：～上斤
ouʔ	oʔ	薄 pouʔ⁵：～弱；poʔ⁵：纸～
	uʔ	沃 ouʔ²³：肥～；uʔ²³：～水
auʔ	ɔyʔ	觉 kauʔ²³：感～；kɔyʔ²³：见～
iɛʔ	aʔ	澈 thieʔ²³：清～；thaʔ²³：～洁（清洁）
	aiʔ	节 tsieʔ²³：晚～；tsaiʔ²³：过～
uaʔ	ouʔ	夺 tuaʔ⁵：～取；touʔ⁵：抢～

（3）声、韵相同，声调不同的对应

表 2-4

字音	话音	例　　　词
阴平	上声	墩 touŋ⁴⁴:潘～(地名);touŋ³¹:几～(几堆)
阳平	阴平	芒 mouŋ⁵³:光～;mouŋ⁴⁴:割～(割芒草)
上声	阴平	掩 ieŋ³¹:遮～;ieŋ⁴⁴:～目珠(遮眼睛)
阴去	阳去	利 lɛi²¹³:胜～;lɛi²⁴²:刀～
		漏 lau²¹³:遗～;lau⁶:～水
		据 køy²¹³:抗～;køy²⁴²:～～(拐杖)
		禁 keiŋ²¹³:软～;keiŋ²⁴²:～喙(忌口)
		汗 haŋ²¹³:可～;kaŋ²⁴²:流～
阳去	阴去	殆 tai²⁴²:危～;tai²¹³:野～(很糟糕)

（4）声调相同，声、韵不同的对应

表 2-5

字音	话音	例　　　词
p	ph	被 pɛi²⁴²:～动;phuoi²⁴²:棉～ 评 piŋ⁵³:～话;phaŋ⁵³:～比
ph	p	肥 phi⁵³:合～;pui⁵³:～肉
t	th	桐 tuŋ⁵³:梧～;thøyŋ⁵³:～子
th	t	丈 thuoŋ²⁴²:岳～;tauŋ²⁴²:～夫
n	ø	扰 nau³¹:干～;iu³¹:吵～
l	t	蛎 la²⁴²:牡～;tie²⁴²:～壳
ts	s	脐 tsɛ⁵³:～带;sai⁵³:腹～ 坐 tsɔy²⁴²:陪～;sɔy²⁴²:～好 住 tsøy²⁴²:居～;tieu²⁴²:～厝
	th	柱 tsøy²⁴²:支～;thieu²⁴²:～珠
	t	礁 tsiu⁴⁴:岛～;ta⁴⁴:鹿～(地名)
	tsh	蚕 tsaŋ⁵³:～食;tsheiŋ⁵³:～犬(蚕)
	s	静 tseiŋ²⁴²:安～;saŋ²⁴²:平～ 泉 tsuoŋ⁵³:～水;siaŋ⁵³:出～水
	k	獐 tsuoŋ⁴⁴:～头鼠目;kyoŋ⁴⁴:麅鹿～

续表

字音	话音	例　　　　词
tsʰ	ts	雀 tsʰuoʔ²³：麻～；tsieʔ²³：～～（雀鸟）
s	t	事 søy²⁴²：公～；tai²⁴²：～计（事情）
s	tsʰ	试 søy²¹³：考～；tsʰei²¹³：～鼎 须 sy⁴⁴：胡～；tsʰiu⁴⁴：虾～ 腮 sai⁴⁴：～腺炎；tsʰi⁴⁴：鱼～ 成 siŋ⁵³：～功；tsʰiaŋ⁵³：做～（做结束） 鳝 sieŋ²⁴²：～鱼；tsʰiaŋ²⁴²：买～ 生 seiŋ⁴⁴：～意；tsaŋ⁴⁴：～食 寻 siŋ⁵³：无处～（找不到）；tsʰieŋ⁵³：两～长 席 siʔ⁵：凉～；tsʰuoʔ⁵：花～ 粟 søyʔ²³：稻～；tsʰuoʔ²³：担～（挑谷子）
h	p	发 huaʔ²³：毛～；puɔʔ²³：头～ 飞 hi⁴⁴：～机；pui⁴⁴：～船 夫 hu⁴⁴：～人；puo⁴⁴：丈～ 反 huaŋ³¹：～对；peiŋ³¹：～过去（反转过去）
h	pʰ	斧 hu³¹：刀～手；pʰuo³¹：～头 纺 huoŋ³¹：～织厂；pʰuŋ³¹：～纱
h	k	下 ha²⁴²：零～；kia²⁴²：～等 怀 huai⁵³：～念；køy⁵³：～～（口袋） 悬 hieŋ⁵³：～念；keiŋ⁵³：～哥（高个儿） 滑 huaʔ⁵：～翔机；kouʔ⁵：～落去
h	ø	夏 ha²⁴²：～至；a²⁴²：～蛴 闲 haŋ⁵³：～安；eiŋ⁵³：～落（清闲） 红 huŋ⁵³：～楼梦；øyŋ⁵³：暗～ 轰 huŋ⁴⁴：～～烈烈；eiŋ⁴⁴：～炸
ø	m	无 u⁵³：虚～；mo⁵³：拍～（丢失） 未 ei²⁴²：～来；muoi²⁴²：～食（还没吃） 蚊 uŋ⁵³：驱～器；muoŋ⁵³：涠～（蚊子） 晚 uaŋ³¹：春～；muoŋ³¹：～季
ø	n	儿 i⁵³：孩～；nie⁵³：～囝（孩子） 若 yoʔ⁵：～干；nuoʔ⁵：～夥（多久）
ø	h	河 o⁵³：天～（银河）；hai⁵³：～溪（银河）

（5）声母相同，韵、调不同的对应

p	爆 pɔ²¹³：～炸；pauʔ²³：～糟肉
ph	雹 phau²⁴²：冰～；phøyʔ⁵：遏～
t	舵 to⁵³：～手；tuai²⁴²：尾～（舵）
th	听 thɛiŋ²¹³：打～；thiaŋ⁴⁴：～见
l	老 lo³¹：～汉；lau²⁴²：～依伯
	卵 luaŋ³¹：～巢；lauŋ²⁴²：鸡～（鸡蛋）
	乱 luaŋ²⁴²：～来；lauŋ²¹³：糟糟～
tsh	刺 tshøy²¹³：行～；tshiɛ²¹³：～鸡
k	灸 kiu³¹：针～；kou²¹³：火～
	揭 kiɛ²³：～露；kiaʔ⁵：～旗
ŋ	艾 ŋai²⁴²：姓～；ŋiɛ²¹³：～莱
ø	有 iu³¹：公～制；ou²⁴²：着～（必须有）

（6）韵母相同，声、调不同的对应

ai	载 tsai²¹³：～客；sai²⁴²：蜀～（一船次）
yŋ	从 tsyŋ⁵²：～来；tshyŋ⁴⁴：～容
ouŋ	扛 kouŋ⁴⁴：～轿；khouŋ⁵³：～树

（7）声、韵、调均不同的对应

p	ph	鼻 pɛiʔ²³：～息；phɛi²¹³：～水
s	tsh	饲 søy²⁴²：～养；tshɛi²¹³：～饭
		树 søy²⁴²：～立；tshieu²¹³：杉～
	kh	拾 siʔ⁵：收～；khaʔ²³：～起
h	p	饭 huaŋ²¹³：午～；puɔ²⁴²：～厅
	kh	虹 huŋ⁵³：彩～；khøyŋ²⁴²：出～
ø	m	网 uøŋ³¹：罗～；mɔyŋ²⁴²：鱼～
		问 ouŋ²⁴²：学～；muɔŋ²¹³：借～
	n	润 øyŋ²⁴²：利～；nouŋ²¹³：转～（回潮）
	s	痒 yoŋ³¹：痛～；suɔŋ²⁴²：手～
	h	雨 y³¹：～鞋；huɔ²⁴²：～滴

二、词汇特点

1.常用词

表 2-6

普通话	福州话	普通话	福州话
闪电	亮线 lian⁴⁴ nian²¹³	微风	风囝 huŋ⁵³ ŋian³¹
起北风	发暴 puoʔ⁵ pɔ²¹³	雷阵雨	晡时雨 puo⁵³ li³¹ y³¹
阴天	阴乌天 ɛiŋ²¹ ŋu⁴⁴ lieŋ⁴⁴	春秋天气	二八天 ni²¹ βɛi²¹ thieŋ⁴⁴
地震	地牛转肩 ti⁴⁴ ŋu⁵³ tuoŋ²¹ ŋieŋ⁴⁴	洪水	溪水 khe⁵³ ʒui³¹
高粱	穄 tshie²¹³	玉米	倚天炮 i²¹ lieŋ⁵³ mau²¹³
上海青	花瓶菜 hua⁵³ piŋ²¹ ʒai²¹³	马铃薯	番囝薯 huaŋ²¹ ŋian²¹ ny⁵³
莴笋	春菜 tshuŋ⁵³ ʒai²¹³	冬瓜	皮瓜 kuoŋ²¹ ŋua⁴⁴
瓠瓜	芋匏 uo⁴⁴ βu⁵³	桑叶	蚕茧箬 tshɛiŋ²¹ ŋɛiŋ²¹ nuoʔ⁵
杨梅	珠红 tshuo⁴⁴ uŋ⁵³	牲畜	头牲 thau⁴⁴ laŋ⁴⁴
癞蛤蟆	老婆 lau⁴⁴ pho⁵³	青蛙	黄排 uoŋ⁴⁴ phe⁵³
比目鱼	鲇鲨 thia²¹ sai⁴⁴	鲨鱼	糊鲨 ku⁴⁴ lai⁴⁴
凤尾鱼	白赤 pa²¹ tshieʔ²³	海蟹	蟳 siŋ⁵³
梭子蟹	簸 tshieʔ⁵	田螺	塍螺 tshɛiŋ⁴⁴ løy⁵³
泥鳅	胡鳅 hu⁴⁴ liu⁴⁴	蚬子	蟟囝 liu³¹ ian³¹
贝类	壳石 khøyʔ²¹ suoʔ⁵	牡蛎	蛎 tie²⁴²
臭虫	木虱 møy²¹ saiʔ²³	蟑螂	咬蟗 ka⁴⁴ laʔ⁵
大苍蝇	蜉蝇牯 pu³¹ liŋ³¹ ŋu³¹	椿象	石蜇 suok²¹ kuoi²⁴²
金龟子	金飞 kiŋ⁴⁴ mui⁴⁴	象鼻虫	水猴 tsui²¹ kau⁵³
蜗牛	牛母牛囝 ŋu²¹ mo²⁴ ŋu³¹ ian³¹	眼珠	目珠仁 møy²¹ tsui⁴⁴ ŋiŋ⁵³
鼻梁	鼻刀 phi⁴⁴ lo⁴⁴	门牙	面前牙 miŋ⁵³ nɛiŋ³¹ ŋai³¹
酒窝	酒窟 tsiu⁴⁴ khauʔ²³	手指	跌指 tsieŋ²⁴ tsai³¹
胸脯	朣朣 nɛiŋ⁴⁴ nɛiŋ⁴⁴	膝盖	骹腹头 kha²¹ βu²¹ thau⁵³
父母	爸奶 pa⁵³ ne³¹	母子一家	母囝 muo²⁴ ian³¹
夫妇	老公妈 lau²¹ uŋ⁵³ ma³¹	小孩	儿囝哥 nie²¹ ian²¹ ŋo⁴⁴
伯父	依伯 i⁵³ paʔ²³	叔叔	家叔 ka⁵³ ʒøyʔ²³
妯娌	姆婶 mu²⁴ liŋ³¹	侄儿	孙囝 souŋ⁵³ ŋian³¹
单身汉	单身哥 taŋ²¹ niŋ⁴⁴ ŋo⁴⁴	近邻	厝边 tshuo⁴⁴ βieŋ⁴⁴
街坊	乡里 hyoŋ⁵³ li³¹	男性	男界 naŋ²¹ ŋai²¹³

续表

普通话	福州话	普通话	福州话
女性	女界 ny^{44} ŋai^{213}	解放军	依解哥 i^{21} kai^{21} o^{44}
头头	头哥 thau^{44} ko^{44}	属下	骹手下 kha^{21} ʒiu^{44} a^{242}
爪牙	骹团 kha^{53} iaŋ^{31}	后台老板	后臂山 au^{21} βie^{44} laŋ^{44}
女佣	依嫂 i^{53} lo^{31}	厨师	厨师父 tuo^{21} la^{53} au^{242}
临时工(女)	行做 kiaŋ^{21} tsɔ^{213}	小摊贩	排摊其① pɛ^{44} thaŋ^{44} ŋi
商人	做生意其 tso^{21} lɛiŋ^{53} ŋɛi^{213} i	教师、医生	先生 siŋ^{44} naŋ^{44}
接生婆	婆奶 po^{31} nɛ^{31}	勤俭持家的人	好团 ho^{24} iaŋ^{31}
败家子	败团 pai^{53} iaŋ^{31}	扒手	拔马 pua^{24} ma^{31}
小偷	做贼 tso^{44} tshɛiʔ^{5}	骗子	光棍 kuoŋ^{53} ŋouŋ^{213}
吝啬鬼	十绝哥 sɛi^{21} tsuo^{44} ko^{44}	花花公子	骹蹓团 kha^{53} liu^{31} iaŋ^{31}
贵族、官员	老爹 lo^{21} lia^{44}	房东	厝主 tshuo^{53} ʒuo^{31}
木头房子	柴林厝 tsha^{21} laŋ^{21} ʒuɔ^{213}	洋楼	洋楼厝 yoŋ^{21} lao^{21} ʒuɔ^{213}
屋顶	厝瓦顶 tshuo^{21} ŋua^{53} liŋ^{31}	屋檐	檐墘头 siŋ^{44} ŋieŋ^{44} nau^{53}
天窗	天星瓦 thieŋ^{21} niŋ^{53} ŋua^{242}	阳台	天台 thieŋ^{44} nai^{53}
走廊	走马 tsau^{24} ma^{31}	厨房	灶前 tsau^{44} lɛiŋ^{53}
屋子	房里 puŋ^{31} lie^{31}	大厅	厅中 thiaŋ^{44} nouŋ^{44}
厢房	僻榭 phieʔ^{5} sia^{242}	厕所	粪坑厝 puŋ^{21} ŋaŋ^{53} ʒuɔ^{213}
公路	车墿 tshia^{53} luɔ^{242}	锅盖	鼎片 tiaŋ^{44} miɛŋ^{213}
锅铲	鼎擶 tiaŋ^{24} thœ^{31}	锅刷	鼎筅 tiaŋ^{24} tshɛiŋ^{31}
铁钳	火钳 hui^{21} ŋiŋ^{53}	吹火筒	火胧 hui^{24} uoŋ^{31}
床铺	被铺 phui^{44} βuo^{44}	床上用品	被帐 phui^{53} luɔŋ^{213}
电灯	电光 tieŋ^{44} ŋuoŋ^{44}	日光灯	电桁 tieŋ^{44} kouŋ^{53}
梳子	头梳 thau^{44} lœ^{44}	内衣	襦 nouŋ^{31}
毛衣	羊毛襦 yoŋ^{31} mo^{31} ouŋ^{31}	背心	裥团 kaʔ^{23} kiaŋ^{31}
衬衫	汗衫 haŋ^{44} naŋ^{44}	肚兜	澜遮 laŋ^{21} tsia^{44}
焖饭	熻饭 hiʔ^{5} puɔŋ^{242}	隔餐饭	凊饭 tshiŋ^{53} muɔ^{242}

① 福州话“排摊其”,意为“摆摊的”,此处“其”读轻声,不标调。下同。

续表

普通话	福州话	普通话	福州话
油条	油炸粿 iu²¹ tsa²⁴ kui³¹	馄饨	扁肉 pieŋ²¹ nyʔ⁵
鱼丸	ŋy³¹ uoŋ⁵³	肉饺	扁肉燕 pieŋ²¹ ny⁵³ ieŋ²¹³
麻糍	抱汤糍 po²¹ louŋ³¹ ni⁵³	麻花·	火把 hui²⁴ βa³¹
光饼	kuoŋ⁵³ miaŋ³¹	征东饼	tsiŋ²¹ niŋ⁵³ miaŋ³¹
板锄	锄头板 thy³¹ lau³¹ pɛiŋ³¹	镰刀	镰锲 lieŋ³¹ ŋai²³
竹编晒器	簸箕 pua⁴⁴ i⁴⁴	小水桶	猴桶 kau³¹ løyŋ³¹
长幅竹编	竹箅 tyʔ²³ piŋ³¹	大型粪桶	粪楻 puŋ⁴⁴ khuoŋ⁵³
小竹篓	篅 lai³¹	自行车	骹踏车 kha²¹ laʔ⁵ tshia¹
竹轿	兜 tɛu⁴⁴	大帆船	麻缆 ma³¹ laŋ³¹
围缯	ui⁴⁴ iŋ⁴⁴	小船	鼠团 tshy²⁴ iaŋ³¹
轮船	汽团 khiʔ⁵³ kiaŋ³¹	木筏	柴排 tsha⁴⁴ βɛ⁵³
舵	尾舵 mui⁴⁴ luai²⁴²	信件	批信 phie⁵³ lɛiŋ²¹³
家具店	闲架店 haŋ²¹ ŋa⁵³ laiŋ²¹³	茶馆	馆店 kuaŋ⁴⁴ naiŋ²¹³
服装店	衣裳店 i⁵³ luoŋ²¹ naiŋ²¹³	酱菜店	酱园店 tsuoŋ⁵³ ŋuoŋ²¹ naiŋ²¹³
理发店	剃头店 thie⁵³ lau²¹ taiŋ²¹³	照相馆	□相馆 khiaʔ²¹ suoŋ⁵³ ŋuaŋ³¹
澡堂	汤池店 thouŋ⁵³ nie²¹ naiŋ²¹³	肉店	肉桌 nyʔ²¹ tsoʔ²³
蔬菜店	菜摊 tshai⁴⁴ laŋ⁴⁴	粮站	米店 mi⁴⁴ laiŋ²¹³
端详	相 suoŋ²¹³	舔	脷 liaʔ²³
钻进去	致 tɛi²¹³	涉水	滤 løy²⁴²
冤枉	冤潲 uaŋ⁵³ tsoʔ²³	乱抓	捎 sa⁴⁴
攥	□ma⁴⁴	凑近	就 tsieu²⁴²
抛掷	溜 liu⁴⁴	揪住	挛 tshi¹
躲藏	伏起 huʔ⁵ i³¹	喊叫	告叫 kœ⁵³ kieu²¹³
告知	喊 haŋ²¹³	顶住	拄 tiu¹
接续	世 sie²¹³	填塞（食物）	筑 tøyʔ²³
下垂、吊挂	嘟噜 tu⁴⁴ lu⁴⁴	猜（谜）	准 tsuŋ³¹
喜好	乐 ŋau²⁴²	粗、老（菜）	砸 kuai⁴⁴
美、漂亮	俊 tsouŋ²¹³	忠厚	善 sieŋ²⁴²
丑陋	生得呆 saŋ²¹ niʔŋai⁵³	习惯	更势 kɛiŋ⁵³ sie²¹³
雅致	嫩腻 nouŋ⁵³ nei²⁴²	鲜亮	光鲜 kuoŋ⁴⁴ tshieŋ⁴⁴

2.古语词

朦 møyŋ¹　蓬松。如：～糕（一种发糕）。《集韵》谟蓬切："大貌，丰也。"《方言》："秦晋之间凡大貌谓之～。一曰丰也。"

濛 muŋ¹　细雨。如：～～雨。《集韵》谟蓬切："微雨也。"

瘲 tshyŋ²　扭伤。如：手肘～去（肘部扭伤了）。《集韵》将容切："病也。"

黐 li¹　粘。如：～布（胶布）。《集韵》邻知切："粘也。"

焷 pi²　沿着温热的锅侧添加汤水。如：水～去未（水添加了没有）。《集韵》频弥切："火熟也。"

徥 sie²　慢行貌。如：～䠁进（走不动）。《集韵》常支切："《说文》～～，行貌。"

羇 kie¹　系，绑。如：牛索着～好（牛绳要系好）。《集韵》居宜切："马绊也。"《后汉书》八十上《杜笃传·论都赋》："南～钩町，水剑强越。"

䬃 tshou²　嘴馋，常用以骂人。如：～祭。《广韵》："馋食也。"士江切。

于 y¹　舒坦。如：睏弹珠床尽～（睡弹簧床真舒坦）。《集韵》云俱切："《说文》：於也，象气之舒。"

㷇 tsøyŋ¹　光火。如：肝火～（内心发火）。《集韵》将容切："火出穴中。"

跿 luŋ¹　走动。如：逐日～～动（天天走来走去）。《集韵》卢东切："行貌。"

躯 khu¹　量词，指躯干的一小截。如：带鱼两～（带鱼两截）。《集韵》亏于切："《说文》：体也。"

柎 puo²　量词，朵。如：几～花。《集韵》冯无切："《说文》：草木花房。一曰花下萼。"

扶 phuo²　迎合，讨好。如：新妇～大家（儿媳迎合婆婆）。《集韵》冯无切："《说文》：左也。一曰相也。"

殂 tsu²　临死状，呆滞。如：鸡囝～去（小鸡快死了）。《集韵》丛祖切："《说文》：往死也。"

娄 ly²　欣喜，舒畅。如：欢喜～去（高兴得心情舒畅）。《集韵》龙珠切："悦也。"

瞜 lau¹　扫视。如：目珠～一下（眼睛扫视一下）。《集韵》郎侯切："一曰细视。"

撴 tuŋ¹　撞到，触及。如：儿囝故细，䠁～哩（孩子还小，不能碰的）。《集韵》都昆切："击也。"

饣尼 ne² 煮熟的芋头捣烂后，添加进调味品的一种食物，俗称"芋～"。《集韵》女夷切："饵也。"俗写作"泥"。

其 ki² 量词，指人，相当于"个"。如：十～八只（十个八个）。《集韵》渠之切："辞也。"古代～常做第三人称代词。如《诗·桃夭》："桃之夭夭，灼灼～华。之子于归，宜～室家。"今福州话转用作指人量词。

麇 khyŋ² 成批、成堆。如：菜买蜀～（菜买一堆），侬来蜀～（人来一批）。《集韵》衢云切："群也。《春秋传》：求诸侯而～至。"

干 kaŋ¹ 强求。如：～伊来（强要他来）。《集韵》居寒切："《说文》：～，犯也。"

填₁ teiŋ² 偿还。如：借钱着～（借钱要偿还）。《集韵》亭年切："《说文》：塞也。"

填₂ tieŋ⁵ 满，厚重。如：篮囝菜贮～去了（篮子里菜装满了）。《集韵》徒偃切："厚重貌。"

悗 maŋ¹ 迷惑不解。如：依弟团书读燏去，数～去（小弟弟书读不下去，数学不理解）。《集韵》谟官切："惑也。"

辛 khieŋ¹ 罪恶。如：做～其（造孽的）、～做满贯（罪恶满贯）。《集韵》丘闲切："罪也。"

延 ieŋ² 招引。如：～麇结阵（成群结队）。《集韵》夷然切："《说文》：一曰陈也，及也。"

嚚 ŋaŋ² 嘈杂声。如：房里～～叫（屋里人声嘈杂）。《集韵》牛闲切："语声。"

撼 suoŋ² 蔓延，伸长。如：匏藤罔～罔长（葫芦瓜的藤蔓越引越长）。《集韵》旬宣切："引也。"

粔 uoŋ² 粉糕类。如：肉～，系用芋头刨丝加淀粉、白糖加工成的一种年糕。《集韵》胡官切："粉饵。"俗作"丸"或"圆"。

慘 tshaŋ² 残忍，狠戾。如：侬～毋惊死（人心狠不怕死）。《集韵》财干切："恺也。"恺，《集韵》支义切："《说文》：狠也。"《庄子·齐物论》："大勇不恺。"

蟟 liu² 一种贝类，可食用，即蚬子，俗称"～囝"。《集韵》怜萧切："虫名。"《博雅》："蜱蟟也。"

膠 lau¹ 虚，空。如：空～～～（空荡荡）。《集韵》怜萧切："《说文》：虚也。"

旋 suoŋ² 曲线游动。如：老蛇～来～去（老蛇来回游动）。《集韵》旬缘切:“周也。”

邀 iu^1　携带。如:老依～儿囝(老人携小孩)。《集韵》伊消切。《正韵》:“招也。”引李白诗“举杯～明月,对影成三人”。当地方言用引申义。

歊 $h\varepsilon u^1$　哮喘。如:嗽完就～(咳嗽完就喘)。《集韵》虚娇切:“《说文》～,气出貌。”

觩 $khiu^2$　蜷曲。如:牛角无羊角～(牛角没羊角蜷曲)。《集韵》渠娇切:“角曲。”

謼 hau^1　咆哮。如:～～叫(吼叫)。《集韵》虚交切:“吴人谓叫呼为～。”

賸 $l\varepsilon u^2$　钱财,引申指好处。如:无～(没好处)、～来了(好处来了)。《集韵》卢侯切:“贪财。”

脬 pha^2　膀胱。福州口语膀胱说屦～[$li\eta^{44}$ pha^{44}]。《集韵》披交切:“《说文》:膀胱也。通作胞、泡。”

聛 $tsiu^2$　聒噪声。如:耳～嘲去(耳朵满是噪音,听觉不清)。《集韵》慈焦切:“～～,耳鸣。”

燶 $tsau^1$　木柴、木炭类烧焦而未烧透的残余。如:柴～、炭～。《集韵》臧曹切:“《说文》:焦也。”

嘈 $ts\oe^2$　嘈杂。如:声音野～(声音很嘈杂)。《集韵》财劳切:“《广雅》:～、叫,声也。”

鏪 so^2　穿进,装配。如:～紧(套紧)。《集韵》财劳切:“穿也。”

繅 sa^2　捆束,结绳。如:～紧(捆束紧)、拍活～(打活结)。《集韵》锄交切:“束也。”

渮 ko^1　浓的汁液。如:流鼻～(流脓的鼻液)。《集韵》居何切:“《说文》:多汁也。”

嘲 u^2　声音含糊不清。如:耳聛～去(耳朵被噪音弄得听觉含糊)。《集韵》洪孤切:“唅嘲,声也。”

剂 $ts\varepsilon^2$　截取。如:使手掌～(用手掌截取)。《集韵》前西切:“《说文》:齐也。”《尔雅・释言》:“～,剪,齐也。”《疏》:“齐,截也。”

稊 tai^1　小米。《集韵》田黎切:“草名。《说文》蕛苵也。郭璞曰:蕛似稗,布地生。”

褑 $kh\varepsilon^1$　衣襟。如:大～(大襟)。《集韵》户佳切:“《埤苍》:衣袖也。”

瘵 $tsha^2$　瘦硬。如:鸡肉野～,煮鲙烂(鸡肉既瘦又硬,煮不烂)。《集韵》锄佳切："瘦也。"

挃 tshi^1 揪住。如：～伊头发（揪着他头发）。《集韵》千咨切："挃也。"

饻 tse^1 祭祀用的饭饼。如：鬼囝抢～（小鬼抢祭祀的饭饼）。《集韵》才资切："《说文》：稻饼也。"

蜞 khi^2 一种小蟹，生河边，俗称"蟛～"，俗间也用以腌制成"蟛～酱"。《集韵》渠之切："彭～，虫名，似蟹而小，不可食。"

蜞 khi^2 紧粘住。如：～碗担（旧时以粘补碗盆裂缝为生的小手工业者，多挑担子穿行小巷中营业）、儿囝哥～娘奶（小孩粘着母亲）。《集韵》渠之切："蠚也。"

趄 toe^2 死亡。如：鸡囝～岫（小鸡死在鸡窝里）。《集韵》同都切："～趄，伏也。"音义俱合。

榍 se^1 竹枝。如：竹～（竹枝）。《集韵》先齐切："柿，～也。"

頹 tai^2 下坠。如：～落去（坠下去）。《集韵》徒回切："《说文》：下坠也。"

匀 yŋ^2 均分。如：梨～几主分（梨子几家平均分）。《集韵》俞伦切："《说文》：一曰均也。"

襱 touŋ^2 裤子短小。如：裤～（短裤）。《集韵》传江切："短衣也。"

蔫 yoŋ^1 液体败坏后发出的一种异臭。如：尿～去臭（小便发出异臭）。《集韵》依言切："～葼，慈也。"葼，《集韵》於袁切："《博雅》：败也。"

腞 touŋ^1 阉割。如：～鸡（阉鸡）、～猪（阉猪）。《集韵》都昆切："《字林》：去畜势也。"

胍 kua^1 肚子大。如：肥～～（胖墩墩）。《集韵》姑华切："腹大。"

划 kua^1 割伤，划伤。如：手乞～伤（手被划伤）。《集韵》姑华切："割也。"

科 khuo^1 估算，折算。如：蜀斤菜油着～成百块（一斤菜油要折合上百元）。《集韵》苦禾切。《说文》："程也。从禾，从斗。斗者，量也。"

涹 o^1 沾染上。如：衣裳～拉渣去（衣服沾染脏了）。《集韵》乌禾切："浊也，沤也。楚人曰沤，齐人曰～。"

搓挪 $\text{tshuo}^1\text{nuo}^1$ 不停地旋动，转身。如：玻璃珠会～～（玻璃珠会旋转）。傞，《集韵》仓何切："～～也。"挪，《集韵》囊何切，义同。又作"搓娜"。

膠 løy^1 木头上隆起的赘节。如：柴～（木节）。《广韵》卢怀切："形貌恶也。"又《集韵》伦追切："脯也。"又鲁水切："皮起也。"

眇 so¹　环顾，扫描。如：目珠～～动（眼睛看来看去）。《集韵》桑何切："视之略也。"

瘦 søy¹　瘦。如：无食无睏会～（没吃没睡会瘦）。《集韵》苏禾切："疾也。"

蟶 tshia¹　一种小蚌，俗称"～螯"，实即蛤蜊。《集韵》昌遮切："～螯，虫名。如蚬而大，通作车。"

瘑 sa¹　发痒。如：～～痒（痒得厉害）。《集韵》思嗟切："痒也。"

挐 na⁵²　长度单位，多指拇指与中指张开的距离。如：蜀～长（一拃长）。《集韵》女加切："《说文》：牵引也。"

齢 khɛ¹　啃。如：果蔗～得起（果蔗啃得起）。《集韵》丘加切："《字林》：大齧也。"

椏 ŋɛ¹　枝条。如：树～（树枝）。《集韵》牛加切："《说文》：木也。"

踢 tøuŋ²　顿脚。如：生意蚀本会～跳（生意亏本会顿脚）。《集韵》徒郎切："《说文》：跌～也；一曰抢也。"

劻 louŋ¹　猛击。如：拳头母～蜀锤（拳头击一下）。《集韵》卢当切："有力也。"

纲 kouŋ¹　绳子，带子。如：收～裤裆（束带子的短裤）。《集韵》居郎切："《说文》：维纮，绳也。"

抗 houŋ²　扶持，举起。如：桌未梳好，着～蜀～（桌子没安装好，要扶持一下）。《集韵》寒刚切："举也。"

斛 phaŋ¹　减掉过量的东西。如：此袋米过重，～别袋去（这袋米太重，减到别袋去）。《集韵》铺郎切："《说文》：量物溢也。"

央 ouŋ²　久。如：等伊野～（等他很久）。《集韵》於良切："一曰久也。"

皇 kuoŋ²　整数，不零散。如：～钱换碎钱（整数钱换零钱）。《集韵》胡光切："《说文》：大也。"

详 suøŋ²　对神异之事加以诠释。如：～梦（解释梦境）。《集韵》徐羊切："审议也。"

憧 tsuoŋ¹　惊惧。如：慌～（恐慌）。《集韵》诸良切："惶惧也。"

张 touŋ¹　安装器械以捕捉动物。如：～鸟，～老鼠。《集韵》切："《说文》：施弓弦也。"

樻 khuoŋ²　大木桶，农家常用以装盛谷米之类。如：水～、米～。《集韵》胡盲切。

伧 tsaŋ² 　鄙贱，骂人话。如:俗间鄙视人家小孩,常骂之为～丁。《集韵》锄庚切:"吴人骂楚人曰～。"《晋阳秋》:"吴人谓中州人为～。陆机呼左思为'～父'。"

枨 taŋ² 　拐杖。如:青盲～(瞎子拄的拐杖)。《集韵》除庚切:"《说文》:杖也。"

瞪 taŋ² 　看。如:目珠乞～蜀眼(眼睛看他一下)。《集韵》除庚切:"睗～,视貌。"

茎 huaŋ² 　特指芋头的茎叶,俗称"芋～"为[uɔ⁶huaŋ²]。《集韵》何耕切:"《说文》:一说草曰～,竹曰箇,木曰枝。"

菁 tsiŋ¹ 　茅草。俗称"菅～"[kaŋ¹tsiŋ¹]。《集韵》子丁切:"《说文》:一曰茅,有毛刺曰～茅。"

謍 tsheiŋ¹ 　呻吟。如:～病(病中呻吟,骂人话)。《集韵》初耕切:"呻也。"

攖 ɛiŋ¹ 　放,搁置。如:书～上架(书搁架上)。《集韵》伊盈切:"拈也,乱也。"

伥 tsiaŋ¹ 　慌张。如:～～妈[tsiaŋ¹tsiaŋ¹ma³](举止慌张,不沉稳的人,多指女性)。《集韵》诸盈切:"伥伀,惶遽也。"

炡 tsiŋ¹ 　烧煮。如:猪骹着～熟(猪蹄要煮熟)。《集韵》诸盈切:"～,燇,煤也。"

竮 piaŋ³ 　跛足。如:～骹(跛脚)。《集韵》傍丁切:"竛～,行不正也。"

覭 miŋ¹ 　躲藏。如:～厝吼(躲在家中)。《集韵》忙经切:"《说文》:小见也。"

廳 tiŋ² 　有所等待。如:～厝(暂放灵柩待葬的简易棚屋)。《广韵》堂练切:"待也。"《集韵》唐丁切。

痭 puŋ¹ 　妇科病,血崩。如:血山～(血崩)。《集韵》悲朋切:"女病,血不止。"

尻 khiu² 　窘迫。如:家景翕好,野～(家景不好,很窘迫)。《集韵》渠尤切:"《说文》:迫也。"

彄 khau¹ 　弓弩上的拉弦之处,也指枪支上的彄把儿。俗间谋事成功有所收获叫"开～"。其意义或从猎获引申而来。《集韵》墟侯切:"《说文》:弓弩端弦所居也。"

3.地名词

(1)与山水地理相关的

洋 yoŋ² 闽省带"洋"的地名，主要指小平原，与海洋无关。福州市内与郊区带"洋"的地名甚多。如市区的～中、～头口；郊区的泮～（洪山乡）、南～、大坂～（新店），等等。据人统计，全市此类地名多达六七十个。

园 huoŋ² 闽语的"园"常指旱地，傍园的村庄也十分多。如城区的茶～、怡～、～南里，郊区的兴～（洪山乡）、李～、西～（新店乡）、沙～（琅岐乡），等等，均以园为名。

埕 tian² 闽方言常指平地。如后门～，即指位于后门的平地。如台江有下底～、竹排～；苍霞有合春～，仓山有户厝～，等等。

墩 touŋ¹ 《集韵》墩："平地有堆者"，都昆切。福州盆地多有小山，村庄以墩为名的不少。如潘～（鼓山乡）、温～（城门乡）等。

坑 khaŋ¹ 福州盆地地势周边高中间低，山坡、小坑，比比皆是，故带"坑"字的地名为数甚多，不少村落干脆以坑为名，例如：～头、亭～（新店乡）、～里、马～（洪山乡）、洋～、山洋～（宦溪乡）、谢～（城门乡）等。

坪 paŋ² 闽东一带多指山中小平地。以"坪"作为地名是当地一大特色。如鼓岭乡有鼓岭～，亭江乡有下～、坑～，新店乡有娘奶～。郊区闽侯还有廷～乡，等。

岐 kie² 《集韵》读翘移切，义为"旁出道"。福州闽侯一带水陆相连，道路交叉旁出，故地名多以"岐"字命名。如亭江乡有魁～、下～，盖山乡有阳～，琅岐乡有琅～、中～，新店乡有前～；郊区闽侯有苏～、新～（南通乡），等等。

浦 phuo³ 福州一带凡河水出入交汇处多叫"浦"，因此，"浦"便成为当地地名中的常用词。市内所见便有泛船～、～东、～西、程～头、施～等路名，街坊里巷中有～墘里、金斗～、眼镜～等地名；郊区的自然村如建新一带则有麦～、透～、镜～、～上、～前等村名，大大小小不下数十处。

塘 touŋ² 本义乃"偃潴"，属于防洪堤坝之类。小池虽亦曰"塘"，考其字本当作"溏"。《集韵》溏："一曰池也。"福州一带多有带"塘"地名，大多与历史上修过水利工程有关，当地池塘，一般称"池"或"泏"[khauʔ⁷]，未见称"塘"的。后者《集韵》苦骨切："水定也，一曰沤池。"带"塘"的地名，较为人们熟知的有洪～、～下洲（建新乡）、后～（新店乡）、白水～、二～（洪山乡）等。

汤 thouŋ¹ 福州一带多温泉，利用温泉为人们生活服务自宋朝开始便已见旧书记载。当地口语热水称汤，温泉也说汤。而带"汤"的地名也有不少，例如金～境、～井、～边、～门、～郊场，等等。

屿 søy⁵　历史上的福州,曾是海湾地带。据云城中高盖山、妙峰山及一些盆地以"屿"命名之村落,如前~、横~等,均在十来米的高度,在海侵时代仅为小岛而已。因此,市区带"岛"地名仅有琅岐~、南台~等,数量有限;而带"屿"的地名便为数不少。其中较为人们所熟知的有台~、横~、前后~、盘~、南~、怪~、扈~、鸡母~,等等。值得一提的是,福州仓山区的义序机场,实际上应作"义屿"机场,今作"义序",实属地名雅化所致。

洲 tsiu¹　福州地处闽江下游,这一带腹地宽阔,出口处狭窄,闽江入海口颇似瓶颈。由于上游经年累月江水冲刷,造成泥沙淤积,河床堵塞,并形成诸多流布各处的沙洲。因此,以洲为地名便成为当地人们的习惯。例如,市区居民点便有三县~、中~、瀛~、仓下~、义~、鸭母~、鳌峰~等;而郊区及闽侯一带则此类地名更多,其中较有知名度的便有螺~、新~、马~、柳浪~、浦口~、禄家~、苏~桥、罗~,等等。

漈　方音 tsie⁵,《集韵》子例切:"水涯"。闽东一带指山间的大小瀑布。因其字少见,故常被人改写祭或际。有些山野乡村雨后常见瀑布,人们也常以之作地名使用。如城门乡的胡际,岭头乡的水祭顶,宦溪乡的祭顶,红寮乡的百丈际(今水库旧址),等等。

（2）与民居形式有关的

厝 tshuɔ⁴　闽省口语常称房屋为厝。旧时社会生产力低下,人们抵御自然灾害与外部侵害,力量弱小,因此同姓同村的宗亲便多聚居一处,以维护社会生活的稳定和内部的团结。闽语房屋(家)称厝,便是此一现实的反映。古籍《孝经·丧亲》章便有"卜其兆宅,而安厝之",陆德明《经典释文》说"厝本作措"。故厝、措应有"措置、安置"之义。闽人早期生活困难、漂泊不定,盖厝定居,便成为安身立命之举。积以时日,"厝"便成为地名词了。如今此类地名,多在厝前冠以姓氏,或在其后加上"里、巷、寻"等,如,大~里、欧~弄(台江区)、陈~巷、周~巷(仓山区)、杨~弄、张~弄(鼓楼区)。郊区之中,带厝的地名也很常见,如建新乡的郭~里、潘~巷,等等。

宅 thaʔ⁷　《说文》:"所托也。"同样指人寄寓、安居之所。与厝一样,当地民间房屋称宅,同时也成地名的,如,市区有肖~、郭~等,但为数较少;而郊区尤其近江边的仓山、建新一带,带宅的地名相对较多,俗有"凤岗里三十六宅"之称,指的是这一带共有 36 姓宗亲聚居的村落。如,叶~、谢~、刘~、高~、冯~、周~、张~等等。郊县闽侯也有带宅的村名,如,南通乡有廷~、瓜~等。

（3）与宗教信仰相关的

闽俗信神巫鬼怪，古代街坊多设神庙以为供奉。新中国成立后，此类神庙多已拆除，但地名尚在。其中较常用的有庙、庵、涧、社、境等几类。庵庙类他处多有，下举点他处罕有或不用的。

涧 kaŋ¹　带涧的地名新中国成立前有十多处，后多废。今仅余大西～、玉山～、南～寺、西～前、福～街、福～前、～田等数处。古代之"涧"实为简陋小庙，专祀驱逐瘟疫的神明五帝（神姓为张、钟、刘、史、赵）。

社 sia⁵　称"社"的，庙宇一般祀土地公福德。新中国成立后虽多废，地名仍见在。如：长寿～、升平～，等。

境 kiŋ³　境亦神庙。《闽杂记》卷二《钟山》："境犹之社。福州各社庙皆谓之境，或亦曰涧。故大中旧额书（钟山境为）钟山古涧。"当地街巷仍见一些称"境"的地名，原先均有神庙。如：长河～、车努～、文峰～、太保～、龙庭～、金汤～、通天～、浦西～、状元～，等。

4.民俗词

（1）婚嫁类

表 2-7

普通话	福州话	普通话	福州话
娶儿媳	讨新妇 tho²¹ liŋ⁵³ mou²⁴²	提亲	讲亲 kouŋ²¹ ʒiŋ⁴
娶亲	讨亲 tho²¹ ʒiŋ⁴	娶妻	讨老妈 tho²¹ lau⁵³ ma³¹
出嫁	做新妇 tso²¹ liŋ⁵³ mou²⁴²	结亲	做亲 tso⁴⁴ ʒiŋ⁴⁴
媒人	媒侬 mui⁴⁴ nøyŋ⁵³	媒婆	媒侬婆 mui⁴⁴ nøyŋ⁴⁴ mo⁵³
喜辰	hi²¹ liŋ⁵³	说合	问字 muoŋ⁵³ tsei²⁴²
交换八字	合婚 haʔ⁵ huoŋ⁴⁴	相亲	看亲 khaŋ⁴⁴ ʒiŋ⁴⁴
定聘	砑帖 ta⁵² laiʔ²³	聘金	礼身 lɛ²¹ liŋ⁴⁴
择吉	讨日子 tho²¹ niʔ⁵ tsi³¹	办嫁妆	办亲 pɛiŋ⁴⁴ ʒiŋ⁴⁴
梳洗	试妆 tshi⁴⁴ tsouŋ⁴⁴	妆奁	镜箱 kiaŋ⁴⁴ nuoŋ⁴⁴
礼仪①	添箱 thieŋ⁴⁴ nuoŋ⁴⁴	仪仗队②	金鼓花轿 kiŋ⁵³ ŋu³¹ hua⁵³ ieu²⁴²
大灯笼	高照 ko⁵³ ʒieu²¹³	鞭炮	炮仗 phau⁵³ luoŋ²⁴²

①　礼仪：此指亲友馈赠新娘的衣礼。
②　仪仗队：含锣鼓、花轿、唢呐等，迎亲队。

续表

普通话	福州话	普通话	福州话
连环响	百子挂 pɛiʔ²³ tsy⁴⁴ ua²¹³	花炮名	双门响 søyŋ⁵³ muoŋ³¹ hyoŋ³¹
	过门 kuo⁴⁴ muoŋ⁵³	新娘	新人 siŋ⁴⁴ ŋiŋ⁵³
新郎	新郎婿 siŋ⁵³ nouŋ²¹ nai²¹³		伴房妈 phuaŋ⁵³ muŋ³¹ ma³¹
童男童女	花童 hua⁴⁴ luŋ⁵³	新房	新人房 siŋ⁴⁴ ŋiŋ⁴⁴ muŋ⁵³
	坐床① søyŋ⁴⁴ ʒouŋ⁵³	拜堂	pai⁴⁴ løuŋ⁵³
婚酒	新人酒 siŋ⁴⁴ ŋiŋ³¹ tsiu³¹	堂见	见厅 kieŋ⁴⁴ nieŋ⁴⁴
小红包	见面礼 kieŋ²¹ miŋ⁵³ lɛ³¹	闹洞房	做戏出 tso²¹ hie⁵² ʒou²³
新娘下厨	试鼎 tshi⁵³ liaŋ³¹		请回门② tshiaŋ²⁴ hui⁴⁴ muoŋ⁵³
	撮食③ tshouʔ⁴⁴ sieʔ⁵	入赘	招上门 tsiu²¹ suoŋ⁴⁴ muoŋ⁵³
童养媳	新妇囝 liŋ²¹ mu⁵³ iaŋ³¹	童养媳完婚	圆房 ieŋ⁴⁴ muŋ⁵³
再婚	二婚 ni⁵³ uoŋ⁴⁴	续弦	继娶 kie⁵² ʒøy²¹³
原配	结发其 kieʔ⁵ huaʔ²³ i		

（2）丧葬类

表 2-8

普通话	福州话	普通话	福州话
去世	过世 kuo⁵³ lie²¹³	棺木	寿板 siu⁵³ βɛiŋ³¹
	寿衣④ siu⁴⁴ i⁴⁴	灵柩	棺材 kuaŋ⁴⁴ tshai⁵³
	做七 tso⁵³ tshɛiʔ²³	童棺	金篚 kiŋ⁴⁴ løyʔ⁵
	搬药筛⑤ puaŋ²¹ yo⁴⁴ lai⁴⁴	寿衣	麻衫 muai⁴⁴ laŋ⁴⁴
挂轴	轴 tyʔ⁵	出殡	出葬 tshuʔ⁵ tsauŋ²¹³
殡葬鼓乐	十番吹 sɛiʔ²¹ huaŋ⁴⁴ tshie⁴⁴	撒纸钱	放钱纸 puŋ⁵³ tsieŋ³¹ ʒai³¹
做法事	请道士 tshiaŋ⁴⁴ to²¹ lai²⁴²	算命	看命 khaŋ⁵³ miaŋ²⁴²

① 指新婚夫妇拜堂前并坐床沿候事。
② 请回门：指新婚夫妇偕往拜会女方父母。
③ 撮食：指女家亲友向新婚讨小费请客。
④ 寿衣：为死者生前预制的新衣。
⑤ 搬药筛：人咽气后家设转轮绕环哭丧。

续表

普通话	福州话	普通话	福州话
看风水	做地理 tso²¹ ti⁵³ li³¹	罗盘	罗经 lo⁴⁴ iŋ⁴⁴
墓穴	墓圹 muo⁴⁴ khuoŋ³¹	墓碑	墓牌 muo⁴⁴ βɛ⁵³
墓场	墓埕 muo⁴⁴ liaŋ⁵³		厝厝① tiŋ⁵³ ʒuɔ²¹³
收尸人	仵作 ŋu⁴⁴ ʒauʔ²³	拾残骸	拾骨 khaʔ⁵ kauʔ²³
骨殖坛子	金瓮 kiŋ⁵³ ɔyŋ²¹³	百日祭	百日里 pa²¹ ni⁵³ tie³¹
忌日祭祀	做忌 tso⁵³ kei²⁴²	夭折	短命 tøy⁴⁴ mian²⁴²
溺死	浸死 tsɛiŋ⁴ si³¹	投水自杀	跳落浦 thiu²¹ lo⁵³
	三浮三沉② saŋ⁴⁴ phu⁵³ saŋ⁴⁴ theiŋ⁵³		水鬼拖后替③ tsy²⁴ ui³¹ thua²¹ au⁵³ lai²¹³
神龛	公婆龛 kuŋ⁴⁴ mo⁴⁴ khaŋ⁴⁴	祖先灵牌	公婆妈 kuŋ⁵³ mo³¹ ma³¹

(3)岁时类

表 2-9

普通话	福州话	普通话	福州话
贺新年	拜年 pai⁴⁴ nieŋ⁵³	会亲	会亲 hui⁴⁴ tshiŋ⁴⁴
春宴	食春酒 sie²¹ tshuŋ⁵³ tsiu³¹	春卷	春饼 tshuŋ⁵³ miaŋ³¹
对联	门联 muoŋ⁴⁴ lieŋ⁵³	祭祖	上纸④ suoŋ⁵³ tsai³¹
迎春	接春 tsie²¹ tshuŋ⁴⁴	元宵节	做十五 tso⁵³ lei⁵³ ŋou²⁴²
汤圆名	元宵丸 ŋuoŋ²¹ niu⁴⁴ uoŋ⁵³		舞龙灯 u²⁴ lyŋ³¹ teiŋ¹
敬母节	孝九⑤ au⁵³ au³¹		清明粿 tshiŋ⁵³ miŋ³¹ ŋui³¹
	菠菠粿 po²¹ po⁵³ ui³¹		午时茶 ŋu²³ li³¹ la⁵³
扫墓	砥纸 ta⁵³ ʒai³¹	荠菜	懿旨菜⑥ i²¹ ʒi⁵³ ʒai²¹³
	假燕⑦ ka⁴⁴ ieŋ²¹³	端午节	五月节 ŋu²¹ ŋuo⁵³ tsaiʔ²³

---

① 厝厝:停棺待葬的棚屋。

② 三浮三沉:渔俗,人溺死须三浮三沉方可施救。

③ 后替:替身。即替死鬼。

④ 上纸:祭祖,在阳历正月十一日。

⑤ 孝九:在旧历正月二十九日,女子给娘家送糖粥,以表孝敬。

⑥ 懿旨菜:旧历三月初三采摘,悬门上驱邪。

⑦ 假燕:立夏时用米浆加工的一种薄饼。

续表

普通话	福州话	普通话	福州话
龙舟竞渡	扒龙船 pa²¹ luŋ²¹ nuŋ⁵³	包粽子	裹粽 kui⁴⁴ tsoyŋ²¹³
七夕	七月七夕 tshiʔ²¹ ŋuo²¹ tshi²¹ siʔ⁵	中元节	七月半 tshi²¹ ŋuoʔ⁵ puaŋ⁴⁴
中元节	做半段 tso²¹ puaŋ⁵³ nauŋ²⁴²	焚纸钱	烧纸衣 siu²¹ tsia²¹ i⁴⁴
中秋节	八月中秋 pɛi²¹ ŋuo²¹ tyŋ⁴⁴ ʒiu⁴⁴	月饼	礼饼 lɛ²⁴ βiaŋ³¹
重阳糕	九重馃 kau²⁴ lyŋ³¹ ŋui³¹	放风筝	放纸鹞 puŋ²¹ tsai⁴⁴ ieu²⁴²
冬至	冬节 tøyŋ⁵³ tsaiʔ²³	麻糍	抱汤糍 po²¹ louŋ³¹ ni⁵³
糍粑粉剂	糍粞 si²¹ ʒa²¹³	祭灶	tsie⁵³ tsau²¹³
祭灶糕	祭灶料 tsie²¹ ʒau⁵³ lau²⁴²	祭灶糖	tsie²¹ tsau⁴⁴ louŋ⁵³
祭灶饼	tsie²¹ tsau⁵³ βiaŋ³¹	灶神	灶君灶妈 tsau⁴⁴ uŋ⁴⁴ tsau⁴⁴ mai³¹
除尘	笼堂 tsheiŋ²¹ nouŋ⁵³	过小年	做小岁 tso²¹ siu⁴⁴ huoi²¹³
过大年	做大岁 tso²¹ tuai⁵³ huoi²¹³	年三十	三十暝晡 saŋ²¹ nei⁴⁴ maŋ⁴⁴ muo⁴⁴
围炉	做岁 tso⁵³ uoi²¹³	压岁钱	砑岁钱 ta²¹ ui⁴⁴ tsieŋ⁵³

（4）礼仪类

表 2-10

普通话	福州话	普通话	福州话
出生	出世 tshuʔ⁵ sie²¹³	洗三	做三旦 tso²¹ saŋ⁵³ naŋ²¹³
满月宴	做满月 tso²¹ muaŋ²¹ ŋuoʔ⁵	周岁宴	做晬 tso²¹ tsøy²¹³
抓周	捔晬 ma⁵³ tsøy²¹³	庆生	做生日 tso²¹ saŋ⁴⁴ niʔ⁵
行成年礼	做出幼 tso²¹ tshuʔ⁵ ieu²¹³	月经初潮	做大依 tso²¹ tuai⁴⁴ nøyŋ⁵³
贺寿	上寿① suoŋ⁵³ sieu²⁴²	做寿	tso²¹ siu²⁴²
贺九	做九② tso²¹ kau³¹		正九 tsiaŋ⁵³ ŋau³¹
	暗九 aŋ⁵³ ŋau³¹	熟蛋	太平③ thai⁴⁴ βiŋ⁵²

① 上寿:已达长寿之年。

② 做九:贺九。指老人庆长寿,年岁与"九"相关的。年岁值"九"的称"正九",年龄是"九"倍数的称"暗九"。

③ 太平:与下条的"太平卵"均指熟蛋。旧俗人遇节日、生辰及喜事要吃熟蛋,预示平安、圆满。下条"太平卵"义同"太平",卵[lauŋ⁵],福州人指蛋。而"太平面"指熟蛋煮线面。当地"面、命"音近,寓意长命百岁。

续表

普通话	福州话	普通话	福州话
太平蛋	太平卵 thai^{53} βiŋ^{21} nauŋ^{242}	蛋面	太平面 thai^{53} βiŋ^{21} mieŋ^{242}
画幅类	帾 tshɔyʔ^{23}		

（5）宗教信仰类

表 2-11

普通话	福州话	普通话	福州话
妈祖	娘奶 nouŋ^{31} nɛ^{31}	保赤神①	临水奶 liŋ^{21} ʒy^{24} nɛ^{31}
求子	请花 tshiaŋ^{21} ŋua^{1}	神名	五帝 ŋu^{44} la^{213}
神名	七爷 tshiʔ^{21} ie^{53}	神名	八爷 peiʔ^{21} ie^{53}
尚书公②	suoŋ^{21} ny^{44} uŋ^{44}	纸制神像	塔骨 taʔ^{5} kauʔ^{23}
保长公	po^{21} luoŋ^{21} ŋuŋ^{44}		孩儿弟 hai^{21} i^{21} lie^{242}
保境神	大王爷 tai^{44} uoŋ^{44} ie^{52}	蛙神	青甲将军 tshaŋ^{52} ŋaʔ^{23} tsuoŋ^{44} ŋuŋ^{44}
	仙君诞 sieŋ^{21} ŋuŋ^{53} naŋ^{213}	听唱曲③	thiaŋ^{21} tshuoŋ^{52} khuɔʔ^{52}
土地生日	土地公诞 thu^{21} li^{21} uŋ^{53} naŋ^{213}	狐仙诞辰	仙爷诞 sieŋ^{53} ie^{21} laŋ^{213}
祈梦	ki^{21} mɔyŋ^{213}	扶乩	覆桌 phuʔ^{6} tɔʔ^{23}
求神	讨圣 tho^{44} liaŋ^{213}	跳神	拍僮 pha^{44} løyŋ^{53}
女巫	神妈 siŋ^{31} ma^{31}	抽签	thiu^{44} tshieŋ^{44}
签诗	签谱 tshieŋ^{53} muɵ^{31}	圣珓	siaŋ^{53} ŋa^{213}
问卜	跋圣珓 puaʔ^{21} siaŋ^{53} ŋa^{213}	阳珓	字 tshei^{242}
阴珓	覆 phouʔ^{23}	灵验	有圣 u^{53} liaŋ^{213}
算命	看命 khaŋ^{53} miaŋ^{242}	算卦	卜卦 pouʔ^{5} kua^{213}

---

① 保赤神：指临水夫人陈靖姑。

② 尚书公：此指陈文龙，明朝兵部尚书，抗清战死。民间称尚书公，并奉为驱鬼魔神。

③ 听唱曲：民间求神活动之一。求神者在城内南门附近一榕树下听到的第一句话即神灵旨意。

续表

普通话	福州话	普通话	福州话
啄鸟卦	tou²¹ tseu⁴⁴ ua²¹³	生辰八字	时辰八字 si⁴⁴ liŋ⁵³ pɛi⁵ tsei²⁴²
道士	师公 sai⁴⁴ uŋ⁴⁴	做法事	做法 tso⁵³ huaʔ²³
铃铛	铃丁 liŋ⁴⁴ niŋ⁴⁴	号角	乌呜 u⁵³ ou²¹³
上刀梯①	suoŋ²¹ to⁴⁴ lai⁴⁴	过火埕	kuo²¹ hui²¹ liaŋ⁵³
无主孤魂	下界爷 a²¹ ai⁴⁴ ie⁵³	无主女孤魂	下界婆 a²¹ ai⁴⁴ βo⁵³
命数	命格 miaŋ⁵³ kaʔ²³	运气	字运 tsi⁵³ ouŋ²⁴²
运气差	穤运 mai⁴⁴ ouŋ²⁴²	走运	行运 kiaŋ²¹ ouŋ²⁴²
交好运	出运 tshuʔ⁵ ouŋ²⁴²	许愿	下愿 ha⁵³ ŋuoŋ²⁴²
还愿	hɛiŋ²¹ ŋuoŋ²⁴²		

（6）讳饰类

表 2-12

普通话	福州话	普通话	福州话
逝世	百岁 pa⁵³ huoi²¹³	逝世	老去 lau²⁴² o
逝世	过去 kuo²¹³ o	逝世	过后 kuo⁵³ au²⁴²
逝世	过世 kuo⁵³ lie²¹³	逝世	趋去 tœ⁵² o
逝世	去黄塗山 kho²¹ uoŋ³¹ nu³¹ laŋ⁴⁴	逝世	映松柏 ouŋ⁵² syŋ²¹ maʔ²³
逝世	转祖 tuoŋ²⁴ tsu³¹	逝世	去外妈吼食饼 kho²¹ ŋie⁵² ma³¹ lɛsieʔ⁵ tse⁴⁴
逝世	咳去 khœʔ⁵ o	谈恋爱	邀(朋友)iu⁵³ (pɛiŋ³¹ iu³¹)
谈恋爱	缠琴 tieŋ⁴⁴ khiŋ⁵³	谈恋爱	搭鞦 taʔ²¹ maŋ⁴⁴
谈恋爱	千一② tshieŋ⁵³ ɛiʔ²³	谈恋爱	缠糊 tieŋ⁴⁴ ku⁵³
暧昧	做神 tso⁴⁴ liŋ⁵³	纠缠不清(贬义)	暎壳 kaʔ²¹ khoŋ²³
瞎搞(贬义)	夹纱裃 kaʔ²¹ sa⁵³ ua²¹³	淫乱	做猫九 tso⁵³ ma³¹ kau²¹³

---

①　上刀梯：与下条的"过火埕"，同属道士大型法事活动。

②　千一：即 1100，福州方言音谐"邀邀环环"，暗寓"恋爱"之意。

续表

普通话	福州话	普通话	福州话
淫荡	做猫形 tso³³ ma³¹ hiŋ⁵³	私通	偷共侬 thau²¹ øŋ⁴⁴ nøŋ⁵³
戴绿帽子	做二万 tso²¹ ni⁵³ uaŋ²⁴²	男同性恋	做契弟 tso²¹ khie⁵² la²⁴²
妓女	白面哥 pa²²¹ miŋ⁵³ ŋo⁴⁴	娼妇	白面 pa²²¹ mɛiŋ⁵³
当妓女	做鸡 tso⁴⁴ kie⁴⁴	当男妓(即面首)	做鸭 tso⁵³ a²²³
鸨母	鸡头 kie⁴⁴ thau⁵³	暗娼	半开门 puaŋ²¹ ŋui⁴⁴ muoŋ⁵³
奸夫	猪角 ty⁵³ ɔy²²³	未婚夫死亡	拍断线 pha²¹ louŋ⁴⁴ ŋiɛŋ²¹³
养女	矺花树① ta²¹ ua⁵³ tshieu²¹³	老处女	矺厝脊 ta²¹ tshuo⁵³ ʒɛi²²³
拖油瓶	矺桶囝 ta²¹ løŋ²⁴ ŋiaŋ³¹	船民	曲蹄囝 khuo⁵³ lɛ³¹ iaŋ³¹
山里人	岭表 liaŋ²⁴ piu³¹	忘词	拍折牙齿 pha²¹ lie⁵³ ŋai³¹
乌有先生	嗷嗷表伯 ŋau³¹ ŋau³¹ piu⁴⁴ pa²²³	浑身僵硬	翘扁担 khiu²¹ pieŋ²¹ naŋ⁴⁴
馋嘴	含橱猫 han⁴⁴ niu⁴⁴ ma⁵³	断子绝孙	无尾无蒂 mo²¹ mui⁴⁴ mo²¹ lɛi²¹³
屁	肠风 tuoŋ⁴⁴ ŋuŋ⁴⁴	贪婪	长鼻 touŋ²¹ phɛi²¹³
久坐不离	长股川 touŋ²¹ ku²¹ tsuoŋ⁴⁴	衣不蔽体	湖南透四川 hu⁴⁴ naŋ⁵³ thai²¹ sy⁴⁴ tshuoŋ⁴⁴
嗅觉灵敏	鼻尖 phɛi²¹³ tsieŋ⁴⁴	舞弊	做二五 tso²¹ ni⁵³ ŋu³¹

5.熟语

（1）惯用语

龙缠柱 lyŋ⁵³ tieŋ²¹ thieu⁴² 纠缠不清

硋棺材 hai²¹ kuaŋ⁴⁴ tshai⁵³ 极端吝惜

胡对吓 hu⁵³ tøy⁵³ ha²⁵³ 瞎说一气

急喙神 ki²¹ tshui⁴⁴ liŋ⁵³ 急性病

钩钩鼻 kau²¹ kau⁵³ phɛi²¹³ 洋人

加三码 ka²¹ laŋ⁵³ ma³¹ 狡诈

张死款 tuoŋ²¹ si²⁴ khuaŋ³¹ 装腔作势

---

① 矺花树：旧俗家无子嗣，往往要抱养一女子，盼其长成后生男孩。

肝火燂 $kaŋ^{21}$ $ŋuo^{21}$ $tsøyŋ^{44}$ 怒火中烧

长骸鹿 $touŋ^{21}$ $ŋa^{44}$ $løʔ^{5}$ 高个儿

倒手拐 to^{21} $ʒiu^{44}$ $kuai^{242}$ 左撇子

肥奶奶 pui^{21} $nɛ^{31}$ $nɛ^{31}$ 胖墩墩的女人

蹶角团 $khuɔ^{21}$ $kɔy^{24}$ $kiaŋ^{31}$ 年轻好色

娆无定 $hɛu^{21}$ mo^{21} $tiaŋ^{242}$ 骚货

摊关刀 $thaŋ^{21}$ $kuaŋ^{44}$ to^{44} 自我炫耀

五六四 $ŋu^{44}$ liu^{21} $søy^{213}$ 不正经

五六闷 $ŋu^{44}$ liu^{21} $mouŋ^{242}$ 不正经

嫖㤘曝 $phiu^{53}$ sa^{53} $pɔʔ^{23}$ 痛斥

邋邋俭 $lɛ^{21}$ $lɛ^{21}$ $kiɛŋ^{242}$ 勉强

见事妈 $kiɛŋ^{21}$ ai^{53} ma^{31} 好管闲事者

轻重心 $khiŋ^{21}$ $tøyŋ^{44}$ $siŋ^{44}$ 偏心

奸狡利 $kaŋ^{21}$ kiu^{44} $lɛi^{242}$ 吝啬

半咸淡 $puaŋ^{53}$ $kɛiŋ^{21}$ $taŋ^{242}$ 土腔官话

单不信 $taŋ^{21}$ pu^{5} $sɛiŋ^{213}$ 盲目自信

白目恼 $paʔ^{21}$ $møʔ^{53}$ au^{213} 违拗,叛逆

长股川 $touŋ^{21}$ ku^{31} $tshuoŋ^{44}$ 久坐不起

雷来风 $løy^{44}$ li^{44} $huŋ^{44}$ 行事不顺

含糊七 $haŋ^{21}$ hu^{21} $tshɛiʔ^{23}$ 不坚固牢靠

弓拄箭 $kyŋ^{44}$ tiu^{44} $tsiɛŋ^{213}$ 针锋相对

成堆山 $siaŋ^{21}$ $tøy^{44}$ $saŋ^{44}$ 堆积如山

四介眼 si^{21} ka^{24} $ŋaŋ^{31}$ 戴眼镜

跴喙漏 thi^{21} $tshui^{53}$ lau^{213} 死记硬背

拍巴掌 $phaʔ^{21}$ pa^{53} $tsuoŋ^{31}$ 两手空空

含抖卸 $haŋ^{21}$ $tɛu^{44}$ sia^{213} 萎靡不振

半含通 $puaŋ^{44}$ $ŋaŋ^{44}$ $nøyŋ^{44}$ 半通不通

偷食下 $thau^{53}$ $siɛʔ^{21}$ a^{242} 趁人不备

含傻癫 $haŋ^{21}$ na^{44} $liɛŋ^{44}$ 疯疯癫癫

(2)成语

人情世事 $iŋ^{2}$ $tsiŋ^{21}$ $siɛ^{53}$ $søy^{242}$

三不着两 $saŋ^{1}$ $puʔ^{2}$ $tshuoʔ^{53}$ $laŋ^{242}$ 不三不四

大头大面 tuai^{21} thau^{21} tuai^{53} mɛiŋ^{213} 长相大方

五种杂代 ŋu^{24} tʂhyŋ^{31} tsaʔ^{2} təy^{242} 混杂人种

无头无脑 mo^{44} lau^{53} mo^{31} no^{31} 没头脑

无味不素 mo^{21} ɛi^{214} puʔ^{5} sou^{213} 没味道

无眠无□ mo^{21} miŋ^{21} mo^{21} lɔ^{213} 没睡够

五帝瘥搦 ŋu^{44} ta^{213} mɛ^{44} nieʔ^{5} 骂语

老鼠拖尾 lo^{21} tʂhy^{21} thai^{53} mui^{31} 旧式黄包车

好死瘥死 ho^{24} si^{31} me^{53} si^{3} 骂语

会食瘥做 ɛ^{44} sieʔ^{5} mɛ^{5} tsɔ^{213} 会吃不会做

会爬瘥越 a^{44} pa^{21} mɛ^{44} ou^{5} 各色人等

夹糊夹屎 kaʔ^{53} ku^{53} kaʔ^{53} sai^{51} 含混不清

含眠含饵 haŋ^{44} miŋ^{53} haŋ^{21} nøy^{213} 带着睡意

半癫不遂 puaŋ^{21} tieŋ^{21} puʔ^{5} suoi^{242} 半疯癫

孤老包臭 ku^{53} lo^{31} pau^{53} tʂhau^{213} <u>重重</u>包裹

环环辗转 khuaŋ^{21} khuaŋ^{21} nieŋ^{53} tuoŋ^{31} 四处

荒鬼饿道 huoŋ^{53} kui^{31} ŋɔ^{53} tɔ^{242} 饿鬼

花三六八 hua^{44} laŋ^{44} løy^{21} paiʔ^{2} 乱七八糟

花里猫糟 hua^{21} li^{44} ma^{44} tsau^{44} 花哨至极

虾精鳖怪 ha^{44} tsiaŋ^{44} piɛʔ^{5} kuai^{213} 虾兵蟹将

点点涿涿 tɛiŋ^{24} tɛiŋ^{31} tuʔ^{5} touʔ^{23} 随便指点

起早瞓晏 khi^{3} tsa^{3} khouŋ^{53} aŋ^{4} 起早晚睡

根根蒂蒂 kŋ^{44} kyŋ^{44} ti^{21} tɛi^{213} 末枝细节

冥衣钱纸 miŋ^{21} i^{53} tsieŋ^{31} tsai^{31} 纸衣纸钱

野讲野订 ia^{21} kouŋ^{21} ie^{44} tiaŋ^{213} 胡说八道

凉九熻三 liaŋ^{31} kau^{31} hi^{21} saŋ^{44} 三月易受寒多穿衣，九月凉快少穿衣

假三古怪 ka^{21} saŋ^{21} ku^{44} kuai^{213} 稀奇古怪

拉塌精光 laʔ^{5} thaʔ^{23} tsiŋ^{44} kuoŋ^{44} 吃光喝光

掏箸遮鼻 to^{21} tøy^{242} tsia^{53} phɛi^{213} 找借口掩盖

猴马鹿兔 kau^{31} ma^{31} løy^{21} sai^{31} 庸才

摊骹舞手 thaŋ^{44} kha^{44} u^{23} tʂhiu^{31} 手舞足蹈

腹肠袋屎 pouʔ^{21} touŋ^{53} təy^{53} sai^{31} 草包、饭桶

瘸骹瘸手 khuo^{44} kha^{44} khuo^{31} tʂhiu^{31} 缺手瘸腿

七骹八手马蛳蜞 tshi?²¹ kha⁴⁴ pei?²⁴ tshiu³¹ ma²¹ sai¹ kieŋ⁵³ 七手八脚

无糟会怪酱 mo⁴⁴ tsau⁴⁴ ɛ²¹ kuai⁵³ tsuɔŋ²¹³ 无端指责

会偷食伫拭喙 ɛ²¹ thau⁴⁴ sie?⁴⁴ mɛ⁵³ tshi?⁵ tshuoi²¹³ 做坏事却不知掩盖

会算数伫除箧 ɛ²¹ souŋ⁵³ sou²¹³ mɛ⁵³ ty³¹ uoŋ³¹ 只知其一不知其二

夹糊三夹糊四 ka?⁵ ku⁴⁴ saŋ⁴⁴ ka?⁵³ ku²¹ sɛi²¹³ 含混不清

老浓面儿囝心 lau⁵³ nøyŋ³¹ mɛiŋ²¹³ nie²¹ iaŋ²¹ siŋ⁴⁴ 童心未泯

老爹无插犬干 lo²¹ tia⁴⁴ mo²¹ tshia?²³ kheiŋ⁴⁴ kaŋ²¹³ 袖手旁观

好头好面臭股川 ho²¹ lau⁵³ ho⁴⁴ mɛiŋ²¹³ tshau²¹ ku²¹ tshuoŋ⁴⁴ 外强中干

卖花妈妈出侬前 mɛ⁴⁴ hua⁴⁴ ma³¹ ma³¹ tshu?²³ nøyŋ⁴⁴ sɛiŋ²¹³ 喜好卖弄

三、语法特点

1.词法

(1)实词重叠

福州话部分实词重叠有不同音变形式,其词义与词性也不相同。如:

表 2-13

单音词	词性	重叠式	音变(1)	词义	词性	音变(2)	词义	词性
缸 kouŋ⁴⁴	名词	缸缸	kouŋ⁴⁴ kouŋ⁴⁴	每缸	量词	kouŋ²¹ kouŋ⁴⁴	缸	名词
刷 sau?²³	动词	刷刷	sou?⁵ sou?²³	刷刷	动词	sou²¹ sou?²³	刷子	名词
大 tuai²⁴²	形容词	大大	tuai⁵³ tuai²⁴²	很大	形容词	tuai²¹ tuai²⁴²	老大	名词
七 tshei?²³	数词	七七	tshi?⁵ tshei?²³	七个七	数词	tshi²¹ tshei?²³	老七	名词

(2)词素

动物名词的性别,一般是在该类名词后加一特殊词素表示。如:

牛港(公牛) 牛母(母牛) 鸡角(公鸡) 鸡母(母鸡)

羊牯(公羊) 羊母(母羊) 鸭角(公鸭) 鸭母(母鸭)

猪角(公猪) 猪母(母猪) 鹅角(公鹅) 鹅母(母鹅)

犬雄(公狗) 犬母(母狗) 鸟角(雄鸟) 鸟母(母鸟)

猫角(公猫) 猫母(母猫)

必须指出,动物名词后面有时加词素"母",往往与该类动物身躯较大有关,未必表示性别。如"老虎母、老蛇母、老鸦母、蜞母(黑猩猩)"等便是。如"老虎母"常指身躯较大的老虎,很少人想到它的性别问题。又者,"诸娘侬母"之"母",虽指人,一般指身躯壮硕的女人。它如"砖头母、石头母"等无性名词,其"母"也仅指其块头之大而已。

（3）名词的词头和词尾

词头　福州话面称亲属,常在称谓名词前加词头"依"[i¹],如:依公(祖父)、依妈[ma³¹](祖母)、依爹(父亲)、依妈[ma⁴⁴](母亲)、依哥(哥哥)、依弟(弟弟)、依姐(姐姐)、依妹(妹妹)。这里的"依",与闽南话的词头"阿"相当。

指称动物,有时可在动物名词前加词头"老",如:老虎、老蛇,其中的"老"读[lau²⁴²],但在"老鼠、老鸦"等动物名词中,"老"则读[lɔ¹]。

词尾　福州话词尾,凡指小表爱(即小称),一般用"囝"[kiaŋ³¹]表示。如:儿囝(小孩)、丈夫囝(男孩子)、诸娘囝(女孩子)、孙囝(侄儿、孙子)等。"囝"也可用以指动物,如:牛囝(小牛)、羊囝(羊羔)、鸡囝(小鸡)、鸭囝(小鸭)。但"猫囝"则专指猫,其"囝"义已虚化。因此小猫则说"猫囝囝"。"囝"也用指物,如:篮囝(篮子)、索囝(小绳子)、刀囝(小刀)等。

福州话另有一个名词词尾"头"[thau⁵³],其词义有的已虚化,如:日头(太阳)、肩头(肩膀)、腰头(腰围);有的词义虚化并不彻底,如,"暝头"[maŋ³¹ thau⁵³]指上半夜,"饭头"指刚开饭时,"布头"即剪余的布料。

（4）特殊的数量词

数词"一",作序数时说"一"[ɛiʔ²³],一旦变为基数词用,则说"蜀"[suoʔ⁵]。

量词,说法多较特殊。如,蜀落[loʔ⁵]厝(一座房子)、蜀字钟(五分钟)、蜀只[tsiɛʔ²³]人(一个人)、蜀槛树(一棵树)、蜀柎[puo⁵³]花(一朵花)、蜀喙[tshuoi²¹³]饭(一口饭)、蜀合男女囝(一双儿女)、蜀躯[khu¹]带鱼(一截带鱼)、蜀橛[khuoʔ⁵]柴(一小截木柴)等。

（5）代词

A.人称代词

单数为:我[ŋuai³¹]、汝[ny³¹]、伊[i⁴⁴]。

复数为:我各侬[ŋuai³¹ ko⁴⁴ nøyŋ⁵³](我们)、汝各侬[ny³¹ ko⁴⁴ nøyŋ⁵³](你们)、伊各侬[i¹ ko⁴⁴ nøyŋ⁵³](他们)、侬家各侬[naŋ⁴⁴ ŋa⁴⁴ ko⁴⁴ nøyŋ⁵³](咱们)。

此外,还有:自家[tsi⁴⁴ a⁴⁴](自己)、别侬[pɛi²¹ nøyŋ⁵³](别人)、大家侬[tai²¹ a⁴⁴ nøyŋ⁵³](大家)等等。

B.指示代词

有近指与远指。其声母构成 ts 和 h 的语音对应。如:

这[tsui⁵³](这)、此只[tsi⁴⁴ tsiɛʔ²³](这个)、此所[tsi²⁴ lœ³¹](这儿)、总款

$[\text{tsuŋ}^{24}\,\text{ŋuaŋ}^{31}]$（这样）；

□$[\text{hui}^{53}]$（那）、许只$[\text{hi}^{44}\,\text{ʒiɛʔ}^{23}]$（那个）、许所$[\text{hi}^{24}\,\text{lœ}^{31}]$（那儿）、浑款$[\text{huŋ}^{24}\,\text{ŋuaŋ}^{31}]$（那样）。

C.疑问代词

常见的有底所$[\text{tiɛ}^{24}\,\text{lœ}^{31}]$（哪儿）、甚毛$[\text{sieŋ}^{53}\,\text{nɔ}^{23}]$（什么）、何势$[\text{khɛ}^{53}\,\text{liɛ}^{213}]$（为什么）、底侬$[\text{tie}^{44}\,\text{nøyŋ}^{53}]$（谁）、怎其$[\text{tsuœŋ}^{21}\,\text{ŋi}^{53}]$（怎样）、若夥$[\text{nuo}^{53}\,\text{uai}^{242}]$（多少），等等。

（6）副词

表程度有"秃肘去$[\text{thuʔ}^{53}\,\text{tiu}^{31}\,\text{o}]$（极其）、盖去$[\text{kai}^{213}\,\text{o}]$（极其）、恰$[\text{khaʔ}^{23}]$（太过）、野$[\text{ia}^{31}]$（很）"等。

表时间有"乍$[\text{tsia}^{242}]$（才、刚）、寝寝$[\text{tshiŋ}^{24}\,\text{ʒiŋ}^{31}]$（刚刚）、此刻$[\text{tshy}^{44}\,\text{khaiʔ}^{23}]$（立即）、稠稠$[\text{sɛu}^{44}\,\text{sɛu}^{53}]$（常常）、故底$[\text{ku}^{53}\,\text{lɛ}^{31}]$（过去）、此帮$[\text{tsi}^{21}\,\text{βoŋ}^{44}]$（最近）、本底$[\text{puoŋ}^{24}\,\text{nɛ}^{31}]$（本来）"等。

表范围，有"囫囵下$[\text{ko}^{21}\,\text{louŋ}^{21}\,\text{a}^{242}]$（全部）、通通$[\text{thuŋ}^{44}\,\text{thuŋ}^{44}]$（统统）、共总$[\text{kyŋ}^{53}\,\text{ʒuŋ}^{31}]$（总共）"等。

表否定，有"怀$[\text{iŋ}^{1}]$（不）、无$[\text{mo}^{53}]$（没、没有）、未$[\text{muoi}^{242}]$（没有）、怀通$[\text{iŋ}^{44}\,\text{nøyŋ}^{44}]$（勿、别）、𣍐$[\text{ma}^{242}]$、莫$[\text{mo}^{53}]$（勿）"，等等。

（7）介词

常用的有"着$[\text{tuoʔ}^{5}]$（在）、夹$[\text{kaʔ}^{5}]$（在）、仃$[\text{tøyʔ}^{23}]$（在）、乞$[\text{khøyʔ}^{23}]$（被、给、让）"等。

2.语词组合

较典型的，如：𣍐受的（受不了）、𣍐看见（看不见）、食𣍐凋$[\text{ta}^{44}]$（吃不消）、𣍐拍得（打不得）、𣍐骗得我（骗不了我）、做野好（干得不错）、饭食吼行（吃了饭走）、汝行前（你先走）、无处死（很差劲）等等。

3.特殊句式

（1）宾语前置

普通话"买两本书"，福州话说"书买两本"；普通话双宾语句"我送他两本书"，福州话说"我送两本书乞伊"。

（2）处置句

普通话"把门关起"，福州话说"门乞$[\text{khøyʔ}^{23}]$关起"，或"门乞我关起"。

（3）有字句

福州话叙事时往往在动词谓语前加"有"以强调其动作的确定性。如，

"我去过北京"、"我跟你说过"、"他在家"之类普通话句式,福州话说"我有去过北京"、"我有共你讲过"、"伊有着厝"。

（4）被动句

被动句,福州话用表示被动的介词"乞"[khøyʔ²³]引进动作的主动者。如,普通话"他被人打伤",福州话则说"伊乞侬拍伤"。

（5）反复问句

福州话的反复问句有两种表达形式:

A."有＋v＋无"、"有＋v＋无＋v"、"有＋无＋v"。如普通话"唱不唱",福州话可说为"有唱无"、"有唱无唱"、"有无唱"。

B."会＋v＋獪"、"会＋v＋獪＋v"、"会＋獪＋v"。如,普通话"会不会唱",福州话可以说"会唱獪"、"会唱獪唱"、"会獪唱"。

（6）比较句

普通话平比句"我跟他一样高",福州话说"我共伊平悬"或"我共伊平平悬[kein⁵³]";

普通话差比句"我比他胖"、"我不如他胖",福州话说"我比伊故肥"、"我无伊肥"。

第四节　闽东方言内部异同

一、共同特点

1.语音方面

（1）声母

A.普通话声母 f（古非敷奉）,南北两片文读为 h,白读为 p、ph。如,"夫、妇"等字,"夫人、妇女"中"夫、妇"声母均读 h,而"丈夫、新妇"声母均读 p。

B.普通话部分卷舌音声母（tʂ、tʂh、ʂ）（古知、彻、澄）,南北两片读为 t、th。如"中、竹"等字,声母均读为 t,"耻、彻"等字,声母均读 th。

C.普通话部分塞擦音和擦音声母（tʂ、tʂh、ʂ）（古庄、章组）,与 ts、tsh、s（或 tɕ、tɕh、ɕ）（古精组）,南北两片读为 ts、tsh、s。如,"庄、朱、精",南北两片都读 ts;"初、昌、青"等字,南北两片都读 tsh;"山、施、须"等字,南北两片都读 s。

D.普通话部分 h、ɕ 声母（古匣母）,闽东声母读 k 或零声母。如,"县、猴"

等字,南北两片读 k,"鞋、画"等字,南北两片都读为 ø。

E.普通话部分声母 ʦ、ʦh(古从母),闽东南北白读均为 s。如"槽(水～)、脐(腹～)、坐、前"等字声母均读 s。

F.普通话部分 ʈʂ、ʈʂh、ʂ 声母(古庄组),南北两片都读为 t、th,例如"促(时间紧迫)、触(顶牛)"等字,声母读 t,"筛、馊、缩"等字,声母读 th。

G.普通话部分声母 ʂ(古书母),南北两片都读为 ʦ 或 ʦh,如"水、叔、书"等字,声母都读 ʦ,"舒、鼠、手"等字,声母都读 ʦh。

H.普通话部分声母 ʈʂ、ʈʂh(古章组),南北两片都读为 k、kh,如"枝、痣、肾"等字,声母都读 k;"齿",声母都读 kh。

I.普通话部分零声母 ø(古以母),南北两片都读为 s。如"游、盐、檐、痒、蝇、翼"等字,声母均读 s。

J.普通话部分零声母 ø(古以母),南北两片均读为 m,如"遗、惟、唯"等字,声母均读 m。

(2)韵母

A.普通话部分 uo(o、ɤ)韵母(古果开一歌)与 au(古效开一豪),南北两片都读为 o 或 ɔ。如"多、驼"等字,南片福州、福清读 to¹、to²;北片宁德、周宁等都分别读 tɔ¹、tɔ²。

B.普通话 au 韵(古开二肴),南北两片白读均 a,如"饱、胶(橡～)"等字,两片白读均 pa³、ka¹。

C.普通话部分 ou、iou 韵母(中古流开一侯、开三尤),南北两片白读均 au。如"楼、流"等字,白读均 lau²,"垢、九"等字,白读均 kau³。

D.普通话部分韵母 uaŋ(古宕开三阳)与 aŋ(古宕开唐),南北两片同读 ouŋ(oŋ)。如"庄、装"等字,两片均读为 tsouŋ¹ 或 oŋ¹;"霜、桑"等字,两片都读为 souŋ¹ 或 soŋ¹。

E.普通话部分 əŋ、iəŋ(古梗摄开口),两片白读均 aŋ。如"生、平、青"三字,两片白读均为 saŋ¹、paŋ²、ʦhaŋ¹。

F.普通话部分 i 韵(古开四齐韵),南北两片均读开口韵 ɛ(或 e)。如"泥、黎"等字,南片福州、福清等均读 nɛ²、lɛ²,北片福鼎、周宁则均读 ne²、le²。

G.普通话部分与 f 声母相拼的一些开口韵(古合三山、咸),南北两片都读合口。如"翻、凡"等字,两片读音均为 huaŋ¹、huaŋ²。

H.普通话与 ʈʂ、ʈʂh、ʂ 相拼的一些开口韵(古假开三麻,章组),南北两片都读齐齿。如"遮、车"等字,南片福州、福清都读 tsia¹、ʦhia¹,北片的宁德读

tsie^1、tshie^1，福鼎读 tsia^1、tshia^1。

（3）声调

A.南北两片声调均为阴平、阳平、上声、阴去、阳去、阴入、阳入 7 个。

B.阳上调，南北两片都归入阳去。

2.词汇方面

南北两片都有不少共有词汇，下举例说明。

表 2-14

词目	方言	福州	福清	古田	福安	宁德	福鼎
太阳	日头	niʔ^{31} thau^{53}	niʔ^5 thau^{44}	nik^{21} thau^{33}	ni^{44} lau^{11}	ni^{44} thau^{22}	ni^4 lau^{21}
月亮	月	ŋuoʔ^5	ŋuoʔ^5	ŋuok^5	ŋuk^5	ŋok^2	ŋuoʔ^{24}
台风	风台	huŋ^{44} nai^{44}	huŋ^{44} nai^{53}	huŋ^{44} nai^{55}	huŋ^{44} nai^{33}	xuŋ^{44} thai^{44}	xuŋ^{44} thai^{44}
热水	汤	thouŋ^{44}	thoŋ^{53}	thouŋ^{55}	thɔŋ^{33}	thoŋ^{44}	thoŋ^{44}
泥土	塗	thu^{53}	thu^{44}	thu^{33}	thou^{11}	thou^{22}	thu^{212}
田	塍	tsheiŋ^{53}	tsheŋ^{44}	tsheiŋ^{33}	tsheiŋ^{11}	tsheŋ^{22}	tsheŋ^{212}
小平原	洋	yoŋ^{53}	yoŋ^{44}	yøŋ^{33}	jioŋ^{11}	yŋ^{22}	ioŋ^{212}
田埂	塍岑	tsheiŋ^{31} ŋiŋ^{53}	tsheŋ^{44} ŋiŋ^{44}	tsheiŋ^{33} ŋiŋ^{33}	tsheiŋ^{11} ŋiŋ^{11}	tsheŋ^{22} ŋiŋ^{22}	tsheŋ^{33} θiŋ^{212}
旱地	园	huoŋ^{53}	huoŋ^{44}	xuoŋ^{33}	huŋ^{11}	huŋ^{22}	xuoŋ^{212}
池塘	池	tie^{53}	tie^{44}	tie^{33}	ti^{11}	ti^{22}	tie^{212}
洼地	窟	khauʔ^{23}	khoʔ^{12}	khouk^2	khɔk^5	khɔk^2	khoʔ^4
山脚	山骹	saŋ^{44} kha^{44}	saŋ^{44} kha^{44}	saŋ^{21} kha^{55}	saŋ^{33} kha^{33}	saŋ^{44} kha^{44}	θaŋ^{44} kha^{44}
阴沟	暗沟	aŋ^{44} ŋau^{44}	aŋ^{44} ŋau^{44}	aŋ^{33} ŋau^{55}	aŋ^{55} ŋau^{33}	aŋ^{44} ŋau^{44}	aŋ^{44} kau^{44}
年初	年头	nieŋ^{44} thau^{53}	nieŋ^{44} thau^{44}	nieŋ^{33} thau^{33}	nieŋ^{11} thau^{11}	niŋ^{22} thau^{22}	nieŋ^{44} thau^{212}
年关	年兜	nieŋ^{44} nau^{44}	nieŋ^{44} tau^{53}	nieŋ^{33} nau^{55}	niŋ^{11} nau^{33}	niŋ^{22} nau^{44}	nieŋ^{21} nau^{44}
后天	后日	au^{44} niʔ^5	au^{44} nik^5	au^{55} nik^5	au^{33} nek^2	au^{22} nik^5	au^{33} niʔ^{24}
下午	下昼	a^{53} lau^{213}	a^{21} lau^{21}	a^{42} lau^{21}	a^{44} lau^{35}	a^{44} lau^{35}	a^{33} lau^{42}
房子	厝	tshuo^{213}	tshuo^{21}	tshuo^{21}	tshu^{35}	tshu^{35}	tshuo^{42}
门槛	门垫	muoŋ^{21} naiŋ^{242}	muoŋ^{44} tæŋ^{42}	muoŋ^{21} neiŋ^{24}	muŋ^{11} neŋ^{22}	muŋ^{22} neŋ^{22}	muoŋ^{21} teŋ^{33}
檩	桁	aŋ^{53}	aŋ^{44}	aŋ^{33}	aŋ^{11}	aŋ^{22}	aŋ^{212}

续表

词目	方言	福州	福清	古田	福安	宁德	福鼎
烟囱	烟筒	iŋ⁴⁴ nøyŋ⁵³	iŋ⁴⁴ nøŋ⁴⁴	iŋ⁴⁴ nœŋ¹¹	iŋ⁴⁴ nœŋ¹¹	iŋ³³ teŋ²²	iŋ⁴⁴ teŋ⁴²
牛圈	牛栏	ŋu⁴⁴ laŋ⁵³	ŋu⁴⁴ laŋ⁴⁴	ŋu²¹ laŋ²⁴	ŋou¹¹ laŋ¹¹	ŋu²² laŋ²²	ŋu²¹ laŋ²²
水泥	洋灰	yoŋ⁴⁴ ŋui⁴⁴	yoŋ⁴⁴ ŋuoi⁴⁴	yøŋ¹¹ ŋui³³	jioŋ¹¹ ŋøy⁴⁴	yŋ¹¹ xuoi³³	ioŋ²¹ huoi⁴⁴
绳子	索	soʔ²³	soʔ²¹	soʔ³	sɔk⁵	θɔʔ²	θɔʔ²³
草木灰	火烌	xui²¹ u⁴⁴	hui²¹ u⁵³	xuoi²¹ u⁵⁵	hui⁵⁵ u⁴⁴	xøy⁵⁵ u⁴⁴	xuoi⁵⁵ xu⁵⁵
手电筒	手电	tshiu⁴⁴ tieŋ²⁴²	tshieu³⁵ tieŋ⁴²	tshiu²⁴ tieŋ⁵⁴⁴	tshiu⁵⁵ tiŋ²³	tshiu³⁵ tiŋ³¹	tshiu⁵⁵ tieŋ²³³
电池	电蛰	tieŋ⁴⁴ thu⁵³	tieŋ⁴⁴ thu⁴⁴	tieŋ⁵⁴⁴ thu³³	tiŋ⁴⁴ thou¹¹	tiŋ⁴⁴ thou²²	tieŋ³³ thu²¹²
筷子	箸	tøy²⁴²	tœ⁴²	ty²⁴	tøi²³	(箸 thiu²²)	ti³³
陶瓷	硋	hai⁵³	hai⁴⁴	xai³³	hai¹¹	xai¹¹	xai²¹²
竹竿(晒衣)	竹篙	tyʔ⁵ auŋ²⁴²	tyʔ⁵ ɔŋ⁴²	tyk⁵⁵ ouŋ²¹	tøk⁵ ɔŋ²³	tyk⁵ ɔŋ³¹	tuʔ⁴ oŋ³³
钥匙	锁匙	so²¹ lie²⁴²	so³⁵ lie⁴²	so²¹ lie²⁴	so³⁵ li⁴²	θɔ⁵⁵ li⁴⁴	θɔ⁵⁵ θie⁴²
龙舟	龙船	luŋ⁴⁴ nuŋ⁵³	luŋ⁴⁴ suŋ⁴⁴	luŋ³³ suŋ³³	løŋ¹¹ nouŋ¹¹	luŋ²² nun²²	luŋ⁴⁴ θuŋ²¹
风筝	纸鹞	tsai⁴⁴ ieu²⁴²	tsai⁴⁴ yo⁵²	tsie²⁴ iɐu⁵⁴⁴	tse⁵⁵ miu²³	tsa⁵⁵ eu²²	tsia⁵⁵ ieu⁴²
风车	风枕	huŋ⁴⁴ nieŋ⁴⁴	huŋ⁴⁴ nieŋ⁵³	xuŋ²¹ nieŋ⁵⁵	huŋ⁴⁴ niŋ³³	xuŋ⁴⁴ neŋ⁴⁴	puŋ⁴⁴ θieŋ⁴⁴
抱窝	赖伏	lai⁵³ βou²⁴²	lai⁴⁴ po⁴²	lai⁴⁴ βu³³	lai⁴⁴ pou²³	lai²² po³¹	lai³³ pu³³
下蛋	生卵	saŋ⁵³ lauŋ²⁴²	saŋ³⁵ lɔŋ⁴²	saŋ²¹ louŋ⁵⁴⁴	saŋ⁴⁴ louŋ²³	θaŋ²² lɔŋ³¹	θaŋ⁴⁴ lɔŋ³³
锚	碇	tɛiŋ²¹³	tæŋ²¹	tiŋ²¹	teiŋ³⁵	teŋ³⁵	tiŋ⁴²
牛犊	牛团	ŋu³¹ iaŋ³¹	ŋu⁴⁴ iaŋ³²	ŋu²¹ kiaŋ⁴²	ŋou¹¹ iaŋ⁴²	ŋu²² kiaŋ⁴²	ŋu²¹ kiaŋ⁵⁵
母猪	猪母	ty⁵³ mo³¹	ty⁴⁴ mo³²	ty²¹ mo⁴²	ti⁴⁴ mo⁴²	ty²² mɔ⁴²	ti⁴⁴ mo⁵⁵
穿山甲	蜡鲤	la³¹ li³¹	la⁴⁴ li³²	la²¹ li⁴²	la¹¹ li⁴²	la²² li⁴²	lai²¹ li⁵⁵
公鸡	鸡角	kie⁵³ ɔyʔ²³	kie⁵³ œʔ²³	kie²⁴ øyk²	ki⁴⁴ øk⁵	ki²² kœk⁵	kie⁴⁴ keʔ⁴
虱子	虱母	sei²³ mo³¹	seʔ⁵ mo³²	seik³³ mo⁵³	seik⁵ mo⁴²	θɛk⁵ mɔ⁴²	θaʔ⁴⁴ mo⁵⁵
毛竹	麻竹	ma²¹ løyʔ²³	ma²¹ løʔ¹²	ma²¹ tyk⁵	mo¹¹ tøk⁵	ma²² tøk²	ma²¹ tuʔ⁴
苎麻	苎	tɔ²⁴²	tœ⁴²	tœ²⁴	tœ²³	tœ³¹	te³³
乞丐	乞食	khyʔ²¹ sieʔ⁵	khyʔ²¹ sia⁵³	khyk⁵ siak⁵	khik⁵ siek²	khøk⁵ iɛk²	kiʔ⁴ θiaʔ²
客人	侬客	nøyŋ²¹ ŋa²³	nøŋ²¹ ŋa²¹	nøyŋ²³ ŋaʔ²	nœŋ¹¹ ŋak⁵	nœŋ²² ŋaʔ²	neŋ²¹ khaʔ²
妻子	老妈	lau⁵³ ma³¹	lau²¹ ma³²	lau⁵⁴⁴ ma⁴²	lau⁴⁴ ma⁴²	lau⁴⁴ ma⁴²	lau³³ ma⁵⁵

续表

词目	方言	福州	福清	古田	福安	宁德	福鼎
个子	汉马	haŋ⁵³ ma³¹	haŋ⁴⁴ ma³²	xaŋ³³ ma⁵³	haŋ⁵⁵ ma⁴²	xaŋ⁵⁵ ma⁴²	xaŋ⁴⁴ ma⁵⁵
面庞	面	meiŋ²¹³	meŋ²¹	miŋ²¹	meiŋ³⁵	mɛŋ³⁵	miŋ⁴²
眼睛	目珠	mei?⁵ tsiu⁴⁴	mø?⁵ tsieu⁵³	meik³³ tsiu⁵⁵	mik⁴⁴ ʒeu³³	mi?⁵ ʒiu⁴⁴	me?⁵ tsiu⁴⁴
胡子	喙须	tshui⁴⁴ liu⁴⁴	tshuoi⁴⁴ liu⁵³	tshy³³ liu⁵⁵	tshi⁵⁵ leu³³	tshø⁴⁴ liu⁴⁴	tshuoi⁴⁴ liu⁴⁴
口水	澜	laŋ³¹	laŋ³²	laŋ⁴²	laŋ⁴²	laŋ⁴²	laŋ⁵⁵
肠子	腹肠	pu²¹ touŋ⁵³	pu?⁵ toŋ⁴⁴	pu³³ touŋ⁵⁵	puk⁵ louŋ¹¹	puk⁵ toŋ²²	pu?⁴ toŋ²¹²
周岁	晬	tsɔy²¹³	tsoi²¹	tsoi²¹	tsoi³⁵	tsɔy³⁵	tsoi⁴²
头晕	头眩	thau⁵³ hiŋ⁵³	thau⁴⁴ hiŋ⁴⁴	thau³³ hiŋ³³	thau¹¹ hiŋ¹¹	thau²² xiŋ²²	thau²¹ xiŋ²²
有疗效	有影	u⁵³ iaŋ³¹	u⁴⁴ iaŋ³²	u⁵⁴⁴ iaŋ⁴²	ou³³ iaŋ⁴²	u²² iaŋ⁴²	u³³ iaŋ⁵⁵
痊愈	差	tsha⁴⁴	tsha⁵³	tsha⁵⁵	tsha³³	tsha⁴⁴	tsha⁴⁴
米汤	饮	aŋ³¹	aŋ³²	aŋ⁴²	aŋ⁴²	aŋ⁴²	aŋ⁵⁵
粗米粉	粉干	huŋ²¹ ŋaŋ¹	huŋ²¹ ŋaŋ⁵³	xuŋ²¹ ŋaŋ⁵⁵	huŋ⁵⁵ ŋaŋ³³	xuŋ⁵⁵ ŋaŋ⁴⁴	xuŋ⁵⁵ kaŋ⁴⁴
松花蛋	皮卵	phui²¹ lauŋ²⁴²	phuoi⁵⁵ loŋ⁴²	phuoi²¹ louŋ²⁴²	phui⁵⁵ louŋ	phui²² loŋ³¹	phuoi²¹ loŋ³³
饮酒	食酒	sie⁴⁴ tsiu³¹	sie⁴⁴ tsiu³²	sia²¹ tsiu⁴²	seik⁵ tsiu⁴²	θia?⁵ tsiɐu⁴²	θia⁴ tsiu⁵⁵
拖鞋	鞋跕	ɛ²¹ lia?²³	ɛ⁴⁴ lia?¹²	ɛ²¹ liak²	ɛ¹¹ liak⁵	ɛ²² liek²	ɛ²¹ lie?⁵
睡觉	眠	khauŋ²¹³	khɔŋ²¹	khuŋ²¹	khuŋ³⁵	khɔŋ³⁵	khoŋ⁴²
吐（～痰）	啡	phuoi²¹³	phuɔi²¹	phuoi²¹	phøi³⁵	phui³⁵	phuoi⁴²
拿（～东西）	驮	to⁵³	tho³²	to³³	tɔ¹¹	tɔ²²	to²¹²
陡峭	崎	khie²¹³	khia²¹	khie²¹	khie³⁵	khie³⁵	khia³³
宽阔	阔	khua?²³	khua?²¹	khua?²	khuak⁵	khuok²	khua?⁴
亮	光	kuoŋ⁴⁴	kuoŋ⁵³	kuoŋ⁵⁵	kuŋ³³	kɔŋ⁴⁴	kuoŋ⁴⁴
黑（天～）	暗	aŋ²¹³	aŋ²¹	aŋ²¹	aŋ³⁵	am³⁵	aŋ⁴²
倒运	衰	søy⁴⁴	soi⁵³	soi⁵⁵	sɔi³³	θøy⁴⁴	θoi⁴⁴
拙笨	愚	khy⁵³	khy⁴⁴	khy³³	khøi¹¹	khɶ²²	khi²¹²
麻烦	恔气	khau⁵³ khei²¹³	khau³⁵ khe²¹	khau²⁴ khi²¹	khau⁴⁴ khei³⁵	khau⁵⁵ khei³⁵	khau⁴⁴ khi²¹
锋利	利	lɛi²⁴²	le⁴²	li²¹	lei²³	lei²³	li³³

3.语法方面

(1)南北两片普遍把普通话后缀成分"子、儿"等说成"囝"。如"茄子、狗",闽东各地都可说"茄囝、犬囝";"年轻人、童养媳",闽东各地都说"后生囝、新妇囝"。

"头"作后缀,可作物名标志,也可作方位或其他方面标志。如"枕头",南片说法同普通话,北片全部说"床头";腰部,南北两片均可说"腰头";上半夜,南北两片均可说"暝头"。

(2)代词方面,仅部分说法相同:人称代词,单数说法均为"我、汝(你)、伊(他)"。疑问代词,问多少,南北各片均说"若"[nuoʔ⁵]或"若夥"[nuoʔ⁵ uai²⁴²]。

(3)称数法,说法多数相同。如"一百一十",可省略说"百一","一斤几两"可省略说"斤几","上百"可说为"成百",等等。

数量结构,南北两片有部分说法完全一样,如"五分钟",均说"蜀字钟";"十华里"均说"蜀铺",两臂左右平伸的长度,均说"蜀寻",拇指与食指间的距离均说"蜀挈[laʔ²](一拃)"

(4)否定词,南北两片用法多数相同。如"不去",都说"怀去";"不是"都说"怀是"。这里的"怀"原应读[iŋ⁵],其与后音节结构时发生音变,如福州话"不买"说[m⁵³ mɛ³¹],"不来"说[n³¹ li⁵³],"不开"说[ŋ⁴⁴ ŋui⁴⁴],闽东各地说法同此。

普通话副词"别、勿、不要"等表示劝阻,南北两片均可说"莫"。如,"别去"均能说"莫去"。

普通话否定副词"不能",南北两片均可说"猞……得"。如"不能吃",均说"猞食得"。这里的"得",一般读轻声,如福州话,上例说[mɛ⁴⁴ lieʔ⁵ li]。

普通话"不必",闽东一般说"怀使",如福州话"怀使讲"[n²¹ nai²⁴ ouŋ³¹](不必说)。

普通话"没、没有",南北两片都说"无"(俗写作"毛")。如福州话"没走"说"无行"[mo⁴⁴ iaŋ⁵³]。

普通话"不会",闽东一般说"猞"。如"不会傻",福州说"猞戆"[mɛ⁵³ ŋauŋ²⁴²]。

表示时间方面的否定,南北两片一般用"未"表示。如"没有熟",福州话说"未熟"[mui⁴⁴ syʔ⁵]。

(5)程度副词中,各地表示程度较高的副词(相当于普通话"最"),一般用副词化的序数词"第一"表示。如,"最矮",南北两片都说"第一矮";"最慢",南北两片都说"第一慢"。

(6)普通话介词"在",闽东南北两片最通用的只有一个"着"。如,普通话"在家里",福州话说"着厝吷"[tuoʔ⁵ tshuɔ²¹³ lɛ]。但不同说法更多。

(7)句式方面,南北两片大多不同,其相同者,只有两类:普通话表示动作正在进行,如"我在打球",南北两片都说"我着(嘞)拍球"。普通话表示动作、行为曾经发生过,如"我去过北京",南北两片都说"我去过北京"或"我有去着北京"。

二、内部差异

1.语音差异

(1)声母

A.普通话声母 s 或 ʂ,南片普遍读舌尖擦音 s,北片则多读舌尖齿间音 θ。如"苏、骚、心、诗、山"等字,福州、闽侯等读为 su¹、so¹、siŋ¹、si¹、saŋ¹,北片的福鼎、霞浦等则分别读 θu¹、θɔ¹、θiŋ¹、θi¹、θaŋ¹,而北片的周宁,甚至出现 s 和 θ 对立现象,如,山[san¹]≠三[θan¹]。

B.普通话 n、l 声母,南片普遍相混,自由变读,北片则辨别分明。如"南、蓝"二字,南片读 naŋ² 或 laŋ² 均可,北片则南[naŋ²]、蓝[laŋ²]绝不相混。

C.南北两片声母基本读音相同,但部分字南片读零声母,北片的福安多出 w、j 声母,周宁多出 w、j、ɥ 声母,如"娃、务、文、伟、野、柔"等字,福州分别读 ua¹、ou⁵、uŋ²、ui¹、ia¹、iu²,福安分别读 wa¹、wou⁵、je³、jei²;"武、炎、如、戎"等字,福州分别读 u³、ieŋ²、y²、yŋ²,周宁则分别读 wu³、jin²、ɥøu²、ɥoŋ²。

D.个别汉字,北片某些点读音特殊,与南片不同。

表 2-15

	获	宏	永	泳	咏	或	疫	役
福州	heiʔ⁵	huŋ²	iŋ³	eiŋ⁵	eiŋ⁵	høyʔ⁷	iʔ⁷	iʔ⁷
闽侯	heiʔ⁵	huŋ²	iŋ²	eiŋ⁵	eiŋ⁵	høyʔ⁷	iʔ⁷	iʔ⁷
宁德	phɛk⁷	phɛŋ²	mɛŋ³	mɛŋ⁵	mɛŋ²	xœk⁷	ik⁸	ik⁷
周宁	phœʔ⁷	phɛŋ²	miŋ³	mɛŋ⁵	mɛŋ⁵	phœk⁷	pik⁷	pik⁷

(2)韵母

A.南片韵母随声调不同发生变韵普遍,北片如寿宁不变韵,周宁等变韵也较少。如：

表 2-16

	诗	时	死	四	是	式	夕
福州	si¹	si²	si³	sɛi⁴	sɛi⁵	sɛiʔ⁶	siʔ⁷
周宁	θi¹	se²	θi³	θe⁴	se⁵	θek⁶	θek⁷
寿宁	si¹	si²	si³	si⁴	si⁵	siʔ⁶	siʔ⁷

B.南片辅音韵尾仅 ŋ、ʔ 一套,北片宁德、周宁等则不止一套。如：

表 2-17

	甘	干	坪	锦	紧	景	音	因	英	汁	拔	桔	隻
福州	kaŋ¹	kaŋ¹	paŋ²	kiŋ³	kiŋ³	kiŋ³	iŋ¹	iŋ¹	iŋ¹	tsaiʔ⁶	pɛiʔ⁷	kɛiʔ⁶	tsiɛʔ⁶
宁德	kam¹	kaŋ¹	paŋ²	kim³	kiŋ³	kiŋ³	im¹	iŋ¹	iŋ¹	tsɐp⁶	pek⁷	kek⁶	tsiɛʔ⁶
周宁	kan¹	kan¹	paŋ²	kin³	kin³	kiŋ³	in¹	in¹	iŋ¹	tsɛk⁶	pek⁷	ket⁶	tsiɛʔ⁶

C.南片四呼齐全,北片的福安、福鼎无撮口呼。凡南片读撮口的,福安、福鼎均改读齐齿或合口呼。如：

表 2-18

	女	猪	锄	驹	疆	言	资	子
福州	ny³	ty¹	thy²	ky¹	kyoŋ¹	ŋyoŋ²	tsy¹	tsy³
福安	ni³	tøi¹	thøi²	køi¹	kioŋ¹	ŋiŋ²	tsou¹	tsu³
福鼎	ni³	ti¹	thi²	ki¹	kioŋ¹	ŋieŋ²	tsu¹	tsu³

（3）声调

闽东方言一般都是 7 个声调。平声调,南片除福清外,一般阴平高、阳平低。北片除宁德外,情况同南片。如声调恰好与此相反,但宁德除外。

南北两片多音节连读均发生变调,但变调规律各不相同。例外的是:遇数量结构,北片的福安、寿宁、柘荣等地概不变调。如寿宁:四斤[si²⁴ kyŋ³³]。

闽清坂东乡,平声部分阴阳调,冰＝平[piŋ⁴⁴];部分阴去调字带喉塞音尾,如:墓[muoʔ⁵]、过[kuoʔ⁵]。

2.词汇差异

南北两片均有不少语词说法不同,下列举说明：

表 2-19

	福州	福清	古田	福安	宁德	寿宁	福鼎
冬天	清天 tshiŋ⁴⁴ nieŋ⁴⁴	清天 tshiŋ⁴⁴ nieŋ⁵³	寒天 kaŋ³³ nieŋ⁵⁵	寒天 kaŋ¹¹ niŋ³³	寒天 kaŋ²² neŋ⁴⁴	寒天 kaŋ¹¹ nieŋ³³	寒天 kaŋ²¹ nieŋ⁴⁴
冰雹	雹 phøy?⁵	雹 phø?⁵	雹 phøyk⁵	龙雹 lœŋ¹¹ phau²³	雷卵 lai²¹ lɔŋ²¹	龙雹 luŋ¹¹ phuo²	雷雹 lɔi²¹ pho?²⁴
畦	町 thiaŋ³¹	坪 paŋ⁴⁴	墘 lieŋ³³	町 theiŋ⁴²	墘 liŋ²¹	墘 lieŋ¹¹	排 pe²¹²
昨天	昨暝 so?⁴⁴ maŋ⁵³	昨暝 syo⁴⁴ maŋ⁴⁴	昨暝 sok²¹ maŋ³³	昨晡 sa³³ mu⁴⁴	昨晡 θøk²² mu⁴⁴	昨暝 sɛ²¹ maŋ¹¹	昨暝日 a⁴⁴ maŋ²¹ ni?²⁴
窗户	槛门 khaŋ²¹ muoŋ⁵³	通门囝 thyŋ⁵³ moŋ³³ ŋian³²	门槛 muoŋ⁴² khaŋ⁴²	通门 thɔuŋ³³ muŋ³³	通门 thɔŋ⁴⁴ muŋ²²	通门 thuŋ³³ muoŋ¹¹	通门 thuŋ⁴⁴ muoŋ²¹²
蒸笼	饭床 puoŋ⁴⁴ souŋ⁵³	炊床 tshoi⁴⁴ soŋ⁴⁴	饭床 puoŋ⁵⁴ ʒouŋ³³	饭甑 maŋ⁵⁵ ʒeiŋ³⁵	饭甑 puŋ⁴⁴ tsiŋ³⁵	饭簟 maŋ⁵⁵ teŋ²¹²	炊簟 tshuoi⁴⁴ teŋ³³
阉割	骟 touŋ¹	骟 toŋ⁵³	刏 kyø?²	刏 kik⁵	刏 køk⁵	刏 kyø?⁵	刏 kiu?⁴
公牛	牛港 ŋu³¹ køyŋ³¹	牛港 ŋu⁴⁴ køŋ³²	牛角 ŋu²¹ øyk²	牛牯 ŋou¹¹ ku⁴²	牛港 ŋu²² kœŋ⁴²	牛牯 ŋu¹¹ ku⁴²	牛牯 ŋu²¹ 2ku⁵⁵
做饭	煮饭 tsy⁴⁴ puoŋ²⁴²	煮饭 tsy⁴⁴ puoŋ⁴²	煮饭 tsy²⁴ puoŋ⁵⁴⁴	煮饭 tsi⁵⁵ maŋ³⁵	妆饭 tsɔŋ⁴⁴ puŋ³¹	妆饭 tsoŋ³³ maŋ²⁴	煮糜 tsi⁵⁵ mai⁵⁵
哭	啼嘛 thie⁴⁴ ma⁵³	啼 thie⁵³	啼 thie³³	号 au11	号 au²²	号 au¹¹	啼 thie²¹² / 哭 khau⁴²
仰~首	颌起 ŋo?⁵ khi³¹	颌起 ŋo⁵³ khi³²	颌起 ŋo?⁵ khi⁴²	昂起 ŋouŋ³⁵ khi⁴²	昂起 ŋɔŋ³⁵ khi⁴²	昂起 ŋoŋ²⁴ khi⁴²	仰起 ŋian⁴² khi⁵⁵
嗅	鼻 pɛi²⁴²	鼻 pɛ⁴²	嗅 xiu²¹	嗅 heu³⁵	嗅 xeu³⁵	嗅 xiu²⁴	嗅 xiu⁴²
寻找	讨 tho³	讨 tho³²	捞 lo²⁴	撮 tshui³⁵	寻 θim²	捞 lɔ²¹²	撮 tshoi⁴²
跑	跐 piɛ²¹³	跐 piɛ²¹	走 tsau⁴²	走 tsou⁴²	走 tsau⁴²	跳 thieu²⁴	跳 thiəu⁴²
拧~螺丝	搓 tshuo⁴⁴	搓 tshuo⁵³	搓 tshuo⁵⁵	挪 nɔ¹¹	挪 nɔ²¹	搓 tshyo³³	挼 loi²¹²
猜	准谜 tsuŋ⁴⁴ mei²⁴²	猜谜 tsoi⁴⁴ me⁴⁴	妆猜 tsouŋ²¹ tshai⁵⁵	填魁 tɛiŋ¹¹ khøy⁴⁴	填魁 tɛŋ²² khøy⁴⁴	填魁 tɛŋ¹¹ khɔi³³	猜谜 tshoi⁴⁴ mi³³
潮湿	滥 laŋ²⁴²	滥 laŋ⁴²	滥 laŋ²⁴	澹 taŋ¹¹	澹 tam²²	澹 taŋ¹¹	澹 taŋ²¹²
狭窄	窄 tsa?²³	狭 ɛ?²¹²	窄 tsa?²	狭 eik⁵	狭 ep²	狭 ɛ?²	狭 e²⁴
坏	呆 ŋai⁵³	呆 ŋai⁴⁴	呆 ŋai³³	穤 mai³⁵	穤 mai³⁵	穤 mai³⁵	穤 mai⁵⁵
老茶~	□ kuai⁴⁴	□ kua⁵³	□ kuai⁵⁵	□ kuɔ³³	□ kuɔ⁴⁴	老 lau²¹²	老 lau³³

续表

	福州	福清	古田	福安	宁德	寿宁	福鼎
饿	枵 eu¹ / 空 k'øyŋ¹	枵 eu⁵³	饥 kui⁵⁵	饥 køi³³	饥 kui⁴⁴	饥 kui³³	枵 eu⁴⁴
烂水果~	瘼 mauʔ²³	瘼 moʔ²¹	烂 laŋ²⁴	烂 laŋ³⁵	瘼 mɔk²	烂 laŋ²¹²	烂 laŋ³³
错误	诞 taŋ²⁴²	诞 taŋ⁴²	诞 taŋ²⁴	错 tshɔ³⁵	错 tshɔ³⁵	错 tshɔ²⁴	错 tshɔ⁴²
八哥	化化 hua²¹ ua²¹³	八八 peʔ⁵ peʔ¹²	爬伯囝 pa²¹ pa²¹ iaŋ⁴²	爬伯 pa¹¹ pa²³	爬伯 pa²² βa³⁵	爬伯 pa¹¹ βa²⁴	八哥鸟 peiʔ⁴ kɔ⁴⁴ tseu⁵⁵
鳝鱼	鳝 tshaŋ²⁴²	鳝 tshiaŋ⁴²	老鳝 lau⁵⁴⁴ tshiaŋ³³	老鳝 lɔ⁵⁵ tshiaŋ²³	老鳝 lau⁵⁵ tshieŋ²¹²	老鳝 lau³³ tshiaŋ²¹²	膡鲶 tsheŋ²¹² niaŋ³³
柚子	柚 phau⁴⁴	柚 phau⁵³	柚 phau⁵³	老泡 lau³³ phau²³	酺 phœ³³²	老泡 lau³³ phau²¹²	老泡 lau³³ phau³³
江米	秫米 su⁵³ mi³¹	秫米 suʔ⁵ mi³²	酒米 tsiu²¹ mi⁴²	糯米 nɔ³³ mi⁴²	秫米 θuk⁵ mi³¹	糯米 nɔ³³ mi⁴²	糯米 …³ mi⁵⁵
小孩	儿囝 nie⁵³ iaŋ³¹	儿囝 nia²¹ iaŋ³²	傀儡囝 ko²¹ loi²² iaŋ⁵³	傀儡 kø⁴⁴ løi⁴²	傀儡 kœ⁵⁵ løy⁴²		…⁵⁵
婢女	谊女 ŋie⁵³ ny³¹	谊女 ŋie⁴⁴ ny³²	丫头母 a²¹¹ au²¹ mo⁴²	梅囝 mui²¹ iaŋ⁴²	使喙 θai²¹ tshoi²⁴	muo…	…⁵⁵
妓女	白面 pa²¹ meiŋ²¹³	婊 pieu³²	做婊子 tso²¹ pieu³³ ʒy³²	白面 pak² meiŋ³⁵	白面 pa⁴⁴ miŋ³⁵	婊 pieu⁵⁵ k…	
祖母	依妈 i⁵³ ma³¹	阿妈 a⁴⁴ ma³²	妈 ma⁴²	婆 pɔ¹¹	婆 pɔ²²	阿婆 a¹¹ pɔ²⁴	a²¹ ma⁵⁵
公公	老官 lau⁴⁴ uaŋ⁴⁴	官郎 kuaŋ⁴⁴ lɔŋ⁴⁴	爹官 tia²¹ uaŋ⁵⁵	阿公 a⁴⁴ kouŋ³³	爹官 tie⁴⁴ uaŋ⁴⁴	大官 tai¹¹ kuaŋ³³	阿爹 a²¹ tia⁴⁴
眼泪	目滓 mei⁵³ tsai³¹	目滓 mø⁴⁴ tsai³²	目汁 meik²¹ tseik⁵	目汁 mu⁴ tsek⁵	目汁 mœk⁵ tsek⁵	目汁 mu³³ tsɔʔ⁵	目珠汁 mɛʔ⁴ tsiu⁴⁴ tse⁴
交合	刐 sa²¹³	刐 sa²¹	刐 sa²¹	操 ts'eu³⁵	操 ts'ɛu³⁵	做 tsɔ²⁴	操 ts'au⁴²
生病	破病 uai⁵³ βaŋ²⁴²	含病 aŋ⁴⁴ maŋ⁴²	破病 phua⁵⁵ βaŋ³³	病 paŋ²³	病□得 paŋ⁴⁴ muŋ⁴⁴ ŋiʔ⁵	穤过 mai⁵⁵ kuo²⁴	败兴依 pai³³ xiŋ⁴⁴ neŋ²⁴²
传染	过 kuɔ²¹³	过 kuɔ²¹	过 kuo²¹	剌 tshe³⁵	剌 tshie³⁵	邪得 tshia²¹ iʔ⁵	剌 tshia⁴²
看病	牧病 muo⁵³ paŋ²⁴²	看病 k'aŋ⁴⁴ paŋ⁴²	妆病 tsouŋ²⁴ paŋ⁵⁴⁴	妆病 tsouŋ⁴⁴ paŋ²³	妆病 tsɔŋ⁴⁴ paŋ³¹	望病 ouŋ³³ paŋ²¹²	看病 k'aŋ⁴⁴ paŋ⁴²
茶叶	茶箬 ta⁴⁴ nuoʔ⁵	茶箬 ta⁴⁴ nyo⁵³	茶箬 ta³³ nyøk⁵	茶米 ta¹¹ mi⁴²	茶米 ta²² mi⁴²	茶米 ta¹¹ mi⁴²	茶箬 ta²¹ nieʔ²⁴

3.语法差异

（1）亲属称谓的词头，南片多用"依"，北片一般用"阿"。如：

表 2-20

	福州	长乐	永泰	寿宁	周宁	福鼎
父亲	依爹	依爹	依爹	阿爸	阿爹	阿爸
母亲	依奶/依妈	依奶	依奶	阿妈	阿奶	阿奶

（2）人称代词复数，南北两片说法不同：

表 2-21

	福州	福清	古田	福安	宁德	周宁	寿宁
我们	我各依	我各依	我各依	我侪	我侪依	吾侪	我侪家依
你们	汝各依	汝各依	汝各依	汝侪	汝侪依	汝侪	汝依
他们	伊各依	伊各依	伊各依	伊侪	伊侪依	伊侪	伊侪家依
咱们	依家（依）	依家（依）	我各依	我侪	我汝侪依	吾侪	我□[li?⁵]依

（3）否定副词，表示劝阻的南片与北片均可用"莫"表示；有时南片用"怀通"，北片相对应则用"怀爱"。这里"怀"[iŋ⁵]，与普通话的"不"相当。如：

表 2-22

	福州	福清	古田	福安	宁德	寿宁	福鼎
别～去	怀通	怀通	怀通	怀通	莫	怀爱	怀爱

（4）程度副词：

普通话程度副词"最"，闽东普遍用序数词"第一"表示，如普通话"最好"，当地说"第一好"。普通话程度副词"很"，南北两片通常用"尽"表示。如，"很红"都说"尽红"。此外，南片还常说"野红"。在北片，则还有更多表示法，为南片所不见。如：福安还说"够色"[kau⁴⁴ søk⁵]、宁德还说"穤形"[mai⁵⁵ xiŋ²²]，寿宁还说"够色"[kau⁵⁵ sɛ?⁵]、"老"[lau²¹²]、"无变"[mɔ¹¹ pieŋ²⁴]、"急煞"[ki?⁵ sa?⁵]，周宁情况与寿宁相同，福鼎除说"尽"外，还说"罕"[xaŋ⁵⁵]、"□"[ʦioŋ⁴²]。

普通话程度副词"太"，闽东南片多说"恰"，北片多说"忒"。如：

表 2-23

福州	福清	古田	福安	宁德	寿宁	周宁	福鼎

续表

福州	福清	古田	福安	宁德	寿宁	周宁	福鼎
恰 khaʔ²³	恰 khaʔ¹²	恰 khak² 忒 thak⁵	恰 khak⁵ 忒 thak⁵	恰 khak²	忒 theʔ⁶	忒 thak⁵	恰 khak⁵ 忒 theʔ⁴ 蛮 maŋ⁵⁵

（5）普通话结构助词"的"，闽东通常用"其"表示；如普通话"我的书"，南北两片均可说"我其书"，但北片在强调领属关系时，还可以用"介"表示，这里的"介"读阴去。如：

表 2-24

	福州	福清	古田	福安	宁德	寿宁	周宁	福鼎
（书是）我的	我其 ŋuai³¹·i	我其 ŋua³²·e	我其 ŋuai²¹·i	我其 ŋɔ⁴²·e	我其 ua⁴²e²²	我其 ŋua⁴²·e 我介 ŋua⁴²kɛ²⁴	我其 uɔ⁴²·e 我介 uɔ⁴²ke	我其 ua⁵⁵·ke 我介 ua⁵⁵·ke²¹

（6）普通话表示动作结果，多在动词后加"了"，如"鸟儿飞走了"；闽东一般说"鸟飞去了"，这里的"去了"一般读轻声；而北片的寿宁、周宁、柘荣等地，则还说"鸟飞得"，这里的"得"一般读轻声。

（7）普通话常用"把、将"等把受事成分引到动词谓语前表示处置，闽东方言处置介词也可用"将"，但句式有时与普通话不同。如，普通话"把门关上"，南片一般说"门乞关起"、"将门关起"，后者干脆说"门关起去"，有时甚至可以说"门乞我关起去"；北片的寿宁、周宁一般说"帮门关起"或"将门关起"。

（8）普通话中补语的修饰语一般置补语前，闽东南片也是这样；而北片则把补语的修饰语提前到动词之前。如"他说得很好"，南片说"伊讲野好"，北片多说"伊真讲得好"。

（9）普通话时间副词多放动词谓语前作状语，南片也是如此。但北片的个别土语可后置。如普通话"你先走"，南片一般说"汝先行"，北片如寿宁、周宁、福鼎则可以说"汝行先"。

（10）普通话表示动作追加的修饰性成分（如"再"），多放动词前，闽东南片一般也这样说；而北片的某些土语则可以前置，也可以后置。如，普通话"你再吃一碗"，闽东南北两片均可说"汝盖［kai⁴]（[ai⁴]）食蜀碗"，而北片的寿宁、周宁和福鼎等地还可以说"汝食蜀碗添"。

第五节　福州话篇章语料

一、谚语

1.农谚

播脈播遘夏，蜀株割两下 puo⁴⁴ tsɛiŋ⁵³ puɔ²¹³ kau⁵³ ha²⁴² , sɔ⁵ tau⁴⁴ kaʔ²³ laŋ⁵³ ŋa²⁴²（插秧太晚收成差。播脈:插秧;遘:到;蜀:一）

做脈无命，节气把定 tsɔ⁴⁴ tsɛiŋ⁵³ mo²¹ miaŋ²⁴² , tsɛi⁵ khɛi²¹³ pa³ tiaŋ²⁴²（种田关键要看节气，不误农时。做脈,种田）

春天蜀锄头，冬天蜀钵头 tsuŋ⁴⁴ nieŋ⁴⁴ so³¹ thy³¹ lau⁵³ , tøyŋ⁴⁴ nieŋ⁴⁴ so²¹ pua²¹ thau⁵³（有播种必有收获。蜀:一）

有收无收着看水，多收少收着看肥 u⁴⁴ siu⁴⁴ mo³¹ siu⁴⁴ tuo²¹ khaŋ⁵³ tsui³¹ , to⁴⁴ siu⁴⁴ tsiu²¹ siu⁴⁴ tuoʔ²¹ khaŋ⁴⁴ pui⁵³（种田应把住灌溉、施肥关）

脈等秧，粟满仓;秧等脈，无米过年 tshɛiŋ⁵³ tiŋ²¹ ouŋ⁴⁴ , tshuɔʔ²³ muaŋ²¹ tshouŋ⁴⁴ ;ouŋ⁴⁴ tiŋ²¹ shɛiŋ⁵³ , mo³¹ mi³¹ kuɔ⁴⁴ nieŋ⁵³（插秧宜早不宜迟。脈:田地）

2.气象谚

春看山头，冬看海角 tshuŋ⁴⁴ khaŋ²¹³ saŋ⁴⁴ thau⁵³ , tøyŋ⁴⁴ khaŋ²¹³ hai²¹ kɔyʔ⁵（春冬两季是否天晴，看山头或海边是否罩雾）

月头看初三，初三看十八 ŋuoʔ³¹ thau⁵³ khaŋ²¹ tsœ⁴⁴ laŋ⁴⁴ , tsœ⁴⁴ laŋ⁴⁴ khaŋ⁵³ sɛiʔ²¹ paiʔ²³（上半月天气看初三，下半月天气看十八）

清明谷雨，寒死老鼠 tshiŋ⁴⁴ miŋ⁵³ ku²⁴ y³¹ , kaŋ⁵³ si³¹ lo²⁴ tshy³¹（清明谷雨仍然寒冷）

十七十八，月上目睭 sɛiʔ²¹ tshɛiʔ²³ sɛiʔ²¹ paiʔ²³ , ŋouʔ⁵ suɔŋ²⁴² møy²¹ khaiʔ²³（农历十七、十八，月亮入睡了才出现）

二十弹弹，月上半暝 ni⁴⁴ sɛiʔ⁵ taŋ⁴⁴ taŋ⁵³ , ŋuoʔ⁵ suɔŋ²² puaŋ⁴⁴ maŋ⁵³（农历二十之后，月亮半夜才出现）

六月雨，秙过塝 løyʔ²¹ ŋuoʔ⁵³ huɔ³¹ , mɛ²¹ kuo⁵³ luɔ²⁴²（六月雨量少时短。塝:路）

六月风台生九囝 løy⁴⁴ ŋuoʔ⁵ huŋ⁴⁴ nai⁴⁴ saŋ²¹ kau²⁴ iaŋ³¹（六月份多台风。风台:台风。囝:子）

小满斾满，悬塍怀使耙 siu²⁴ muaŋ³¹ mɛ⁵³ muaŋ³¹，kɛiŋ⁴⁴ tsʰɛiŋ⁵³ ŋ²¹ nai⁴⁴ pa²⁴²（小满雨下得少，高处的田不能翻动。悬：高；塍：田）

3. 风土谚

延平水，鼓山平 yoŋ⁴⁴ piŋ⁵³ tsui³¹，ku²¹ saŋ⁴⁴ paŋ⁵³（南平地势高，水位平平，也与下游的鼓山差不多。延平：即南平）

福宁府鸡叫（听得见）huʔ⁵³ ŋiŋ³¹ ŋu³¹ kie⁴⁴ kieu²¹³（thiaŋ¹ liʔ⁶ kieŋ⁴）（福宁府：旧指宁德地区的霞浦一带。此指其地不远）

三山藏，三山现，三山看不见 saŋ⁴⁴ saŋ⁴⁴ tsouŋ⁵³，saŋ⁴⁴ saŋ⁴⁴ hieŋ²⁴²，saŋ⁴⁴ saŋ⁴⁴ kʰaŋ²¹³ puʔ⁵ kieŋ²¹³（福州城内于山、屏山、乌山即"三山见"；罗山、冶山、闽山即"三山藏"；芝山、灵山、钟山即"三山看不见"）

城里灯笼乡下骨 siaŋ³¹ nie³¹ tiŋ⁴⁴ løyŋ⁵³ hyoŋ²¹ ŋa⁵³ kau²³（喻城里人多乡下人出身）

陈林半天下，黄郑满街排 tiŋ²¹⁴ liŋ⁵³ puaŋ²¹ thieŋ⁵³ ŋa²⁴²，uoŋ²¹ taŋ²⁴² muaŋ²¹ kɛ⁴⁴ pɛ⁵³（福州以陈、林、黄、郑四姓最多）

山吼好食麂鹿獐，海吼好食马鲛鲳 saŋ⁴⁴ leho²¹ lieʔ⁵ ki³¹ løyʔ⁵ kyoŋ⁴⁴，hai³¹ leho²¹ lieʔ⁵ ma²¹ kʰa⁴⁴ tsʰuoŋ⁴⁴（福州常见的山珍海味。好食：好吃）

沉闽山，浮南台 thɛiŋ⁵³ ly²¹ laŋ⁴⁴，phu⁵³ naŋ⁴⁴ tai⁵³（民间传说闽山与南台地底下倾斜，地震时则两处互为沉浮）

洪塘笓梳涂头油 uoŋ²⁴² nouŋ⁵³ pi⁴⁴ lœ⁴⁴ tu²¹ thau²¹ iu⁵³（笓梳、茶油，用于梳发与抹发。均福州洪塘名产）

鼓岭番薯战坂芋 ku²⁴ liaŋ³¹ huaŋ⁴⁴ ny⁵³ tsieŋ⁵³ muaŋ³¹ uɔ⁴²（福州特产名。鼓岭、战坂，均福州地名）

4. 生活谚

拍蛇拍七寸（办事要抓住关键）phaʔ⁵ sie⁵³ phaʔ²¹ tsʰiʔ⁵ tsʰauŋ²¹³

蟳比蟹，差得俦（不比不知道一比吓一跳）siŋ⁵³ pi⁴⁴ ha²⁴²，tsʰa⁴⁴ tiʔ⁵ sa²⁴²

单竹斾成排（个人力量有限）taŋ⁵³ tøy²³ mɛ⁴⁴ siaŋ⁴⁴ pɛ⁵³

糍趁热，馃趁鲜（做事要趁热打铁）si⁵³ thiŋ⁴⁴ ieʔ⁵，kui³¹ thiŋ⁴⁴ tsʰieŋ⁴⁴

蛇无目，虾做目（办事靠人帮）tha²¹³ mo²¹ møyʔ⁵，ha⁵³ tso⁴⁴ møyʔ⁵

多食少滋味（习以为常）to⁴⁴ sieʔ⁵ tsiu²¹ tsy⁵³ ɛi²⁴²

鸭卵罔密会出团（纸包不住火）aʔ⁵ lauŋ²⁴² muoŋ²¹ mɛiʔ⁵ ɛ³¹ tsʰuʔ²³ kiaŋ³¹

抱其猫团斾衔鼠（娇纵养大的孩子难成才）pɔ²⁴² i ma³¹ iaŋ³¹ mɛ⁵³ kaŋ³¹ tsʰy³¹

养鼠咬布袋（养敌遗患，反受其害）yoŋ²⁴ tsʰy³¹ ka²¹ puo⁵³ lɔy²⁴²

船过水无痕（事后不留踪迹）suŋ⁵³ kuɔ²¹³ tshui³¹ mo⁴⁴ houŋ⁵³

烧香拍倒佛（做事粗心出问题）siu⁴⁴ hyoŋ⁴⁴ pha²¹ lo²¹ huʔ⁵

皇帝喙乞食身（卑贱者最聪明）huoŋ²¹ nε⁵³ ʒuo²¹³ khy²¹ siεʔ⁵ siŋ⁴⁴

无水泅九铺（才干超人）mo³¹ tsui³¹ siu²¹ kau⁴⁴ phuɔ²¹³

5.讽喻谚

悴悴犬咬死侬（狗不出声，咬人必死）hiŋ²¹ ŋiŋ⁵³ ŋεiŋ³¹ ka²¹ si²¹ ŋøyŋ⁵³

诈迷梦食老羊蹄（得到好处又装傻）ta²¹ mi⁵³ mouŋ²¹³ siε²¹ lau⁴⁴ yoŋ⁴⁴ tε⁵³

钱穿拍滚斗（嘲人唯利是图）tsiεŋ⁴⁴ tshuoŋ⁴⁴ pha²¹ kuŋ²⁴ nau³¹

鼻屎当盐食（吝啬至极）phi⁵³ sai³¹ touŋ⁴⁴ siεŋ⁵³ siεʔ⁵

食卵讲太平（得了好处又说大话）siεʔ²¹ lauŋ²⁴² kouŋ²¹ thai⁴⁴ piŋ⁵³

锦被罩鸡笼（虚有其表）kiŋ⁴⁴ phuoi²⁴² tau²¹ kie⁴⁴ løyŋ⁵³

金蜉蝇屎腹（虚有其表）kiŋ⁴⁴ pu⁴ liŋ⁵³ sai⁴⁴ pouʔ⁵

拿宝不居财（财运不通）na³¹ po³¹ puʔ²¹ ky⁴⁴ tsai⁵³

神仙怀八弟子苦（饱汉岂知饿汉饥）siŋ⁴⁴ siεŋ⁴⁴ m⁵³ maiʔ²³ tε⁵³ ʒy³¹ khu³¹

道士拍死道士声，铃丁摇起复者声（屡教不改）to²¹ lai²⁴² pha⁵³ si³¹ to²¹ lai⁴⁴ liaŋ⁴⁴，liŋ⁴⁴ niŋ⁴⁴ iu⁵³ khi³¹ puʔ²¹ tsia²¹ liaŋ⁴⁴

暴乍养猪母，含暝盘酸潘（偶遇好事，关注过分）po⁵³ tsia²⁴² yoŋ²¹ ty⁵³ mo³¹，haŋ⁴⁴ maŋ⁵³ puaŋ²¹ suoŋ⁴⁴ muŋ⁴⁴

看侬摆碗菜（分等级对待人，讽人势利）khaŋ⁴⁴ ŋøyŋ⁵³ pε²¹ uaŋ⁴⁴ ʒai²¹³

贪合式去倒长（因小失大）thaŋ⁵³ ha²¹ sεiʔ²³ khɔ²¹³ to⁴⁴ touŋ⁵³

龙眼核看侬待（讽势利眼）lεiŋ²¹ ŋεiŋ²¹ houʔ⁵ khaŋ⁵³ nøyŋ²¹ tai²⁴

贼食鸦片瘾（讽人吃相难看，嗜好不良）tshεiʔ⁵ siεʔ⁵ a²¹ βiεŋ⁵³ ŋiεŋ²¹³

老爹老爹，破布之遮遮（当了官保不住有好下场）lo³¹ lia⁴⁴ lo³¹ lia⁴⁴，phuai⁵³ puɔ²¹³ tsi²¹ tsia⁴⁴ tsia⁴⁴

千赊不如一现（不可轻信承诺）tshiεŋ⁴⁴ sia⁴⁴ puʔ²¹ y⁵³ iʔ⁵ hiεŋ²⁴²

其拣拣，拣吼无尾犬（找对象挑三拣四，最好挑个最差的）ki²¹ kεiŋ²⁴ kεiŋ³¹，kεiŋ³¹ le mo²¹ mui²⁴ kheiŋ³¹

黄犬食肉，白犬当罪（未得好处，却充当替罪羊）uoŋ³¹ kheiŋ³¹ siεʔ⁵ nyʔ⁵，pa³¹ kheiŋ³¹ touŋ⁵³ tsɔy²⁴²

羊死目未眙（羊死眼睛不闭，即死不瞑目）yoŋ⁵³ si³¹ møyʔ⁵ mε⁵³ khaiʔ²³

将心照明月，明月照臭沟（好心不得好报）tsuoŋ⁴⁴ siŋ⁴⁴ tsieu⁴⁴ miŋ⁴⁴ ŋuoʔ⁵，miŋ⁴⁴ ŋuoʔ⁵ tsieu²¹³ tshau⁴⁴ kau⁴⁴

二、歇后语

戆囝食姜母——有食都是好（要求不高）ŋouŋ⁵³ ŋiaŋ³¹ sie²¹ kyoŋ⁵³ mo³¹——u⁴⁴ sieʔ⁵ tu²¹ li⁵³ ho³¹

鸭母相拍——赡过塍岺（本领有限）aʔ²⁴ mo³¹ souŋ⁵³ phaʔ²³——mɛ⁵³ kuo²¹³ tshɛiŋ⁴⁴ ŋiŋ⁵³

鼎边糊——见抆就熟（易与人混熟，擅长交际）tiaŋ²¹ mieŋ⁴⁴ ŋu⁵³——soⁿ⁵ uŋ⁵³ tsiu⁴⁴ sy⁵

无尾咬蚤——跳跳动（行踪无定）mo³¹ mui³¹ ka²⁴ tsau³¹——thiu²¹ liu⁵³ løyŋ²⁴²

草蜢弄鸡角——讨死（不自量力）tsha²⁴ maŋ³¹ løyŋ²¹ kie⁵³ oyʔ²³——tho²⁴ li³¹

曲蹄颂靴——蛮孽（粗心做事，一味胡来）khuo⁴⁴ lɛ⁵³ syŋ⁴⁴ khuo⁴⁴——maŋ⁵³ paʔ²

十八岁见二十四代——雷精通（无经验却瞎吹牛）sɛiʔ²³ peiʔ⁵ huoi²¹³ kiɛŋ²¹³ nie²¹ si⁵³ løy²⁴²——løy²¹ tsiŋ⁴⁴ thuŋ⁴⁴

青盲看开目——食喙都是毛（未亲眼看见却胡乱猜测）tshaŋ⁴⁴ maŋ⁵³ khaŋ²¹³ khui⁴⁴ møyʔ⁵——sieʔ⁵ tshuoi²¹³ tu²¹ li⁵³ nɔʔ²³

眠床下踢毽——平平悬（不分上下）miŋ²¹ tshouŋ²¹ ŋa²⁴² thiʔ⁵ kyoŋ²¹³——paŋ⁴⁴ maŋ⁴⁴ ŋɛiŋ⁵³

一哥无二哥——差不多 iʔ²¹ ko⁴⁴ mo²¹ ni⁴⁴ o⁴⁴——tsha²¹ βuʔ²¹ to⁴⁴

鼓楼前光饼——抢面（装点门面）ku²⁴ lau⁴⁴ lɛiŋ⁵³ kuoŋ⁵³ miaŋ³¹——tshuoŋ⁴⁴ mɛiŋ²¹³

老鼠爬镇盘笔——自称 lo²⁴ tshy³¹ pa²¹ tiŋ⁵³ muaŋ³¹ lo³¹——tsi⁴⁴ tshiŋ⁴⁴

踜骹师公——坐吼做法（自己不动，使唤别人）phiaŋ²¹ ŋa⁴⁴ sai⁴⁴ uŋ⁴⁴——sɔy²⁴² lɛ tso⁵³ huaʔ²³

孤老院——有里无出（只进不出）ku²¹ lo⁴⁴ iɛŋ²⁴²——u²¹ tie⁴⁴ mo²¹ tshouʔ²³

小鬼未见大猪头（没见过世面）siu²⁴ kui³¹ mui⁵³ kiɛŋ²¹³ tuai²¹ ty⁴⁴ thau⁵³

粗芦缚鳖，青草缚蟹——蜀毛治蜀毛（一物降一物）tshu⁴⁴ lu⁵³ puoʔ⁵³ ŋo⁵³，tshaŋ⁵³ tshau³¹ puoʔ⁵³ ha²⁴²——soʔ²ⁱ nɔʔ²³ tɛi²⁴² so²¹ noʔ²³

和尚拍死曲蹄婆——汝无我也无（两败俱伤）hu²¹ luɔŋ²⁴² pha⁵³ si³¹ khuo⁴⁴ lɛ⁴⁴ po⁵³——ny³¹ mo⁵³ ŋuai³¹ ia⁴⁴ mo⁵³

潭虱母——搅散蜀厝（一颗老鼠屎搅坏一锅粥）than²¹ tsaiʔ²³ mo³¹——

ku³¹ san²¹³ soʔ²¹ tshuɔ²¹³

通身白老鼠——无蜀分（身无分文）thuŋ⁴⁴ siŋ⁴⁴ paʔ²¹ lo²³ ʒy³¹——mo⁴⁴ so⁴⁴ huŋ⁴⁴

和尚寺借筜梳——乱摸（走错了门）hu²¹ luoŋ⁵³ nɛi²⁴² tsuo²¹ pi⁴⁴ lœ⁴⁴——luaŋ⁵³ mɔʔ²³

食眼时亲疏不论——钱做侬（只看钱财，不顾亲情）sieʔ⁵ ŋaŋ²¹ si⁵³ tshiŋ⁴⁴ sœ⁴⁴ puʔ⁵ lauŋ²⁴²——tsieŋ⁵³ tso⁴⁴ nøyŋ⁵³

三、童谣

1.真鸟囝① tsiŋ²¹ tseu²⁴ iaŋ³¹

真鸟仔，啄菠菠② tsiŋ²¹ tseu²⁴ iaŋ³¹，tauʔ²³ po⁴⁴ βo⁴⁴

三岁孩儿会唱歌 saŋ⁵³ ŋuoi²¹³ hai³¹ i⁵³ ɛ²¹ tshuoŋ⁴⁴ ko⁴⁴

怀是爸奶教奴唱③ n⁵³ nɛi²⁴² pa⁵³ nɛ³¹ ka²¹³ nu⁵³ tshuoŋ²¹³

是奴腹脑通胧哥④ si⁴⁴ nu⁵³ pu²⁴ no³¹ thøyŋ⁴⁴ løyŋ⁴⁴ ŋo⁴⁴

2.砻砻粟⑤ løyŋ²¹ løyŋ²¹ tshuɔ²³

砻砻粟，粟砻砻 løyŋ²¹ løyŋ²¹ tshuɔʔ²³，tshuɔʔ²³ løyŋ²¹ løyŋ⁵³

糠养猪，米养侬⑥ khouŋ⁴⁴ yoŋ²¹ ty⁴⁴，mi³¹ yoŋ²¹ nøyŋ⁵³

膨节养鸭母⑦ phaŋ⁵³ tsaiʔ²³ yoŋ²¹ a²³ mo³¹

鸭母生卵填主侬⑧ a²³ mo³¹ saŋ⁵³ lauŋ²⁴² teiŋ²¹ tsuo²¹ nøyŋ⁵³

主侬无着厝⑨ tsuo²¹ nøyŋ⁵³ mo²¹ tuo⁵³ tshuɔ²¹³

骑马去祭墓 khie³¹ ma³¹ kho²¹ tsie⁵³ muɔ²¹³

墓吼蜀条草⑩ muɔ²¹³ lɛ so³¹ lɛu³¹ tshau³¹

---

① 真鸟囝：一种小鸟。
② 菠菠：一种野菜，可食。
③ 怀是：不是。爸奶：父母。奴：我。
④ 腹脑：肚子。通胧哥：精通物理。指人聪明、智慧。
⑤ 砻：用石砻砻掉稻壳。粟：谷粒。
⑥ 侬：人。
⑦ 膨节：秕谷。鸭母：母鸭。
⑧ 生卵：下蛋。填：还给。主侬：主人。
⑨ 无着厝：不在家。着：在。厝：家。
⑩ 吼：那儿。蜀条：一棵。

股川髀跋青垢① ku²¹ ʒuoŋ⁵³ mɛ³¹ puaʔ⁵ tsʰaŋ⁵³ kau³¹

四、情歌

1.对面依妹生得漂② tøy⁵³ mɛiŋ²¹³ i⁵³ muoi²¹³ saŋ⁴⁴ niʔ⁵ pʰieu²¹³
对面依妹生得漂 tøy⁵³ mɛiŋ²¹³ i⁵³ muoi²¹³ saŋ⁴⁴ niʔ⁵ pʰieu²¹³
骸手长长复白幼③ kʰa⁵³ ʒiu³¹ touŋ⁴⁴ touŋ⁵³ pu⁵³ pa²¹ ieu²¹³
桃花遏落溪水面④ tʰo⁴⁴ hua⁴⁴ taŋ²⁴² lo⁵³ kʰɛ⁵³ ʒui³¹ mɛiŋ²¹³
故旦是妹水中笑⑤ ku⁴⁴ laŋ²¹³ sɛi²⁴² muoi²¹³ tsui³¹ tyŋ⁴⁴ tsʰieu²¹³
2.柑橘无花骱结囝⑥ kaŋ⁵³ ŋɛiʔ²³ mo⁴⁴ hua⁴⁴ mɛ²¹ kieʔ²³ kiaŋ³¹
柑橘无花骱结囝 kaŋ⁵³ ŋɛiʔ²³ mo⁴⁴ hua⁴⁴ mɛ²¹ kieʔ²³ kiaŋ³¹
播兜无料会变黄⑦ puo⁴⁴ lau⁴⁴ mo²¹ lau²⁴² ɛ²¹ pieŋ⁴⁴ uoŋ⁵³
鲤鱼无伴难戏水 li²¹ ŋy⁵³ mo²¹ pʰuaŋ²⁴² naŋ⁵³ hie⁵³ tsui³¹
郎囝无伴难度日⑧ louŋ³¹ ŋiaŋ³¹ mo²¹ pʰuaŋ²⁴² naŋ⁵³ tu⁴⁴ ŋiʔ⁵
3.雷公亮线直唺唺⑨ lai⁴⁴ uŋ⁴⁴ liaŋ⁴⁴ liaŋ²¹³ ti²¹ tieŋ⁴⁴ tieŋ⁵³
雷公亮线直唺唺 lai⁴⁴ uŋ⁴⁴ liaŋ⁴⁴ niaŋ²¹³ ti²¹ tieŋ⁴⁴ tieŋ⁵³
依哥想妹四五年⑩ i⁴⁴ ko⁴⁴ suoŋ⁴⁴ muoi²¹³ si²¹ ŋu⁴⁴ nieŋ⁵³
都想共妹做夫妇⑪ tu⁵³ suoŋ³¹ køyŋ⁵³ muoi²¹³ tso²¹ hu⁵³ ou²⁴²
袋袋囝抖抖复无钱⑫ tøy²¹ tøy⁵³ iaŋ³¹ tɛu²⁴ tɛu³¹ pu⁴⁴ mo⁴⁴ tsieŋ⁵³
4.月光光 ŋuoʔ⁵ kuoŋ⁴⁴ kuoŋ⁴⁴
月光光,照池塘 ŋuoʔ⁵ kuoŋ⁴⁴ kuoŋ⁴⁴ , tsieu²¹³ tie³¹ louŋ⁵³
骑竹马,过洪塘⑬ kʰie⁵³ ty²⁴ ma³¹ , kuɔ²¹³ uoŋ⁴⁴ nouŋ⁵³

---

① 股川髀:屁股。跋:跌。青垢:发青。
② 依妹:妹子。漂:漂亮。
③ 骸手:手脚。骸:脚。复:又。白幼:白嫩。幼:嫩。
④ 遏:掉。
⑤ 故旦:借音字,还以为。
⑥ 无:没有。骱:不会。结囝:结下果子。囝:子,此指果子。
⑦ 播兜:禾苗。料:肥料。
⑧ 郎囝:情郎。
⑨ 亮线:闪电。直唺唺:轰响不停。直:一直。
⑩ 依哥:哥哥。
⑪ 共:跟,和。
⑫ 袋袋囝:小口袋。复:又。
⑬ 洪塘:福州郊区地名。

洪塘水深无得渡① uoŋ⁴⁴ louŋ⁵³ tsui³¹ tshiŋ⁴⁴ mo²¹ li⁷⁵ tou²⁴²

娘子撑船去接郎 nuoŋ²¹ tsy³¹ thaŋ⁴⁴ suŋ⁵³ kho⁵³ tsiɛ²³ louŋ⁵³

问郎短，问郎长 muoŋ²¹³ louŋ⁵³ tuaŋ³¹，muoŋ²¹³ louŋ⁵³ tuoŋ⁵³

问郎乜侯回家园② muoŋ²¹³ louŋ⁵³ mie⁷⁵³ ŋau²⁴² hui⁵³ ka³¹ huoŋ⁵³

五、婚俗歌

1.十八姐姐三岁郎 sɛi⁷²¹ pai⁷²³ tsia²⁴ tsia³¹ saŋ⁵³ huoi²¹³ louŋ⁵³

十八姐姐三岁郎 sɛi⁷²¹ pai⁷²³ tsia²⁴ tsia³¹ saŋ⁵³ huoi²¹³ louŋ⁵³

晡晡抱郎上眠床③ puo¹ puo¹ pɔ²⁴² louŋ⁵³ suoŋ²⁴² miŋ⁴⁴ tshouŋ⁵³

讲汝娃娃赊告娘④ kouŋ³¹ ny³¹ ua⁴⁴ ua⁴⁴ mɛ⁵³ kɔ²¹³ nuoŋ⁵³

讲汝是丈夫那蜀橛长⑤ kouŋ³¹ ny³¹ si⁴⁴ touŋ⁴⁴ muo⁴⁴ na²¹ so²¹ khuo⁷⁵ touŋ⁵³

2.嫁老唐孽缘歌⑥ ka²¹³ lo²¹ touŋ⁵³ ŋie⁷⁵ yoŋ⁵³ ko⁴⁴

都讲新郎表堂堂 tu⁵³ kouŋ³¹ siŋ⁴⁴ luoŋ⁵³ piu³¹ touŋ⁴⁴ touŋ⁵³

此隻新郎野荒唐⑦ tsi⁴⁴ ʒiɛ²³ siŋ⁴⁴ louŋ⁵³ ia²¹ huoŋ⁴⁴ touŋ⁵³

若讲汝是我郎爸⑧ na⁵³ kouŋ³¹ ny³¹ sɛi²⁴² ŋuai³¹ louŋ²¹ ma²⁴²

我爹无汝髀此鲎⑨ ŋuai²¹ tie⁴⁴ mo⁵³ ŋy³¹ phiaŋ⁴⁴ tsi⁴⁴ hua²¹³

若讲汝是我依公⑩ na⁵³ kouŋ³¹ ny³¹ sɛi²⁴² ŋuai³¹ i⁴⁴ kuŋ⁴⁴

我公喙须无汝长⑪ ŋuai²¹ kuŋ⁴⁴ tshui⁴⁴ liu⁴⁴ mo²¹ ny³¹ touŋ⁵³

六、福州四季水果唱词

十二月令果子歌 sei⁷²¹ nɛi²⁴² ŋuo⁷²¹ lɛiŋ²⁴² kui²⁴ ʒi³¹ ko⁴⁴

---

① 无得渡:渡不过去。
② 乜侯:何时。
③ 晡晡:夜夜。眠床:床铺。
④ 汝:你。赊:不会。告:叫。
⑤ 那:记音字,只(有)。蜀橛长:一小截长。蜀:一。橛:很短的一小截。
⑥ 孽缘:遭罪的姻缘。
⑦ 此隻:这个。野:太,很。
⑧ 若:如果。汝:你。郎爸:父亲。
⑨ 我爹:我父亲。无汝:不如你。髀此鲎:脊背这么驼。髀:背部。此:如此。鲎:原指鲎鱼,因其甲壳呈弧形,故福州人常以之比喻驼背之人,此处作形容词用,义为"佝偻"。
⑩ 依公:祖父。
⑪ 我公:我的祖父。喙须:胡须。无汝长:没有你(那么)长。

正月瓜子侪侬㧻① ʦiaŋ^{44} ŋuoʔ^{5} kua^{53} ʦi^{3} sɛ^{44} nøyŋ^{44} khɛ^{44}

二月甘蔗摆满街 ni^{44} ŋuoʔ^{5} kaŋ^{53} ʦia^{213} pɛ^{53} muaŋ^{21} kɛ^{44}

三月枇杷出好世② saŋ^{44} ŋuoʔ^{5} pi^{44} βa^{53} ʦhu^{21} ho^{44} liɛ^{213}

四月珠红满山紫③ si^{44} ŋuoʔ^{5} ʦhuo^{44} uŋ^{53} muaŋ^{21} saŋ^{44} ʦie^{31}

五月绛桃皮乍红④ ŋu^{44} ŋuoʔ^{5} kouŋ^{44} tho^{53} phui^{53} ʦia^{44} øyŋ^{53}

六月荔枝家家买 løyʔ^{5} ŋuoʔ^{5} lie^{44} ʒie^{44} ka^{44} ka^{44} mɛ^{31}

七月番石榴红透心 ʦhiʔ^{21} ŋuoʔ^{5} huaŋ^{21} nuo^{44} liu^{53} øyŋ^{53} thau^{44} siŋ^{44}

八月龙眼骹蹓侬⑤ pɛi^{21} ŋuoʔ^{5} lɛiŋ^{31} ŋɛiŋ^{31} kha^{44} liu^{44} nøyŋ^{53}

九月柿饼圆又圆 kau^{21} ŋuoʔ^{5} khi^{53} βiaŋ^{31} iɛŋ^{53} iu^{44} iɛŋ^{53}

十月橄榄真值钱 sɛiʔ^{5} ŋuoʔ^{5} ka^{24} laŋ^{31} ʦiŋ^{21} tɛi^{44} ʦieŋ^{53}

十一月尾梨乍出蒂⑥ sɛiʔ^{21} iʔ^{21} ŋuoʔ^{5} mui^{31} li^{53} ʦia^{21} ʦhuʔ^{5} tɛi^{213}

十二月橘团赶过年⑦ sɛiʔ^{21} ni^{44} ŋuoʔ^{5} ki^{24} kiaŋ^{31} kaŋ^{31} kuo^{44} nieŋ^{53}

七、民间故事传说

“榕城”故事

pøyʔ^{5} souŋ^{213} nieŋ^{44} ŋaŋ^{44}，huʔ^{21} ʦiu^{44} li^{53} soʔ^{21} ʒiɛʔ^{23} thai^{53} lieu^{31} tuoŋ^{21} pɛi^{21}
北 宋 年 间，福 州 来 蜀 隻 太 守 张 伯
ŋyʔ^{5}. i^{44} ʦia^{44} li^{53} huʔ^{21} ʦiu^{44}，ʦiu^{53} pauŋ^{42} kau^{213} ʦi^{24} soʔ^{44} nieŋ^{53} ʦo^{21} tuai^{53} ʒui^{31}.
玉⑧。伊 乍 来 福 州⑨，就 碰 遘 此 蜀 年 做 大 水⑩。
pɛi^{21} ŋyʔ^{5} kaŋ^{24} ŋiŋ^{31} kiɛu^{213} nøyŋ^{53} khɔyʔ^{53} pa^{53} laŋ^{213} huaʔ^{23} luoŋ^{44} siʔ^{5} kiu^{53} ʦa^{213}，
伯 玉 赶 紧 叫 侬 乞 百 姓 发 粮 食 救 济⑪，

① 侪：多。侬：人。㧻：啃，嗑。
② 出好世：及时成熟上市。
③ 珠红：杨梅。
④ 乍：初始。
⑤ 骹蹓：玩耍。侬：人。指八月龙眼成熟，引人来树下游玩、观赏。
⑥ 尾梨：荸荠。乍：初始，刚。出蒂：长出尖蒂。
⑦ 橘团：橘子。
⑧ 蜀隻：一个。蜀：一。
⑨ 伊：他。乍：刚，才。
⑩ 碰遘：遇到。此蜀年：这一年。做大水：闹水灾。
⑪ 侬：人。乞：给。

pu⁵³ puai²¹³ nøyŋ⁵³ su⁴⁴ thuŋ⁴⁴ sɛ⁴⁴ u⁵³ kɔyŋ²⁴² siaŋ⁴⁴ lie³¹ tsui⁴⁴ tuɔ²⁴²，khɛ⁵³ tsui³¹ tsia²¹
复　派　侬　疏　通　西　湖　共　城　里　水　墿①，溪　水　乍

mɛiŋ⁵³ maiŋ²⁴² phuɔŋ²¹³ taʔ⁵ o，　paʔ⁵³ laŋ²¹³ ŋi sɛiŋ⁵³ mɛiŋ²⁴² tsai³¹ laŋ³¹ ia⁴⁴ mo⁵³
慢　慢　溢　沰　去②，百　姓　其　生　命　财　产　也　无

siɛn²¹ no²¹ souŋ⁴⁴ sɛiʔ²³ .na²¹ li⁴⁴ kouŋ³¹ i⁴⁴ tsi⁴⁴ a⁴⁴ li iŋ⁵³ ŋuoi²⁴² khaʔ⁵ kuɔ²¹³ lo⁴⁴ luʔ⁵，
甚　毛　损　失③。那　是　讲　伊　自　家　哩　因　为　恰　过　劳　碌④，

tso⁵³ so²¹ a²⁴² søy⁴⁴ lɛ tuai²¹ kui²¹ yŋ⁴⁴.
做　蜀　下　瘦　吼　大　几　斤⑤。

mo³¹ suoŋ³¹ kau²¹³ tɛ²¹ ni⁴⁴ niɛŋ⁵³，pu⁵³ tɔyʔ²³ huʔ²¹ tsiu⁴⁴ tso⁵³ aŋ²⁴²，miŋ⁴⁴
无　想　遘　第　二　年，复　触　福　州　做　旱⑥，闽

ŋøyŋ⁴⁴ tsui³¹ kaŋ²¹ na⁴⁴ la⁴⁴，tshɛiŋ⁵³ huoŋ⁵³ phuoʔ⁵ pɛi²³，puo⁴⁴ lau⁴⁴ ia³¹ phuoʔ⁵ yo³¹
江　水　干　涸　涸⑦，塍　园　曝　必⑧，播　楋　也　曝　萎

o. pɛi²¹ ŋyʔ⁵ tshy⁴⁴ khaiʔ²³ pu⁵³ tai²¹³ tshiu⁴⁴ a²⁴² nøyŋ⁵³ muaŋ⁴⁴ siɛ²¹³ kho⁴⁴ suŋ⁵³，
去⑨。伯　玉　此　刻　复　带　手　下　侬　满　世　去　巡⑩，

huŋ⁵³ nou²¹³ paʔ⁵³ laŋ²¹³ kho²¹ kouʔ⁵ tshøy²¹³ tho²¹ tsui²¹ ŋuoŋ⁵³，khui⁵³ tsaŋ³¹ khouŋ⁵³
吩　咐　百　姓　去　各　处　讨　水　源⑪，开　井　抗

aŋ²⁴²，kha⁴⁴ kiaŋ⁵³ kau²¹³ mo³¹ phui⁵³，mɛiŋ²¹³ ia³¹ phuoʔ⁵ lɛ u²¹ tshu⁴⁴ tshuʔ⁵.
旱，骹　行　遘　无　皮⑫，　面　也　曝　吼　乌　黜　黜⑬。

---

① 复:又。侬:人。共:和,同。水墿:水路。墿:路。
② 溢:水位下降。沰:干。去:了。
③ 其:的。无:没有。甚毛:什么。
④ 那是讲:只是说。伊:他。自家:自己。恰过:太过于。
⑤ 做蜀下:一下子。瘦:瘦。吼:了。大几斤:好几斤重。
⑥ 无想遘:没想到。复:又。触:遇上。
⑦ 干涸涸:枯涸。
⑧ 塍园:田园。曝:晒。必:裂。
⑨ 播楋:禾苗、庄稼。萎:枯萎。去:了。
⑩ 此刻:立即。复:又。手下:部下,属下。侬:人。满世:到处。巡:巡视。
⑪ 讨:寻找。
⑫ 骹:脚。行:走。遘:到。无皮:没有皮,即脱皮。
⑬ 面:脸孔。曝吼:晒得。乌黜黜:黑黝黝。

ou²⁴² so⁴⁴ ni?⁵ , pɛi?²¹ ŋy?⁵ kho²¹ a?²¹ mo²¹ ʒiu⁴⁴ , khaŋ⁵³ ŋiɛŋ²¹³ so²¹ ʒiɛ²³ lau²¹ i⁵³

有　蜀　日①，伯　玉　去　鸭　母　洲②，看　见　蜀　隻　老　依

pa?²³ tuo?⁵ tʃhuo⁴⁴ pieŋ⁴⁴ tsai⁵³ tʃhieu²¹³ , tsiu⁵³ muoŋ²¹³ i⁵³ pa?²¹ : hieŋ²¹ ŋa?²¹ si⁵³

伯　着　厝　边　栽　树③，　就　问　依　伯：现　刻　时

tʃhiŋ⁴⁴ miŋ⁵³ ku²¹ mui⁵³ kau²¹³ , tsai⁵³ tʃieu²¹³ ɛ⁴⁴ ua?⁵ ma²⁴² ? ku⁵³ muoŋ²¹³ i⁴⁴ tsai⁴⁴

清　明　故　未　遘④，栽　树　会　活　艙⑤？故　问　伊　栽

sieŋ²¹ no⁵³ tʃhiu²¹³ ? i⁵³ pa?²³ tʃhia²¹ luoŋ²¹ niŋ⁴⁴ khaŋ⁵³ ŋiɛŋ²¹³ pieŋ⁴⁴ nau⁴⁴ u⁴⁴ nøyŋ⁵³

甚　毛　树⑥？依　伯　车　转　身　看　见　边　兜　有　依

muoŋ⁵³ ua²¹³ , tsiu⁴⁴ tiŋ⁵³ lo³¹ li⁵³ kouŋ³¹ : tsi⁴⁴ uoi²⁴² ŋøyŋ²¹ ŋa?²³ , nu⁵³ tsai⁴⁴ i si²¹

问　话⑦，就　停　落　来　讲⑧：此　位　依　客⑨，奴　栽　其　是

syŋ²¹ ʒieu²¹³ , tsi²⁴ tsyŋ³¹ tʃhieu²¹³ tsiŋ²¹ ho²¹ tsai⁴⁴ , tsai⁵³ ny³¹ mie²¹ no⁵³ sɛiŋ²¹ ŋau²⁴²

榕　树⑩，此　种　树　尽　好　栽⑪，在　汝　乜　毛　辰　候

tʃhia?²³ lo?⁵ o tu²¹ ɛ⁴⁴ ua?⁵ , thau²¹ lɛ²¹ mɛ⁵³ si³¹ . pɛi²¹ ŋy?⁵ pu⁵³ muoŋ²¹³ lau²¹ i⁵³

插　落　去　都　会　活⑫，透　底　艙　死⑬。伯　玉　复　问　老　依

pa?²³ : tsai⁵³ syŋ²¹ ʒieu²¹³ ou²⁴² sieŋ²¹ no²¹ no⁵³ sai³¹ ? i⁵³ pa?²³ tsiu⁵³ kouŋ³¹ : ho⁴⁴

伯⑭：栽　榕　树　有　甚　毛　毛　使⑮？依　伯　就　讲：好

tʃhøy²¹³ ia⁴⁴ la²⁴² . tsi²⁴ ʒyŋ³¹ tʃhieu²¹³ kie⁴⁴ ua?⁵ kie⁵³ luai²⁴² , pu²¹ n⁵³ nai³¹ sai⁴⁴ lau²⁴²

处　野　侪⑯。此　种　树　继　活　继　大⑰，复　怀　使　使　料

---

① 有蜀日：有一天。
② 鸭母洲：福州的一处地名。
③ 蜀隻：一个。老依伯：老伯伯。着：在。厝边：住房附近。厝：家，房子。
④ 现刻时：当下。遘：到。
⑤ 会活艙：会不会成活。
⑥ 故：还。伊：他。甚毛：什么。
⑦ 车转身：转身。边兜：旁边，身旁。依：人。
⑧ 落来：下来。
⑨ 此位：这一位。依客：客人。
⑩ 奴：我。其：的。
⑪ 尽：很，非常。好：容易。
⑫ 在汝：任你。汝：你。乜毛：什么。辰候：时候。落去：下去。
⑬ 透底：从来。艙：不会。
⑭ 复：又。
⑮ 有甚毛：有什么。毛使：用处。
⑯ 野：很，十分。侪：多。
⑰ 此种：这种。继：容易，快速。

uoʔ⁵³ tsui³¹；kyŋ⁴⁴ kyŋ⁴⁴ tsiŋ²¹ ɛ⁵³ huaʔ²³，ku²¹ ɛ²¹ yoŋ²⁴ tsui³¹．tshieu²¹³ puɔʔ²³ ouŋ⁵³

沃　水①；根　根　尽　会　发②，故　会　养　水③。　树　　发　央

o，u²¹ siaŋ²¹ tshuo⁴⁴ ŋaŋ⁴⁴ kɛiŋ²¹ tuai²⁴²，phaʔ⁵³ uŋ⁴⁴ touŋ⁵³ ŋy³¹ tshu²¹ ni⁵ thau⁵³，

去④，有　成　厝　间　悬　大⑤，拍　风　边　雨　出　日　头⑥，

na⁵³ lai³¹ huʔ⁵ tshiu⁵³ a²⁴² tsiu²¹ mo²¹ lai⁵³ iɛ²¹³．huʔ²¹ tsiu⁴⁴ siaŋ³¹ lie³¹ syŋ²¹ ʒieu²¹³ naʔ⁵

若　使　伏　树　下　就　无　事　计⑦。福　州　城　里　榕　树　若

tsai⁴⁴ li²¹ sa²⁴²，ku²¹ n⁵³ nie²¹³ ieʔ⁵ thien¹ mɛ²¹ ieʔ⁵，tshiŋ⁴⁴ nieŋ⁴⁴ mɛ⁵³ tshɛiŋ²¹³，lieŋ²¹

栽　得　侪⑧，故　怀　啻　热　天　𣍐　热⑨，清　天　𣍐　清⑩，　连

huŋ⁵³ kiŋ³¹ tu²¹ ɛ²¹ pieŋ²¹³ ho⁴⁴ aŋ²¹³ o；ho⁴⁴ tshøy²¹³ kouŋ³¹ mɛ⁵³ tsɛin²⁴²．pɛiʔ²¹ ŋyʔ⁵

风　景　都　会　变　好　看　去；好　处　讲　𣍐　尽⑪，伯　玉

thian⁴⁴ uoŋ⁵³ i⁵³ paʔ²³ kouŋ³¹ ŋi ua²⁴²，kieŋ⁵³ ŋøyʔ²³ tsiŋ²¹ u⁵³ li³¹，thau⁵³ thi⁵³ lau²¹

听　完　依　伯　讲　其　话⑫，见　觉　尽　有　理⑬，头　直　头

khiaŋ²¹³．lau²¹ i⁵³ paʔ²³ khan⁵³ ŋieŋ²¹³ tsi⁴⁴ uoi²⁴² nøyŋ²¹ ŋaʔ²³ nøyŋ²¹ yoŋ²⁴² tsiŋ²¹ sy⁴⁴

磬⑭。　老　依　伯　看　见　此　位　依　客　依　样　尽　斯

uŋ⁵³，kouŋ⁴⁴ ua²⁴² ia²¹ khɛiʔ⁵ khɛi²¹³，tsiu⁵³ tshian³¹ i⁴⁴ tie³¹ tshuɔ²¹³ lɛ sɔy²⁴²，phau⁴⁴

文⑮，讲　话　野　客　气⑯，　就　请　伊　底　厝　吼　坐⑰，　泡

---

① 复：又。怀使：不必。使料：施肥。沃水：浇水。

② 根根：根部，根。尽：很。发：发育，扩展。

③ 故：尚且，还。养水：蓄水。

④ 发：生长。央：时间长久。去：了。

⑤ 成厝间：整座房屋。悬大：高大。

⑥ 拍风：刮风。遏雨：下雨。日头：太阳。

⑦ 若使：只要。伏：躲避。无：没有。事计：事情。

⑧ 若：如果。栽：种植。侪：多。

⑨ 故：还。怀啻：不仅。热天：夏天。𣍐：不会。

⑩ 清天：冬天。清：寒冷。

⑪ 𣍐尽：不尽。

⑫ 其：的。

⑬ 见觉：感觉，感到。尽：很。有理：有道理。

⑭ 直头：一直。磬：点头。

⑮ 依客：客人。依样：人样，外表。尽：很。斯文：文雅。

⑯ 野：很，十分。

⑰ 伊：他。底：进入。厝吼：屋里。

ta⁵³ tsʰiaŋ³¹ i⁴⁴ sie⁷⁵ .laŋ²¹ ŋa²¹ nøyŋ⁵³ pʰaŋ⁵³ ŋoŋ³¹ so²¹ hyɔ⁷²³ , i⁴⁴ pa⁷²³ tsia²¹ ɛ⁵³ pai⁷²³

茶　请　伊　食①。两　介　侬　泛　讲　蜀　歇②，依　伯　乍　会　八

miŋ⁴⁴ nɛiŋ⁵³ tsi⁴⁴ uoi²⁴² nøyŋ²¹ ŋa⁷²³ tsiu⁵³ lɛi²⁴² hieŋ²¹ ŋa²¹ si⁵³ hu⁷²¹ tsiu⁴⁴ i hu²¹ mu²¹

面　前　此　位　侬　客　就　是　现　刻　时　福　州　其　父　母

uaŋ⁴⁴ .hu⁷²¹ tsiu⁴⁴ ou²⁴² tsuŋ²⁴ ŋuaŋ³¹ ŋi ho²¹ kuaŋ⁴⁴ i⁴⁴ kieŋ⁵³ ŋøy⁷²³ tsiŋ⁵³ naŋ²¹ tai²³ .

官③。福　州　有　总　款　其　好　官④，伊　见　觉　尽　难　得⑤。

pɛi⁷²¹ ŋy⁷⁵ hui²¹ hu³ , tsʰy⁴⁴ kʰai⁷²³ tiu⁴⁴ tsi⁷⁵ tsʰiu⁴⁴ a²⁴² kuaŋ⁴⁴ uoŋ⁵³ souŋ⁴⁴

伯　玉　回　府，此　刻　召　集　手　下　官　员　商

luoŋ⁵³ tsai⁵³ tsʰieu²¹³ i³¹ tai⁵³ ie²¹³. i⁴⁴ kieu²¹³ ŋa⁴⁴ muoŋ⁵³ tʰai⁷²³ tsʰou⁷²³ ko⁵³ sɛi²⁴² ,

量　栽　树　其　事　计⑥。伊　叫　衙　门　贴　出　告　示⑦，

ku⁴⁴ la²⁴² pa⁵³ laŋ²¹³ tsai⁵³ syŋ²¹ ʒieŋ²¹³ , ki⁴⁴ tyŋ⁴⁴ tɛi²¹ pie⁷²³ kie⁵³ liaŋ²⁴² : tsai⁴⁴ so⁴⁴

鼓　励　百　姓　栽　榕　树，其　中　特　别　规　定：栽　蜀

lau⁴⁴ syŋ²¹ ʒieu²¹³ , suoŋ²¹ ŋyŋ⁵³ so³¹ luoŋ³¹ ; ku⁵³ ɛi²¹³ kʰaŋ²¹ hua⁷⁵ 、pʰo⁵³ huoi²⁴² i

榭　榕　树⑧，赏　银　蜀　两⑨；故　意　砍　伐、破　坏　其

hua⁷⁵ tsieŋ⁵³ , tsiŋ²¹ tsie⁷²³ ŋieŋ²¹ tøyŋ²⁴² i nie⁷⁵ lie³¹ o⁴⁴ kuoŋ⁴⁴ .uoi²⁴³ lau kʰøy⁷²³ pa⁵³

罚　钱⑩，情　节　严　重　其　搦　底　去　关⑪。为　了　乞　百

laŋ²¹³ tso²¹ pouŋ⁴⁴ yɔŋ²⁴² , i⁴⁴ ku⁵³ tɛ²¹ liŋ²¹ ŋɛi²¹³ tuo⁷⁵ kuaŋ⁵³ hu³¹ muoŋ³¹ nɛiŋ⁵³ suo⁴⁴

姓　做　榜　样⑫，伊　故　特　诚　意　着　官　府　门　前　石

lai⁴⁴ i²¹ luoŋ²⁴ muoŋ³¹ mieŋ⁴⁴ tsai⁴⁴ laŋ⁴⁴ nau⁴⁴ kʰy⁷⁵ nøyŋ²¹ kʰaŋ²¹³ .mo²¹ ŋuɔ²¹³ nuo⁴⁴

狮　其　两　旁　边　栽　两　榭　乞　侬　看⑬。无　过　若

---

① 泡茶：沏茶。伊：他。食：喝。

② 两介侬：两个人。泛讲：聊天。蜀歇：一阵子。一会儿。

③ 乍：才。会八：知晓。现刻时：当今。其：的。

④ 总款：这样。这里"总"应是"这样"的合音词。款：样式。其：的。

⑤ 伊：他。见觉：觉得。尽：很。

⑥ 此刻：立即。其：的。事计：事情。

⑦ 伊：他。

⑧ 蜀榭：一株。

⑨ 赏：奖励。蜀两：一两。

⑩ 罚钱：罚款。

⑪ 其：的。搦底：捉拿进去。关：关押。

⑫ 乞：给。

⑬ 伊：他。故：还。特诚意：特地。着：在。其：的。两榭：两株。乞：给。侬：人。

ouŋ^{53}, huʔ^{21} ʦiu^{44} siaŋ^{21} nie^{31} kau^{44} khy^{44}, tuai^{44} ε^{44} siu^{44} hɔyŋ^{213}, køyŋ^{44} mieŋ^{44}
央①，福州城里郊区，大街小巷，江边

phuo^{21} kieŋ^{52}, thieŋ^{53} ʦaŋ^{31} ʦhuoŋ^{21} kɔyʔ^{23}, tu^{21} u^{31} ŋøyŋ^{53} ʦai^{53} ʦøyŋ^{213} syŋ^{21}
浦墘②，天井墙角，都有侬栽种榕

ʒieu^{213}. nεi^{242} sεi^{53} nieŋ^{21} hɑu^{242}, ʦhieu^{213} puɔʔ^{23} tuɑi^{242} o, ko^{21} louŋ^{21} hu^{21} ʦiu^{44}
树③。二十年后，树发大去④，囫囵福州

pa^{53} lɑŋ^{213} tu^{53} kieŋ^{53} ŋɔyʔ^{23} khuŋ^{53} khεi^{213} tuoŋ^{24} ho^{31}, khuaŋ^{31} kiŋ^{31} ia^{53} piεŋ^{213} ʦiŋ^{21}
百姓都见觉空气转好⑤，环境也变尽

phiu^{53} luɔŋ^{242} o, sεiŋ^{242} ʦεi^{213} u^{44} nøyŋ^{53} kouŋ^{31} huʔ^{21} ʦiu^{44} liaŋ^{53} si^{21} "lyʔ^{5} εiŋ^{213}
漂亮去⑥，甚至有侬讲福州城是"绿荫

muaŋ^{21} siaŋ^{53}, sy^{31} pouʔ^{23} tuoŋ^{53} kɑi^{213}". ku^{21} n^{53} niε^{213} ʦuŋ^{24} ŋuaŋ^{31}, ku^{53} lε^{31} huʔ^{21}
满城，暑不张盖"⑦。故伓啻总款⑧，旧底福

ʦiu^{44} sεu^{44} sεu^{53} ʦo^{53} ɑŋ^{242}、ʦo^{21} khε^{53} ʦui^{31}, kau^{21} lyŋ^{53} mui^{31} ia^{21} si^{2} liʔ^{24} kiaŋ^{31} kεiŋ^{24}
州稠稠做旱、做溪水⑨，遘终尾也时仂囝减

ʦiu^{31} o. ʦyŋ^{53} ʦhy^{31} i^{44} hɑu^{242}, huʔ^{21} ʦiu^{31} liaŋ^{52} ʦiu^{53} khøyʔ^{23} nøyŋ^{53} kieu^{213} lε
少去⑩。从此以后，福州城就乞侬叫咧

"yŋ^{44} siaŋ^{53}". pεiʔ^{21} ŋyʔ^{5} ʦo^{21} thai^{53} liu^{31} sεiŋ^{21} ŋɑu^{242} ʦai^{44} i syŋ^{21} ʒieu^{213}, ʦi^{44} kiŋ^{44}
"榕城"⑪。伯玉做太守辰候栽其榕树⑫，至今

ku^{53} ou^{242} ʦiŋ^{21} nε^{44} lau^{44} uaʔ^{5} lε.
故有尽侪椃活咧⑬。

---

① 无：没有。过：经过。若央：多久。央：久。
② 浦：河水。墘：边沿。
③ 侬：人。栽种：种植。
④ 发：生长。去：了。
⑤ 囫囵：整个。见觉：感到。
⑥ 尽：非常。去：了。
⑦ 侬：人。
⑧ 故：还。伓啻：不仅。总款：这样。
⑨ 旧底：以前。稠稠：常常。做旱：闹旱灾。做溪水：发大水。
⑩ 遘终尾：后来。时仂囝：一点点地。去：了。
⑪ 乞侬：被人。乞：给，被。侬：人。叫咧：叫做。
⑫ 辰候：时候。其：的。
⑬ 故有：还有。尽侪椃：好多株。椃：棵，株；量词。

参考文献：

①福建汉语方言调查指导组.福建汉语方言概况(讨论稿)[M].厦门：厦门大学出版社，1963.

②黄典诚.福建省志·方言志[M].北京：方志出版社，1998.

③林寒生.闽东方言词汇语法研究[M].昆明：云南大学出版社，2002.

④李如龙、梁玉璋等.福州方言词典[M].福州：福建人民出版社，1996.

⑤梁玉璋.福安方言调查报告[C]//汉语方言研究会论文，未刊稿，1980.

⑥林寒生.闽东方言研究——兼论与闽南、莆田方言词源诸特点[D].1990.

⑦陈泽平.福州方言研究[M].福州：福建人民出版社，1998.

第三章
闽南方言

第一节　闽南方言的形成与分布

　　西汉武帝之时,大规模的中原官兵几度征伐闽越,在闽南一带播下了上古中原汉语的零星种子。汉末三国鼎立,孙吴景帝为开拓福建出兵南下,并于永安三年(260)置建安郡,首度在今泉州西门外丰州设东安县,以统辖闽南一带,并遣将领驻守,后吴将黄兴、张悃等终老其任上。此间入闽官兵,给闽南大地带来了东吴文化和江东吴语、楚语或吴楚通语。两晋六朝时期,五胡乱华,北方士族上百万人南下,后辗转入闽,其中也有相当一部分递续移徙晋安郡属的泉南一带。正如王象之《舆地纪胜》卷130引《乐史·太平寰宇记》所述,"西晋离乱,衣冠南渡,士卒多葬其地,以求安堵"。从此,泉州一带的河流便被命名为晋江。今晋江一带所发现的15座六朝时期墓葬群便是当时北方移民寓居其地的真实写照。唐朝诗人张籍在《过永嘉》诗中用"北人避难尽在南,南人至今能晋语"二句反映了这种史实。南朝梁天监年间(420—519),闽南一带置南安郡,与闽北建安、闽东晋安三郡鼎足而立,闽南方言殆已形成。当地百姓交际的口语,是4到5世纪前后中原移民所带来的河洛官话,相当于今闽南方言的白读系统。

　　初唐时期,闽南社会安定,百姓安居乐业。这与唐高宗总章二年(669),朝廷派遣陈政、陈元光父子来闽平定"蛮獠啸乱"有关。嗣后,元光采用招抚政策,保境安民,"编录图籍",于泉潮之间"拓地千里",于是"北至泉州、兴化,南逾潮州、惠州,西抵汀州、赣州,东至沿海各岛屿,方数千里无烽火之惊,号称乐土"。除辟地置屯外,还兴建军陂,营农积粟,"兴贩陶冶,以通商贾,以阜财货";此外,在沿海"募民障海,泻卤成淡",倡导稻田连作,莳花植果,使闽南百姓生齿日繁。以致泉州置设(唐睿宗景云二年,711)之时,全市便已拥有 50754 户居民，竟居全省各个都市之首。五代之后，王潮、王审知兄弟入闽，对泉州经贸文化发展也卓有建树。泉州乃王氏兄弟发迹之地，他们视泉州为闽国股肱。先是由审知之兄审邽首任泉州刺史；他在任上"勤勉为政，俭约爱民"、"制度维新，足食足兵"，殁后子延彬继任，"凡三十年，仍岁丰稔"，人称"招宝侍郎"。此二次移民所带来的河南一带"河洛官话"，前一次带有某些上古汉语成分，后一次更近似于中古《切韵》音系；当今闽南方言中的文读系统，所反映的即此阶段语音痕迹。

　　早期的泉州，经贸文化已很发达。北宋崇宁年间(1102—1106)，这里已有 2 万户人口，与汴京(开封)、长沙、京兆(西安)、杭州、洛阳等并列国内六大都市。宋代泉州海交与海外贸易发展迅速，成为世界两大贸易港口之一与"海上丝绸之路"起点；南宋之时，其势头竟然超过广州，甚至拥有"涨海声中万国商"的繁荣气象。因此泉州话成为闽南方言的早期代表。反映泉南方言的地方韵书《汇音妙悟》，成为闽南各地方言韵书的基础。宋室南迁后，中原文化播迁泉州；用闽南方言演唱的梨园戏、高甲戏、南音等风靡泉南一带，成为当地民众精神文化生活的重要内容。当代泉州话主要通行于泉州、晋江、南安、石狮、惠安、安溪、永春、德化以及同安、金门等一些县市。

　　在闽南的南片漳州，因经济文化远不如泉州发达，故漳州话的地位和影响也大大不如泉州话。元朝覆灭后，泉州港地位衰落；随着明代中期有限制地取消海禁，开放洋市，准贩洋货，漳州港得以崛起，非但私商贸易兴盛，且有力促进了九龙江流域造船、纺织和其他手工业的蓬勃兴起。嘉靖二十七年(1548)，漳州"有民居数万家，方物之珍，家贮户峙，而东连日本，西接暹球，南通佛朗、彭亨诸国，其民无不曳绣蹑珠者，盖闽南一大都会也"。其繁荣昌盛压倒泉州，漳州话的地位也因而水涨船高，而记录漳州方言的地方韵书《雅俗通十五音》，以及坊间市井流传的芗剧、木偶戏、锦歌等民间戏曲、说唱在传播漳州方言方面也发挥过不小功用。今漳州话主要通行于漳州、龙海、华安、长泰、南靖、平和、云霄、漳浦、诏安、东山等闽南南片的 10 个县市。

　　厦门本为纵横 15 公里的海岛，历史上曾称嘉禾屿，明时设中左所。明清之时，月港一度成为郑成功抗清武装与清廷争夺的据点，清政府实行海禁和迁海政策(把沿海百姓迁往内陆)，使其发展受到严重限制；加上月港属内河港口，货运出海须经厦门，极为不便，故而渐为厦门港所取代。清代厦门先是设立海防厅，后又为郑成功作为抗清基地，其区位优势渐渐凸显出来；鸦片战争后，厦门被辟为通商口岸，闽南沿海的海上交通与对外贸易，及大陆沿海华人华侨出入国门,多首选厦门,这使得厦门话的地位日渐提升,取代了泉州话与漳州话,成为闽南金三角方言的代表。历史上的厦门,原是同安的一个辖地,其方言属于泉州话片的同安腔。与他处相较,同安腔属于介于泉漳而又与泉漳有差异的一种土语。作为同安腔的一种地域变体,厦门话则恰好兼具泉州话与漳州话的两种方言的某些特点,同时与上述两种土话又有不同,堪称福建本土的"漳泉滥",因此反而可以在闽南金三角一带通行无阻。新中国成立之后,鹰厦铁路建成,使厦门港与内地联系不断加深;改革开放之后,厦门设立特区,经贸文化发展迅速,且又成为对台工作和现代化城市建设试验区,其地位越发重要突出,厦门话在人们心目之中的重要地位更是今非昔比。

与闽南方言区毗邻的闽西龙岩(今称新罗区)和漳平二市,唐之前归新罗管辖,唐代隶漳州,故与漳州一带有深刻渊源关系。由于龙岩长期作为闽西首府,又受周边各县客家方言片包围,因而深受客话影响和渗透,这两市的闽南话与厦、泉、漳金三角闽南方言面貌已有很大不同。表现在语音上韵母有撮口呼,入声尾虽有 p、t、k 三套,却没有喉塞韵尾 ?;词汇之中,也吸收了一些客话成分,如稻子说"禾"[ue^2],看说"眐"[o^1],给予说"分"[pun^1]等,因而可视为独立一片。

第二节　闽南方言的流播

闽南一带长期人多地少,民间自来有外出谋生、移民异地的习惯。当地人常出外垦殖,或从事手工生产,或到异地晒盐捕鱼,或开展商品交易,或从事造船航运,或参与伐木、冶炼等各种劳动。这样,闽南方言便被带往省内外各地,甚至漂洋过海,远赴台湾、东南亚甚至世界各地,从而成为一种活跃在世界各地的方言。

在省内,随处可见闽南话小片,而且各地都散布着许多大大小小的闽南方言岛。如闽东的福清,分别有渔溪、一都、镜洋、上迳、音西、阳下、东张、宏路等 8 个乡镇约 30 个行政村数万人说闽南话。在霞浦,有水门、牙城和三沙 3 个乡镇 100 多个自然村近 4 万人说闽南话。闽东北福鼎,其西北部及沿海的沙埕、前岐、点头等 13 个乡镇,有近百个村是闽南话片区,人口多达 13 万人,几乎占全县人口的三分之一。宁德飞鸾乡的碗窑、礁头 2 村,有 3000 多人说闽南话。其他人口在千人上下的,还有闽侯青圃乡东西台村、连江敖江乡,以及永泰县的霞拔、洑口二乡。在莆田的南日岛、仙游县与惠安毗连的一些村镇,因地理接近,也有一些闽南话村落。在闽北一带顺昌县的城关与大干、埔上、富文等乡,有几万人说闽南话。他如南平的夏道镇、建阳的麻沙镇、浦城的盘亭乡、武夷山天心村,以及建宁的一些自然村,也有一些闽南方言插花点。在闽中,永安的西洋、大湖乡,有万余人说闽南话;沙县的青州、高桥、富口诸乡,则多达数万人;三明的新桥、岩前、陈大诸乡,也有不少。

在外省,闽南话向外传播之广、人口之多十分惊人。如浙南温州的平阳、泰顺、苍南、瑞安、洞头,台州的玉环及舟山群岛,有数十万闽南移民,迁入时间多在宋后明清。江西上饶地区的玉山、广丰、铅山、上饶等 8 县,有 20 多万人说闽南话,当地人多是随黄道周抗清斗争而滞留下的,已传十几代。其他人口较少的,如江苏宜兴、广西平南、四川成都附近等,也有闽南移民的踪迹。而大量的外区闽南话片,则在广东和海南。广东的潮汕地区说闽南话的潮州、汕头等竟多达 12 个县市;雷州半岛一带的海康、湛江、电白等地也多达 7 市。在海南,则有海口、文昌、屯昌等 18 个县市人能说闽南话。只不过生活于琼粤两省的闽南人,有的迁于宋元时期,大量的是明清两朝。其闽南话因受当地方言影响,又是在特殊的自然、社会环境中发展起来的,其语音、词汇和语法与本土闽南话已有一定差异,并带有浓重的外省口音。

在台湾,闽南籍的人口占全岛总数的 78% 左右,其余则是客籍、"原住民族"和外省人。除闽南人普遍能说闽南话外,客家、"原住民"与外省人也大多能用闽南话作口语交际。岛内的闽南话大多是明清时代由郑成功招募漳泉两地复台时的军事移民带去的,或是随后陆续由入台垦殖的漳泉移民带去的。由于长期的交融,原来的漳腔与泉腔界限日益模糊;又由于宝岛与大陆本土联系密切,因此其口音则与大陆闽南话(尤其是厦门腔)十分近似。

在海外,尤其东南亚国家的印尼、新加坡、马来西亚、泰国、菲律宾、越南、缅甸、老挝、柬埔寨以及南亚的印度、锡兰等国家,也有 1000 多万华人华侨说闽南话。他们多是明清以来外出经商、流亡或被当做"猪崽"卖到国外的。今闽南话词汇中有不少外来词语借入,便是闽南与上述国家或地区长期经济、贸易和文化交流所带来的。如人们耳熟能详的"沙茶"[sa¹te²](一种作料,似芥末),"雪文"[sap⁶bun²](肥皂),"峇峇"[ba²ba²](婴儿)等语词,便是向马来语借用的;而马来语中说"钱"为[ci],说"吃"为[ciak],说"妓女"为"查某"[cabo],说"年糕"为"粿"[kue],说"随便"为"清采"[tincai],等等,便是从闽南口语中吸收的。[①]

第三节　闽南方言代表——厦门话

闽南方言以厦门话为代表。本节重点介绍厦门话的特点。[②]

一、语音特点

1.声韵调系统

（1）声母表

表 3-1

p 边婆朋	ph 颇皮蜂	b 门无米	m 妈棉物		
t 地堂知	th 他桃抽	l 柳农热	n 拿泥奶		
ʦ 曾字庄	ʦh 出笑取	(ʥ) 入＝日		s 时心暑	
k 求见锯	kh 气可康	g 语疑义	ŋ 雅硬月	h 喜许霞	ø 英威余

[说明]

A.厦门话声母有 17 个。上述声母第一个例字为旧闽南方言韵书首个例字。

B.声母 b、l、g 只与元音韵和辅音尾韵母相拼。如：微 bi²、里 li³、疑 gi²。

C.声母 m、n、ŋ 只与鼻化韵母拼合。如：满 muã³、年 nĩ²、硬 ŋĩ⁵。因而也有人将 m、n、ŋ 视为 b、l、g 的变体。然则厦门话声母可减少为 14 个。

D.声母 l 发音时，近似于浊塞音 d，如"绿岛"lik⁷to³。

E.声母 ʥ 主要为漳州话所有，厦门一带已并入柳母[l]，仅同安一带五六十岁以上的老年人口中有所保留，但已不稳定。

F.声母 ʦ、ʦh、s 与齐齿韵拼合时，部位前移，发音近 tɕ、tɕh、ɕ，如：招[ʦio¹]、笑[ʦhio⁴]、烧[sio¹]。

（2）韵母表

A.元音韵

———————

①　李如龙:《闽南话和印尼语的相互借词》,香港中文大学《中国语文研究》1992 年第 10 期。

②　本章记录的厦门话为厦门市区口语,由许永茂和黄国聪等人提供。谨此致谢。

表 3-2

i 衣	u 居	a 阿	ia 车	ua 瓦	ɔ 乌	o 刀	io 标	e 锅	ue 题
iu 丢	ui 规	ai 开	uai 歪	au 猴	iau 骄				

B.鼻音尾韵

表 3-3

m 梅	im 金	am 甘	iam 占	in 宾	un 孙	an 丹	ian 天	uan 端	ŋ 光
iŋ 冰	aŋ 空	iaŋ 漳	ɔŋ 方	iɔŋ 恭					

C.鼻化韵

表 3-4

ĩ 平	ã 监	iã 听	uã 山	ɔ̃ 吴	ẽ 婴	iũ 强	uĩ 煤	ãi 指	uãi 悬
ãu 闹	iãu 猫								

D.塞音尾韵

表 3-5

ip 集	ap 鸽	iap 夹	it 笔	ut 骨	at 八	iat 哲	uat 泼	ik 德	ak 腹
iak 爝	ɔk 博	iɔk 速	iʔ 筑	iʔ 接	uʔ 托	aʔ 扎	iaʔ 摘	uaʔ 割	ɔʔ 膜
oʔ 桌	ioʔ 借	eʔ 客	ueʔ 笠	iuʔ 血	uiʔ 血	uaiʔ	auʔ 雹	iauʔ	m̩ 媒
ŋ̍ʔ 呛	ĩʔ 物	ãʔ 愕	iãʔ	ɔ̃ʔ 膜	ẽʔ 脉	uẽʔ 挟	uãiʔ	ãuʔ	iãuʔ

[说明]

A.厦门话共有 83 个韵母(含鼻音韵)。表中尽量列出例字,个别韵母写不出适当汉字者不列。

B.厦门话韵母只有开口、合口和齐齿 3 呼,独缺撮口呼。

C.厦门话鼻音韵尾有 m、n、ŋ 3 个;塞音韵尾则有 p、t、k、ʔ 4 个,均为古入声韵。

D.厦门话韵母有鼻化韵,鼻化过程一般含韵头、韵腹和韵尾,本书采用鼻化符号"～"加在主元音上表示,如:惊 kiã⁴⁴。

E.厦门话 m、ŋ 两个鼻音韵母。其中鼻韵母 m 只能与 h 声母拼合。如:媒 hm²;而鼻韵母 ŋ 则与多数声母可以相拼,如:糖 thŋ²、光 kŋ¹、晚 bŋ³(～种)。

F.韵母 o、io、oʔ、ioʔ 中的[o],部分人读为 ɤ。

（3）声调表

厦门话声母共有 7 个（不含轻声），列表如下：

表 3-6

调类	（1）阴平	（2）阳平	（3）上声	（4）阴去	（5）阳去	（6）阴入	（7）阳入
调值	44	24	53	21	22	32	4
例字	东方	人民	海水	志气	地位	积蓄	独立

[说明]

A.厦门话 7 调中，中古平、去、入各分化为阴阳两调，上声实为阴上；阳上调则归入阳去。

B.阴入、阳入调发音短促，其他声调则可延长。

C.厦门话语流中还出现一个轻声调。遇此，本书概不标调。

2.连读变调

厦门话多音节连读，下字声调不变，而上字往往变调。其变调有如下规律：

（1）上字阴平或阳平，变为阳去。如：

山东 $suā^{44} taŋ^{44} \rightarrow suā^{22} taŋ^{44}$

时间 $si^{24} kan^{44} \rightarrow si^{22} kan^{44}$

（2）上字上声，变为阴平。如：

古厝 $kɔ^{53} tshu^{21} \rightarrow kɔ^{44} tshu^{21}$

海水 $hai^{53} tsui^{53} \rightarrow hai^{44} tsui^{53}$

（3）上字阴去，变为上声。如：

罩雾 $ta^{21} bu^{22} \rightarrow ta^{53} bu^{22}$

（4）上字阳去或阳入，变为阴去。如：

烂涂 $nuā^{22} thɔ^{24} \rightarrow nuā^{21} thɔ^{24}$

学习 $hak^{4} sip^{4} \rightarrow hak^{21} sip^{4}$

（5）上字阴入，变为阳入或上声。如：

八仙 $pat^{32} sian^{44} \rightarrow pat^{4} sian^{44}$

拍算 $phaʔ^{32} sŋ^{21} \rightarrow phaʔ^{53} sŋ^{21}$

（6）上字阳入变为阴入。如：

杂志 $tsap^{4} tsi^{21} \rightarrow tsap^{32} tsi^{21}$

日头 $lit^{4} thau^{24} \rightarrow lit^{32} thau^{24}$

3.轻声

（1）词汇轻声

词汇，主要是名词词尾或名词性结构的后附成分，一般读轻声。如：

林兮（老林）　李先（李先生）　吴屑　顶头（上面）　（买）好兮　倩兮（雇的）

（2）语法轻声

A.动词所带的人称代词宾语读轻声。如：下晡互汝

B.动词的补语成分读轻声。如：舍去得　买一斤　昨日拍破

C.句尾语气词读轻声。如：食饱未　无了

4.文白异读

闽南方言，最重要特点之一是文白异读的普遍超过任何一种方言。且说话时何时用文读或白读，往往是约定俗成的，与具体的语境、媒介的选择、交流的对象、语词的意蕴等多种因素有关；且类型复杂，对应多样。下简要举例说明厦门话的文白异读对应形式。例词先列文读，再列白读。

（1）声母对应

表 3-7

文读	白读	例　　词
p	ph	平 piŋ² 太～；phiã² 摊～
m	h	媒 muī² 传～；hm² ～侬
t	th	桐 toŋ² ～江；thaŋ² ～子
l	h	燃 lian² 自～；hiã～火
ts	t	滓 tsai³ 渣～；tai³ 薰～（烟灰）
	th	柱 tsu⁵ 砥柱～；thiau⁵ 石～
	k	支 tsi¹ ～持；ki¹ 两～
tsh	th	超 tshiau¹ 班～；thiau¹ ～过
	s	床 tshŋ² 眠～；sŋ² 笼～（蒸笼）
	kh	齿 tshi³ 不～；khi³ ～膏（牙膏）
s	tsh	树 su⁵ 建～；tshiu⁵ ～箬（树叶）
	h	岁 sue⁴ 贺～；he⁴ ～声（年龄）
k	h	裘 kiu² ～马；hiu² 棉～公（大棉袄）
g	h	岸 gan⁵ 伟～；huā 溪～（河岸）

续表

文读	白读	例　词
h	p	分 hun^1 ～裂；pun^1 ～开
	ph	芳 hɔŋ^1 ～容；phaŋ^1 米～（爆米花）
	k	糊 hɔ^2 ～涂；kɔ^2 米～
	kh	呼 hɔ^1 ～吼（吼叫）；khɔ^1 ～鸡
	ø	闲 han^2 清～；iŋ^2 有～（有空）
ø	b	惟 ui^2 思～；bi^2 ～独
	ts	上 siɔŋ^5 ～课；tsiɑ^5 ～市
	tsh	杨 iɔŋ^2 姓～；tshiɑ^2 ～梅
	s	庸 iɔŋ^2 ～俗；sɔŋ^2 山～（土包子）
	h	雨 u^3 谷～；hɔ^5 ～团（小雨）

（2）韵母对应

表 3-8

文读	白读	例　词
i	e	被 pi^5 ～动；phe^5 棉～
	ia	骑 khi^2 铁～；khia^2 ～兵
	ua	倚 i^3 ～马；ua^3 ～墙
	ui	衣 i^1 ～裳；ui^1 （胎盘）
	ai	梨 li^2 樊～花；lai^2 王～（菠萝）
u	i	子 tsu^3 ～弟；tsi^3 果～
	ɔ	夫 hu^1 情～；pɔ^1 丈～团（男孩）
	iu	珠 tsu^1 珍～；tsiu^1 目～（眼睛）
	ua	徙 su^3 移～；sua^3 ～来～去
	iau	柱 tsu^5 顶梁～；thiau^5 门～
a	e	家 ka^1 国～；ke^1 ～庭
	ua	沙 sa^1 ～家浜；sua^1 墂（泥～）
ɔ	u	母 bɔ^3 查～（女人）；bu^3 老～（母亲）
	ue	初 tshɔ^1 ～步；tshue^1 ～三
	ue	斗 tɔ^4 战～；tue^3 ～阵行（凑在一起走）
	iau	数 sɔ^4 ～目；siau^4 ～簿（账目）

续表

文读	白读	例 词
ɔ	e	火 hɔ³ 虚～;he³ 燃～(烧火)
	ɔ	五 ŋ³ ～行;gɔ⁵ 十～
	ua	我 ŋɔ³ 敌～;gua³ 是～
	āu	藕 ŋɔ³ ～断丝连;ŋāu⁵ 买～
	ŋ	毛 mɔ² ～重;mŋ² 头～(头发)
o	e	螺 lo² ～祖;le² 海～
	ia	鹅 go² 天～;gia² ～母(母鹅)
	ua	破 pho⁴ 爆～;phua⁴ ～病(生病)
	ue	做 tso⁴ ～作;tsue⁴ ～侬(做人)
	ai	舵 to⁵ ～掌;tai⁵ 摇～
e	i	弟 te⁵ ～子;ti⁵ 阿～
	ua	世 se⁴ 出～;sua⁴ ～起来(接起来)
	ue	齐 tse³ 整～;tsue² ～头(整数)
	ui	梯 the¹ ～形;thui¹ ～团(小梯子)
	ai	西 se¹ ～洋;sai¹ ～北
ua	ue	瓜 kua¹ ～果;kue¹ 西～
ui	i	龟 kui¹ ～山;ku¹ 乌～
	e	吹 tshui¹ 鼓～;tshe¹ 风～(风筝)
ue	e	灰 hue¹ 心～意冷;he¹ ～壁
	ua	外 gue⁵ 见～;gua⁵ ～口(外面)
ai	ia	埃 ai¹ ～及;ia¹ 轰～(尘埃)
	ui	开 khai¹ ～始;khui¹ ～矿
	ua	盖 kai⁴ 黄～;kua⁴ ～鼎(锅盖)
	ue	改 kai³ 劳～;kue³ ～尺寸
āi	ue	买 bāi³ 朱～臣;bue³ ～菜
au	a	孝 hau⁴ ～顺;ha⁴ ～衫(丧服)
iau	io	标 piau¹ ～头(商标);pio¹ ～会
uai	kue⁴	怪 kuai⁴ ～死(奇～);kue⁴ ～侬(责怪别人)

续表

文读	白读	例　　词
im	am	饮 im³ 冷～;am³ ～糜(稀粥)
	iam	沉 tim² 陆～;tiam² ～落(下沉)
	ā	林 lim² 姓～;nā² 杏～(地名)
am	ā	胆 tam³ 小～(害怕);tā³ 好～(有胆量)
iam	ī	染 liam³ 传～;nī³ ～色
	āi	店 tiam⁴ 册～(书店);tāi⁴ ～前(厦门地名)
in	un	阵 tin⁵ 斗～(一齐);tsun⁵ ～痛
	an	陈 tin² ～述;tan² ～陈美(人名)
	ian	身 sin¹ 全～;sian¹ 几～娘囝(几只蚕)
un	ŋ	昏 hun¹ ～黄;hŋ¹ 下～(夜晚)
an	ā	坦 than³ ～白;thā³ 平～
	uā	山 san¹ ～水;suā¹ ～区
	iŋ	眼 gan³ 法～;giŋ³ 龙～
ian	un	前 tsian² 支～;tsun² ～年
	an	便 pian⁵ 随～;pan⁵ ～宜
	iŋ	先 sian¹ ～后;siŋ¹ 事～(前头)
	ī	天 thian¹ 蓝～;tī¹ 好～(晴天)
	iā	件 kian⁵ 事～;kiā⁵ 物～(东西)
	uā	线 sian⁴ 一～;suā⁴ 牵～
	iāi	前 tsian² ～后;tsiāi² 店～(厦门地名)
	uāi	悬 hian² ～崖;huāi² 山～(山高)
uan	un	潘 phuan¹ 姓～;phun¹ 米～(泔水)
	an	范 huan⁵ 典～;pan⁵ 有～
	ŋ	算 suan⁴ ～术;sŋ⁴ ～数
	iŋ	反 huan³ 相～;piŋ³ ～腹
	ī	圆 uan² 团～;ī² ～桌
	uāi	关 kuan¹ 难～;kuāi¹ ～起

续表

文读	白读	例　词
iŋ	in	升 siŋ¹ 高～;tsin¹ 米几～
	an	层 tsiŋ² 高～;tsan² 几～
	ŋ	影 iŋ³ 阴～;ŋ³ 侬～(人～)
	aŋ	崩 piŋ¹ 土～瓦解;paŋ¹ ～败(衰败)
	ī	生 siŋ¹ 学～;sī¹ 后～(年轻;儿子)
	ē	明 biŋ² ～仔日(明天);bē² ～年
	iā	惊 kiŋ¹ ～奇;kiā¹ ～死(怕死)
	uāi	横 hiŋ² 田～(人名);huāi² ～恶(凶狠蛮横)
ɔŋ	ŋ	光 kɔŋ¹ ～辉;kŋ¹ 天～了(天亮了)
	aŋ	芳 hɔŋ¹ ～菲;phaŋ¹ ～雪文(香皂)
	iɔŋ	崇 tsɔŋ² ～尚;tsiɔŋ² ～武(泉州地名)
iɔŋ	im	熊 hiɔŋ² 姓~;him² ~黄
	ŋ	长 tiɔŋ² 特～;tŋ² ～岁寿(长寿)
	iŋ	用 iɔŋ⁵ 使～;iŋ⁵ 无～(没用)
	aŋ	重 tiɔŋ⁵ 看～;taŋ⁵ 手头～(手劲大)
	iaŋ	上 siɔŋ⁵ 上～;siaŋ⁵ ～甜(很甜)
	iū	章 tsiɔŋ¹ ～法;tsiū¹ 文～
ip	iap	粒 lip⁷ 颗～;liap⁷ 几～
	ueʔ	笠 lip⁷ 李～翁(人名);lueʔ⁷ ～仔(斗笠)
ap	aʔ	合 hap⁷ ～起来;haʔ⁷ ～时
	ueʔ	夹 kap⁷ ～册(合起书);gueʔ⁷ ～起食(夹起来吃)
iap	iʔ	接 tsiap⁶ ～收;tsiʔ⁶ ～朋友
	aʔ	贴 thiap⁶ 熨～;thaʔ⁶ ～纸
it	at	密 bit⁷ 保～;bat⁷ ～底裤(不开裆的裤)
	ik	逸 it⁷ 逃～;ik⁷ 安～
ut	īʔ	物 but⁷ 事～;mīʔ⁶ 物～(东西)

续表

文读	白读	例　　词
at	aʔ	扎 tsat⁶ ～根；tsaʔ⁶ 密密～～
	uaʔ	辣 lat⁷ ～味；luaʔ⁷ ～死侬（辣死人）
	ueʔ	八 pat⁶ ～去（去过）；pueʔ⁶ ～斤
iat	ut	屑 siat⁶ 不～（看不起）；sut⁶ 草～
	at	节 tsiat⁶ 关～；tsat⁶ ～目
	iʔ	裂 liat⁷ ～变；liʔ⁷ ～开
	ioʔ	歇 hiat⁶ ～息；hioʔ⁶ ～蜀下（休息一下）
	uiʔ	血 hiat⁶ ～案；huiʔ⁶ ～气
	ueʔ	节 tsiat⁶ 气～；tsueʔ⁶ 出～
	uaʔ	热 liat⁷ ～血；luaʔ⁷ 天气～
uat	ut	滑 huat⁷ ～稽；kut⁷ 路～
	iʔ	缺 khuat⁶ 肥～；khiʔ⁶ ～喙（兔唇）
	eʔ	月 guat⁷ ～经；geʔ⁷ 五～
	iaʔ	挖 uatʔ⁶ ～掘；iaʔ⁶ ～空（揭短）
	uiʔ	拔 puat⁷ 提～；puiʔ⁷ ～索（拔河）
	uaʔ	伐 huat⁷ 挞～；huaʔ⁷ ～步（迈步）
ik	a	觅 bik⁷ 寻～；ba⁵ ～鸇（老鹰）
	ia	夕 sik⁷ ～阳；ia⁵ 七～
	it	得 tik⁶ ～失；tit⁶ ～诀（得法）
	at	力 lik⁷ ～废；lat⁷ 骨～（苦力）
	ak	墨 bik⁷ ～经；bak⁷ ～水
	iʔ	滴 tik⁶ ～水；tiʔ⁶ 几～水
	eʔ	格 kik⁶ 规～；keʔ⁶ ～仔（格子）
	aʔ	百 pik⁶ ～家论坛；paʔ⁶ ～外斤（百余斤）
	ioʔ	席 sik⁷ ～位；tshioʔ⁷ ～仔（席子）
	iaʔ	壁 pik⁶ ～垒；piaʔ⁶ 倚～（靠壁）
ak	oʔ	学 hak⁷ ～问；hoʔ⁷ 大～

续表

文读	白读	例　词
ɔk	a	昨 tsɔk⁷ ～夜；tsa⁵ ～日
	au	哭 khɔk⁶ 啼～；khau⁴ ～爸(哭叫)
	ak	沃 ɔk⁶ ～土；ak⁶ ～花(浇花)
	eʔ	郭 kɔk⁶ 城～；keʔ⁶ 姓～
	oʔ	索 sɔk⁶ 线～；soʔ⁶ 拍～(打绳索)
	auʔ	落 lɔk⁷ ～后；lauʔ⁷ ～屎(大便)
iɔk	ik	竹 tiɔk⁶ 修～；tik⁶ ～批(竹席)
	ak	曲 khiɔk⁶ ～线；khak⁶ 红～
	ioʔ	约 iɔk⁶ 公～；ioʔ⁶ ～猜(猜谜语)
	iaʔ	削 siɔk⁶ 剥～；siaʔ⁶ ～价

（3）声调对应

表 3-9

文读	白读	例　词
上声	阳去	两 liũ³ 四～；nŋ⁵ ～斤
阴去	阴入	罩 ta⁴ 灯～；tauʔ⁶ 鸟鼠～(猎鼠器)
阴入	阴去	哭 khɔk⁶ ～～啼啼；khau⁴ ～爸(哭叫)
阳入	阴去	夕 sik⁷ 朝～；sia⁴ 七～
	阳去	石 sik⁷ 顽～点头；sia⁵ ～榴

二、词汇特点

1.常用词

表 3-10

普通话	厦门话	普通话	厦门话
天气	天日 thĩ¹ lit⁷	日蚀	熄日 sit⁶ lit⁷
月亮	月娘 geʔ⁷ niũ²	起风	冲风 tshiŋ¹ hoŋ¹
风浪	风涌 hoŋ¹ iŋ³	打雷	雷公螴 lui² kɔŋ¹ tan²

续表

普通话	厦门话	普通话	厦门话
闪电	闪爁 sī³ nā⁴	结冰	结霜 kiat⁶ sŋ¹
干旱	苦旱 khɔ³ huā⁵	乘凉	秋清 tshiu¹ tshin⁴
田埂	塍岸 tshan² huā⁵	草坪	草埔 tshau³ pɔ¹
烂泥田	□塍 lam² tshan²	小丘	塗崙 thɔ² lun²
海滩	海沙坡 hai³ sua¹ phɔ¹	潮汐	流水 lau² tsui³
温泉	汤泉 thŋ¹ tsuā²	浅滩	溪濑 khue¹ nuā⁵
水泥	红毛灰 aŋ² bŋ² he¹	乡村	乡社 hiū¹ sia⁵
正月初一	开正 khui¹ tsiā¹	去年	旧年 ku⁵ nī²
昨天	昨昏 tsa⁵ hŋ¹	白天	日时 lit⁷ si²
夜晚	下昏 e⁵ hŋ¹	干农活	作穑 tsɔ⁶ sit⁶
春播	播春 pɔ⁴ tshun¹	农家肥	塗肥 thɔ² pui²
风车	风鼓 hoŋ¹ kɔ³	打谷机	梗仔 kī³ a³
水泵	水抽 tsui³ thiu¹	碾米机	火绞 he³ ka³
晚米	占仔米 tsiam¹ a³ bi¹	早稻	埔秈 pɔ¹ tiu⁵
蔬菜	菜蔬 tshai⁴ sue¹	菠菜	赤根菜 tshia⁶ kun¹ tshai⁴
胡萝卜	红拉蓫 aŋ² la² tak⁷	西红柿	臭柿仔 tshau⁴ khi⁵ a³
杧果	樣仔 suāi³ a³	木瓜	万寿匏 ban⁵ siu⁵ pu²
林檎	莲雾 liam² bu⁵	牲畜	牲牲 tsiŋ¹ sī¹
公猪	猪哥 ti¹ ko¹	母鸡	草鸡 tshau³ kue¹
公狗	狗公 kau³ kaŋ¹	小鸭	鸭咪 a⁶ bi¹
鸟儿	鸟隻 tsiau³ tsia⁶	老鹰	觅鹪 ba⁵ hio⁶
海鸥	海鸡母 hai³ kue¹ bu³	喜鹊	客鸟 khe⁶ tsiau³
八哥	鸡鸰 ka¹ liŋ⁵	苍蝇	胡蝇 hɔ² siŋ²
蚊子	蠓仔 baŋ³ a³	黄花鱼	红瓜鱼 aŋ² kue¹ hi²
鱿鱼	柔鱼 liu² hi²	牡蛎	蠔 o²
房屋	房厝 paŋ² tshu⁴	草棚	草寮仔 tshau³ liau² a³
厨房	灶跤 tsau⁴ ka¹	牛圈	牛牢 gu² tiau²
茅厕	屎仔窋 sai³ a³ hak⁷	砂锅	塗锅 thɔ² e¹

续表

普通话	厦门话	普通话	厦门话
锅盖	鼎盖 tiã³ kua⁴	案板	砧 tiam¹
老虎钳	虎头钳 hɔ³ thau² khĩ²	东西	物件 mĩ⁷ kiã⁵
电灯	电火 tian⁵ he⁵	热水瓶	电瓶 tian⁵ pan²
瓶子	矸仔 kan¹ a³	梳子	柴梳 tsha² sue¹
自己	家己 ka¹ ki³	丈夫	翁 aŋ¹
老婆	牵手 khan¹ tshiu³	父亲	老爸 lau⁵ pe⁵
母亲	老母 lau⁵ bu³	女婿	囝婿 kiã³ sai⁴
公婆	大家官 ta⁵ ke¹ kuã¹	脑袋	头壳 thau² khak⁶
肚子	腹肚 pak⁶ tɔ³	脊背	胛脊 kaʔ⁶ tsiaʔ⁶
牙齿	喙齿 tshui⁴ khi³	口水	喙澜 tshui⁴ nua⁵
屁股	尻川 kha¹ tshŋ¹	医院	医馆 i¹ kuã³
汤药	药茶 ioʔ⁷ te²	患病	艰苦 kaŋ¹ khɔ³
疟疾	拍寒热 phaʔ⁶ kuã² luat⁷	跛脚	跛骹 pai³ kha¹
衣着	衫颂 sã¹ tshiŋ⁵	棉被	棉藉被 mĩ² tsioʔ⁶ phe⁵
衣服	衫裤 sã¹ khɔ⁴	拖鞋	浅拖 tshian³ thua¹
稀饭	饮糜 am³ be²	下饭菜	物配 mĩ⁷ phe⁴
绿豆饼	馅饼 ã⁵ piã³	煎蛋蛎	蚵仔煎 o² a³ tsian¹
熬星虫	塗笋冻 thɔ² sun³ taŋ⁴	香烟	薰枝 hun¹ ki¹
茶叶	茶心 te² sim¹	饮用	啉 lim¹
舔	舓 tsi⁵	拿	撦 thet⁷
摘	挽 ban³	玩耍	七桃 tshit⁶ tho²
举起	揭 kia⁷	刷	抿 bin³
晾(～衣)	拎 nĩ²	点灯	点火 tiam³ he³
揭(～盖子)	掀 hian¹	打捞	庲 hɔ²
搀和	透 thau⁴	搅(～和)	闹 la¹
遗失	拍怀见 phaʔ⁶ ŋ⁵ kĩ⁴	寻找	撋 tshue⁵
哭	吼 hau³	吹牛皮	风龟 hoŋ¹ ku¹
追赶	缉 tsip⁶	给(～我)	互 hɔ⁵

续表

普通话	厦门话	普通话	厦门话
害羞	见笑 kian⁴ siau⁴	发抖	掉 tio⁵
发冷	畏寒 ui⁵ kuā²	泻肚	漏屎 lau⁵ sai³
知道	知影 tsai¹ iā³	留心	注心 tsu⁴ sim¹
挂念	挂心 kua⁴ sim¹	湿	澹 tam²
肮脏	流疡 lau² sioŋ²	浑浊	醪 lo²
迅速	紧 kin³	便宜	俗 sioʔ⁷
香	芳 phaŋ¹	漂亮	水 sui³
能干	势 gau²	勤快	骨力 kut⁶ lat⁷
小气	咸涩 kiam² siap⁶		

2.民俗词

(1)岁时

表 3-11

普通话	厦门话	普通话	厦门话
新年	新正 sin¹ tsiā¹	拜年	拜正 pai⁴ tsiā¹
对联	联对 lian² tui⁴	给压岁钱	压年 teʔ⁶ nī²
放风筝	放风吹 paŋ⁴ hoŋ¹ tshe¹	舞龙	弄龙 laŋ⁵ liŋ²
舞狮子	弄狮 laŋ⁵ sai¹	游春	迎阁 giā² koʔ⁶
春卷儿	薄饼 poʔ⁷ piã³	韭菜饼	韭菜盒 ku³ tshai⁴ aʔ⁷
看戏	khuā⁴ hi⁴	麻将	麻雀 ba² tshiok⁶
下棋	行棋 kiã² ki²	说书	讲古 koŋ³ ko³
对歌	摽歌 pio² kua¹	踩高跷	踏跷 taʔ⁷ khiau¹
猜谜语	约猜 ioʔ⁶ tshai¹	元宵节	上元 sioŋ⁵ guan²
元宵汤圆儿	上元圆 sioŋ⁵ guan² ĩ²	清明	tshī¹ miã²
扫墓	巡墓 sun² boŋ⁵	扫墓	行山 kiã² suã¹
端午	五月节 gɔ⁵ geʔ⁷ tsueʔ⁶	赛龙舟	扒龙船 pe² liŋ² tsun²
裹粽子	包粽 pau¹ tsaŋ⁴	七夕	七娘妈生 tshit⁶ niũ² mã³ sī¹
中元节	七月半 tshit⁶ gē⁷ puã⁴	亡魂大超度	普度 phɔ³ tɔ⁵

续表

普通话	厦门话	普通话	厦门话
中秋	八月节 pueʔ^6 ge^7 tsue^6	赌饼	跋饼 puaʔ^7 piā^3
月饼	中秋饼 tioŋ^1 tshiu^1 piā^3	冬至进补	补冬 pɔ^3 taŋ^1
搓糍粑	挲圆仔 so^1 ĩ^2 a^3	除尘	筅尘 tshiŋ^3 tun^2
年末祭	尾牙 be^3 ge^2	除夕	二九暝 li^5 kau^3 mĩ^2
年夜饭	围炉 ui^2 lɔ^2	年糕	馃 ke^3
大蒸笼	馃床 ke^3 sŋ^2	糍粑（条块）	白馃 peʔ^7 ke^3
庙会	香会 hiũ^1 hue^5		

（2）婚嫁

表 3-12

普通话	厦门话	普通话	厦门话
娶妻	掣姆 tshua^4 bɔ^3	出嫁	做客 tsue^4 kheʔ^6
说亲	牵亲情 khan^1 tshin^1 tshiā^2	媒婆	媒侬姐 hm^2 laŋ^2 tsia^3
允婚	允亲 un^3 tshin^1	下聘礼	压定 teʔ^6 tiā^5
张罗婚事	张嫁 tiũ^1 ke^4	黄金首饰	金子 kim^1 tsi^3
戒指	手指 tshiu^3 tsi^3	花轿	红轿 aŋ^2 kiau^5
礼箱	礼墫 le^3 siā^5	请帖	请单 tshiā^3 tuā^1
婚宴	新娘酒 sin^1 niũ^2 tsiu^3	新郎	新娘官 sin^1 niũ^2 kuā^1
女傧相	新娘替 sin^1 niũ^2 thue^4	伴娘	送嫁姆 saŋ^4 ke^4 m^3
婚夜同房	合房 kap^6 paŋ^2	传宗接代	传种 thŋ^3 tsiŋ^3
怀孕	大腹肚 tua^5 pak^6 tɔ^3	接生	拾囝 khioʔ^6 kiã^3
洗三	洗三朝 sue^3 sā^1 tio^1	坐月子	做月利 tsue^5 ge^7 lai^5
满月宴	满月酒 muā^3 ge^7 tsiu^3	周岁	度晬 tɔ^5 tse^4
再婚	二水 li^6 tsui^3	再醮	二缘 li^6 ian^2
填房	接后岫 tsiaʔ^6 au^6 siu^5	入赘	卖大灯 bue^5 tua^5 tiŋ^1
过继	过房 ke^4 paŋ^2		

（3）生死

表 3-13

普通话	厦门话	普通话	厦门话
生辰	八字 pueʔ⁶ li⁵	生肖	生相 sĩ¹ siɔŋ⁴
长寿	长命 tŋ² miã⁵	画幅	帯 tshak⁶
夭折	夭寿 iau¹ siu⁵	去世	老去 lau⁵ khi⁴
棺木	徛寿 khia⁵ siu⁵（生前预置）	棺木	寿柴 siu⁵ tsha²
棺材	棺柴 kuã¹ tsha²	奠仪	金银礼 kim¹ gun² le³
挽幛	轴 tit⁷	停棺待葬	寄棺 kia³ kuã¹
祭祀	做忌 tsue⁴ ki⁵	出殡	出山 tshut⁶ suã¹
戴孝	挂孝 kua⁴ ha⁴	冥钞	纸钱 tsua³ tsĩ²
冥诞	冕忌 bian³ ki⁵	压纸钱	压墓钱 teʔ⁶ bɔŋ⁵ tsuã³
拾骨骸	拾骨头 khioʔ⁶ kut⁶ thau²	骨殖坛子	金斗 kim¹ tau³
做法事	做功德 tsue⁴ kɔŋ¹ tik⁶	神龛	公婆龛 kɔŋ¹ po² kham¹
祖先牌位	公（婆）妈 kɔŋ¹（po²）mã³	道士	师公 sai¹ kɔŋ¹
跳神	跳童 thiau⁴ taŋ²	拜佛	行香 hiŋ² hiũ¹
算命	看命 khuã⁴ miã⁵	堪舆	牵罗经 khan¹ lo¹ kĩ¹
卜卦	跋卦 puaʔ⁷ kua⁴	卜卦	跋桮 puaʔ⁷ pue¹

（4）礼仪

表 3-14

普通话	厦门话	普通话	厦门话
宴请	请桌 tshiã³ toʔ⁶	请帖	喜帖 hi³ thiap⁶
客人	侬客 laŋ² kheʔ⁶	客气	细腻 sue⁴ li⁵
礼节	礼路 le³ lɔ⁵	礼仪	礼数 le³ sɔ⁴
行赠	衔礼 hiŋ⁵ le³		

3.外来词

(1)带"番"字头的

表 3-15

普通话	厦门话	普通话	厦门话
辣椒	番姜 huan¹ kiũ¹	玉米	番麦 huan¹ beʔ⁶
马铃薯	番仔番薯 huan¹ a³ huan¹ tsu²	红薯	番薯 huan¹ tsu²
芦荟	番仔芦荟 huan¹ a³ lɔ² hui⁵	木瓜	番匏 huan¹ pu²
黍子	番黍 huan¹ sue³	火柴	番仔火 huan¹ a³ he³
煤油	番仔油 huan¹ a³ iu²	化肥	番仔肥 huan¹ a³ pui²
哈巴狗	番仔狗 huan¹ a³ kau³	一种白鸭	番仔鸭 huan¹ a³ aʔ⁶
饼干	番仔饼 huan¹ a³ piã³	水泥	番仔灰 huan¹ a³ he¹
南洋,外国	番邦 huan¹ paŋ¹	洋楼	番仔楼 huan¹ a³ lau²
洋孩子	番仔囝 huan¹ a³ kiã³	洋人	番仔 huan¹ a³

(2)不带"番"字的

表 3-16

普通话	厦门话	普通话	厦门话
来自南洋的一种大米	谢哥米 sia⁵ ko¹ bi³	番石榴	篮仔佛 nã² a³ put⁷
木棉	加薄棉 ka¹ poʔ⁷ mĩ²	雪茄	珠律 tsu¹ lut⁷
饮料名	咖啡 ko¹ pi¹	奶油蛋糕	激仔 ki⁶ a³
蜜饯名	阿达仔 a¹ taʔ⁷ a³	白兰地酒	物兰地 but⁸ lan² ti²
文明棍	洞葛 tɔŋ⁵ kat⁶	骑楼	五骹忌 gɔ⁵ kha¹ ki¹
市场	巴刹 pa¹ sat⁶	肥皂	雪文 suat⁶ bun²
钱,铜板儿	镭 lui¹	搬运工	苦力 ku¹ li³
商标	唛 bak⁷	朋友	交丸 kau¹ uan²
死亡	交寅 kau¹ in²	死亡	马滴 mã³ tiʔ⁶
上等仓	峇厘 ba² li²	婴孩	峇峇 ba² ba²

4.古语词

礛 kham⁴　山崖，闽南说"山～[suā¹kham⁴]"。《集韵》苦绀切："岩崖之下。"

塜 thioŋ³　坟墓。如："～仔埔[thioŋ³a³pɔ¹]"（指荒野一带的墓地）。《集韵》展勇切："《说文》:高坟也。"

糜 be²　米粥。如："食～[tsiaʔ⁷be²]"（吃粥）、"饮～[am³be²]"（稀粥）。《集韵》忙皮切："《说文》:糁也。"

饾 te¹　粉剂类食品。如："面～[mĩ⁵te¹]"。《广韵》杜奚切;《玉篇》:"饵也。"而饵，《说文》:"粉饼也。"《集韵》:"究豫谓之糖～。"音同。

糍 tsī⁴　油炸的食物。如："蚵仔～[o²a³tsī⁴]"（油炸海蛎）。《集韵》子贱切:煎饵。

蚵 o²　牡蛎。如："蚵仔煎[o²a³tsian¹]"（蛋煎海蛎，厦门美食之一）。养海蛎的滩涂，俗称"～埕[o²tiã²]"。《韵会》蚵，乎刀切。《篇海》:"蛎也。"

醐 pɔ²　酵母类。如："酒～[tsiu³pɔ²]"（酒的酵母）、"化豆～[hua⁴tau⁵pɔ²]"（使豆豉发酵）。《集韵》蓬逋切。《说文》:"王德广布，大饮酒也。"当地义有引申。

蚼 ku¹　蛀虫名。如："蛀～[tsiu⁵ku¹]"。《集韵》恭于切："～、蜉，蚍蜉也。"此用为比喻义。

寮 liau²　简陋的小屋。如："水～仔[tsui³liau²a³]"、"草～[tshau³liau²]"等等。《集韵》怜萧切。古僧舍称寮，后小屋亦称寮。陆游《贫居》诗:"囊空如客路，屋窄如僧寮。"

牢 tiau²　关养牲畜的圈子。如："牛～[gu²tiau²]"、"羊～[iũ²tiau²]"。《集韵》郎刀切："《说文》:闲养牛马圈也。"

窢 hak⁷　洞穴。闽南农村茅厕称"屎仔～[sai³a³hak⁷]"，今抽水马桶则称"化～[hua⁴hak⁷]"。《集韵》房六切："《博雅》:窟也。"

瓬 iũ³　瓦片的一种，俗称"～仔[iũ³a³]"。《集韵》倚两切："盆也。"

楹 ī²　檩条。厦门横梁称"～仔[tiau²]"。《集韵》怡成切："《说文》:柱也。徐曰:言盈盈对立之状。"

桷 kak⁶　椽子，闽南称"～仔[kak⁶a³]"或"～枝[kak⁶ki¹]"。《集韵》讫岳切："《说文》:……椽方曰桷。"

坩 khā¹　陶制的砵头。饭砵，当地说"饭～[pŋ⁵khā¹]";一指饭锅。《集韵》枯甘切:"土器也。"

铫 tio⁵　小铁锅，闽南叫"铁～[thit⁶ tio⁵]"。《广韵》徒吊切："烧器。"

篪 the²　竹鞭，用以打人。如："提～拍侬[the² the² phaʔ⁶ laŋ²]"（拿竹鞭打人）。《集韵》是为切："竹名。"

燂 thaŋ¹　一种取暖陶罐。如："火～[he³ thaŋ¹]"，似闽东一带"火笼"。《集韵》他东切："以火取暖。"

槩 kai⁴　量米的木尺。用木尺刮平，闽南说"～平[kai³ pĩ²]"。《集韵》居代切："平斗斛木。"

籗 khaʔ⁶　用于捕鱼的一种竹篓。如："鱼～[hi² khaʔ⁶]"。《广韵》苦郭切："《尔雅》注云：捕鱼笼。"

笪 tat⁷　粗竹席，晒谷物等用，俗称"谷～[kɔk⁶ tat⁷]"。《集韵》当割切："竹篾。"

檠 kiã²　木桶的提纽。如："桶～[thaŋ³ kiã²]"。《集韵》渠京切："《说文》：榜也。"《唐韵》："所以正弓。"

裾 ku¹　衣服的前后襟。如："大～[tua⁵ ku¹]"，即大襟，指纽扣在一侧的汉装的正面部分。《唐韵》九鱼切。《尔雅·释器》："裾谓之～。"郭注："衣后～也。"

册 tsheʔ⁶　书册。读书，厦门说"读～[thak⁷ tsheʔ⁶]"，书店，则说"～店[tsheʔ⁶ tiam⁴]"。《集韵》测革切："《说文》：符命也。一又通作策。"

舸 kɔ¹　大木船，出海用。当地称为"大～[tua⁵ kɔ¹]"。《集韵》居何切："船名。"

襻 phan⁴　布扣，旧式汉装常以之为纽扣。如："纽仔～[liu³ a³ phan⁴]"、鞋～[ue² phan⁴]"（鞋扣）。《集韵》普患切。《类篇》："衣系曰～。"

裘 hiu²　原指毛皮类。闽南棉袄称"棉～[mĩ² hiu²]"，棉大衣称"棉～公[mĩ² hiu² kɔŋ¹]"。《集韵》渠尤切："皮衣也。"

笐 kaʔ⁶　用熏烤弯后的竹片加工成篮子或木桶的提梁，该类竹片即称为"笐"，如："桶～[thaŋ³ kaʔ⁶]"。《集韵》古狎切："一曰罦也。"

锬 tshiam¹　小叉。如言"～仔[tshiam¹]"。《集韵》七稔切："爪刻也。"《公羊传》："～其版。"《尔雅》："镂其板。"

肧 pue¹　占卜用的竹片。如："跋～[puaʔ⁷ pue¹]"（掷竹片占卜）。《集韵》晡枚切："版也。"

尻 kha¹　屁股，闽南说"～川[kha¹ tshŋ¹]"。如："拍～川[phaʔ⁶ kha¹ tshŋ³]"（打屁股）。《集韵》丘刀切。《玉篇》："髋也。"《增韵》："脊

骨尽处。"

颔 am⁵　脖颈,闽南称"～颈[am⁵knn³]",项圈,则称"～环[am⁵khuan²]"。《集韵》胡感切。《方言》:"～、颐:领也。南楚谓之～。"

蟺 sian⁵　壁虎,当地称"～虫[sian⁵thaŋ²]"。《集韵》上演切:"虫名。《说文》:蜿蟺也。"

㜷 lɔ²　儿女。如:"我囝我～[gua³kiā³gua³lɔ²]"(我的儿啊)。《集韵》农都切。《玉篇》:"子也。"

偆 nuā⁵　未下过蛋的小母鸡,闽南一带称"鸡～[kue¹nuā⁵]"。《广韵》郎甸切:"鸡未成也。"

范 pan⁵　法式,准儿。做样子,闽南说"做～[tsue⁵pan⁵]"。《集韵》父锁切:"法也。"

痒 siɔŋ²　黏液,脏物。厦门凡肮脏说"流～[lau²siɔŋ²]"。《集韵》余章切:"《说文》:头创也。一曰创痛也。"

挲 tshua⁴　本义为拉扯。如,流星,厦门说"～屎星[tshua⁴sai³tshī¹]",义有引申。当地娶妻说"～某[tshua⁴bɔ³]",用法同。可能是古代抢婚制的孑遗。俗作"㤒",非本字。《集韵》尺制切:"挽挲。"

䞙 thin⁵　出嫁。如:"查某囝～人[tsa¹bɔ³kiāthin⁵laŋ²]"(女孩子嫁人)。《广韵》以孕切:"送女从嫁。"

㕂 the¹　斜躺。如:"～～倒[the¹the¹tɔ³]"(斜躺)。《广韵》土鸡切:"卧也。"

饻 i⁴　对某些食物腻烦。如:"食～了[tsiaʔ⁷i⁴lo]"(吃腻了)。《广韵》依据切:"饱也,厌也。"

啖 tam⁵　吃。如:"好～[hɔ³tam⁵]"(好吃)、～鱼[tam⁵hi²](吃鱼)。《集韵》杜览切:"《说文》:噍啖也。"

跍 khu²　下蹲。如:"～塗骹[khu²thɔ²kha¹]"(蹲在地上)。《广韵》苦胡切:"～,蹲貌。"当地读阳平。

䁙 bai⁵　看。如:"汝问看～[li³bŋ⁵khuā⁴bai⁵]"(你问问看)。《集韵》莫懈切:"斜视也。"

监 kam¹　照顾,看管。如:"～好囝仔[kam¹ho³kin³a³]"(照看好孩子)。《集韵》居衔切:"《说文》:临下也。"

撚 lian³　揉,搓。因纸条乃纸张搓成,故厦门称纸条为"纸～[tsua³lian³]"。《集韵》乃殄切。白居易《琵琶行》:"轻拢慢～抹复挑。"其

"捻",即揉弦的动作。

劏 thuā³　锄。如："～草[thuā³tshau³]"(锄草)。《集韵》楚限切:"平也,剪也。"《韩诗》:"勿～勿败。"

覕 biʔ⁶　躲藏,隐蔽。如:"～起[biʔ⁶khi³]"(躲起来)。《广韵》莫结切:"不相见貌。"

挽 ban³　拔起。如："～草[ban³tshau³]"(拔草)。《集韵》武远切:"《说文》:引之也。"

彫 tiau¹　装饰,打扮。如"擅长打扮"一般说"勢～[gau²tiau¹]"。《集韵》丁聊切。《说文》:"琢文也。"

髡 khun¹　刮除,削掉。厦门刮除锅底污垢的动作称"～鼎[khun¹tiā³]"。《集韵》苦昆切:"《说文》:削发。"用引申义。

頕 tiam⁴　下垂。如:"～头[tiam⁴thau²]"(低头;点头)。《集韵》都念切:"垂首也。"

刿 kui⁴　刺穿,划破。如:"～破裤[kui⁴phua⁴khɔ⁴]"(刺破裤子)。《集韵》居卫切:"伤也,割也。"

撏 siam²　掏出,取。如:"～钱包[siam²tsī²pau¹]"(拿钱包)。《集韵》徐心切:"取也。"

剺 lan²　截取,切断。如:"～甘蔗[lan²kam¹tsia⁴]"。《集韵》离珍切:"削也。"

挲 so¹　轻抚的动作。如:"～手面[so¹tshiu³bin⁵]"(轻抚手背)。《广韵》素何切:"摩挲。"

趖 so²　虫豸类在地上蠕动、行进的动作。如:"蛇勢～[tsua²gau²so²]"(蛇善爬行)。《集韵》苏禾切:"《说文》:走意。"

盻 siam¹　瞧。如:"～蜀下[siam¹tsit⁷e⁵]"(看一眼)。《集韵》师咸切:"暂见也。"

謺 tshoʔ⁷　詈骂,斥责。如:"～真久[tshoʔ⁷tsin¹ku³]"(骂了很久)。《集韵》疾各切:"詈也。"

擢 tioʔ⁷　拉,拔。如:"手～过来[tshiu³tioʔ⁷ke⁴lai²]"(手拉过来)。《集韵》直角切:"《说文》:引也。一曰拔也。"

汰 thua⁵　洗涤,漂洗。如:"～衫仔[thua⁵sā¹a³]"(洗衣服)。《集韵》唐何切:"渐也。"

傱 siŋ⁵　娇纵。如:"太～伊了[thai³siŋ⁵i¹lo]"(太纵容她了)。《广韵》余

陇切:"《方言》云:怂恿,欢也。"

燃 hiā² 烧,加热。如:"～茶[hiā²te²]"(烧茶)。《集韵》如延切。《说文》:"烧也。"

歃 sap⁶ 吃,喝。如:"大喙～[tua⁵tshui⁴sap⁶]"(大口喝)。《集韵》色洽切:"歠也。"

刜 phut⁶ 斩下。如:"～柴[phut⁶tsha²]"。《广韵》敷勿切:"斫也。"

螫 tshio?⁷ 小虫咬人的动作。如:"虫仔会～侬[thaŋ²a³e⁵tshio?⁷laŋ²]"(小虫会咬人)。《集韵》施隻切:"《说文》:虫行毒。"

号 au² 叫嚷。如:"大～[tua⁵au²]"(大喊大叫)。《集韵》乎刀切:"《说文》:呼也。"

汘 khin³ 水浅。当地水位低称"水～[tsui³khin³]"。《集韵》古泫切:"水落貌。"

僭 tshiam⁵ 僭越,违背规矩。如:"～话[tshiam⁵ue⁵]"(说话不守本分)。《集韵》侧禁切:"《小雅》:乱之初生,～始既涵。"

撰 tsuan⁵ 编造,瞎走。如:"乱主～[luan⁵tsu³tsuan⁵]"(瞎编,胡诌)。《集韵》雏绾切:"具也。"《增韵》:"造也。又则也。"

撙 tsun³ 撙节:节制,节省。如:"～节用钱[tsun³tsat⁶iŋ⁵tsī²]"(节约用钱)。《集韵》祖本切:"撙节,挫也。《礼》:恭敬,撙节。"

势 gau² 擅长,善于。如:"真～讲[tsiŋ¹gau²kɔŋ³]"(很会说话)。《集韵》牛刀切:"健也。"

奓 hai¹ 大。如:"即条船恰～[tsit⁶tiau³tsun²kha?⁶hai¹]"(这只船比较大)。《集韵》丘哀切:"大也。"

漖 ka⁴ 稀,浓度低。如:"饮糜伤～[am³be²siū¹ka⁴]"(稀粥很稀)。《集韵》居效切:"水也。"

洘 kho³ 浓度高。如:"饮糜伤～[am³be²siū¹kho³]"(稀饭很浓)。《集韵》苦浩切:"水干。"

瘷 se⁵ 精神萎靡,疲软无力。如:"侬破病了～神[laŋ²phua⁴pī⁵lose⁵]"(人生病了没精神)。《集韵》神夜切:"病也。"

瘧 ia⁴ 厌倦。如:"包仔食～了[pau¹a³tsia?⁷ia⁴lo]"(包子吃腻了)。《集韵》於赐切:"病也。"

伧 tshŋ¹ 粗俗不雅。如:"讲话尽～[kɔŋ³ue⁵tsin⁵tshŋ¹]"(说话很粗俗)。《广韵》助唐切:"卑贱之称也。"

痀 ku¹　驼背。如："胛脊～真久了[kaʔ⁶tsiaʔ⁶ku¹tsin¹ku³lo]"（背驼很久了）。《广韵》举朱切："曲脊。"

醪 lo²　浑浊。如："今仔日水真～[kin¹nā³lit⁷tsui³tsin¹lo²]"（今天水很浑浊）。《广韵》鲁刀切："浊酒。"

瘄 pɔ¹　腐烂，朽坏。如："旧厝分大门～了[ku⁵tshu⁴e tua⁵mŋ²pɔ¹lo]"（老房子的大门腐朽了）。《集韵》滂模切。《说文》："病也。"

庸 sɔŋ²　俗气，老土。如："伊是山～[i¹si⁵suā¹sɔŋ²]"（他是土包子）。《集韵》余封切："愚也。"

耄 mɔ̄⁵　年老。如："老～行路慢[lau⁵mɔ̄⁵kiā²lɔ⁵man⁵]"（老人走路慢）。《集韵》莫报切。《曲礼》："八十九十曰～。"

勥 khiaŋ⁵　本事，勉力。如："伊真～[i¹tsin¹khiaŋ⁵]"（她很能干）。《广韵》其两切："勉力也。"（稍带贬义）

5.地名词

（1）与旧行政单位有关的

里 li³　民国17年（1928），县以下实行村、里制，一些村落因称××村或××里。本市一些带"里"的地名，殆属沿用旧制。今市内地名有湖～、锦～、围～、田～等，即由此而来。

社 sia⁵　本是古代基层行政单位名称，后也作为地名使用。如本市有：三～、新～、西山～、东边～、西边～，等等。

（2）与聚居形式有关的

厝 tshu⁴　与他处闽方言一样，义为居屋或家。闽南一带也是常用地名。使用较多的是"姓＋厝"，如：曾～、郑～、黄～、苏～、杨～。

宅 theʔ⁷　厦门一带世居的大座房屋称"厝宅"[tshu⁴theʔ⁷]，"宅"便与"厝"同样具有用为地名的功能。以"宅"为地名，当地多用"修饰成分＋宅"形式，少数为"姓氏＋宅"形式。如：上～、下～、古～、新～、东～、大～；郑～、钟～。

（3）与山水地理相关的

岩 giam²　厦门岛多山，不少山头多岩石矗立，因而当地百姓也常以"岩"作为地名，特征十分鲜明。如：日光～、万石～、紫云～、寿山～、碧山～、醉山～、石泉～，等等。

屿 su⁵　原指小岛。厦门一带有不少小岛，故"屿"便成为常用地名。如：鼓浪～、浯～、凤～、～后南里、丙洲～，等等。

仑 lun² 《集韵》卢昆切:山貌。本地指小山,也常作地名用,如:白沙～、～头。字又作苍。

埔 po¹ 闽南一带指平地或旱地,并常用为地名。如:前～、后～、打～、溪～、～地、～仔、东～、塘～,等等。

坂 puã³ 原指坡上或坡下平地,也常作地名。如:～头、顶～、莲～、郑～、～下。

坪 pī 本指山间平地。当地常用为地名。如:仙景～、虎尾～、虎梅～、东山～、虎博～。

埯 uã¹ 山坳。亦本地常用地名。如:曾厝～、草～、大～、～炉、前～、后～、新～、庄～,等。

坑 khī¹ 当地指低陷的地,也指山谷。作为地名,当地有内～、西陵～、～尾、长美～、过～,等等。

溪 khue¹ 闽语称河为溪,也常作地名。当地这类地名有:霞～、樵～、带～、双～、虎～、莲～、古楼～,等等。

澳 o⁴ 《广韵》乌到切:"深也。"《荀悦·申鉴》:"若乱之坠於澳也。"注:"澳:崖内近水之处。"厦门多港汉,故常作地名。如:内厝～、青浦～、东～、塔头～、石湖～,等等。

浔 tsim² 《集韵》徐心切:"《说文》:旁深也;一曰水涯也。"本地作为地名,有～尾、西宫～、康～、石～、～江之类。

礁 ta¹ 厦门为滨海城市,多见海礁,当地人也常以礁为地名,如:鹿～、鸟～、青～、白～等等。

池 ti² 池塘。乡间不少,故也常见于地名。如:月眉～、双莲～、演武～。

浦 pho³ 小河或河沿,作为地名,当地则有高～、东～、～园、～尾,等等。

(4)与水利有关的

坝 pa⁴ 土坝,多用于水库,拦水处。当地也用于地名。如:竹～、～头、后～、～上,等等

湖 ɔ² 多是人工挖凿的,有些已填平,有的还有水,见于地名的则很多,如:筼筜～、南～、枋～、～东、～里、～溪、双～,等等。

塘 tŋ² 也是筑坝的蓄水工程,一般规模不大。也常用为地名,如:青～、洪～、后～、刘～、～埔,等等。

埭 te⁵　《集韵》待戴切："以土掩水也。"沿海多土堰,因也常见于地名,如:后江～、高林～、浦东～、陈～、曾～、莲坂～,等等。

井 tsi³　古时为饮水、灌溉,需凿井,后有井处也多变为地名。如厦门便有陈～、～城、沈～、～头等。

（5）与交通运输有关的

港 kaŋ³　厦门市多港口,故市区域郊区多有带"港"的地名,如:厦～、筼筜～、五通～、东埭～、钟宅～,等等。

渡 tɔ⁵　厦门市水路发达,故多渡口,因而也出现许多带"渡"的地名,如:轮～、东～、得胜～、高崎～、巷仔口～、曲室～、太史港～,等等。

铺 phɔ⁴　宋代设驿站,以十里为一铺,以传递公文信件。长期沿用,"铺"便成为地名用字。本地此类地名有金鸡亭～、石浔～、蛟塘～、和凤～等。

（6）与宗教信仰活动场所有关的

宫 kiŋ¹　闽南一带民间有各种宗教信仰,其活动场所多称"宫"〔kiŋ¹〕,后也多成为地名,如:美仁～、舍人～、内～、～仔尾、～路下、慈济～、丹霞～、水仙～、寿山～、青龙～、凤山～、养元～,等等。

（7）与山林有关的

林 lim²(nã²)　厦门市内或郊区多见带"林"字地名,其读音为 lim² 或 nã²。或许早先其地曾有林木覆盖,因有其名。今所见者,有高～、乌～、李～、曾～、蔡～、～东、杏～,等等,为数不少。

（8）与方位名称有关的

墘 kĩ²　实即"边沿"。本字为"舷"(《集韵》胡千切:"船边也。")闽语常作地名,厦门有大路～,等等。

兜 tau¹　意为周边。厦门市以之为地名的如:岭～、安～、枋～,等等。

顶 tiŋ³　上方。以顶为地名者,如:～澳仔、巡司～、～洋,等等。

内 lai⁵　里头。以之为地名者,有:坑～、湖～、～田、～安、堤～、芹～,等等。

余则"头、尾、上、下、前、后"之类方位名词,作为地名者数量也相当多,不再赘举。因当地人缺乏东、西、南、北四向概念,只以某一地物或人为参照物辨识方向,故多用方位名词来确定。这是闽语区地名的共性。

6.成语

无大无细 bo² tua⁵ bo² sue⁴ 不论大小、资历、辈分

无干无计 bo^{2}kan^{1}bo^{2}ki^4 互不相干

无良无心 bo^{2}liɔŋ^{2}bo^{2}sim^1 心地不好

无学半谱 bo^{2}oʔ^{7}puā^{4}phɔ^3 不学无术

乌讲白讲 ɔ^{1}kɔŋ^{3}beʔ^{7}kɔŋ^3 胡说八道

匀匀仔来 un^{3}un^{3}a^{3}lai^2 漫不经心

长年透月 tŋ^{2}nī^{2}thau^{4}geʔ 长年累月

心绞清水 sim^{1}kiau^{3}tshiŋ^{1}tsui^3 灰心丧气

无批无信 bo^{2}phue^{1}bo^{2}sin^4 杳无音信

比骸弄手 pi^{3}kha^{1}laŋ^{5}tshiu^3 手舞足蹈

开门请贼 khui^{1}mŋ^{2}tshiā^{3}tshat^7 开门揖盗

鸭仔听雷 aʔ^{6}a^{3}thiā^{1}lui^2 不知所云

送肉饲虎 saŋ^{4}baʔ^{6}tshi^{5}hɔ^3 枉费心力

有喙无心 u^{5}tshui^{4}bo^{2}sim^1 有口无心

目珠起花 baʔ^{7}tsiu^{1}khi^{3}hue^1 眼花缭乱

出头日子 tshut^{6}thau^{2}lit^{7}tsi^3 扬眉吐气

旧谱照搬 ku^{5}phɔ^{3}tsiau^{4}puā^1 因循守旧

有名有声 u^{5}miā^{2}u^{5}siā^1 有头有脸

有路无厝 u^{5}lɔ^{5}bo^{2}tshu^4 无家可归

有声有影 u^{5}siā^{1}u^{5}iā^3 绘影绘声

好时好日 ho^{3}si^{2}ho^{3}lit^7 黄道吉日

好来好去 ho^{3}lai^{2}ho^{3}khi^4 礼尚往来

汝兄我弟 li^{3}hiā^{1}gua^{3}ti^5 称兄道弟

汝鬼我怪 li^{3}kui^{3}gua^{3}kuai^4 尔虞我诈

名声透屎 miā^{2}siā^{1}thau^{4}sai^3 臭名昭彰

名声真敲 miā^{2}siā^{1}tsin^{1}thau^3 闻名遐迩

欢头喜面 huā^{1}thau^{2}hi^{3}bin^5 喜笑颜开

交官结贵 kau^{1}kuā^{1}kiat^{6}kui^4 攀龙附凤

否心毒行 phai^{3}sim^{1}tɔk^{7}hiŋ^5 阴险狠毒

穷斤算两 kiŋ^{2}kun^{1}sŋ^{4}liū^3 锱铢必较

张张持持 tiū^{1}tiū^{1}ti^{2}ti^2 犹豫不决

使喙学舌 sai^{3}tshui^{4}oʔ^{7}tsiʔ^7 搬弄是非

空头生理 khaŋ^{1}thau^{2}siŋ^{1}li^3 买空卖空

三、语法特点

1.词法

（1）名词

A.词头

厦门话词头主要有"阿"[a¹]和"安"[an¹]，一般都用在亲属称谓前，表示亲切。如：阿公、阿妈[mã³]、阿姊、阿兄；安公、安兄，等；于人名之前，如：阿福、阿建，等。

B.词尾

厦门话名词词尾数量较多，常见的有"仔[a³]、兮[e]、神[sin²]、仙[sian¹]、水[tsui³]、路[lɔ⁶]、头[thau²]、声[siã¹]"之类。词尾不同，所表达的词义及感情色彩多有不同。如：

仔[a³] 相当于普通话的"子、儿"，多用于指小表爱，如：鸡～（小鸡）、桌～（桌子）、囝～（小孩儿）、姊妹～（姐妹），等等。

兮[e] 相当于普通话的"的"，用于姓或名后，或用于面称，或用于指称某类人。如：王～（老王）、李～（老李）、肥～（阿胖）、贪～（贪心的人）、卖粿～（卖米粿的）；等等，一般轻声。

神[sin²] 置于名词后，指称某类人，语气轻蔑。如：风～（好出风头者）、魔～（不太正常的人）、猫～（吝啬鬼）、猪哥～（色鬼）。

仙[sian¹] 名词或短语后加"仙"，用于表示擅长某种技艺或沉溺于某类不良嗜好的人。如：讲古～（说书人）、剃头～（理发师）、风水～（堪舆师）、博骰～（惯赌者）。

路[lɔ⁶] 加在某些名词或形容词后，表示某种新义。如：头～（职业）、息～（手艺）、下～（下流的事体）。

水[tsui³] 置名词或形容词后，表示名词的相关属性或形容词的性状。如：色～（色泽）、目～（眼力）、硬～（艰难）。

声[siã¹] 置名词或形容词后，表示事物的数量。如：斤～（斤数）、重～（重量）、丈～（长度）。

头[thau²] 置名词后，表示各种意义，常作为名词标志。如：角～（角落）、唛～（商标）、车～（车站）、傢私～（工具）。

C.名词重叠

厦门话单音节名词重叠，多变为形容词，如：柴—柴柴（眼睛呆滞，像木头一般）、金—金金（似金子般闪亮）、糊—糊糊（像浆糊那样黏稠）。

（2）动词

A.单音节动词重叠式

厦门话单音节动词重叠，与普通话一样，带有短暂或尝试的意义。如："看看 ʦe、听听 ʦe"，其中的 □（ʦe）事实上是"一下"的合音。

此外，有些单音节动词重叠后，再带"去"之类补充成分，往往能表示动作的完成或结果。如：蛏仔吃吃去（蛏吃完了）；窗门仔关关去（窗户都关了）。

B.双音节动词重叠式

双音节动词 AB，重叠后成 ABB 式，如：修理理。重叠后则表示短暂或反复。如"修理理"，意思是"修一修"。

（3）形容词

A.单音节形容词重叠式

AA 式　　这种重叠式，多表示程度的减弱。如：乌乌、白白、弯弯、直直。

AAA 式　　这种重叠式，则表示程度的增强，并带有描写的意味。如：青青青、厚厚厚、矮矮矮，等等。

B.双音节形容词重叠式

ABAB 式　　如：明白—明白明白；清楚—清楚清楚

AABB 式　　如：客气—客客气气；清彩—清清彩彩（随便）

这些重叠式，与普通话无大区别。

（4）代词

A.人称代词

单数为：我［gua³］（我）、汝［li³］（你）、伊［i］（他/她）

复数为：阮［gun³］（我们）、俧［lan³］（咱们）、恁［lin³］（你们）、個［in¹］（他们）

他如：大家［tak⁷ke¹］（大家）、家己［ka¹ki³］（自己）

B.指示代词

近指，有：即［ʦit⁶］（这）、即带［ʦit⁶te⁴］（这儿）、即迹［ʦit⁶¹liaʔ⁶］（这里）、即搭［ʦit⁶taʔ⁶］（这里）、即位［ʦit⁶ui⁵］（这里）、即阵［ʦit⁶ʦun⁵］（这时）、安呢［an¹ni¹］（这样）。

远指，有：迄［hit⁶］（那）、迄带［hit⁶te⁴］（那儿）、迄迹［hit⁶liaʔ⁶］（那里）、迄搭［hit⁶taʔ⁶］（那里）、迄位［hit⁶ui⁵］（那里）、迄阵［hit⁶ʦun⁵］（那时）、安呢

[an³ni¹]（那样）迄款［hit⁶khuan³］（那样、那么），等等。

C.疑问代词

常用的有：偌［lua⁵］（多）、偌久［lua⁵ku³］（多久）、偌侪［lua⁵tsue⁵］（多少）、底落［to³lo³］（哪里）、甚物［sim⁵biʔ⁷］（什么）、安怎［an¹tsuã³］（怎么，为什么），等。

（5）数量词

A.基数词“一”，说“蜀”［tsit⁷］，如“蜀斤”；序数词“一”，仍说“一”［it⁶］，如：十一。

基数词“二”说“两”［lŋ⁵］，如“两斤”；序数词“二”，仍为“二”［li⁵］，如：十二。

B.称数法多可省略

如：“一丈八尺”可说“丈八”，“一百五十个”可说“百五个”，“一万八千斤”可说“万八斤”，“一百多亩”可说“百外亩”。

C.特有的量词

厦门话的量词多较特殊，如：一箍［khɔ¹］（元）钱、一帖［thiap⁶］（服）药、一葩［pha¹］（盏）灯、一泡［phau⁴］（壶）茶、一岫［siu⁵］（窝）鸡、一躯［su¹］（身）衣服、一蕊［lui³］（朵）花、一干［kua¹］（串）葡萄、一丛［tsaŋ²］（棵）树、一块［te⁴］（座）厝、一顶［tiŋ³］（部）车、一丛［tsaŋ²］（支）烟、一领［niã³］（件）衣服，等等。

（6）副词

表程度 险［hiam³］（差点儿）、小可［sio³khua³］（稍微）、恰［khaʔ⁶］（更、较）、圣［siã⁴］（恰恰）、伤［siũ¹］（相当）、暂然［tsiam³lian²］（相当）、促［tsihok⁶］（实在）、并［piŋ⁴］（相当）、干焦［kan¹ta¹］（仅仅）、怀止［m⁵tsi³］（不仅）、上［siaŋ⁵］（最），等等。

表否定 未［be⁵］（还没有）、无［bo²］（没）、怀［m⁵］（不）、怀免［m⁵bian³］（不用）、免［bian³］（不必）、怀通［m⁵thaŋ³］（不可、勿）、未八［be⁵pat⁶］（不可能）、怀八［m⁵pat⁶］（不曾）、艙［bue²］（不会），等等。

表肯定 稳［un³］（必定）、定着［tiaŋ⁵tioʔ⁷］（必然），等等。

表频度 串［tshuan⁴］（每每）、重［tiŋ²］（再）、搁［koʔ⁶］（再）、重再［tiŋ²tsai⁴］（重新）、直透［tit⁷thau⁴］（一直，连续）、定定［tiaŋ⁵tiaŋ⁵］（时时），等等。

表时间 原底［guan²tue³］（原来）、早前［tsa³tsiŋ²］（以往）、旧时［ku⁵si²］（过去）、现熋［hian⁵suaʔ⁶］（立刻）、拄仔［tu³a³］（刚刚）、丁［tã¹］（即刻），等等。

表范围　总[ʦuŋ^{3}](全部)、拢[lɔŋ^{3}](全)、拢总[lɔŋ^{3}ʦɔŋ^{3}](一共)、过过[ke^{4}ke^{4}](全部)、伓若[m^{5}nã^{5}](不仅)、干焦[kan^{1}ta^{1}](仅仅)、吗[mã^{1}](也)、犹[iau^{1}](还),等等。

(7)介词

主要有:伫[ti^{5}](在)、□[tiam^{4}](在)、参[ʦham^{1}](和,跟)、共[kaŋ^{5}](跟)、佮[kap^{6}](跟、和),趁[than^{5}](乘)、按[an^{4}](由、从)、据在[ku^{4}ʦai^{5}](任凭)、掠[liaʔ^{7}](以)。

2.句法

(1)有无句

厦门话动词“有[u^{5}]”、“无[bo^{2}]”单用或合用可以组成多种句子,表达多种意义;其句式与普通话多有不同。如:

A.能带动词、形容词之类谓词(或谓词性词组)宾语。如:

有看(看了)	无看(没看)	有芳(香)	无芳(不香)
有看册(看书了)	无看册(没看书)	有红(红了)	无红(不红)
有写(写了)	无写(没写)	有水(美)	无水(不美)
有写字(写字了)	无写字(没写字)	有幼(嫩)	无幼(不嫩)

B.能带动词(或宾语结构)补语:

买有(买到了)	买无(买不到)
买有册(买到了书)	买无册(买不到书)
啉有(饮用了)	啉无(饮用不到)
啉有茶(喝到茶)	啉无茶(喝不到茶)
食有(吃了)	食无(吃不上)
食有桃仔(吃了桃子)	食无桃仔(没吃到桃子)
讨有(讨到了)	讨无(讨不到)
讨有饭(要到饭了)	讨无册(没要到饭)

(2)能愿句

厦门话肯定性助词与否定性助词,同样能够置于动词谓语之前,表示动作是否可能、应该、必须或情愿。如:

A.我会[e^{5}]唱　　(我会唱)

　你𣍐[bue^{5}]唱　　(你不会唱)

B.我会使[e^{5}sai^{3}]去　　(我可以去)

　你𣍐使[bue^{5}sai^{3}]去　　(你不可以去)

C.我卜[be?⁶]买　　（我要买）

　　你免[bian³]买　　　（你不用买）

D.我会通[e⁵ thaŋ¹]啉酒　　（我能喝酒）

　　你赡通[bue⁵ thaŋ¹]啉酒　　　（你不能喝酒）

E.我敢[kã³]泅水　　（我敢游泳）

　　伊怀敢[m⁶ kã³]泅水　　　（他不敢游泳）

F.我甘愿罚钱,怀甘愿认输　　（我宁愿罚款,不情愿服输）

（3）来去句

"来""去",是一对反义动词,在厦门话中使用频率也很高,但也有特殊用法:

A.普通话"你去叫他",厦门话可以说"你来叫伊[i¹]",也可以说"你去叫伊[i¹]"。

B.普通话"英语说得来"或"英语说不来",厦门话说"英语讲会来"或"英语讲赡来"。表达形式与普通话不同。

C.在厦门话中,"来去"连用时,则变为偏义复词,义偏于"去"。例如:伵[lam³]来去看看（咱们去看看）。

（4）反复问句

厦门话反复问句式与普通话比较,有较大差异。其构成形式可分三类:

A."卜[be?⁷]（要）＋怀[m⁵]（不）"式。如:

　　卜去怀　　（要不要去）

　　卜去啊怀　　（要不要去）

B."有[u⁵]＋无[bo²]"式。如:

　　有画无　　（画了没有）

　　有画啊无　　（画了没画）

C."会[e⁵]＋赡[bue⁵]"式。如:

　　会走赡　　（会不会跑）

　　会走啊赡　　（会跑还是不会跑）

（5）处置句

普通话常用处置介词"把、将"表示动词谓语对其宾语的处置。厦门话表示处置,则不说"把",却能说"将",如"将批[phue¹]寄出去"。此外,厦门话还有别的说法,即把被强调的宾语提到句首,然后在主语与动词谓语之间插进介词"共[kaŋ⁵]＋人称代词"组成"共我[ka²]、共汝[kai³]、共伊[kai¹]、共依[kan²]"之类的介宾结构,共同构成"宾语＋介词结构＋动词谓语＋补语"的句式。如:衫仔共伊颂起来(把衣服穿起来),车仔共我开开来(把车开来),册共汝收收去(把书收走),面共依拍甲乌青(把人家脸打瘀血了)。上举例句中,介词"共[kaŋ⁵]"所带人称代词宾语,可以视为提前宾语的复指成分。

此外,另一个介词"互"[hɔ⁵],有时与人称代词"伊"结合成"互伊"结构,也同样具有处置能力,表示处置义。如:"矫互伊正"(把它摆正)、"收互伊好势"(把它收好)。

(6)被动句

厦门话表示被动,往往采用介词"互[hɔ⁵]"表示。如:伊互依讲半死(他被人讲半死)、册互学生借光了(书被学生借完了)。

(7)比较句

A.平比句厦门话多用"平平"[pĩ²pĩ²](一样)表示,如:两粒排球平平大(两个排球一样大)、我两个平平侪[tsue⁵](我们两个一样多),等等。

B.差比句较常见的差比句"甲胜过乙"之类,厦门话有如下表达形式:

a.阿萍骨力阿金(阿萍比阿金勤奋)

b.阿萍骨力过阿金(阿萍勤奋过阿金)

c.牛较大羊(牛比羊大)

d.牛比羊较大(牛比羊大)

与此相应的是,差比句也可以用"甲不如乙"的形式出现,如:

a.汝无我悬(你没我高)

b.汝较无我悬(你比较不如我高)

c.汝写较无我水(你写得不如我好看)

d.汝考输我(你考不过我)

第四节　闽南方言内部异同

一、语音异同

1.共同特点

(1)声母

A.无 f 声母。古轻唇音声母(非组)文读 h,白读 p、ph,如"分、夫"等字,厦门、漳州、泉州、龙岩等地,文读均 hun¹、hu¹,白读厦、漳、泉均 pun¹、pɔ¹,龙岩则为 pun¹、pu¹。

B.无卷舌音。其中普通话部分卷舌音声母(古"知彻澄")读 t、th。如"知、陈"等字,上述四地都读 ti¹、tan²。

C.古浊塞音与浊塞擦音(古全浊声母)多读不送气清音。如"婆、池"等字,上述四地都读 po²、ti²。

D.普通话部分 h、ɕ声母(古匣母)读 k。如"猴、行"等字,上述四地均读为 kau²、kiã²。而有些字则白读为零声母,如"下、话"等字,厦门、泉州读 e⁵、ue⁵,漳州、龙岩则读 ɛ⁵、ua⁵。

E.普通话部分 ʈʂ、ʈʂh、ʂ(古照组),今多数读 ts、tsh、s,如"渣、差、屎"等字,上述四地均读为 tsa¹、tsha¹、sai³。

F.普通话部分 tɕ、tɕh、ɕ(古见组三四等),今闽南一般读 k、kh、h。如"基、起、喜"等字,上述四地都读 ki¹、ki³、hi³。

G.普通话少数擦音声母 s、ʂ(古心、邪、书、禅等),今白读多读为 tsh。如"鼠、树、市"等字,其读音:厦门 tshu³、tshiu⁵、tshi⁵,漳州 tshi³、tshiu⁵、tshi⁵,泉州 tshɯ³、tshiu⁵、tshi⁴,龙岩 tshi³、tshiu⁴、tshi⁴。

H.普通话部分声母 m、n、l(中古明泥来)和零声母的一部分(中古微疑),本地在非鼻化韵前,读为 b、l、g。如"美、文、难、来、我"等字,上述四地均读为 bi³、bun²、lan²、lai²、gua³。

I.普通话声母 n、l(中古泥来),当地混读为 l。如"南、兰"等字,上述四地均读 lam²、lan²;"柳、纽"等字,上述四地都读为 liu³。

按:上列前 8 项在闽方言中具有普遍性,后 2 项为闽南方言特点。

(2)韵母

A.闽南话韵母无撮口呼。凡普通话撮口呼韵母,闽南改读为齐齿或合口。如"举、鱼"等字,厦门读 ku³、hi²,泉州读 kɯ³、hɯ²,漳州、龙岩都读为 ki³、hi²。

B.闽南话鼻韵母普遍有 m、n、ŋ 三套,如"男、兰、聋"等字,各地都读为 lam²、lan²、laŋ²,"咸、丹、广"等字,厦、漳、泉三地都读 kiam²、tan¹、kɔŋ³,龙岩则读 kiam²、tan¹、kuaŋ³。

C.闽南话口语有丰富的鼻化韵。如"三、山、京、猫"等字,各地普遍读 sã¹、suã¹、kiã¹、liãu¹。

D.闽南话文读音系统普遍保留有 p、t、k 三套塞音韵尾。例如"合、贼、目"等字,厦、漳、泉和龙岩四地均读 hap⁷、tsat⁷、bak⁷。

2.内部差异

(1)普通话部分塞音、塞擦音声母读为送气(中古并定从群平声),厦、漳、泉读不送气,龙岩读送气。如"平、谈、才、侨"等字,厦门、漳州读 pĩ²、tam²、tsai²、kiau²,而龙岩则读 phiẽ²、tham²、tshai²、khiau²。

(2)普通话部分 ʐ 声母(中古日母),厦门、泉州多读为 l,漳州读 ʥ,龙岩则文读 g,白读 l。如"儿、而、然、人"等字,厦门、泉州均分别读 li²、li²、lian²、lin²,漳州读 ʥi²、ʥi²、ʥian²、ʥin²,而龙岩则文读 gi¹、gi²、gian²、gin²,白读同厦门、泉州。

(3)普通话部分零声母(古影、云、以母),厦、漳、泉仍读零声母,而龙岩读 g。如"威、弯、邮、炎、余、由"等字,厦、漳、泉等地都分别读 ui¹、uan¹、iu²、iam²、i²、iu²,而龙岩则读 gui¹、guan¹、giu²、giam²、gi²、giu²。

(4)普通话部分 a 韵母(中古假开二),厦、漳、泉等地读开口,龙岩读齐齿。如"爬、马、茶、加、芽、霞"等字,厦门、泉州分别读 pe²、be³、te²、ke¹、ge²、he²,漳州读 pε²、bε³、tε²、kε¹、gε²、hε²,龙岩则分别读 piε²、biε²、tiε²、kiε¹、giε²、hiε²。

(5)普通话部分 u、y 韵母(中古遇合三鱼韵,庄在外),各地读音不同:厦门齐齿或合口,泉州开口,漳州、龙岩齐齿。如"女、猪、煮、鱼"等字,厦门读 lu³、ti¹、tsu¹、hi²,泉州读 lɯ³、tɯ¹、tsɯ³、hɯ²,漳州、龙岩均读 li³、ti¹、tsi³、hi²。

(6)普通话部分 an、ian 韵母(古山开四,山开二见组白读),厦门、漳州读鼻尾韵,泉州、龙岩读鼻化韵。如"前、先、间、肩"等字,各地读音是:厦门 tsiŋ¹、siŋ¹、kiŋ¹、kiŋ¹,漳州 tsiŋ¹、siŋ¹、kiŋ¹、kan¹,泉州 tsɑi²、sɑi¹、kɑi¹、kɑi¹,龙岩 tsĩ²、sĩ¹、kĩ¹、kĩ¹。

(7)普通话部分 uaŋ 韵母(古宕开三阳韵,庄组),厦、漳、泉读鼻音韵 ŋ,龙岩读鼻音尾韵 uaŋ。如"庄、疮、床、霜"等字,厦、漳、泉都分别读 tsŋ¹、tshŋ¹、tshŋ²、sŋ¹,而龙岩则读 tsuaŋ¹、tshuaŋ¹、tshuaŋ²、suaŋ¹。

(8)普通话大部分 əŋ、iəŋ 韵母(古曾开一、三,梗开二、三、四的大部分),厦、漳、泉读鼻音尾韵或鼻化韵,龙岩则大多读 in 韵。如"陵、兴、生、兵、清、暝、青"等字,厦门读 liŋ²、hiŋ¹、siŋ¹、piŋ¹、tshiŋ¹、biŋ²、tshiŋ¹,泉州读为 liŋ²、hiŋ¹、sɤŋ¹、piŋ¹、tshiŋ¹、biŋ²、tshiŋ¹,龙岩则读为 lin²、hin²、sin¹、pin¹、tshin¹、bin²、tshin¹。

（9）普通话部分开尾韵（古入声，白读），厦、漳、泉读喉塞音尾韵-ʔ，龙岩则入声韵尾丢失，混入开尾韵。如"摘、食、割、客、学"等字，厦、漳、泉均 tiaʔ⁶、tsiaʔ⁷、kuaʔ⁶、kheʔ⁶、oʔ⁷，龙岩读 tia⁶、tsia⁴、kua⁶、khiɛ⁶、o⁴。

（10）关于声调：厦门、漳州、泉州三地均有 7 个，龙岩 8 个。其具体情况是：

A.厦门、漳州：阴平、阳平、阴上、阴去、阳去、阴入、阳入，其中阳上归入阳去；

B.泉州：阴平、阳平、阴上、阳上、去声、阴入、阳入，其中去声不分阴阳；

C.龙岩：阴平、阳平、阴上、阳上、阴去、阳去、阴入、阳入，其中古阳去字大多混入阴平、阳上和阴去，只有少数仍读阳去。古阴入白读混入阳去，古阳入白读则混入阳上，与闽南厦、漳、泉三地对比悬殊。

二、词汇异同

1.共有词汇举例

表 3-17

普通话	方言	厦门	泉州	漳州	龙岩
太阳	日头	lit⁷ thau²	lit⁷ thau²	dʑit⁷ thau²	lit⁸ thau²
银河	河溪	ho² khue¹	o² khue¹	ho² khɛ¹	ho² khiɛ¹
刮风	起风	khi³ hoŋ¹	khi³ huaŋ¹	khi¹ hoŋ¹	khi³ hoŋ¹
炎热	烧热	sio¹ liat⁷	sio¹ liat⁷	sio¹ dʑiat⁷	sio¹ giat⁴
凉爽	秋清	tshiu¹ tshin⁴	tshiu¹ tshin⁵	tshiu¹ tshin⁴	tshiu¹ tshin⁵
即刻	丁	tā¹	tā¹	tā¹	tā¹
地方	所在	sɔ³ tsai⁵	sɔ³ tsai⁵	sɔ³ tsai⁵	sɔ³ tsai⁴
到处	四界	si⁴ kue⁴	si⁴ kue⁴	si⁴ kue⁴	si⁵ kai⁵
山麓	山骹	suā¹ kha¹	suā¹ kha¹	suā¹ kha¹	sun¹ kha¹
旁边	（边）舷	kī²	kī²	kī²	kī²
田埂	塍岸	tshan² huā⁵	tshan² huā⁵	tshan² huā⁵	tshan² hua¹
房子	厝	tshu⁴	tshu⁴	tshu⁴	tshi⁴
烟囱	烟筒	ian¹ taŋ²	ian¹ taŋ²	ian¹ taŋ²	ian¹ taŋ²

续表

普通话	方言	厦门	泉州	漳州	龙岩
酒杯	酒瓯	tsiu³ au¹	tsiu³ au¹	tsiu³ au¹	tsu³ au¹
瓷器	坩	hui²	hui²	hui²	hui²
扫把	扫帚	sau⁴ tshiu³	sau⁴ tshiu³	tsau⁴ tshiu³	sau⁵ tshiu³
案板	肉砧	baʔ⁶ tiam¹	baʔ⁶ tiam¹	baʔ⁶ tiam¹	ba⁶ tiam¹
钱币	纸字	tsua³ li⁵	tsua³ li⁵	tsua³ dzi⁵	tsua³ tsi⁵
铜板	镭（仔）	lui¹	lui¹	lui¹	lui¹（a³）
蓑衣	棕蓑	tsaŋ¹ sui¹	tsaŋ¹ sui¹	tsaŋ¹ sui¹	tsaŋ¹ sui¹
书本	书册	tsu¹ tsheʔ⁶	tsu¹ tsheʔ⁶	tsi¹ tshɛʔ⁶	tsu¹ tshiɛ⁶
翅膀	翼股	sit⁷ kɔ³	sit⁷ kɔ³	sit⁷ kɔ³	sit⁸ ku³
种猪	猪哥	ti¹ ko¹	tɯ¹ ko¹	ti¹ ko¹	ti¹ ko¹
蚊子	蠓（仔）	baŋ³ a³	baŋ³ a³	baŋ³ a³	baŋ³ a³
臭虫	木虱	bak⁷ sat⁶	bak⁷ sat⁶	bak⁷ sat⁶	bak⁷ siet⁷
祖父	阿公	a¹ kɔŋ	a¹ kɔŋ	a¹ kɔŋ	a¹ kɔŋ
母亲	老母	lau⁵ bu³	lau⁵ bu³	lau⁵ bu³	luo³ mo³
公公	大官	tua⁵ kuā¹	tua⁵ kuā¹	tua⁵ kuā¹	tua⁵ kuā¹
婆婆	大家	ta⁵ ke¹	ta⁵ ke¹	ta⁵ kɛ¹	tua⁵ kiɛ¹
客人	侬客	laŋ² kheʔ⁶	laŋ² kheʔ⁶	laŋ² kheʔ⁶	laŋ² khiɛ⁶
年轻人	后生	hau⁵ sī¹	hau⁵ sī¹	hau⁵ sī¹	hau¹ siē¹
侄儿	孙仔	sun¹ a³	sun¹ na³	sun³ a³	sun¹ a³
口水	喙澜	tshui⁴ nuā⁵	tshui⁴ nuā⁵	tshui⁴ nuā⁵	tshui³ nuā⁴
袖子	手祝	tshiu³ ŋ³	tshiu³ ŋ³	tshiu³ uī¹	tshiu³ ŋ³
茶叶	茶箬	te² hiō⁴	te² hioʔ⁷	tɛ² hioʔ⁷	tiɛ² liō⁴
粥	（饮）糜	am³	am³	am³	糜饮 mūi² am³
泔水	米潘（水）	bi³ phun¹	bi³ phun¹	bi³ phun¹	mi³ phun¹（tsui³）
衣服	衫仔	sā¹ a³	sā¹ a³	sā¹ a³	sā¹ a³
吃	食	tsiaʔ⁷	tsiaʔ⁷	tsiaʔ⁷	tsia⁴

续表

普通话	方言	厦门	泉州	漳州	龙岩
喝(～茶)	啉	lim¹	lim¹	lim¹	lim¹
闭(～目)	瞌	khueʔ⁶	khueʔ⁶	kheʔ⁶	khiɛ⁷
蹲	跔	khu²	khu²	khu²	ku⁶
吮吸	嘈	soʔ⁶	soʔ⁶	soʔ⁶	so⁴
打	拍	phaʔ⁶	phaʔ⁶	phaʔ⁶	phat⁷
攃	摸	mĩ¹	mĩ¹	mɛ̃¹	biɛ̃¹
吻	斟	tsim¹	tsim¹	tsim¹	tsim¹
猜测	约	ioʔ⁶	ioʔ⁶	ioʔ⁶	io⁶
跑	走	tsau³	tsau³	tsau³	tsau³
捡起	拾	khioʔ⁶	khioʔ⁶	khioʔ⁶	khio⁶
捉拿	搦	liaʔ⁷	liaʔ⁷	liaʔ⁷	liɛ⁴
跌跤	跋	puaʔ⁷	kuaʔ⁷	puaʔ⁷	pua⁴
压	砑	teʔ⁶	teʔ⁶	tɛʔ⁶	tiɛ⁶
小便	放尿	paŋ⁴ lio⁵	paŋ⁴ lio⁵	paŋ⁴ dzio⁵	paŋ⁵ lio⌐
提防	张持	tiũ¹ ti²	tiũ¹ ti²	tiɔ̃¹ ti²	tiɔ̃¹ ti²
知道	知影	tsai¹ iã³	tsai¹ iã³	tsai¹ iã³	tsai¹ tsaŋ³
味淡	餮	tsiã³	tsiã³	tsiã³	tsiã³
成熟(水果)	宿	sik⁶	sik⁶	sik⁶	siok⁶
熟(水果)	青	tshĩ¹	tshĩ¹	tshɛ̃¹	tshiɛ¹
干净	清气	tshiŋ¹ khi⁴	tshiŋ¹ khi⁴	tshiŋ¹ khi⁴	tshin¹ khi³
难,慢	恶	oʔ⁶	oʔ⁶	oʔ⁶	o⁴
均匀	缯	tsiau²	tsau²	tsiau²	tsiau²
漂亮	水	sui³	sui³	sui³	sui³
体弱	荏	lam³	lam³	lam³	lam³
饿	枵	iau¹	iau¹	iau¹	iau¹
你	汝	li³	lɯ³	li³	li³
他	伊	i¹	i¹	i¹	i¹

2.差异词汇举例

表 3-18

词目	厦门	泉州	漳州	龙岩
闪电	闪□ sī³nã⁴	闪□ sī³nã⁴	闪□ sī³nã⁴	雷□刀 sī³nã⁴
雾	雾 bu⁵	雾 bu⁵	雾 bu⁵	露 lu⁵
晚上	下昏 e⁵hŋ¹	暗暝 am⁵mĩ²	下昏 ɛ⁵hũi¹	暗头 am⁴thau²
白天	白日 beʔ⁷lit⁷	白日 beʔ⁷lit⁷	白日 pɛʔ⁷ʥit⁷	日昼头 lit⁷tau⁵thau²
老头子	老伙仔 lau⁵he³a³	老岁仔 lau⁵he⁵a³	老伙仔 lau⁵hue³a³	老货仔 luo³hue⁵a³
妻子	某 bɔ³	某 bɔ³	某 bɔ³	老婆 luo³po²
父亲	老爸 lau⁵pe⁵	老爸 lau⁵pe⁵	老爸 lau⁵pe⁵	老爸 luo³sie¹
婶女	姻婢 kan³pi⁵	姻婢 kan³pi⁵	姻婢 kan³pi⁵	骸作 kha¹tso⁶
岳父	丈人公 tiũ⁵laŋ²kɔŋ¹	丈人公 tiũ⁵laŋ²kɔŋ¹	丈人公 tiɔ̃⁵laŋ²kɔŋ¹	丈翁老 tio⁴aŋ¹luo³
岳母	丈母婆 tiũ⁵m³po²	丈母婆 tiũ⁵m³po²	丈母婆 tiɔ̃⁵m³po²	丈母姐 tio⁴m³tsia²
女婿	团婿 kiã³sai⁴	团婿 kiã³sai⁵	团婿 kiã³sai⁴	婿郎 sai³lɔ²
右手	正手 tsiã⁴tshiu³	正手 tsiã⁴tshiu³	正手 tsiã⁴tshiu³	正爿 tsiã⁵pĩ¹
肚脐	腹脐 pak⁶tsai²	腹脐 pak⁶tsai²	肚脐空 tɔ⁵tsai²khaŋ¹	腹脐 pak⁶tsai²
肚子	腹肚 pak⁶tɔ³	腹肚 pak⁶tɔ³	腹肚 pak⁶tɔ³	屎肚 sai³tu³
插秧	播塍 pɔ⁴tshan²	播秞 pɔ⁴tiu²	播秞 pɔ⁴tiu²	栽塍 tsai¹tshan²
斗笠	笠仔 lueʔ⁷a³	笠仔 lueʔ⁷a³	笠仔 leʔ⁷a³	笠嫲 lie⁸a³
母猪	猪母 ti¹bu³	猪母 tɯ¹bu³	猪母 ti¹bo³	猪嫲 ti¹ba²
公鸡	鸡角 kue¹kak⁶	鸡角 kue¹kak⁶	鸡公 ke¹kaŋ¹	鸡公 kie¹kaŋ¹
蜻蜓	塍蛉 tshan²nĩ²	塍婴 tshan²ĩ¹	塍蛉 tshan²nɛ̃¹	萝离 luo²li⁴
蚯蚓	壅蚓 tɔ²un³	猴蚓 kau²un³	涂蟥 tɔ²kin³	鸭虫 a⁵thaŋ
蚂蚁	狗蚁 kau³hia⁵	狗蚁 kau³hia⁴	狗蚁 kau³hia⁵	蚁翁 gio⁴aŋ¹
菠菜	菠菱菜 pe¹liŋ²tshai⁴	菠仑菜 pɔ¹lun²tshai⁴	菠菱菜 pue¹liŋ²tsai⁴	角仔菜 ka⁶a³tsha⁴
柚子	柚仔 iu⁵a³	柚 iu⁵	□仔 nũi²a³	枹仔 phau⁴a³
厨房	灶骸 tsau⁴kha¹	灶骸 tsau⁴kha¹	灶骸 tsau⁴kha¹	灶下 tsau¹e⁴
厕所	化寝 hua⁴hak⁷	化寝 hua⁴hak⁷	寝仔 hak⁷a³	东司 taŋ¹si¹

续表

词目	厦门	泉州	漳州	龙岩
门槛	护模 hɔ⁵ tiŋ⁵	面模 bin⁵ tuī⁴	护模 hɔ⁵ tiŋ⁵	隙仔 kha⁶ la³
蒸笼	笼床 laŋ² sŋ²	炊床 tshə¹ sŋ²	笼床 laŋ² sŋ²	炊樘 tshi¹ huī²
抽屉	桌屉 toʔ⁶ thuaʔ⁶	桌屉 toʔ⁶ thuaʔ⁶	屉 thuaʔ⁶	拖斗 thua¹ tau³
筷子	箸双 ti⁵ siaŋ¹	箸奇 tu⁵ kha¹	箸奇 ti⁵ khia¹	箸双 ti² saŋ¹
吊桶	吊㧒桶 tiau⁴ ɔ¹ thaŋ³	桶 thaŋ³	拔桶 phuaʔ⁷ thaŋ³	盘桶 puã² thaŋ³
肥皂	雪文 sap⁶ bun²	雪文 sap⁶ bun²	雪文 sap⁶ bun²	番仔碱 hua¹ a³ kī¹
手炉	火熥 he³ thaŋ¹	火熥 hə³ thaŋ¹	火熥 hue³ thaŋ¹	火踏 he³ ta⁴
锅盖	鼎盖 tiã³ kua⁴	鼎盖 tiã³ kua⁵	鼎盖 tiã³ kua⁴	鼎籍 tiã³ kam³
剪刀	铰刀 ka¹ to¹	铰刀 ka¹ to¹	铰剪 ka¹ tsian³	铰剪 ka¹ tsī³
信封	批篦 phue¹ lɔk⁶	批壳 phue¹ khak⁶	批壳 phe¹ khak⁶	信壳 sin⁵ kha⁶
风筝	风吹 hɔŋ¹ tshe¹	风吹 huaŋ¹ tsha¹	公吹 kɔŋ¹ tshe¹	风叉 hoŋ¹ tsha¹
盛(饭)	贮 tue³	贮 tue³	贮 te³	添 thī¹
哭	吼 hau³	吼 hau³	吼 hau³	啼 thi²
砍(柴)	剉 tsho⁴	剉 tsho⁴	剉 tso⁴	斫 tso⁶
害怕	惊 kiã¹	惊 kiã¹	惊 kiã¹	吓 hie⁴
胖(人)	肥 pui²	肥 pui²	肥 pui²	肥 pui²
瘦(人)	瘠 san³	瘠 san³	瘠 san³	□gian⁴
丑	怯势 khiap⁶ si⁴	怯势 khiap⁶ si⁴	怯势 khiap⁶ si⁴	歪形 guai¹ heŋ²

三、语法异同

闽南话内部语法颇为一致，其差异主要体现在厦、漳、泉片与龙岩片上。现把两片的典型差异作一归纳。

1.名词

（1）词头

厦、漳、泉片词头"老"称人，仅用于"老爸、老母"，不用于平辈；龙岩则还可以说"老弟"（弟弟）、"老妹"，范围略广。

此外，龙岩话另有一个词头"迈"［bai⁴］，用于指小表爱。如：迈二仔（小二)、迈五仔(小五)、迈婴仔(小孩子),等等。其用法独特,非但不见于他处闽南话,甚至不见外方言。

(2)词尾

表示动物性别,厦、漳、泉闽南话多用"公"[kaŋ¹]、"角"[kak⁶]表示雄性,而用"母"[bu³]表示雌性;龙岩话则用"牯"[ku³]表示雄性,用"嫲"[ba²]表示雌性。用作词尾,"牯"和"嫲"日渐虚化,表示范围已不限于性别。如,"牛牯、羊牯""猪嫲、狗嫲"表示性别,而"贼牯、矮牯、叔牯(叔叔)"与"贼嫲、虱嫲、笠嫲、无用嫲(笨蛋)"等则只表示某一类人,已无实义。

此外,龙岩话另有一个词尾"畲"[sia²],用于称呼语,表示亲热。如老畲(老伯伯)、大畲(大哥)、细畲(小弟)等,亦为厦、漳、泉闽南话所无。

2.代词

(1)人称代词

人称代词复数,厦、漳、泉片说"阮"[gun³]、"恁"[lin³]、"因"[in¹],龙岩话则说"我侬"[gua³ laŋ²]、"汝侬"[li³ laŋ²]、"伊侬"[i¹ laŋ²]。

(2)指示代词

厦、漳、泉闽南话表指代,其声母近指说 ʦ-,远指为 h-。如厦门话"即阵"[ʦit⁶ ʦun⁵](这时)、"迄阵"[hit⁶ ʦun⁵](那会儿)。而龙岩话则不同,其近指"许"[hi³](这),远指"哼"[hm¹]。如:"这边"说"许爿"[hi³ piŋ²],"那边"说"哼爿"[hm¹ piŋ²];"这里"说"许兜"[hi³ tau¹],那里说"哼兜"[hm¹ tau¹]。

(3)疑问代词

厦门、泉州,"谁"说"啥侬"的合音[siaŋ²],漳州说"是谁"[ʦi⁵ ʦua²],龙岩则说"底侬"的合音[tiã¹];"哪里",厦、漳、泉说"底落"[to¹ loʔ⁶],龙岩则说"底兜"[ti³ tau¹]、"底搭"[ti³ ta⁶]。"何时"厦、漳说"底时"[ti⁵ si²],泉州同,但读[ti⁴ si²];龙岩则说"几时"[ki³ si²]、"几侬时仔"[ki³ laŋ² si² a³]。"多少"厦、泉、漳说"若夥"的合音[lua⁵]或"若侪"[lua⁵ ʦue⁵]或[lua⁵ ʦe⁵],龙岩则说"几多"[ki³ to¹]。

(4)副词

程度副词 普通话的"很、十分",厦门说"真"[ʦin¹]或"尽"[ʦin⁵]、"野"[ia³],漳州尚说"无范"[bo² pan⁵]、"十足"[ʦap⁷ ʦiɔk⁶]。龙岩则说"□"[pai⁴],如"很聪明"说"pai⁴ 聪明"。

时间副词 普通话"刚刚",闽南话普遍说"拄拄"[tu³ tu³],龙岩也一样。但厦、漳、泉一带还说"拄则"(如厦门说[tu³ ʦiaʔ⁶])、"头拄仔"[thau² tu³ a³],

龙岩则不这么说。普通话"经常、常常",厦、漳、泉一般说"四常"[su⁴ sioŋ²]、"长长"[tŋ² tŋ²]、"定定"[tiã⁵ tiã⁵],龙岩话则说"旦旦"[tan⁵ tan⁵]、"捷捷"[tsia⁴ sia⁴]。

范围副词　普通话"到处""处处",闽南方言多说"满世界"[muā³ si⁴ kue⁴]、"满洋直界"[muā³ iũ² tit⁷ kai⁴],龙岩则说"满满"[buan³ buan³]、"到迹"[to⁴ tsiat⁷]。

情态副词　普通话"这么",厦、漳、泉一带一般说"迹尔"[tsia²⁶ ni¹];而龙岩话则说"介"[kai⁴],如"头毛介长"[thau² mo² kai⁴ tŋ²](头发这么长)。

（5）连词

普通话连词"假如、如果",厦、漳、泉一带一般说"设使"[siat⁶ su³],龙岩话则说"苟"[kau³]。如"假如他来了",当地说"苟伊来了"[kau³ i¹ lai² lo]。

第五节　台湾闽南话简介

一、历史形成与分布

台湾岛原先是"原住民族"居住地。他们说的是一种属于"南岛语系"（Austronesianfamily）,或称马来波利尼西亚语系（Malayopolynesian）的一种语言,与汉藏语系完全不同。目前,岛内说"原住民"语言的人数不到 2%。另外,有 14% 左右的客家人说客话。外省籍和其他民系的人约 8%。其中约有 78% 左右的人说闽南方言,人口约有 1700 万。

历史上闽南人移居台湾,亦即所谓"唐山过台湾",主要有四个阶段。第一阶段大致是在 17 世纪 20 年代末期的明末。因遇严重旱灾,长期活跃于闽浙粤台一带的海上武装私商集团颜思齐、郑芝龙在福建（主要是闽南）"招饥民数万人"入台建寨定居,从事垦殖。第二阶段是 1624—1661 年间荷兰殖民者占据台湾南部期间也多次从闽南粤东招募移民,用"王田制"收租税,并以安平为商埠。第三阶段是明郑复台时期,郑成功在泉州、漳州一带大规模招募兵员入台垦殖,人数多达 10 多万,直至 17 世纪 80 年代康熙将台湾收入大清版图结束,性质上则属于一种有计划、有组织的军事移民。第四阶段是清朝统治时期,由于台湾回到祖国怀抱,清初朝廷实施的所谓"迁界"与海禁政策开放,台湾地方官员为开发宝岛,发展生产,纷纷前往大陆沿海招募流民赴台开垦承佃,一时间"流民归者如市"。以致乾嘉时期形成移民高潮,人口逐年大幅增长。此外,早期宋元时代,以及乾嘉之后,均有不少大陆民间百姓零星进入岛内开发、经商等。岛内的闽南方言便是这样形成的。

由于入台的闽南人主要源于泉漳两地,因此,台湾的闽南方言便有所谓漳州腔和泉州腔之别。此外,由于有些人迁自厦门、潮汕等地,也另有其腔调。然而,由于迁移入台的闽南人,时间已历300—400年,原先虽然多聚族而居,或同姓成村,随着长期的社会变动,交通的发达,城镇化程度的提升,以及通婚、垦殖、经商、就业等种种社会原因,促进了人口的频繁流动,使岛内方言色彩不断淡化,以致台湾的闽南话成为一种"不漳不泉,亦漳亦泉,拥有几种方言特点"的"漳泉滥"(丁邦新《台湾语言源流》,1981)"好比当年厦门开埠以后的厦门话"(同上)。而所谓"漳州腔"或"泉州腔"只不过是"偏漳腔"或"偏泉腔"而已,与其本来腔调也不相同。

据洪惟仁《台湾的语种分布与分区》(2011),台湾闽南话分布在"岛内所有的沿海地带和平原地带。所有的海岸:东北及北部海岸、桃竹苗海岸、苏澳以南的宜兰海岸、花莲海岸地带、台东县富岗以南的海岸地带;所有的平原:西部由台中绵延至台湾最南端的屏东的大平原、宜兰平原;大盆地:台北盆地、南投埔里盆地、花东岩;大部分的岛屿:澎湖群岛、小琉球、绿岛"等处。其实,即使是客家人、外省人或"原住民",除了能说自己的母语外,能说闽南话的也十分普遍。

关于岛内闽南话,洪惟仁分为泉州腔、漳州腔、混合腔三类。他把上述三种不同腔调分布情况作了调查分析,其情形大体如下:

1.北部闽南话片

(1)北部最外圈的东北海岸,由三芝以南经石门、金山、万里、基隆市区、九分、双溪、头城,直至宜兰平原的东北海岸;又跨过大屯山的台北盆地,含北投东半部的士林、大直、内湖均为老漳腔。而淡水、八里、林口一段属泉腔。

(2)桃园县除北部与台北安溪区邻接的芦竹、龟山大半及大溪小部分为偏泉腔,基本上为泉州腔。

(3)台北淡水河口两岸属偏泉腔。

(4)台北盆地板桥、永和、土城北部(大半)、新店为新漳区。

2.中部闽南话片

(1)其西北面滨海地带桃园新屋蚵壳港经新丰、竹北到新竹为泉州腔,苗栗县海岸地区为泉漳混合区。

(2)台中滨海地带属漳州腔。

(3)彰化滨海地带大部分为泉腔区。彰化县南部除溪州偏泉外其余均为漳州腔。

(4)云林、嘉义滨海地带属泉州腔。

(5)云林、嘉义内陆地带属漳州腔。

3.南部闽南话片

(1)台南全部及高雄北部属漳泉混合区。

(2)高雄、屏东的大部分(除六堆说客家话外)全为漳泉混合区。

(3)高雄的旗津、小港区、屏东县离岛小琉球等均为偏泉区。

4.澎湖闽南话片

(1)澎湖湖西乡的大部分与马公市之锁港、蒔里属于受同安腔影响的漳属新长泰腔。

(2)马公市、七美、望安、西屿至白沙、中屯岛属泉属之同安腔。

(3)白沙乡及其附近的大仓、员贝、鸟屿、吉贝等小岛基本上属老漳腔。

5.花莲、台东等地闽南话片

(1)花莲平原主要通行漳腔闽南语。

(2)台东平原属于闽南话混合腔。

二、语言特点

1.语音特点

(1)声韵调系统

A.声母

p 巴爸婆　　ph 拍皮扶　　b 描买庙　　(m)每煤貌

t 端道除　　th 梯堤锤　　l 良乃尿　　(n)两粮耐

ts 精寨支　　tsh 此市鼠　　ʣ 日如　　　　　　　s 词山死

k 家穷猴　　kh 可气骑　　g 语疑我　　ŋ 碍藕悟　　h 兄会向　　ø 安元育

[说明]

a.台湾闽南话有 17 个声母

b.声母 b、l、g 一般与元音韵和辅音尾韵拼合,如:木 bak[7]、厘 li[2]、仪 gi[2],而 m、n、ŋ 只与鼻化韵拼合,如:物 mĩʔ[7]、恼 ŋãu[3]、藕 ŋãu[5]。因而,可以把 m、n、ŋ 视为 b、l、g 的变体。

c.声母 l，近于浊塞音 d。一般老年人发音多近于 d，中青年以下普遍趋向发 l。

d.声母 dz，主要为漳州腔所有。今北部普通腔已合并入 l。而来源于古日母的一些字，如"日、如、二"等，漳州腔的声母原来都读 dz，现在正在向 l 整合。

e.声母 ts、tsh、s 遇齐齿呼韵母，部位前移，发音近似 tɕ、tɕh、ɕ，如：糍[tsi²]、市[tshi⁵]、死[si³]。

B.韵母

①元韵母

i 披基丝	u 朱区虚	a 差胶阿	ɔ 布奴租
o(ɤ)婆科到	e 倍茶体	iu 丢酒就	ia 爹姐者
io(iɤ)藻跳赵	ui 对醉桂	ua 抓夸华	ue 洗鸡配
ai 排败台	au 包兜卯	iau 飘朝料	uai 乖怪快

②鼻音尾韵

m 媒梅茅	im 任今钦	am 谈站暗	iam 点店念
in 宾镇亲	un 本寸银	an 班弹铲	ian 鞭典现
uan 端乱选	ŋ 汤床钢	iŋ 拼灯庆	aŋ 蜂苍瓮
iaŋ 梁双掌	ɔŋ 旁统王	iɔŋ 畅从姜	

③鼻化韵

ĩ病鼻扇	ã 怕娜雅	ɔ̃ 摩怒蜈	(ẽ)骂晴姓
iũ(iɔ̃)枪厂姜	iã 京饼兄	uĩ 每秆横	uã 盘段烂
(uẽ)每妹煤	ãi 摆迈耐	ãu 貌闹藕	iãu 猫
(uãi)关悬横			

④塞音尾韵

ip 入习及	ap 纳杂鸽	iap 蝶贴业	it 毕日七
ut 突卒出	at 八察贼	iat 灭撤杰	uat 拔夺法
ik 泽式刻	ak 剥墨角	iak 铄	ɔk 博莫族
iɔk 筑祝菊	iʔ 篾滴舌	uʔ 浡唻	aʔ 拍踏猎
oʔ(ɤʔ)泊鹤作	eʔ 册宅客	iaʔ 壁拆脊	ioʔ(iɤʔ)石尺脚
uiʔ 血	uaʔ 獭热割	ueʔ 节划截	ĩʔ 物
ãʔ 闸铡	ɔ̃ʔ 膜	ẽʔ 挟脉	iãʔ 逆

[说明]

a.台湾闽南话共有 77 个韵母。上列表中韵母以台北泉州腔为主,兼顾及台南漳州腔。其中韵母用小括号( )括起来的,则全属于漳州腔读法。如:上述韵母表中之 ɤ、iɤ、ē、iɔ̃、uē、uāi、ɤʔ、iɤʔ 等 8 个韵母便是漳州腔的读音。

　　b.在上表中,有 4 个读漳州腔的韵母(带小括号的),它们括号前又都另有一个读音相近的韵母与之并列,则括号前的那个韵母便是读泉州腔的。这 4 对韵母分别是:o(ɤ)、io(iɤ)、iū(iɔ̃)、oʔ(ɤʔ)。

　　C.声调

表 3-19

调类	1.阴平	2.阳平	3.上声	4.阴去	5.阳去	6.阴入	7.阳入
调值	55	24	53	21	33	21	53
例字	风机	红皮	海水	四菜	旧地	出雪	木石

　　D.台湾闽南话泉州腔、漳州腔与大陆泉州音、漳州音的异同

　　台湾闽南话泉州腔与漳州腔与大陆泉州话、漳州话关系十分密切。这是因为台湾闽南话泉州腔来源于福建的泉州音,而台湾闽南话的漳州腔来源于福建的漳州音。然而,来源相同未必同音,它们之间仍然有所区别。因此,将两地语音做点比较,便能看出两地闽南方言之间的传承与变异情况。据张振兴研究(1983):

　　a.声母

　　两地闽南话声母之间,差异很小,可以忽略不计。

　　b.韵母

　　泉州腔与泉州音比较,有些韵母读音不同。例如:

　　泉州腔韵母"飞"读[e],"回"读[ue],泉州音则一律读[ɤ];泉州腔韵母"猪"读[u],泉州音则读[ɯ]。泉州腔韵母"针"读[iam],"森"读[im],泉州音则一律读[ɤm];泉州腔韵母"月"读为[eʔ],泉州音读[ɤʔ]。在泉州腔中,无韵母"ɤ、ɯ、ɤm、ɤʔ"。其次,泉州腔与泉州音比较,多了[iaŋ、āu、āʔ、ik]这 4 个。如:泉州腔韵母"娘"读[iaŋ],泉州音读[iɔŋ];泉州腔韵母"貌"读[āu],泉州音读[au];泉州腔韵母"闸"读[āʔ],泉州音读[aʔ];泉州腔韵母"力"读[ik],泉州音则读为[iak]。

　　漳州腔与漳州音比较,韵母读音也不完全相同。例如:

　　漳州腔韵母[ɤ],漳州音中读为[o](如:"多、歌"等字);漳州腔韵母[iɤ],

漳州音则读为［io］（如"小、表"等字）；漳州腔韵母［ɤʔ］，漳州音则读为［oʔ］（如"卓、学"等字）；漳州腔韵母［iɤʔ］，漳州音则读为［ioʔ］（如"石药"等字）。其次，部分漳州音韵母，在漳州腔中往往有两种读法。如漳州腔中，韵母［im］（如"参森"等字）与［iam］（如"簪"字），漳州音一律读［ɔm］；韵母［e］（如"马、家"等字）与［a］（如"查、诈"等字），漳州音一律读［ɛ］；韵母［ē］（如"经、更"等字）与［ā］（如"雅"字），漳州音一律读［ɛ̄］；韵母［ē ʔ］（如"脉"字），漳州音读［ɛʔ］；韵母［eʔ］（如"麦、册"等字）与［aʔ］（如"百、拍"等字），漳州音一律读［ɛʔ］。

c.声调

泉州腔与泉州音声调均为7调。但泉州腔上声只有阴上调，去声分阴去和阳去，阳上归阳去。泉州音上声分为阴上和阳上，去声不分阴阳，只一个去声。调值方面，泉州腔阴平为高平（55），阴入为低降短促（21）调，阳入为高降（53）调；而相对的泉州音阴平为中平（33），阴入为中高短促（4）调，阳入为曲折（243）调。

漳州腔与漳州音声调大同小异。其中仅漳州腔阴入调为高降（53），漳州音为曲折（121）调。

2.词汇特点

据一些学者统计，台湾闽南话中有99％左右词汇与大陆相同或相近，说法差异较大的有10％左右。这些差异词汇，约有如下几类：

(1)有些旧语词，大陆闽南话口语已不说或少说，但在台湾仍然行用。如：

破蓬	phua⁴ phaŋ²	刮台风前飘飞空中的云霞
名刺	miā² ʦhi⁴	名片
庄骹	ʦŋ¹ kha¹	乡村，村庄
乌枋	ɔ¹ paŋ¹	黑板
廍	po⁵	榨油、榨糖类作坊
换佃	uā⁵ tian¹	土地转租
柑仔蜜	kam¹ a³ bit⁶	番茄
拍粟	phaʔ⁶ ʦhik⁶	收租
红茄	aŋ² kio²	茄子
赎膳	poʔ⁷ ʦhan²	农作物成熟后租人销售
滚水罐	kun³ ʦui³ kuan⁴	热水瓶

福州戏	hɔk⁶ ʦiu¹ hi⁴	闽剧
曲盘	khik⁶ puã²	留声机
寿枋	siu⁵ paŋ¹	棺木
插簪	ʦhaʔ⁶ ʦam¹	订婚
墓仔埔	bɔŋ⁵ a³ pɔ¹	墓场
嫁翁	ke⁴ aŋ¹	出嫁
挂纸	kui⁴ ʦua³	祭墓（带供品）
招翁	ʦiau¹ aŋ¹	女方称入赘的男人
册局	ʦheʔ⁶ kiɔk⁷	书店
拣做堆	sak⁶ ʦue⁴ tui¹	童养媳
秤	ʦhin⁴	重量单位，1 秤约等于 20～30 斤
妈姨	mã³ i²	女巫

(2)部分语词,反映了当地特殊生活习俗和生活方式。如：

青仔丛	ʦĩ¹ a³ ʦaŋ²	槟榔
青红灯	ʦhĩ¹ aŋ² tiŋ¹	交通指示灯
荷兰薯	ho² lan² ʦu²	马铃薯
乌头仔车	ɔ¹ thau² a³ ʦhia¹	黑色小轿车
释迦	sik⁶ kia¹	一种进口水果名
车房	ʦhia¹ paŋ²	机房
担仔面	tã⁴ a³ mĩ⁵	一种台南小吃
乌骹病	ɔ¹ kha¹ pĩ⁵	台湾流行的一种足病
机器糖	ki¹ khi⁴ thŋ²	红砂糖
汉药	han⁴ ioʔ⁷	中草药
糖胆	thŋ² tã³	糖精
薪伙	sin¹ he³	营业员
仙草蜜	sian¹ ʦhau³ bit⁷	饮料名,草胶制
走桌其	ʦau³ toʔ⁶ e	饭馆服务员
麦仔酒	beʔ⁷ a³ ʦiu³	啤酒
乌狗	ɔ¹ kau³	新潮男子
太白粉	thai⁴ peʔ⁷ hun³	藕粉
乌猫	ɔ¹ nãu¹	新潮女子
悬屐仔	kuãi² kiaʔ⁷ a³	高跟鞋

媌仔	ba² a³	妓女、吧女
磅表	pɔŋ⁵ pio³	水电仪表
粉味其	hun³ bi⁶ e	风尘女子
炭丸	thuā⁴ uan²	煤球
三七仔	sam¹ tshit⁶ a³	皮条客
□□	lai³ ta⁴	打火机
瘾仙哥	gian⁴ sian¹ ko¹	瘾君子
膨纱	phɔŋ² se¹	毛线
组头	tsɔ³ thau²	赌场庄家
扭大索	giu³ tua⁵ soʔ⁶	拔河
揭铁□	giaʔ⁶ thit⁶ soʔ⁶	举重

（3）部分语词，则属于日语词汇的借用。如：

万年笔	ban⁵ lan² pit⁶	钢笔
沙西米	sa¹ si¹ mi³	生鱼片
水道水	tsui³ to⁵ tsui³	自来水
寿司	su⁵ si¹	饭团
电球	tian⁵ kiu²	灯泡
麻踏	ba² thaʔ⁷	黄油
牙斯	ga² su¹	煤气
膀	pɔŋ³	面包
卡芒	kha⁴ paŋ²	皮包
冰枝	piŋ¹ ki¹	冰棍儿
料理	liau⁵ li³	菜肴
便当	pian⁵ taŋ¹	盒饭
米新	mĩ³ sin¹	缝纫机
须提拉	su¹ the² la¹	蛋粒
安提那	an¹ the³ na³	天线
乌多桑	ɔ¹ to¹ saŋ³	父亲
乌二桑	ɔ¹ dzi⁵ saŋ³	与父亲同辈的男子
乌麻桑	ɔ¹ ba² saŋ³	与母亲同辈的女子
乌尼桑	ɔ¹ ne³ saŋ³	大姐
缘托仔桑	ian² tau² a³ saŋ³	师哥

加锁吝	ka¹ so³ lin⁵	汽油
自转车	tsu⁵ tsuan³ tshia¹	自行车
乌托迈	ɔ¹ thɔ¹ bai⁵	摩托车
海卡那	hai³ kha⁴ la¹	西装领带
运转手	un¹ tsuan³ tshiu³	司机
三搭吕	sam¹ taʔ⁶ lu³	拖鞋
西米罗	se¹ bi³ lo²	西装
放送	hɔŋ⁴ saŋ⁴	广播
榻榻米	thaʔ⁶ thaʔ⁶ bi³	日式床榻
卒业	tsut⁶ giap⁷	毕业
飞行机	hue¹ liŋ² ki¹	飞机
坪	pĩ²（pē²）	面积单位，一坪约合 6 平方英尺

（4）某些科技名词，与大陆闽南话说法不同。如：

核子弹	hat⁷ tsu³ tuā⁵	核弹头
卡仔机	kha⁴ a³ ki¹	挖土机
镭射	lui² sia⁵	激光
犁涂机	lue² thɔ² ki¹	推土机
飞弹	hui¹ tuā	导弹
计程车	ke⁴ tiŋ² tsia¹	巴士
泛镜	ham⁴ kiã⁴	放大镜，显微镜
电视幕	tian⁵ si⁵ bɔ̃⁷	电视荧光屏
盪缨	thŋ⁵ ĩ¹	岛礁上的浮标
霜库	sŋ¹ khɔ⁴	冰柜、冷藏库

（5）不少地名词，与大陆闽南话说法有差异。如：

台湾岛内，不少高山族语地名词。如"北投"系凯达格兰族语，义为"女巫"，"乌来"[u¹ lai²]为泰雅族语，义为"温泉"；有大量为移民的大陆原籍地名直接借用，如"同安、东石、安平、龙岩、海丰、潮州"，或以原籍地名加地形地物，如"同安厝、安溪寮、兴化坑、芝山岩"等。而那些纪念民族英雄郑成功的，多冠以"国姓"，如"国姓埔、国姓港"等。此外，岛内常用的地名词，还有下列一些类型，与大陆闽南方言或同或异。

A.与大陆闽南话相同的

厝 tsu⁴　　指房子或家。如：台中市的半天厝、林厝、何厝，嘉义市的卢厝，台北县的彭厝、中港厝、石头厝,南投县的新厝,彰化县的打铁厝等。

埔 po¹　指小块平地。如:台北的顶埔、桃园县青埔、大埔,新竹县大茅埔,苗栗县外埔,台南县大埔等。

坑 khi¹　指谷地。如:台北的东势坑,桃园县兔坑,台南县的深坑,新竹县的社寮坑,台中县的石壁坑等。

仑 lun²　孤立的小高地。如:台北市番子仑,彰化县的海丰仑,云林县的仑背,嘉义县的仑尾,台南县的汝仑,屏东县的美仑等。

墘 ki²　边沿。如:台北市的港墘,台中市的沟子墘,彰化县的潭墘,嘉义县的港墘等。

坪 pi²　山中小平地。如:台中县的中坪坑,苗栗县的大坪,澎湖县的西坪,南投县的施厝坪等。

潭 tham²　深水渊。如:台北县的涂潭,台南县的大潭,屏东县的旧武潭,嘉义县的大潭,高雄县的拷潭等。

陂(坡、埤)pi¹　指拦水坝或蓄水库。如:台北市的沛陂,桃园县的大陂,台中县的埤头,嘉义县的新埤,彰化县的埤头等。

澳 o⁴　水流转弯处。如:宜兰县的南方澳、北方澳,台北县的外澳、澳底,澎湖的文澳,屏东县的番仔澳等。

B.大陆闽南方言罕用的地名词

寮 lau²　一般指简陋搭盖的棚屋。如:台北县的姜子寮,桃园县的九座寮,新竹县的旧寮,台中县的鹿寮,彰化县的后寮,等等。

社 sia⁵　指少数民族聚居处,或垦殖土地的移民聚落。如台北县的社后,桃园县的社子,台中县的翁社,云林县的番社,高雄县的保社,屏东县的香社等。

廍 po⁵　指制糖或榨油类的手工业作坊。如:宜兰的廍后,台中市的赖厝廍、廍子,嘉义县的菜廍,高雄县的道义廍,屏东县的下廍、三张廍等。

番 hua¹　旧时指高山族同胞为番族,故不少与他们相关的地名带“番”字。如:台北县的番子仑,台中市的番社脚,新竹县的番子湖,云林县的番社,嘉义县的番子寮,屏东县的番子寮等。

红毛 aŋ²bŋ²　台湾称早期入台的荷兰和西班牙人为“红毛人”,因此有些地名便带“红毛”两字,如彰化县有红毛社、大红毛社,新竹县有红毛村、红毛港,台北县有红毛城址,等等。

营 ia²　一般指当年郑成功部队的驻营。带营的地名岛内甚多。如:台北县的营盘,台南的下营、中营,台东县的浸水营,高雄市的左营。

崁 kham³　阶地。带崁的地名有不少。如:桃园的南崁,台北县的顶崁,基隆市的崁仔顶,嘉义县的崁后,台南县的三崁店,屏东县的崁顶等。

势 se⁴　指朝向。此类地名有桃园县的东势、南势,台北市的下东势,台中县的东势,基隆市的东势坑,屏东县的新东势等等。

窟(堀)khut⁶　指低陷处。地名中带"窟(堀)"的有台北县的矿窟、鹿窟、乌涂窟,基隆市的大水窟,宜兰的桶盘堀,等等。

脚(骹)kha¹　台湾多山地,山下一般说"山骹"〔suā¹kha¹〕,而"骹"字一般人不认识,故常用"脚"字代替。地名中用"脚"字的,实应作"骹"。此类地名,有桃园县的山脚,彰化县的竹子脚,嘉义县的六脚、柴林脚,台北县的山脚、崎子脚,台中的树子脚,等等。

C.反映垦民拓垦时合伙股份或土地数量的地名

股 ko³　原指几股股首招佃入垦时搭草寮居住之所,后成为地名词。如台北县的五股,桃园县的顶股,台南县的三股、七股,宜兰县的十三股,新竹县之五股林等。

份(分)hun⁵　原指数人合股开垦土地,后也专用为地名。如:台北市的五分、五份埔,基隆市的七分寮,台中市的三分埔,台北县的八分寮、十分寮,苗栗县的头份,等等。

阄 khau¹　阄即阄分,即用拈阄方式分配。这也是早期殖民垦田时分配土地的一种形式,如"五阄",相当于五人阄分。用为地名,所见有高雄的九阄,宜兰的三阄、四阄,台北县的二阄。

甲 kaʔ⁶　甲为面积单位,1 甲约合 0.97 公顷,近 15 亩。一般也是垦殖地。用为地名,常见的有台南的六甲、甲南、甲东、七甲、十六甲,台中市的十甲,南投县的十八甲寮,十四号甲省道,高雄县的五甲、甲南、甲北、九甲围等。

结 kiat⁶　清代大陆入台垦民采用结首制聚集一处拓垦,称为"结"。后加上编号也成为地名。如宜兰县之二结、三十九结、四结、五结。

张 tiǔ¹　(张犁 tiǔ¹lue²)亦为耕地面积,1 张犁可耕 5 甲,也简称为 1 张。后也成为地名。如:宜兰县的七张,台北市的三张、六张犁,台中市的二十张犁、八张犁、二十张犁,台北县的二八张、四十张,等等。

3.语法

台湾闽南话与大陆闽南话语法几乎无差异,因此这部分从略。

第六节　厦门话篇章语料

一、谚语

1.农谚

春天后母面 tshun¹ thī¹ au⁵ bu³ bin⁵（春天天气多变，像后娘的脸喜怒无常）

大寒艁寒，人马艁安 tai⁵ han² bue⁵ kuā², lin² be³ bue⁵ uā¹（气候反常）

闪爁西北，雨落透透 sī³ lā⁴ sai¹ pak⁶, hɔ⁵ loʔ⁷ thau⁴ thau⁴（西北闪电兆大雨）

二八好行船 li⁵ pueʔ⁶ ho³ kiā² tsun²（二月潮平，八月晴朗，行船安稳）

风飚过了则回南 hɔŋ¹ thai¹ ke⁴ liau³ tsiat⁶ hui² nam²（台风过后才回南）

好上元，好早冬 ho³ siɔŋ⁵ guan², ho³ tsa³ taŋ¹（元宵节晴，兆早稻收成好）

二月三日晴，犹卜忌清明 li⁵ geʔ⁷ sā¹ litʔ⁷ tsī², iau¹ beʔ⁶ ki⁵ tshī¹ miā²（二月初三虽晴，尚须戒备清明多雨）

六月蜀雷止九飚，七月蜀雷九飚来 lakʔ⁷ geʔ⁷ tsitʔ⁷ lui² tsi³ kau³ thai¹, tshitʔ⁶ geʔ⁷ tsitʔ⁷ lui² kau³ thai¹ lai²（六月打雷不见台风，七月打雷则引发台风）

八月八落雨，八月无凋塗 pueʔ⁶ geʔ⁷ pueʔ⁶ loʔ⁷ hɔ⁶, pueʔ⁶ geʔ⁷ bo² ta¹ thɔ²（八月初八下雨，则整月见雨。凋：干；塗：泥土）

十月忌初五，海猪会起舞 tsapʔ⁷ geʔ⁷ ki⁵ tshue¹ gɔ⁵, hai³ ti¹ e⁵ khi³ bu³（十月小阳春，仍要防初五日海上风浪大）

十二月卯怀见草 tsapʔ⁷ li⁵ geʔ⁷ bāu¹ ŋ⁵ kī⁴ tshau³（十二月卯时天气太冷，草木不生）

月围箍，互雨沃；日戴笠，互日曝 geʔ⁷ ui² khɔ¹, hɔ⁵ hɔ⁵ ak⁶, litʔ⁷ ti⁴ lueʔ⁷, hɔ⁵ litʔ⁷ phak⁷（月晕兆雨，日晕兆晴。箍，圆圈儿；沃，淋雨）

2.生活、哲理谚

活泉食艁凋，死泉食会了 uaʔ⁷ tsuā² tsiaʔ⁷ bue⁵ ta¹, si³ tsuā¹ tsiaʔ⁷ e⁵ liau³（谋生吃不尽，坐吃山空）

十八港骹行透透 tsapʔ⁷ pueʔ⁶ kaŋ³ kha¹ kiā² thau⁴ thau⁴（走遍天下，见识多）

东港无鱼，西港抛网 taŋ¹ kaŋ³ bo² hi², sai¹ kaŋ³ pha¹ baŋ³（喻天无绝人之路）

生姜老来辣 tshī¹ kiū¹ lau³ lai³ lueʔ⁷（老手经验丰富）

食依饭，兴依问 tsiaʔ⁷ laŋ² pŋ⁵, hiŋ⁴ laŋ² bun³（受雇于人，听人使唤）

手勤怀惊穷 tɕhiu³ khun² ŋ⁵ kiā¹ kiŋ²（劳动能致富）

贪食无补，漏屎叫苦 tham¹ tɕiaʔ⁷ bo² pɔ³，lau⁵ sai³ kio⁴ khɔ³（贪吃无滋补，泻腹更苦）

剃头刀剆大丛树 thi⁴ thau² to¹ tɕho⁴ tua⁵ tsaŋ² tɕhiu⁵（用理发刀砍大树，用具不当。剆，砍）

天会光地也会暗 thī¹ e⁵ kŋ¹ tue⁵ ia³ e⁵ am⁴（天有不测风云，人有旦夕祸福）

甜馃过年，发馃发钱；包仔包金，菜包食点心 t ī¹ ke³ ke⁴ n ī²，huat⁶ ke³ huat⁶ tɕī²；pau¹ a³ pau¹ kim¹，tɕhai⁴ pau¹ tɕiaʔ⁷ tiam³ sim¹（年终做糕馃，各有好兆头）

行船走马三分命 kiā² tsun² tsau³ be³ sā¹ hun¹ miā⁵（水上航行如陆上骑马多有危险）

池吼无水袂饲得鱼 ti² le bo² tsui³ bue⁵ tɕhi⁴ li thi²（办事要有条件。饲，喂养）

红瓜鱼互喙误 aŋ² kue¹ hi² hɔ⁵ tɕhui⁴ gɔ⁵（祸从口出）

红花袂芳，芳花袂红 aŋ² hue¹ bue⁵ phaŋ，phaŋ¹ hue¹ bue⁵ aŋ²（物各有所长，难得齐全）

鸡卵密密也有缝 kue¹ lŋ⁵ ba⁵ ba⁵ ia³ u⁵ phaŋ⁵（纸包不住火）

食果子，拜树头 tɕiaʔ⁷ ke³ tɕi³，pai⁴ tɕhiu⁵ thau²（饮水应思源）

守贼蜀暝，做贼蜀更 siu³ tɕhat⁷ tɕit⁷ mī²，tsue⁴ tɕhat⁷ tɕit⁷ kī¹（防盗应常备不懈，不可稍许疏忽）

乌狗偷食，白狗受罪 ɔ¹ kau³ thau¹ tɕiaʔ⁷，peʔ⁷ kau³ siu⁵ tse⁵（嫁祸于人，使人受委屈）

好母生好囝，好秫出好米 ho³ bu³ sī¹ ho³ kiā³，ho³ tiu⁵ tɕhut⁶ ho³ bi³（本源重要。秫，水稻）

好汉怀拍某，好狗怀咬鸡 ho³ han⁴ ŋ⁵ phaʔ⁶ bɔ³，hɔ³ kau³ ŋ⁵ ka⁵ kue¹（善于理家者不动粗打骂。怀，不；某，妻子）

3.讽喻谚

虎仔行路袂督眠 hɔ³ a³ kia² lɔ⁵ bue⁵ tuʔ⁶ bin²（别想占人便宜。督眠：瞌睡）

饲鸟鼠咬布袋 tɕhi⁴ niāu³ tɕhu³ ka⁵ pɔ⁴ te⁵（养鼠贻患）

半暝跋赢九，天光报上吊 puā⁴ mī² puaʔ⁷ iā² kiau³，thī¹ kŋ¹ po⁴ siɔŋ⁴ tiau⁴（赌博输赢无常，后患无穷。半暝：半夜；跋九：赌博；天光：天亮）

薄薄酒啉会醉 pɔ²ʔ⁷ pɔʔ⁷ tɕiu³ lim¹ e⁵ tsui⁴（薄酒也醉人。诚人不可贪杯）

草蜢弄鸡角，鸡角跳蜀下，草蜢死翘翘 tɕhau³ me³ laŋ⁶ kue¹ kak⁶，kue¹ kak⁶

thiau⁵ tsit⁷ e⁵，tshau³ mē³ si³ khiau⁴ khiau⁴（指不自量力挑衅他人，必自取灭亡。草蜢:蝗虫;弄:戏弄;鸡角:公鸡）

出家又揭枷 tshut⁶ ke¹ iu⁵ kia?⁷ kia²（当了和尚又犯罪，比喻不能持久修炼，前功尽弃。出家:指当和尚;揭:举;枷:枷锁。举枷指戴上枷锁，借指犯罪）

得罪土地公饲无鸡 tik⁶ tsue⁵ thɔ³ ti⁵ kɔŋ¹ tshi⁴ bo² kue¹（土地公:喻地头蛇。意指地方上权势人物得罪不得。饲无鸡:指连鸡都饲养不成）

草枝也会绊死侬 tshau¹ ki¹ ia³ e⁵ puā⁵ si³ laŋ²（凡事应提高警惕）

人无害虎心，虎有伤人意 laŋ² bo² hai⁵ ho³ sim¹，hɔ³ u⁵ siū¹ laŋ² i⁴（对敌仁慈，将为其所害）

失德钱，失德了 sit⁶ tik⁶ tsĩ²，sit⁶ tik⁶ liau³（不义之财必因不义而耗尽）

二、歇后语

九月蟳牯——腹内空空 kau³ ge?⁷ tsim² kɔ³——pak⁶ lai⁵ khaŋ¹ khaŋ¹（蟳:青色海蟹名;牯:此指块头大）

山猴食海味——做梦 suā¹ kau² tsia?⁷ hai³ bi⁵——tsue⁵ baŋ⁵

六月芥菜——假有心 lak⁷ ge?⁷ kua⁴ tshai⁴——ke³ u⁵ sim¹

乌丝蠓仔——死叮 ɔ¹ si¹ baŋ² a³——si¹ tiŋ⁴（蠓仔:蚊子;叮:蚊子吮吸人血的动作）

丝瓜拍狗——去蜀半 si¹ kue¹ pha?⁶ kau³——khi⁴ tsit⁷ puā⁴（拍:打;蜀半:一半）

乌鼠颂草鞋——大骸细身 niāu³ tshu³ tshiŋ⁵ tshau³ ue²——tua⁵ kha¹ sue⁴ sin¹（不合体。乌鼠:老鼠;颂:穿着;骸:脚）

老岁仔上楼梯——慢慢跙 lau⁵ he⁴ a³ tsiŋ⁵ lau² lau² thue¹——ban⁵ ban⁵ pe?⁶（老岁仔:老头子;跙:爬行）

永春芦竹——假大空 iŋ³ tshun¹ lɔ² tik⁶——ke³ tua⁵ khaŋ¹

师公嗌螺号——惊鬼 sai¹ kɔŋ¹ pun² le² hɔ⁵——kiā¹ kui³（师公:道士;嗌:吹;惊:害怕）

买盐盐心肝——死心 bue³ iam² sĩ⁴ sim¹ kuā¹——si³ sim¹（买盐:买盐巴;盐心肝:腌心肝）

合鸡母讨奶——白讨 kap⁶ kue¹ bu³ tho³ nĩ¹——pe?⁷ tho³（合:跟，向;鸡母:母鸡;奶:奶水）

麦芽糕——愈拔愈长 be?⁷ ge² ko¹——lu³ pui?⁷ lu³ tŋ²

食咸食饘——讲话无影 tsiaʔ⁷ kiam² tsiaʔ⁷ tsiã³——kɔŋ³ ue⁵ bo² iã³（口径不一；或瞎说无据。饘：味淡）

桶箍必——散斗 thaŋ³ khɔ¹ pit⁶——suã³ tau³（桶箍：箍桶的篾圈；必：裂开；散斗：散掉。全句比喻散伙）

番仔喙须——无半撇 huan¹ a³ tshui⁴ tshiu¹——bo² puã⁴ phiat⁶（番仔：洋人；喙须：胡须。指无丝毫迹象）

杨梅开花——蜀时现 tshiũ² m² khui¹ hue¹——tsit⁶ si² hian⁵（蜀时：一时）

三、民歌

1.草蜢公① tshau³ mē³ kaŋ¹

草蜢公，势饲牛② tshau³ mē³ kaŋ¹，gau² tshi⁴ gu²

牛底去③？ 牛卖银 gu² to³ khi⁴？ gu² bue³ gun²

银底去？ 银娶某④ gun² to³ khi⁴？ gun² tshua⁴ bo³

某底去？ 某生囝⑤ bo³ to³ khi⁴？ bo³ sĩ¹ kiã³

囝底去？ 囝生孙 kiã³ to³ khi⁴？ kiã³ sĩ¹ sun¹

孙底去？ 孙赶鸭 sun¹ to³ khi⁴？ sun¹ kuã³ aʔ⁶

鸭底去？ 鸭生卵⑥ aʔ⁶ to³ khi⁴？ aʔ⁶ sĩ¹ lŋ⁵

卵底去？ 卵请客 lŋ⁵ to³ khi⁴？ lŋ⁵ tshiã³ kheʔ⁶

客底去？ 客放尿⑦ kheʔ⁶ to³ khi⁴？ kheʔ⁶ paŋ⁵ nio⁵

尿底去？ 尿沃菜⑧ lio⁵ to³ khi⁴？ lio⁵ ak⁷ tshai⁴

菜底去？ 菜开花 tshai⁴ to³ khi⁴？ tshai⁴ khui¹ hue¹

花底去？ 花结籽 hue¹ to³ khi⁴？ hue¹ kiat⁶ tsi³

籽底去？ 籽剾油⑨ tsi³ to³ khi⁴？ tsi³ khueʔ⁶ iu²

油底去？ 油点火 iu² to³ khi⁴？ iu² tiam³ he³

---

① 草蜢：蝗虫；公：雄性
② 势：善于；饲：饲养
③ 底：疑问代词，哪里
④ 娶：借音字，本字㛝。某：俗字，指妻子。
⑤ 囝：儿子。
⑥ 卵：蛋。
⑦ 放尿：拉尿。
⑧ 沃：浇。
⑨ 剾：榨取。

火底去？火互安公食熏吹熄去① he³ to³ khi⁴？ he³ hɔ⁵ an¹ kɔŋ¹ tsiaʔ⁷ hun¹ tshue¹ sit⁶ khi

2.新妇仔 sin¹ pu⁵ a³

大隻水牛细条索② tua⁵ tiaʔ⁶ tsui³ gu² sue⁴ tiau² soʔ⁶

大汉娘子细汉哥③ tua⁵ han⁴ niũ² tsu³ sue³ han⁴ ko¹

少岁毋知戆戆抱 tsiu³ he³ m³ tsai¹ gom⁵ gom⁵ pho⁵

等伊长大我变婆 tan³ i¹ tioŋ³ tua⁵ gua³ pĩ⁴ po²

四、歌仔戏《王莽篡汉》选段

等我近前来问伊④ tan³ gua³ kun⁵ tsiŋ² lai² mŋ⁵ i¹

虽然破衫破裤成油衣⑤，sui¹ lian² phua⁵ sã¹ phua⁴ khɔ⁴ tsiã² iu² i¹

面目清秀真无比⑥。bian⁵ bɔk⁷ tshiŋ¹ siu⁴ tsin¹ bo² pi³

鼻空像青苔⑦，目睭吊门帘。⑧ phĩ⁵ khaŋ¹ tshiũ⁵ tshĩ¹ thi² , bak⁷ tsiu¹ tio⁴ mŋ² li²

乎我看着吗甲意⑨，等我近前来问伊 hɔ⁵ gua³ khuã⁴ tioʔ⁷ mã¹ kaʔ⁶ i⁴，tan³ gua³ kuŋ⁵ tsiŋ² lai² mŋ⁵ i¹

五、民间故事传说

tĩ⁵ siŋ² kɔŋ¹ kaʔ⁶ kɔk⁶ sĩ⁴ tsĩ³

郑 成 功 合 "国 姓 井"⑩

biŋ² tio² iŋ³ biŋ² nĩ² kan¹，tĩ⁵ siŋ² kɔŋ¹ kau⁴ tsioʔ⁷ tsĩ² kiam³ iaʔ⁷ "hɔ³ khĩ² tshin¹

明 朝 永 明 年 间，郑 成 功 邋 石 井 检 阅 "虎 骑 亲

---

① 互:被,让;安公:公公;食熏:吸烟;熄:熄灭。

② 索:绳子

③ 大汉:大个子

④ 该段唱词选自邱曙炎《歌仔戏音乐》,光明日报出版社 1995 年版,第 66 页。待:借义字,字应作"等"。伊:他。

⑤ 衫:衣服。

⑥ 面目:面貌。无比:没得比。

⑦ 鼻空:鼻孔;青苔:苔藓。

⑧ 目睭:眼睛。睭:俗字,本字"珠"。

⑨ 乎:借音字,意为"让、给",俗作"互",本字不明。吗:也;甲意:中意。

⑩ 合:和,跟。

kun¹"e² hai³ ʦian⁴ ian³ sip⁷, thiā¹ kɔŋ³ pɔ⁵ tui⁵ e² piŋ¹ su⁵ kaʔ⁶ lau⁵ peʔ⁶ sī⁴ bo² ʦui³

军"其 海 战 演 习①, 听 讲 部 队 其 兵 士 合 老 百 姓 无 水

ʦiaʔ⁷, iu⁵ sam¹ put⁶ gɔ⁵ si² khɔ³ huā⁵, ʦiu⁵ ka¹ ki³ ʦhua⁴ ʦit⁷ kuā⁵ pɔ⁵ ha⁵ tak⁷ te²

食②, 又 三 不 五 时 苦 旱③, 就 家 己 掣 蜀 寡 部 下 逐 带

ʦhat⁶ khuā⁴ tue⁵ hiŋ², khi⁴ ʦhe⁵ ʦui³ thau². u⁵ ʦit⁷ lit⁷, i¹ kiā² kau⁴ hai³ sua¹ pɔ¹

察 看 地 形④, 去 揣 水 头⑤。有 蜀 日⑥, 伊 行 遭 海 沙 埔

kī¹, khuā⁴ tioʔʦit⁷ ʦaŋ² sioŋ¹ su¹ ʦhiu⁵ e⁵ tue³ u⁵ ʦit⁷ kun² kau³ hia⁵ ti⁵ sua¹ thɔ²

埕⑦, 看 着 蜀 丛 相 思 树 下 底 有 蜀 群 狗 蚁⑧; 伫 沙 塗

tiŋ³ bin⁵ peʔ⁶ lai² peʔ⁶ khi⁴, kuā³ kin³ ʦioŋ¹ pak⁷ sin¹ e² io¹ tuā⁴ thŋ⁴ loʔ lai, ʦioŋ¹

顶 面 跖 来 跖 去⑨, 赶 紧 将 缚 身 其 腰 带 褪 落 来⑩, 将

kau³ hia⁵ e² siu⁵ ui² ʦiā² ʦit⁷ khuan², iau¹ koʔ⁶ kio⁴ lai² ʦhin¹ piŋ¹, kio⁴ in¹ tui⁴ gik⁷

狗 蚁 其 岫 围 成 蜀 环⑪, 犹 各 叫 来 亲 兵⑫, 叫 伵 对 玉

tuā⁴ khuan² sua¹ e² so³ ʦai⁵ kut⁷ loʔ khi.

带 环 沙 其 所 在 掘 落 去⑬。

ʦin¹ ʦin¹ kuai⁴ ki² : thɔ² sua¹ iau¹ be⁵ iaʔ⁶ gɔ⁵ ʦhioʔ⁶ ʦhim¹, ʦiu⁵ u⁵ ʦuā² ʦui³

真 真 奇 怪⑭: 涂 沙 犹 未 挖 五 尺 深⑮, 就 有 泉 水

pɔ⁵ ki² lian² phuʔ⁷ ʦiū⁵ lai, iŋ⁵ ʦhiu³ phaŋ³ tam⁵ poʔ⁷ a lim¹ ʦit⁷ ʦhui⁴, ʦui³ ʦit⁶

暴 其 然 浮 上 来⑯, 用 手 捧 淡 泊 仔 淋 蜀 喙⑰, 水 质

① 遭:到;虎骑亲军:郑成功的直属部队。其:的

② 无水食:没水饮用。

③ 三不五时:时常;苦旱:闹旱灾。

④ 家己:自己,亲自;掣:本义拉扯,此引申指随带。蜀寡:一些;逐带:各处。

⑤ 揣:寻找;水头:水源。

⑥ 蜀日:一天。蜀:一。

⑦ 伊:他。行:走。海沙铺:海滩;埕:边沿,附近。

⑧ 看着:看见;蜀丛:一棵;下底:下面;蜀群:一堆;狗蚁:蚂蚁。

⑨ 伫:在;沙塗:沙地;顶面:上面;跖来跖去:爬来爬去;跖:爬。

⑩ 缚:捆,绑;其:的。褪:脱;落下:下来。

⑪ 岫:原为洞穴,此指巢穴、窝;蜀环:一圈儿。

⑫ 犹各:还,尚且。

⑬ 伵:俗字,义为"他们";对:从,自。环:绕;其:的。所在:地方;落去:下去。

⑭ 真真:确实;怪奇:奇怪。

⑮ 涂沙:泥沙。犹:尚且,还。

⑯ 暴其然:突然;浮:冒。

⑰ 淡泊仔:一点儿;林:饮;蜀喙:一口(水)。蜀:一;喙:口,嘴巴。

tshiŋ¹ liaŋ² iu⁵ tsiā² tī¹. tsioŋ⁴ su⁵ loŋ³ siat⁶ thai³ kha³ kuai⁴, tsit⁶ e so³ tsai⁵ kui¹ nī²

清　凉　又　诚　甜①。将　士　拢　设　太　巧　怪②，即　个　所　在　规　年

than⁴ thī¹ u⁵ lau² tsui³ im¹ kham⁴, tsuā² tsui³ an³ tsua³ bo² tsit⁷ si¹ a³ kiam² sip⁶?

甯　天　有　流　水　淹　勘③，　泉　水　安　怎　无　蜀　丝　仔　咸　涩④?

tsit⁶ tsun⁵, piŋ¹ su⁵ tak⁷ ke² am⁴ tsiŋ³ su¹ gu³: kok⁶ sī⁴ ia² si⁵ toŋ³ hai³ sin² kiŋ¹

即　阵⑤，兵　士　逐　个　暗　静　私　语⑥：国　姓　爷　是　东　海　神　鲸

tsuan³ se⁴, i¹ khuan² io¹ e giok⁷ tuā⁴ iu⁵ si⁵ tsit⁷ e po³ pue⁴, hit⁶ tui¹ tho² sua¹ ho⁵

转　世⑦，伊　环　腰　其　玉　带　又　是　蜀　个　宝　贝⑧，迄　堆　塗　沙　互

giok⁷ tuā⁴ khuan² khi³, pha²⁶ kiā¹ toŋ⁵ lo hai³ liŋ² ɔŋ², i¹ kiā¹ tik⁶ tsue⁵ tī⁵ siŋ² koŋ¹,

玉　带　环　起⑨，拍　惊　动　了　海　龙　王⑩，伊　惊　得　罪　郑　成　功⑪，

kuā³ kin³ hian⁴ tshut⁶ tsiā³ tsui³. tī⁵ siŋ² koŋ¹ thiā³ kau⁴ piŋ¹ su⁵ koŋ³ e ue⁵, kam³

赶　紧　献　出　蕣　水⑫。郑　成　功　听　蕣　兵　士　讲　其　话⑬，感

kau⁴ ho³ tshio⁴, tsiu⁵ ka²⁶ sin¹ bī¹ tau¹ e laŋ² koŋ³: gua³ to³ lo²⁷ u⁵ hia²⁶ gau² e sin²

蕣　好　笑，　就　合　身　边　兜　其　侬　讲⑭：我　倒　落　有　吓　势　其　神

sian¹ sut⁶? gua³ si⁵ khuā⁴ tio?kau³ hia⁵ pe²⁶ lai² pe²⁶ khi⁴ tsue⁴ siu⁵, tsia²⁶ tsai¹ iā³ tsia²

仙　术⑮? 我　是　看　着　狗　蚁　踾　来　踾　去　做　岫⑯，则　知　影　这

---

① 诚：很。

② 拢：都，全部；设太：非常；巧怪：奇怪。

③ 即个：这个；所在：地方；规年甯天：一年到头；流水：潮水；淹勘：淹没。

④ 安怎：怎么；无：没有；蜀丝仔：一点儿；咸涩：(水的)味道既咸又有点儿苦涩。

⑤ 即阵：这时。

⑥ 逐个：一个个地；暗静：暗地里；私语：私下议论。

⑦ 国姓爷：指郑成功，朱明王朝曾赐他姓朱，因此称为"国姓爷"。神鲸：闽南民间传说郑成功是"神鲸转世"，不同凡人。

⑧ 环腰：绕腰；其：的；蜀个：一个。

⑨ 迄堆：那一堆；塗沙：泥沙；互：被；环：围、绕。

⑩ 拍惊动：惊动。

⑪ 伊：它，指海龙王；惊：畏惧，怕。

⑫ 蕣水：淡水。蕣：味淡。

⑬ 听蕣：听到；感蕣：觉得，感到。

⑭ 合：跟；身边兜：身边；其：的；侬：人。

⑮ 倒落：哪里；吓：那么；势：厉害；其：的；神仙术：神力、法术。

⑯ 看着：看见，看着；狗蚁：蚂蚁；踾来踾去：爬来爬去；做岫：做窝。

so³ tsai⁵ i? tiŋ⁵ u⁵ tsiā³ tsui³, e⁵ tue³ e thɔ² tsaŋ² mā⁴ bue⁵ kiam², thɔ² kha¹ tue³ khiŋ³

所 在 一 定 有 饡 水①，下 底 其 涂 层 吗 艍 咸②，涂 骹 底 肯

tiā⁵ u⁵ tsiā³ tsui³ e tsuā² thau².

定 有 饡 水 其 泉 头③。

lo?⁷ be³，tī⁵ siŋ² kɔŋ¹ ko?⁶ biŋ⁵ liŋ⁵ piŋ¹ su⁵ ti⁵ ka¹ ki³ tsu⁵ tue⁵ khi⁴ tshe⁵ tsuā²

落 尾④，郑 成 功 各 命 令 兵 士 伫 家 已 驻 地 去 撦 泉

tsui³ ia?⁶ tsī³. bo² lua⁵ ku³，tsio?⁷ tsī³ tin⁴ si⁴ kue⁴ lɔŋ³ ui?⁶ tshut⁶ kɔ³ tsī³，lau⁵ pe?⁶

水 挖 井⑤。无 若 久⑥，石 井 镇 四 界 拢 挖 出 古 井⑦，老 百

sī⁴ e tsia?⁷ tsui³ ka?⁶ iŋ⁵ tsui³ bŋ⁵ tue² sun⁵ li⁵ kai³ kuat⁶ lo. tsio?⁷ tsī³ e lau⁵ pe?⁶ sī⁴

姓 其 食 水 合 用 水 问 题 顺 利 解 决 了⑧。石 井 其 老 百 姓

tsiu⁵ tsioŋ¹ tī⁵ siŋ² kɔŋ¹ kun¹ tui⁵ khui¹ e kɔ³ tsī³ hɔ⁵ tsue⁴ "kɔk⁶ sī⁴ tsī³".

就 将 郑 成 功 军 队 开 其 古 井 号 做 "国 姓 井"。⑨

参考文献：

1.袁家骅.汉语方言概要[M].北京:文字改革出版社,1983:234－282.

2.福建省汉语方言调查指导组.福建方言概况(讨论稿)[M].厦门:厦门大学出版社,1963,1－30.

3.黄典诚.福建省志方言志[M].北京:方志出版社,1998:1－16,98－160.

4.黄典诚.闽南语典[M].厦门:厦门大学中文系方言研究室(油印本),1980.

5.李熙泰、纪亚木等.厦门方言[M].北京:北京语言学院出版社,1996.

6.李如龙、姚荣松.闽南方言[M].福州:福建人民出版社,2008.

7.周长楫、王建设、陈荣瀚.闽南方言大词典[Z].福州:福建人民出版社,2006.

8.张振兴.台湾闽南方言记录[M].福州:福建人民出版社,1983.

9.黄守忠.厦门谚语[M].厦门:鹭江出版社,1996.

10.周长楫.厦门方言词典[M].南京:江苏教育出版社,1998.

---

① 则:才;知影:知道;所在:地方;饡水:淡水。
② 下底:下面,底下;其:的;涂层:泥土层;吗:也;艍:不会。咸:味道咸。
③ 涂骹底:地底下;泉头:源头。
④ 落尾:末了。
⑤ 各:尚且,还;伫:在;家已:自己;撦:寻找。
⑥ 无若久:没有多久。
⑦ 四界:处处;拢:都;古井:水井。
⑧ 其:的;食水:饮水;合:和。
⑨ 号做:叫做。

11.丁邦新.台湾语言源流[M].台北:台湾学生书局,1972.

12.董忠司.台湾闽南语词典[M].台北:五南图书出版股份有限公司,2001.

13.杨秀芳.台湾闽南语语法稿[M].台北:台湾大安出版社,1991.

14.洪惟仁.台湾的语种分布与分区[C]∥台北:第十二届闽语国际学术研讨会论文集,2011.

15.张光宇.闽台方言史稿[M].台北:南天书局,1996.

16.竺家宁.台北话音档[M].上海:上海教育出版社,1999.

17.朱天顺.中华人民共和国地名词典台湾省[M].北京:商务印书馆,1990.

18.林连通.泉州市方言志[M].北京:社会科学文献出版社,1993ma.

19.马重奇.漳州方言研究[M].香港:纵横出版社,1996.

20.龙岩市方言志委.龙岩市志[M].北京:中国科学技术出版社,1993:802—836.

21.姚景良等.厦门成语[M].厦门:鹭江出版社,1998.

22.姚景良.闽台方言集锦[M].厦门:厦门市台湾艺术研究室,1992.

第四章
莆仙方言

第一节　莆仙方言的形成与分布

莆田市位于福建省东部沿海的木兰溪流域,辖地仅莆田与仙游二县。历史上,这里素来被外界称为鱼米之乡。地域上,莆田西邻闽南永春、德化山区,东临兴化海湾,北与闽东福清、永泰相接,南与泉州惠安毗连。沿海襟带有 300 多海里渔场、盐滩,拥有 200 多万人口。

历史上,莆田曾长期随属泉州市管辖。南朝陈光大二年(568)才从原南安县析出。宋太平兴国四年(979)始设兴化军。据宋宝祐《仙溪志》称:汉武帝元狩年间(前 112—前 117),当地已有何氏兄弟自江西临汝到仙游九鲤湖炼丹采药之事,说明已有中原汉人在此定居。又据《莆田乡土地理》载:西晋永嘉之乱,八姓入闽,"时有散处蒲地者,土地渐辟,异姓之人亦相机来居。由是人民广众,厥成斯邑焉"。此间桃溪一带"俗阜家泰,官清吏闲。凌晨而舟车竞来,度日而笙歌不歇,草市之中,廛里若巨邑","风物若大邦,极经济之盛"但因此时人口有限,莆仙话尚未从闽南方言中独立出来。历史上对莆仙方言形成有重要影响的当以唐末五代河南固始人王潮、王审知兄弟入闽为最。此时,"闽中安谧,中州避乱者皆举族南来,莆(田)户口繁殖当在此时"。北宋时代,置兴化军,兴化平原已出现聚族而居局面,人口也发展到 3万。自宋太平兴国四年(979)至明正统十三年(1448),莆田广业里、仙游兴泰里与福清、永泰边境地区合并设兴化县,延至明清。在此千百年间,莆田一带始终都是作为福建省独立建制单位而存在,这使莆仙方言得以从闽南方言中分化出来,并发展为一支独立方言。

莆田城乡经济的发展,端赖于兴修水利和围海造田。著名的木兰陂等系列水利工程为百姓带来"岁屡丰稔,地狭民稠"的长久效益,促进了稻作和果、茶业生产,推动了当地纺织、制糖、盐业等多种手工业发展;而区位临海的优势,则促进了市井乡镇商埠的繁荣与海运的发达,涵江港与枫亭太平港是本区重要通商口岸,历史上还一度成为福建东部物资集散中心,其对莆仙方言内涵的丰富与发展注入无限的活力。莆仙一带自南朝梁陈以来便有兴学重教的社会风气。唐宋年间甚至有"十室九书堂"、"龙门半天下"之称。北宋仁宗庆历之后,兴化人士纷纷登榜,科举鼎盛,号称进士之乡,人文科考领先于八闽各处长达千载,成为中国教育史上的奇迹。此外,莆田还是享誉海内外的文献名邦,历代著书立说的学者和著述数量亦为全省之冠;更有值得称道者,莆仙还是戏剧大市,用莆仙方言演唱的莆仙戏剧本数量之丰在国内亦堪称翘楚。据 1962 年省戏曲研究所统计,1950 年以后挖掘的莆仙戏传统剧目便多达 5619 个,其中剧本便有 5326 种,有舞台演出的《总簿》共有 8000 多本。著名的莆仙戏《春草闯堂》与《团圆之后》曾先后赴京会演,博得盛誉。地方文化艺术的高度繁荣,也为地方方言的生存和发展不断注入新鲜血液,使莆仙方言始终保持蓬勃的生机。

莆仙方言仅在莆田和仙游二县通行,而以莆仙首府的莆田话为代表。由于该地区方言夹在北部闽东方言与南部闽南方言之间,因此带有过渡性方言特征。从方言来源上看,莆田历史上曾随属泉州府管辖,因此其方言的文白异读系统与闽南方言较为近似;而从韵母系统考察,莆田话韵母带有鼻化音残余,仙游话则有成套鼻化韵,此一特点与闽南话带有大量鼻化韵可谓如出一辙。然而从辅音韵尾看,莆仙话只有一套鼻音韵尾和喉塞音尾(ŋ,ʔ),则是受福州话影响。词汇系统中,莆田话也是这样,它既有相当一部分语词与闽南话相同(如书本说"册",公公说"大官",芳香说"芳"),也有一些词语与福州话近似(如厨房说"灶前",肥皂说"胰皂",老婆说"老妈"[lau⁵ma³],等)同时兼有两处方言的特点。

第二节　莆仙方言的流播

莆仙方言向外流播,主要有以下几种情形:

一是向邻近的县市播迁。如莆田、仙游与闽东方言区的福清、永泰相毗连,历史上莆田与仙游的部分地盘又曾归福清和永泰管辖,因此福清、永泰境内的闽东方言与莆仙方言便易于产生互动。莆仙话向这两县市播迁便在情理之中了。今福清境内的渔溪镇、新厝乡、东张乡、镜洋乡、音西乡、江阴乡便有 10 多个自然村说莆田话,人口约数万人。而在永泰县,则有葛岭、城峰、岭路、赤锡、梧桐、嵩口、洑口、东洋、同安等乡镇 30 个自然村几万人说莆仙话。其他如平潭(南海乡)、永春(龙华乡)及泉州、南安、惠安等均有一些说莆田话的村落。

二是向闽东北一带播迁。如霞浦的大屿乡、福安的下白石乡、福鼎的沙埕镇都有部分村落说莆仙话,这多是由外出打鱼、经商或从事手工业生产而滞留当地定居的莆仙人带去的。

三是宋代尤其南宋之后,因当地人多地少,生存困难,不少莆仙人移民省外和台湾等,寻找生路。如今,外省如广东的潮汕、雷州半岛、海南的琼州、浙江的玉环、温岭均有莆田移民。莆田人东渡台湾,则始于北宋,盛于明代。明时郑和下西洋,开通了莆田到台湾的航线,兴化百姓赴台的便日益增加,如今屏东、彰化、高雄、嘉义、台北、台南、基隆、云林等地均有不少冠以"兴化"的地名(如兴化里、兴化廊、兴化社、兴化坑、兴化寮等),以标示其祖籍渊源所自。

四是莆仙人为外出谋生,还往往漂洋过海,到海外经商做生意,成为"游商海贾"。如明初,境内便有陈、黄、柯、蔡、许、王、林、李、林等一些族姓迁居东南亚做生意;明末清初,另有一大批莆仙人到东南亚逃难。此外,鸦片战争后,还有一些莆仙人则被当作"猪崽"卖给南洋、美洲和非洲等做苦工。如今在马来西亚、新加坡、印尼等处处可见兴化会馆、莆仙会馆、兴化公会之类的民间社团和同乡会的存在。

第三节　莆仙方言代表——莆田话

莆仙方言以莆田话为代表,下文重点介绍莆田话特点。[①]

一、语音特点

1.声韵调系统

(1)声母表

---

① 本章所记录的莆田话为莆田城厢口语,由吴锦霖和陈素贞等人提供,谨此致谢。

莆田话有 15 个声母(含零声母)

p 比杯　　ph 批皮　　m 梅母

t 丁刀　　th 讨锄　　n 怒男　　　　　l 力柳

ʦ 早祖　　ʦh 楚鼠　　　　ɬ 时生

k 姜举　　kh 去可　　ŋ 危语　　h 府好　　ø 英央

[说明]

①声母 m、n、ŋ 只与鼻音韵相拼,如明 miŋ²、年 niŋ²、迎 ŋiŋ²,与非鼻音韵相拼时则读为 p、t、k,如平 pa²、女 ty³、我 kua³,等;

②声母 p、ph 类化时均读为 β,摩擦较轻,如老爸 lɒ³βɒ⁵。

③声母 ɬ 为舌尖齿间音,舌尖抵前颚,摩擦成分强。

④声母 k、kh、h、ŋ 等遇前元音 i、y 舌位前移,发音为 c、ch、ɲ、ç。

(2)韵母表

莆田话共有韵母 40 个

A.元音韵

a 巴牙	ɒ 早报	o 资册	e 题体
ø 初所	i 披诗	u 武奴	y 猪如
ai 排来	au 仓巧	ɔu 都姑	ia 爷谢
iu 流休	ua 华瓜	ue 回雷	ui 堆危
yɒ 鹅纸	iau 朝消		

B.鼻音尾韵

aŋ 房甘	ɒŋ 党仓	oŋ 本存	ɛŋ 争天
œŋ 中犬	iŋ 冰仁	uŋ 霜光	yŋ 斤允
ŋ 黄影	iaŋ 添俭	uaŋ 盘团	yɒŋ 张想

C.塞音尾韵

aʔ 拔岳	ɒʔ 薄岳	oʔ 勃术	ɛʔ 特舌
œʔ 绝局	iʔ 立及	yʔ 剧疫	iaʔ 猪业
uaʔ 夺活	yɒʔ 药着		

[说明]

①莆田话共 8 个元音音位:a、ɒ、o、e、ø、i、u、y,3 个韵头 i、u、y。

②韵母 e 在元音韵中读 e,如:梯 the¹;在辅音韵中读 ɛ,如边 pɛŋ¹。

③韵母 ø 在元音韵中读 ø,如:短 tø³;在辅音韵中读 œ,如:中 tœŋ¹。

④鼻韵尾只有一个 ŋ,"侵、亲、清"三字都读 ʦhiŋ³;古入声塞音尾合并

为-ʔ，"揖、一、益"三字都读 iʔ^6。

（3）声调表

表 4-1

调类	1.阴平	2.阳平	3.上声	4.阴去	5.阳去	6.阴入	7.阳入（文读）	8.阳入（白读）
调值	533	13	453	42	11	21	4	35
例字	东方	铜煌	董访	栋放	动远	识湿	独食	舌

[说明]

①莆田话共有 8 个声调。

②莆田话古入声字分阴入和阳入两类，阴入字文读带喉塞音尾 ʔ，调值 21，其白读丢失喉塞音尾 ʔ，其调值 11，混入阳去调。阳入字文读带喉塞音尾，调值 4；其白读字喉塞音尾也已消失，老派调值 35，新派调值 13，混入阳平。（而江口一带则混入上声，与城关不同）。

2.连读音变

（1）声母类化

莆田话多音节连读，下音节声母也会受上音节韵母影响发声类化音变，其变化规律如下表所示：

表 4-2

上字韵尾	下字声母	上字韵尾	下字声母	例　词
元音韵	p、ph	不变	β	溪边 khe^1 piŋ^1→khe^1 βiŋ^1 戏票 hi^4 phiau^4→hi^4 βiau^4
	t、th、n、l、ts、tsh、ɬ	不变	l	肩头 ke^1 thau^2→ke^1 lau^2
	k、kh、h	不变	消失	世界 ɬe^4 kai^4→ɬe^4 ai^4 理科 li^3 khɒ^1→li^3 ɒ^1
鼻音尾韵	p、ph、m	m	m	江边 kaŋ^1 piŋ^1→kam^1 miŋ^1 羊皮 yɒŋ^2 phue^2→yɒm^2 mue^2
	t、th、n、l、ts、tsh、ɬ	不变	n	潘桶 phɒŋ^1 thaŋ^3→phɒŋ^1 naŋ^3 潘水 phɒŋ^1 tsui^3→phɒŋ^1 nui^3 三嫂 ɬaŋ^1 ɬo^3→ɬaŋ^1 no^3
	k、kh、ŋ	不变	ŋ	肝功 kaŋ^1 kɒŋ^1→kaŋ^1 ŋɒŋ^1 艰苦 kaŋ^1 khou^3→kaŋ^1 ŋou^3 银行 ŋyŋ^2 ŋaŋ^2→ŋyŋ^2 ŋaŋ^2

续表

上字韵尾	下字声母	上字韵尾	下字声母	例　词
塞音尾韵	p、ph、m	p	不变	独步 tɒʔ^7 pou^5→tɒp^7 pou^5 碟片 tiaʔ^7 phe^4→tiap^7 phe^4 页码 iaʔ^7 me^3→iap^7 me^3
	ts、tsh、ɬ、t、th、n、l	t	不变	读书 thɒʔ^8 tsy^1→thɒt^8 tsy^1 笔头 piʔ^7 thau^2→pit^7 thau^2
	k、kh、ŋ、h	k	不变	出家 tshoʔ^7 ka^1→tshok^7 ka^1 劫匪 kiaʔ^7 hui^3→kiak^7 hui^3

（2）连读变调

莆田话变调，一般前字变，后字不变，下以两字组为例说明。

表 4-3

前字声调	下字声调	前字变调	下字声调	例　词
阴平 533	阴平 533 阳平 13 上声 453 阴去 42 阳去 11 阴入 21 阳入 4	阳平 13 阳去 11 33 阳平 13 阴去 42 阳平 13 33	不变	公家 kɒŋ^{533} ka^{533}→kɒŋ$^{533-13}$ ka^{533} 公平 kɒŋ^{533} piŋ^{13}→kɒŋ$^{533-11}$ piŋ^{13} 公里 kɒŋ^{533} li^{453}→kɒŋ$^{533-33}$ li^{453} 公正 kɒŋ^{533} tsia^{42}→kɒŋ$^{533-13}$ tsia^{42} 公事 kɒŋ^{533} ɬo^{11}→kɒŋ$^{533-42}$ ɬo^{11} 公德 kɒŋ^{533} tɛʔ^{21}→kɒŋ$^{533-13}$ tɛʔ^{21} 公立 kɒŋ^{533} liʔ^4→kɒŋ$^{533-33}$ liʔ^4
阳平 13	阴平 533 阳平 13 上声 453 阴去 42 阳去 11 阴入 21 阳入 4	阳平 13 阳去 11 33 55 阴去 42 阴去 42 33	不变	平安 piŋ^{13} aŋ^{533}→piŋ$^{13-13}$ aŋ^{533} 平洋 piŋ^{13} yɒŋ^{13}→piŋ$^{13-11}$ yɒŋ^{13} 苹果 piŋ^{13} kɔ^{453}→piŋ$^{13-33}$ kɔ^{453} 平价 piŋ^{13} ka^{42}→piŋ$^{13-55}$ ka^{42} 平地 piŋ^{13} te^{11}→piŋ$^{13-42}$ te^{13} 平级 piŋ^{13} kiʔ^{21}→piŋ$^{13-42}$ kiʔ^{21} 平直 piŋ^{13} tiʔ^4→piŋ$^{13-33}$ tiʔ^{42}
上声	阴平 533 阳平 13 上声 453 阴去 42 阳去 11 阴入 21 阳入 4	阳平 13 35 阳平 13 阳平 13 55 35 阳去 11	不变	鼓山 kou^{453} ɬaŋ^{533}→kou$^{453-13}$ ɬaŋ^{533} 鼓楼 kou^{453} lau^{13}→kou$^{453-35}$ lau^{13} 海水 hai^{453} tsui^{453}→hai$^{453-13}$ tsui^{453} 海菜 hai^{453} tshai^{42}→hai$^{453-13}$ tshai^{42} 鼓动 kou^{453} tɒŋ^{11}→kou$^{453-55}$ tɒŋ^{11} 古迹 kou^{453} tsiʔ^{21}→kou$^{453-35}$ tsiʔ^{21} 几日 kui^{453} tiʔ^4→kui$^{453-11}$ tiʔ^{42}

续表

前字声调	下字声调	前字变调	下字声调	例　　词
阴去	阴平 533	55		带身 tai⁴² ɬiŋ⁵³³ →tai⁴²⁻⁵⁵ ɬiŋ⁵³³
	阳平 13	阴去 42		带鱼 tai⁴² hy¹³ →tai⁴²⁻⁴² hy¹³
	上声 453	55		燕鸟 ɛŋ⁴² tsiau⁴⁵³ →ɛŋ⁴²⁻⁵⁵ tsiau⁴⁵³
	阴去 42	阴去 42	不变	志气 tsi⁴² khi⁴² →tsi⁴²⁻⁴² khi⁴²
	阳去 11	阴去 42		带队 tai⁴² tui¹¹ →tai⁴²⁻⁴² tui¹¹
	阴入 21	阴去 42		正式 tsia⁴² ɬiʔ²¹ →tsia⁴²⁻⁴² ɬiʔ²¹
	阳入 4	55		证实 tsiŋ⁴² ɬiʔ⁴ →tsiŋ⁴²⁻⁵⁵ ɬiʔ⁴²
阳去	阴平 533	阳平 13		大家 tai¹¹ ka⁵³³ →tai¹¹⁻¹³ a⁵³³
	阳平 13	阳去		大依 tua¹¹ naŋ¹³ →tua¹¹⁻¹¹ naŋ¹³
	上声 453	阳平 13		代理 tai¹¹ li⁴⁵³ →tai¹¹⁻¹³ li⁴⁵³
	阴去 42	55	不变	代替 tai¹¹ the⁴² →tai¹¹⁻⁵⁵ the⁴²
	阳去 11	阴去 42		大队 tua¹¹ tui¹¹ →tua¹¹⁻⁴² tui¹¹
	阴入 21	阴去 42		大国 tua¹¹ kɒʔ²¹ →tua¹¹⁻⁴² kɒʔ²¹
	阳入 4	阳去 11		大局 tua¹¹ kœʔ⁴ →tua¹¹⁻¹¹ kœʔ⁴²
阴入	阴平 533			发挥 huaʔ²¹ hui⁵³³ →huaʔ²¹⁻⁴ hui⁵³³
	阳平 13			发扬 huaʔ²¹ yɒŋ¹³ →huaʔ²¹⁻⁴ yɒŋ¹³
	上声 453			发展 huaʔ²¹ thɛŋ⁴⁵³ →huaʔ²¹⁻⁴ thɛŋ⁴⁵³
	阴去 42	阳入 4	不变	发散 huaʔ²¹ ɬaŋ⁴² →huaʔ²¹⁻⁴ ɬaŋ⁴²
	阳去 11			发现 huaʔ²¹ hɛŋ¹¹ →huaʔ²¹⁻⁴ hɛŋ¹¹
	阴入 21			发觉 huaʔ²¹ ka²¹ →huaʔ²¹⁻⁴ ka²¹
	阳入 4			发达 huaʔ²¹ taʔ⁴ →huaʔ²¹⁻⁴ taʔ⁴²
阳入（文）	阴平 533	阴入 21		实心 ɬiʔ⁴ ɬiŋ⁵³³ →ɬiʔ⁴⁻²¹ ɬiŋ⁵³³
	阳平 13	阴入 21		实情 ɬiʔ⁴ tsiŋ¹³ →ɬiʔ⁴⁻²¹ tsiŋ¹³
	上声 453	阴入 21		液体 iʔ⁴ the⁴⁵³ →iʔ⁴⁻²¹ the⁴⁵³
	阴去 42	阳入 4	不变	活贷 uaʔ⁴ ho⁴² →uaʔ⁴ ho⁴²
	阳去 11	阴去 42		实现 ɬiʔ⁴ hɛŋ¹¹ →ɬiʔ⁴⁻⁴² hɛŋ¹¹
	阴入 21	阳入（文）4		活泼 uaʔ⁴ phuaʔ²¹ →uaʔ⁴ phuaʔ²¹
	阳入 4	阴入 21		活跃 uaʔ⁴ yɒʔ⁴ →uaʔ⁴⁻²¹ yɒʔ⁴²
阳入（白）	阴平 533	阳平 13		药方 iau³⁵ huŋ⁵³³ →iau³⁵⁻¹³ huŋ⁵³³
	阳平 13	阳去 11		药棉 iau³⁵ mɛŋ¹³ →iau³⁵⁻¹¹ mɛŋ¹³
	上声 453	阳去 11		药粉 iau³⁵ hɒŋ⁴⁵³ →iau³⁵⁻¹¹ hɒŋ⁴⁵³
	阴去 42	55	不变	药性 iau³⁵ ɬiŋ⁴² →iau³⁵⁻⁵⁵ ɬiŋ⁴²
	阳去 11	阴去 42		药柜 iau³⁵ kui¹¹ →iau³⁵⁻⁴² kui¹¹
	阴入 21	阴去 42		药汁 iau³⁵ tsiʔ²¹ →iau³⁵⁻⁴² tsiʔ²¹
	阳入 4	阳去 11		药物 iau³⁵ oʔ⁴ →iau³⁵⁻¹¹ oʔ⁴²

3.文白异读

（1）文白异读类型

莆田方言有丰富的文白异读，整体上近似于闽南方言。下举例说明其对应形式。

A.声母对应

表 4-4

文读	白读	例　　字
h	p	飞 hi¹，pue¹；分 hɔŋ¹，pɔŋ¹
	ph	芳 hɒŋ¹，phaŋ¹；浮 hiau²，phu²
	k	寒 haŋ²，kaŋ²；糊 hɔu²，kɔu²
	kh	呼 hɔu¹，khɔu¹
	ø	红 hoŋ²，aŋ²；下 ha⁵，ɒ⁵
ʦ	t	汝 ʦy³，ty³；入 ʦiʔ⁸，tiʔ⁸
	n	认 ʦiŋ⁵，niŋ⁵；肉 ʦœʔ⁷，nœ⁷
	ɬ	坐 ʦɒ⁵，ɬɒ⁵；前 ʦɛŋ²，ɬe²
ɬ	ʦ	水 ɬui³，ʦui³；少 ɬau³，ʦiau³
ʦ	k	枝 ʦi¹，ki¹；痣 ʦi⁴，ki⁴
	h	耳 ʦi³，hi⁵；燃 ʦɛŋ²，hyɒ²
ø	h	雨 y³，hɔu⁵；远 œŋ³，hue⁵
	ɬ	翼 iʔ⁷，ɬʔ⁷；蝇 iŋ²，ɬiŋ²

B.韵母对应

a.元音韵的对应

表 4-5

文读	白读	例　　字
a	ɒ	骂 pa⁴，pɒ⁴；芽 ka²，kɒ²
	ua	麻 pa²，pua²；鲨 ɬa¹，ɬua¹
ɒ	o	保 pɒ³，po³；刀 tɒ¹，to¹
	au	草 ʦhɒ³，ʦhau³；扫 ɬɒ⁴，ɬau⁴
	ua	破 phɒ⁴，phua⁴；笋 lɒ²，lua²
	ue	果 kɒ³，kue³；火 hɒ³，hue³

续表

文读	白读	例　字
o	i	刺 tsho^4，tshi^4；字 tso^5，tsi^5
o	ai	师 ɬo^1，ɬai^1；士 ɬo^5，ɬai^5
e	i	弟 te^5，ti^5；世 ɬe^4，ɬi^4
e	ai	婿 ɬe^4，ɬai^4
e	ui	提 the^2，thui^2；梯 the^1，thui^1
i	ai	眉 pi^2，pai^2；梨 li^2，lai^2
i	ue	皮 phi^2，phue^2；被 pi^5，phue^5
i	ui	几 ki^3，kui^3；气 khi^5，khui^5
i	yɒ	施 ɬi^1，ɬyɒ^1；骑 khi^2，khyɒ^2
u	ɔu	都 tu^1，tɔu^1；如 nu^2，nɔu^2
y	ɔu	输 ɬy^1，ɬɔu^1；珠 tsy^1，tsɔu^1
ai	e	排 pai^2，pe^2；斋 tsai^1，tse^1
ai	i	戴 tai^4，ti^4；苔 thai^1，thi^2
ai	ø	改 kai^3，kø^3；灾 tsai^1，tsø^1
ai	ua	大 tai^5，tua^5；盖 kai^5，kua^5
ai	ui	开 khai^1，khui^1；气 khi^4，khui^5
au	ɒ	饱 pau^3，pɒ^3；孝 hau^4，hɒ^4
iu	u	牛 kiu^2，ku^2；久 kiu^3，ku^3
iu	au	流 liu^2，lau^2；昼 tiu^4，tau^4
iu	iau	硫 liu^2，liau^2
ui	ø	推 thui^1，thø^1；螺 lui^2，lø^2
iau	au	楼 liau^2，lau^2；口 khiau^3，khau^3

b.鼻音尾韵的对应

表 4-6

文读	白读	例　　字
aŋ	e	眼 ŋaŋ³，ke³；慢 maŋ⁵，me⁵
	ɒ	胆 taŋ³，tɒ³；柑 kaŋ³，kɒ¹
	ua	单 daŋ¹，tua¹；山 ɬaŋ¹，ɬua¹
ɒŋ	aŋ	东 tɒŋ¹，taŋ¹；冬 tɒŋ¹，taŋ¹
	uŋ	当 tɒŋ¹，tuŋ¹；光 kɒŋ¹，kuŋ¹
oŋ	ue	本 poŋ³，pue³；门 moŋ²，mue²
ɛŋ	a	彭 phɛŋ²，pha²；生 ɬɛŋ¹，ɬa¹
	e	肩 kɛŋ¹，ke¹；千 tshɛŋ¹，tshe¹
	ia	鼎 tɛŋ³，tia³；听 thɛŋ¹，thia¹
	yɒ	煎 tsɛŋ¹，tsyɒ¹；团 kɛŋ³，kyɒ³
	iŋ	棉 mɛŋ²，miŋ²；年 nɛŋ²，niŋ²
œŋ	ue	传 tœŋ²，tue²；元 ŋœŋ²，ŋue²
	yɒ	泉 tsœŋ²，tsyɒ²；健 kœŋ⁵，kyɒ⁵
	aŋ	重 tœŋ⁵，taŋ；共 kœŋ⁵，kaŋ⁵
	iŋ	圆 œŋ²，iŋ²；院 œŋ⁵，iŋ⁵
iŋ	a	平 piŋ²，pa²；病 piŋ⁵，pa⁵
	ia	明 miŋ²，mia²；名 miŋ²，mia²
	yɒ	营 iŋ²，yɒ²；赢 iŋ²，yɒ²
	ɛŋ	陈 tiŋ²，tɛŋ²；鳞 liŋ²，lɛŋ²
	e	店 tiŋ⁴，te⁴
	iaŋ	添 thiŋ¹，thiaŋ¹；淹 iŋ¹，iaŋ¹
uaŋ	e	还 huaŋ²，he²
	ø	断 tuaŋ⁵，tø⁵；短 tuaŋ³，tø³
	ua	搬 puaŋ¹，pua¹；官 kuaŋ¹，kua¹，
	ue	关 kuaŋ¹，kue¹；碗 uaŋ³，ue³，
	yɒ	换 uaŋ⁵，yɒ⁵

续表

文读	白读	例　字
yɒŋ	iau	羊 yɒŋ²，iau²；阳 yɒŋ²，iau²；
	uŋ	长 tyɒŋ²，tuŋ²
	ŋ	秧 yɒŋ¹，ŋ¹；央 yɒŋ¹，ŋ¹

c.塞音尾韵的对应

表 4-7

文读	白读	例　字
ɒʔ	aʔ	毒 tɒʔ⁷，taʔ⁷；木 mɒʔ⁷，maʔ⁷
œʔ	aʔ	六 ɬœʔ⁷，laʔ⁷；逐 tœʔ⁷，taʔ⁷
	oʔ	蜀 ɬœʔ⁷，ɬoʔ⁷；术 ɬœʔ⁷，ɬoʔ⁷
iʔ	ɛʔ	实 ɬiʔ⁷，ɬɛʔ⁷；密 piʔ⁷，pɛʔ⁷

C.声母、韵母和声调中有多项异读

表 4-8

	文读	白读		文	白
塔	thaʔ⁶	thɒ⁵	北	paʔ⁶	po⁵
树	ɬy⁵	tshiu⁴	腊	laʔ⁷	lo²
合	haʔ⁷	ho²	两	lyɒŋ³	nuŋ⁵
耳	tsi³	hi⁵	五	kɔu³	ŋɒu⁵
虹	hoŋ²	khoŋ⁵	卵	luaŋ³	nø⁵
马	ma³	pɒ³	飞	hi¹	pue¹
篮	laŋ²	nɒ²	饭	huaŋ⁵	pue⁵
栏	laŋ²	nua²	芳	hɒŋ¹	phaŋ¹
榨	tsa⁴	tɒ⁴	悬	hœŋ²	ke²
柱	tsy⁵	thiu⁵	洪	hoŋ²	haŋ²
星	ɬiŋ¹	tsha¹	园	œŋ²	hue²

（2）文白异读的应用

莆田话的文读与白读往往与应用场合和应用对象有关。一般来说，二

者的具体使用有如下区别：

A.日常生活口语词多用白读，文言词、普通话、借词多用文读。如：

寒：文读 haŋ²，用于"寒士、心寒、寒潮、天寒地冻"等语词之中；而白读 kua²，常用于"天寒、寒死、背寒"等语词中

B.相同的语素在构词时，一般在新词中用文读，而在旧词中用白读。例如："食"，当地口语文读 ɬi²ʔ，白读 ɬiaʔ，前者常见于新词"粮食、伙食、食用"等新词之中。

C.文白异读在构词中有固定用法，一般不得随意改变。如"行动"一词，二字通常说 heŋ² toŋ⁵（文读），此处专指活动、举动；而在说 kia² taŋ⁵（白读）时则专指走动。二者读音不可任意替换，以免影响词义。

D.戏曲之中，唱词多用文读；念白，在诵读诗文之类时用文读，说俚语时多用白读。

E.莆田话用"姓"多白读，名字一般用文读。大概是姓氏使用旷日持久，而名字一般追求文雅、清新所致。

二、词汇特点

1.与闽南或闽东说法相同的

莆田方言由闽南方言分化出来，同时又受闽东方言影响，因此词汇中有不少与闽南和闽东相同的语词。如：

表 4-9

与闽南相同的				与闽东相同的			
普通话	方言	莆田话	厦门话	普通话	方言	莆田话	福州话
天旱	苦旱	khɔu³ hua⁵	khɔ³ huā⁵	今天	今旦	kiŋ¹ tua⁴	kiŋ¹ taŋ²
自己人	家己侬	ka¹ ki¹ naŋ²	ka¹ ki³ laŋ²	蚯蚓	猴蚓	kau² oŋ³	kau² uŋ³
岳母	丈母	tiau⁵ ŋ³	tiɑ⁵ m³	肥皂	胰皂	i² tsɒ⁵	i² tso⁵
女婿	团婿	kyɒ³ ɬai⁴	kiā³ sai⁴	衣服	衣裳	i¹ liau²	i¹ luoŋ²
公公	大官	ta⁵ kua¹	ta⁵ kuā¹	嘴唇	喙皮	tshui⁴ phue²	tshui⁴ phui²
厨子	伙头	he³ thau²	he³ thau²	老婆	老妈	lau⁵ ma³	lau⁵ ma³
哑巴	哑狗	a³ kau³	a³ kau³	娘家	外家	kua⁵ ke¹	ŋie⁵ a¹
下饭菜	物配	mue⁷ phue⁴	bĩ⁷ phe⁴	灶房	灶前	tsau⁴ ɬe²	tsau⁴ seiŋ²
八哥	加令	kɒ¹ liŋ³	ka¹ liŋ³	商议	配比	pue⁴ pi³	pui⁴ pi³

续表

与闽南相同的				与闽东相同的			
寻找	揣	tshue⁴	tshe⁴	聊天	攀讲	phaŋ¹ koŋ³	phaŋ¹ ŋouŋ³
低矮	下	kia⁵	ke⁵	相干	干过	kaŋ¹ ko⁴	kaŋ¹ kua⁴
香	芳	phaŋ¹	phaŋ¹	干净	潵洁	tha⁵ ke⁴	thaʔ⁶ aiʔ⁶
湿	澹	taŋ²	tam²	烂(水果)	瘼	mɒ⁶	mauʔ⁶
贤能	势	kau²	gau²	坏	呆	kai²	ŋai²

(2)部分口语词,闽南、闽东说法不同,莆田则兼而有之。如:

表 4-10

普通话	厦门话	莆田话		福州话
书本	册 tsheʔ⁶	册 tsheʔ⁶	书 tsy¹	书 tsy¹
银河	河溪 ho² khue¹	河溪 hua² khe¹	天河 thi¹ o²	天河 thien¹ o²
衣服	衫裤 sã¹ kho⁴	衫裤 ɬa¹ kho⁴	衣裳 i¹ ɬiau²	衣裳 i¹ suoŋ²
倒茶	停茶 thin² te²	停茶 thiŋ² te²	倾茶 khiŋ² te²	倾茶 khiŋ² ta²
忠厚	古意 kɔ³ i⁴	古意 kɔ³ i⁴	老实 lau³ ɬiʔ⁷	老实 lo³ siʔ⁷
头发	头毛 thau² m²	头毛 thau² mɒ²	头发 thau² pue⁵	头发 thau² puoʔ⁶
厢房	护厝 ho⁵ tshu⁴	护厝 hou⁵ tshou⁴	僻榭 phiʔ⁶ ɬia⁵	僻榭 phiʔ⁶ sia⁵
床(被子单位)	领 lia³	领 lia³	床 tshoŋ²	床 tshouŋ²
(走)几趟	几摆 kui³ pai³	几摆 kui³ pai³	几回 kui³ hue²	几回 kui³ hui²

2.常用词

表 4-11

普通话	莆田话	普通话	莆田话
月亮	月娘 kue⁷ niau²	闪电	老爷烁 lɒ³ ia² ɬiʔ⁶
旋风	包龙图起风 pau¹ ɬœŋ² tɔu² khi³ pue¹	傍晚	暗夜 aŋ⁴ ɬia⁵
开水	沸水 pui⁴ ɬui³	抽屉	箧 khe⁵
桌子	床 tshuŋ²	大碗	海公 hai³ koŋ¹
菠菜	明菜 miŋ² nai⁴	杨梅	秋梅 tshyi¹ ŋ²
花生	地生 te⁵ ɬɛŋ¹	猴子	红猴 aŋ² kau²

续表

普通话	莆田话	普通话	莆田话
萤火虫	火冥罗 hue³ ma² ɬo²	门坎	门枕头 mue² tsiŋ³ thau²
台阶	岑栈 ŋyŋ² tseŋ⁴	饴糖	芽油 kɒ² iu²
虾米	青干 tshiŋ¹ kaŋ¹	零食	杂旨 tsaʔ⁷ tsi³
老头子	老叔公 lau⁵ tsœʔ⁶ kɒŋ¹	老太婆	老婶妈 lau⁵ ɬiŋ³ ma³
叔叔	叔公 tsœʔ⁶ kɒŋ¹	妇女	婶娘 ɬiŋ³ niau²
儿子	獃子 tai¹ a³	孩子(爱称)	阿毑 a¹ mi¹
泥瓦匠	塗水 tɔ² tsui³	牙人	贩团 huaŋ² ŋyɒ³
演员	戏子弟 hi⁴ lo³ te⁵	闽南人(或闽南男人)	南兄 na² hia¹
闽南女人	南婆 na² pɔ²	兵丁	兵卵 piŋ¹ nɒ⁵
媒人	媱 nɛŋ²	神棍	请卦龟其 tshia³ kua⁴ ku¹ e
骗子	辘子 lɒʔ⁷ tso³	流氓	流栖 liu² tshe¹
妓女	好殍 ho³ lau³	木匠	图人 tɔu² niŋ²
询问	勘 khaŋ¹	知道	知晓 tsai¹ hiau³
听见	听闻 thia¹ mue²	不理睬	无事 bo² ɬy⁵
拼命	硬喉 ŋe⁵ au²	生气	冲狂 tshœŋ¹ kɒŋ²
想	算 ɬua⁴	忌讳	碍 ŋai⁵
生气	冲狂 tshœŋ¹ kɒŋ²	蛮横	掔 kieʔ⁸
老实	八数 pe⁵ ɬiau⁴	随便	兴彩 hiŋ¹ tshai³
愚蠢	土戆 thɔu³ ŋɒŋ⁵	穷困	惨 tshaŋ³
真正	正经 tseŋ⁴ kiŋ¹	你们	汝辈 ty³ pue¹
糟糕	结果 kek⁶ kɒ³		

3.民俗词

表4-12

普通话	莆田话	普通话	莆田话
过年	五日岁 ŋou⁵ tiʔ⁷ hue⁴	过年	做大岁 tso⁴ tua⁵ hue⁴
请神	请社妈 tshia³ ɬia⁵ ma³	元宵	总元宵 tsɒŋ³ ŋœŋ² ɬiau¹
元宵	妈祖元宵 ma³ tsɒu³ ŋœŋ¹ ɬiau¹	二月初二	中和节 tœŋ¹ hɒ² tsa⁵

续表

普通话	莆田话	普通话	莆田话
清明馃	清明龟 tshiŋ^1 mia^2 ku^1	端午	五日节 ŋou^5 tiʔ^7 tsa^5
赛龙舟	扒龙船 pa^2 ɬœŋ^2 ɬɔŋ^2	中元节	七月半 tshiʔ^6 kue^2 pua^4
中秋节	做秋 tso^4 tshiu^1	扫墓	祭墓 tse^4 mɔu^4
重阳糕	九重糕 kau^3 tœŋ^2 ko^1	立冬	冬节 taŋ^1 tsa^5
年底除尘	扫巡 ɬau^4 ɬɔŋ^2	年糕	番薯起 huaŋ^1 ɬy^2 khi^3
守岁	围炉 ui^2 lɔu^2	出嫁	成囝 tsia^2 kyɒ^3
结婚	成侬 tsia^2 naŋ^2	媒婆	嬭 nɛŋ^2
相亲	看厝 khua^4 tshɔu^4	礼品担子	担盘 tɒ^1 pua^2
(亲属)添箱	送嫁 ɬaŋ^4 kɒ^4	挂胸小礼包	挂胮 kua^4 tau^5
花轿	新妇轿 ɬiŋ^1 pɔu^5 kiau^5	傧相	大爷 tua^5 ia^2
新郎	新郎公 ɬiŋ^1 lɔŋ^2 koŋ^1	新娘	新新妇 ɬiŋ^1 ɬiŋ^1 pɔu^5
满月宴	出月酒 tshoʔ^6 kue^2 tsiu^3	满月浴	洗乐 ɬe^3 lɒʔ^7
礼包	红封 aŋ^2 hoŋ^1	孕妇美食	甘味 kaŋ^1 mi^5
猪崽洗三	做三旦 tso^4 ɬɒ^1 tua^4	婴儿四月宴	做四月 tso^4 ɬi^4 kue^2
周岁	晬 tsø^4	寿诞	正十 tsia^4 ɬɛʔ^7
寿诞	假十 kɒ^3 ɬɛʔ^7	祈福	做福 tso^4 hɒ^6
看风水	讨风水 tho^3 hoŋ^1 ɬui^3	寿衣	老衣 lau^5 i^1
出殡	出山 tshoʔ^6 ɬua^1	七日祭	做七 tso^4 tshiʔ^6
祭祀	烧心 ɬiau^1 liŋ^1	尸骸	身尸 ɬiŋ^1 ni^1
骨殖坛子	金斗瓮 kiŋ^1 tau^1 aŋ^4		

4.古语词

姐 tsia^3　母亲。《说文》:"姐,蜀谓母曰姐。"宋叶绍翁《四朝闻见录》之《灵圣不妒忌之行》文引宋高宗与吴后语,即称其母韦后为姐姐。

鍪 pau^2　盔。莆田头盔说"头鍪"thau^2 pau^2。《广韵》鍪,莫浮切,义"首铠"。

箧 khie^5　本义指箱子,当地用以指抽屉,如"箧囝尽大"(箱子很大)。《广韵》若协切:"箱箧。"

籗 khɒ^2　鱼篓,当地称"鱼籗"。《广韵》苦郭切。《尔雅注》:"捕鱼笼。"

《篇海》:"罩鱼者也。"当地借指鱼篓。

涵 aŋ² 沟壕。如:"沟涵。"《集韵》胡南切:"《说文》:水泽多也。"

蓬 phoŋ² 穗,《荀子·劝学》"蓬生麻中,不扶自直",原指丛生野草,当地用为量词,相当于穗。如"粟蜀蓬",指谷子一穗。《集韵》蒲蒙切,义同。

绩 tse⁴ 本义指把麻线搓捻成线或绳子,当地引申指麻线。《广韵》则历切,《说文》:缉也。《诗·陈风》:不绩其麻。

帕 pho⁴ 口袋,米一口袋称"蜀帕"。《集韵》普驾切。《释名》:"帕腹,横帕其腹也。"莆仙口语用其引申义。

窠 kho¹ 坑、穴类。《玉篇》:"穴中曰窠。"口和切。

灶下 tsau⁴ŋ⁵ 厨房。元人《竹枝词》:"灶下已无新晋马,釜中犹有旧唐鸡。"其灶下即厨房。

传 tue⁵ 古书、小说类。如读小说称"读传"。《释名》"传,传也,所以传示人也。"古小说多以"××传"为书名。如《列仙传》《水浒传》等等。莆田口语仍之。

底 ti³ 何,什么。如"底时"(何时)。杜甫《可惜》诗:"飞花有底急?老去愿春迟。"张相:"言有甚急,或有何急也。"[①]

兵船 piŋ¹noŋ² 战舰。《旧唐书·刘仁轨传》"飞表闻上,更请兵船。"

央 yoŋ¹ 央求,拜托。如"央伊讲情"(请他讲情)。《全唐诗》六十四卷《曹唐孙游仙》之四十二,"无央公子停銮辔,笑泥娇妃索玉鞭。"《集韵》央,于良切,义同。

掣 tshyo⁴ 引导。带路说"掣墿"。《集韵》尺制切:"《尔雅》:掣,曳。"本义拉扯,此用为引申义。

勘 khaŋ⁴ 询问。如"勘话"(问话)。《集韵》苦绀切:"校也"。古语常用为查证、审核。如《元曲选》孙仲章《勘头巾》:"且将这一行人都收在牢里去,明日勘问。"

彻 the⁷ 拿,拿东西说"彻物"。《诗·豳风》"彻彼桑土。"《集传》:"彻,取也。"

拆 thia⁵ 裂开。如"拆开"。《集韵》耻格切:"裂也,开也"。

皈 kue¹ 顺从,信仰。如"皈佛"。《全唐诗》一百三十四卷李颀《宿莹公禅房闻梵》:"始觉浮生无住著,顿令心地欲皈依。"

---

① 《诗词曲语汇释》上〔M〕.北京:中华书局 1977 年版:86.

叨承 tɔ¹ɬiŋ²　表敬语,即谢谢,烦扰。李石文:"早拜光仪,叨承眷与。"

凌迟 liŋ²ti²　古代最残酷的死刑,即剐刑。《元曲选》关汉卿《窦娥冤》四:"合拟凌迟,押赴市曹中,钉上木驴,剐一百二十刀死。"当地借指虐待,义有引申。

丰 phɒŋ¹　盛,多。如"彩礼尽丰"。《尚书·高宗肜日》有"典礼无丰于昵"句。旧疏:"谓牺牲礼物多,德大,故谓之丰。"《集韵》敷冯切:"《说文》:豆之丰满者也。"

5.外语借词

歹士踏 phai³lo⁵tɒ⁵　脚蹬。英语 pedal

代望 tai⁵mɒŋ⁵　纸牌中的方块。英语 diamond

镙 lui¹　铜板,钱。马来语 duit

琳环 lin²khuaŋ²　瓦环。印尼语 rim

绿帝 lɔʔ⁷thi²　面色。印尼语 roti

注 tsou⁴　纸牌中的王牌。英语 joker

苏阮 ɬou¹ue³　枪乌贼。英语 squid

实本拿 ɬiʔ⁷pɒŋ³na³　扳手。英语 spanner

机囝 ki¹yŋ³　传动齿轮。英语 ger

见 kɛŋ⁴　球赛术语,一局或一场称"一见"。英语 game

后驶 au⁵ɬai³　球赛术语,即"出界"。英语 outside

6.地名词

莆仙一带重视水利工程修筑,与其相关的地名尤为大量。如:

陂 pi¹　蓄水塘。此类地名有陂头、陂埔等。

堤 thui²　堤坝。此类地名有江堤、华堤、沙堤等等。

圳 tsɒŋ⁴　田沟。境内常见的带"圳"地名有东圳、过圳、圳头之类。

沟 kau¹　沟渠。境内之横沟、沟头、沟尾等地名则因此而来。

坝 pa⁴　堤防。与"堤"同义,也常做地名,如坝津、坝头、坝尾等。

井 tsa³　水井。当地民间重视打井,有引用与灌溉之用,故也常用作地名,如井头、井后、石井、新井。

泉 ɬœŋ²　泉源。莆仙地名中之东泉、龙泉等即以此为地名。

塘 tɒŋ²　有堤防的小水库。民间此类地名更多,常见的有后塘、苏塘、钱塘、筱塘等等。

埭 tui⁵　土坝。带埭的地名,境内有埭头、下埭、东埭之类。

此外，当地民间历来有人从事烧制砖瓦、陶瓷之事，以及冶炼金属等，有些地名则与其关系密切，这类地名常见的有：

炉 lɔu² 如：上炉、炉炕、炉厝、炉内、炉厝、铁炉。

灶 tsau⁴ 如：铁灶、塥灶。

窑 iau² 带窑的地名，如窑厝、窑后、破窑、窑下等不少。有时窑还写作"瑶"，应是窑之雅化。如瑶山、瑶台、下瑶等等。

三、语法特点

1.词法

（1）名词

A.词头

莆田话常用词头及用法如下：

a.阿[a¹] 常用于表示称谓。如："阿婶、阿弟、阿华、阿咪（小孩）"等。

b.乃[nai³] 一般用于背称亲属。如："乃兄、乃弟、乃侄、乃甥"等。

B.词尾

莆田话常用词尾较多，常见的有"囝、头、仙、公、牯、鬼"之类。

a.囝[kyŋ³]（俗写作"仔"），其用法多样。常见的是：

加在部分名词后，表示小。如：山囝（小山）、厝囝（小房子）、船囝（小船）、雨囝（小雨）、鸡囝（小鸡）。这里"囝"的意义并未虚化。

加在名词后，做词尾，成为名词的标志，与普通话的"子"相当。如：锯囝（锯子）、钳囝（钳子）、凿囝（凿子）。

加在部分名词后作构词成分。如：笔囝（文笔）、侬囝（泥人儿或小人书上画像）。

加在某些词语之后，表示从事某种行业，或某种类型的人。如：戏囝（演员）、番囝（洋人）、贼囝（小偷）。这里的"囝"，稍带轻蔑的意味。

加在度量衡单位后，表示"少量"。如：蜀斤囝（一小斤）、蜀把囝（一小把）、蜀担囝（一小担）、蜀盘囝（一小盘）。

b.头[thau²] 主要有下列用法：

加在名词后，无实义。如：名头（名字）、岁头（年岁）、性头（脾性）。

加在名词后，意义未完全虚化。如：门头（门槛）、电头（电动机）、母头（酵母）、肩头（肩膀）。

加在名词后，表示方位及处所。如：灶头（灶前）、山头（山顶）、水头（上游)、墙头(墙上)。

加在某些词语后,作构词成分。如:词头(词藻)、芳头(香气)、勇头(壮健)、顽头(顽固)。

c.仙[ɬɛŋ¹]　用以表示某类特殊职业(如迷信等)及有不良嗜好的一类人。如:寿命仙(算命先生)、风水仙(堪舆先生)、酒仙(酒鬼)、鸦片仙(鸦片鬼);有时也用以表示具有某种外貌特征的人,如:目角仙(戴眼镜的人)、枯骸仙(拐子)。

d.公[kɒŋ¹]　用于指称某类特殊职业(如迷信等)者,如:塗公(殡葬业者)、师公(为亡灵作道场的道士)、宫公(宫庙中执掌香火者)、厨工(厨子)。也用于敬称神祇。如:灶公(灶神爷)、雷公(雷神)。

e.牯[kou³]　加在某些名词后,表示某种消极意义,带有戏谑口气。如:依牯(长不大的孩子)、壮丁牯(老壮丁)、民工牯(老民工)、学生牯(老留级生)、猪牯(养不大的猪),等等。

f.鬼[kui³]　常用于贬称某类低劣或不起眼的东西。如:卵鬼(小蛋)、龙眼鬼(细小劣质的龙眼)、鱼团鬼(小鱼丁)。

C.重叠式

少数名词可以重叠,重叠后往往带有描写意味,并具有形容词性质。其形式可分2类:

单音名词重叠式:A－AA

例如:卵－卵卵(圆滚滚)　柴－柴柴(骨瘦如柴)

双音名词重叠式:AB－AAB

例如:酒气－酒酒气(酒味浓)　耳聋－耳耳聋(耳朵很聋)　中央－中中央(正中)

(2)代词

A.人称代词

人称	单数	复数	
第一人称	我[kua³]	我辈[kua³pue⁴](我们)	咱辈[nam³pue⁴](咱们)
第二人称	汝[ty³](你)	汝辈[ty³pue⁴](你们)	
第三人称	伊[i¹](他、她)	伊辈[i¹pue³](他们)	

B.指示代词

近指用 ts-,远指用 h-,且相互对应。如:

近指　　ts-　　者[tsia³]　　者位(这儿)　　者个(这个)

远指 h- 许[hy³] 许位（那儿） 许个（那个）

C.疑问代词

常见的有如下几类：

问人物，有"何侬"[hun²naŋ²]（谁）、"甚么侬"[ɬu⁵mue¹naŋ²]

问事物，有"甚物"[ɬu⁵mue¹]

问处所，有"若久"[tiau⁸ku³]（多久）、"底时"[ti⁵ɬi²]（何时）、"甚物时节"[ɬu⁵mue¹ɬi²tse⁵]（什么时候）

问地点，有"底落"[ta³lo¹]（哪儿）；

问原因，有"做甚物"[tso⁴ɬu⁵mue¹]（做什么、干吗）、"哪"[ne³]（为什么）、"怎生"[ɬɛn³na¹]（怎么）、"哪以"[ne³i³]（何以、怎么）。

问情态，有"何如"[ho²ly²]（如何）。

（3）动词

莆田话动词有下列重叠形式：

单音动词重叠式，其形式为 AA。与普通话相同，这类重叠式后面可加"看"或"一下"以表示动作的尝试或短暂。如：食—食食看（吃吃看）、讲—讲讲看（说说看）、掘—掘掘看（挖挖看）；坐—坐坐一下（坐一坐）、扒—扒扒一下（扒一扒）、拍—拍拍一下（打一打）。

双音动词重叠式，其形式为 AAB，表示动作的短暂或随意。如：休息—休休息（稍微休息一下）、商量—商商量（稍作商量）、爬起—爬爬起（随意爬起来）。

能愿动词重叠式，表示其修饰的动词动作程度加大或效果增强。如：敢—敢敢食（很敢吃），会—会会走（很会跑）。

（4）形容词

A.单音形容词重叠式

双叠式（AA）一般表示比较级。如：酸酸（很酸）、短短（很短）、光光（很亮）。

三叠式（AAA）可以表示最高级，如：寒寒寒（极其寒冷）、红红红（十分红）、白白白（相当白）。

B.双音形容词重叠式

a.AAB式　清气—清清气（很清洁）

b.ABB式　四角—四四角（很四方）

c.AAAB式　紧关—紧紧紧关（极其及时）

上述 a、b 均属于比较级,而 c 类则属于最高级。不过在 c 类中,首音节声调读阴去("紧"本调为上声),呼读时与后面音节应稍作停顿。

(5)数量词

十进单位,用"成[ɬia²]＋量"表示。如:成百亩(上百亩)。

A.数量结构

一般可以省略表示。如:

一斤三两—一斤三　　三尺五寸—三尺五　　一亩三分—一亩三

一十五—一十五　　　二百三十—二百三　　一千三百—一千三

B.普通话

序数词"第二"在表示亲属称谓中的排行时,莆田可换用"排"[pai²]代替。如:排兄(二哥)、排嫂(二嫂)、排弟(二弟)、排妹(二妹)。

C.特殊量词

表 4-11

	屋子	下雨	病	走	茶	锁	棉被	龙眼	书包
普通话	间	阵	场	趟	壶	把	床	颗、粒	个
莆田话	张 tiau¹	强 kyɒŋ²			礶 kuaŋ⁴	支 ki¹	张 tiau¹	核 hoʔ	其 ke²

(6)副词

A.程度副词

有"野[ia³]、尽[tsiŋ⁵]、全[tsø²]、煞[ɬaʔ⁶]、连天[len²theŋ¹]、真极道[tsiŋ¹tsi⁷tɒ⁵]"表示"很、非常"。如:野厉害(很厉害)、尽矮(很矮)、全红(非常眼红)、煞本事(十分能干)、连天早(很早)、真极道慢(非常慢)。

B.范围副词

有"若[nœʔ⁶](俗作"那",仅仅、只)、怀但[n⁵nua⁵](不止)、齐[te²](一同)、囫囵[kø⁵lø²](全部)"等。如:"若来十几侬"(只来十几人)、"怀但五斤"(不止五斤)、"全班齐去"(全班一起去)、"囫囵桶水"(整桶水)。

C.频率副词

除了"再"与普通话相同外,还有"爱[ai⁴](再)、复[puʔ⁶](又)、都辈[tu¹pue⁴](再)、硬兜[ŋe⁵tau¹](屡次)"等,如:爱食蜀碗(再吃一碗)、复有几摆(又有几次)、都辈坐坐(再坐坐)、硬兜出海(屡次出海)。

D.时间副词

有"在因[tshai⁵iŋ](突然)、硬头[ŋe⁵thau²](常常)、挪[nɒ²](刚才)、本成

［pon³ɬia²］（本来）、往过［ʋŋ³kø⁴］（从前、过去）、到尾［to⁴mue³］（末了）、等等团［teŋ³teŋ³yŋ³］（一会儿）、蜀出团［ɬoʔ⁷tsho²⁶kyŋ³］（一阵子）"等等。如：哑狗在因会讲话（哑巴突然会说话）、天硬头落雨（天常常下雨）、挪［nɒ²］出去（刚才出去）、本成躲家（本来在家）、往过有来（从前来过）、到尾无来（末了没来）、等等团有车（一会儿有车）、雨落蜀出团（雨下一阵子），等等。

E.然否副词

表示肯定的，有"定着［tia⁵tiau⁸］（必然、肯定）、硬框［ŋeŋ⁵khɒŋ¹］（一定）"等；表示否定的，除与他处闽语相同的"无、艙未、怀通"外，还有"矰［beŋ²］（未尝）、无担当［po²laŋ¹nuŋ¹］（不能）"等。如：定着有侬来（肯定有人来）、硬框是伊（肯定是他）、矰出海（没出过海）、无担当讲话（不能说话）。

2.特殊语序

（1）宾语的位置

A.普通话中动词宾语一般置动词谓语后，莆田话可以后置，也可前置。如：

我食糜了爱［ai⁴］行（我吃了饭再去）。

我糜食了爱［ai⁴］行（我把饭吃了再走）。

B.普通话双宾语句一般指人宾语在前，指物宾语在后。莆田话中除与普通话句式相同外，也有与普通话不同的。试比较：

我勘汝几句话（我问你几句话）。

我几句话勘汝（我几句话问你）。

（2）状语的位置

表示数量或时间增减的状语，常用"加、共"表示，一般置谓语前。如：

食加蜀碗（多吃一碗）。

行少几步（少走几步）。

做加几工（多做几天）。

我去头前（我先去灶下）。

3.特殊句式

（1）比较句

A.平比句，一般用"甲＋合［kaʔ⁷］＋乙＋平平＋形"句式表示。如：

我合伊平平悬［ke²］（我跟他一样高）。

B.差比句，常用的格式是：

甲比乙＋会＋形：鸡比鸭会灵动（鸡比鸭子灵活）

甲＋会＋形＋乙：龙眼会甜桃（龙眼比桃子甜）

甲＋输＋乙：我输伊辈尽侪[ɟe⁵]？（我输他们很多）

（2）处置句

常用"将[ʦyɒŋ¹]、共[kɔʔ⁶]、项[haŋ⁵]"等表示，这里三个处置词相当于普通话的处置介词"把"。如：

将敌人拍死（把敌人打死）。

衣裳共颂爬起（把衣服穿起来）。

伊项我逐行（他把我赶走）。

（3）疑问句

与多数闽语一样，常用"动＋怀＋动""有＋动＋无""有＋无""动＋未"等句式表示；但某些句式则较特殊。如：

饭煮熟熠[pɛŋ²]（饭煮熟了吗）？

爬起熠[pɛŋ²]（起来没有）？

卜行未曾（要走了吗）？

（4）被动句

普通话被动句"被、给"，莆田话一般用介词"给"[kiʔ⁶]表示，也可以不用。如：

床给[kiʔ⁶]扛走（桌子被抬走）。

呆团我拍（孩子被我打）。

猪伊牵行了（猪被他牵走了）。

（5）有无句

用法同大多数闽语。常见句式，如：

电视我有看（电视我看过）。

胰皂有芳（肥皂香）。

做有食无（有干活没得吃）。

汝提有法是提无（你拿没拿到）。

第四节　莆仙方言内部差异

莆田话仅在莆田市与仙游县通行，两地差异主要在部分语音。

一、声母差异

莆田、仙游两地声母相同，仅少量字声母读音不同。如："二、日、入"三字,莆田话文读是 tsi⁶、tsi⁸、tsi⁸,白读是 ti⁶、tiʔ⁸、tiʔ⁸;而仙游话文读同莆田话,白读则是 li⁶、liʔ⁸、liʔ⁸。

二、韵母差异

两地韵母的差异是:

1.莆田话韵母鼻音韵尾为-ŋ,仙游为-n。如:

表 4-12

	通	江	山	臻
莆田	thoŋ¹	kaŋ¹	ɬaŋ¹	tsɛŋ¹
仙游	thon¹	kan¹	ɬan¹	tsɛn¹

2.部分韵母莆田有别,仙游无别:

（1）　　　潘—奔　　　乱—论

莆田　　phuaŋ¹　phoŋ¹　luaŋ⁵　loŋ⁵

仙游　　phuon¹　　　　　luon⁵

（2）　　　活—核　　　末—没

莆田　　huaʔ⁸　hoʔ⁸　puaʔ⁷　poʔ⁸

仙游　　huoʔ⁷　　　　　puoʔ⁷

　　　　　隆—良　　　雍—央

莆田　　lœŋ²　lyɒŋ²　œŋ¹　yɒŋ¹

仙游　　lyœn²　　　　yœn¹

3.莆田韵母 yɒ,仙游读 ya。如:

　　　　蛇　　瓦　　纸　　寄

莆田　ɬyɒ²　hyɒ⁵　tsyɒ³　kyɒ⁴

仙游　ya²　hya⁵　tsya³　kya⁴

4.莆田无鼻化韵,仙游有。莆田把仙游的鼻化韵读为元音韵。如:

表 4-13

	胆	盲	饼	搬	岸	前	传	卵	张
莆田	tɒ³	ma²	pia³	pua¹	ŋyɒ⁵	ɬe²	tue⁵	lø⁵	tiau¹
仙游	tã³	mã²	piã³	puã¹	ŋyã⁵	ɬĩ²	tuĩ⁵	lyĩ⁵	tiũ¹

5.莆田 uŋ 韵,仙游读 ŋ。

表 4-14

	榜	汤	枪	缸	方
莆田	puŋ³	thuŋ¹	tshuŋ¹	kuŋ¹	huŋ¹
仙游	pŋ³	thŋ¹	tshŋ¹	kŋ¹	hŋ¹

第五节　莆田话篇章语料

一、谚语

1.农谚

春天呆团面 tshoŋ¹ theŋ¹ tai¹ kyɒ³ miŋ⁴（春天天气变化无常）

日画雨大,月画日大 tiʔ⁷ ua⁵ lɒu⁵ tua⁵ , kue⁵ ua⁵ tiʔ⁷ tua⁵（夏季日晕兆雨,月晕兆晴。画:晕）

清明谷雨,寒死庐鼠 tsha¹ mia² kɒʔ⁶ y³ , kua² ɬi³ lɒu² tshy³（清明谷雨天气虽渐转暖,但仍时遇寒流来袭）

壶公戴笠,雨落噼加噼 hɔu² kaŋ¹ ti⁴ liaʔ⁷ , hɔu³ lɒ² phiaʔ⁷ ka¹ phiaʔ⁷（壶公山顶雨云笼罩,兆示有雨）

六月风台生九团 laʔ⁷ kue⁴ pue¹ lai¹ ɬa¹ kiu³ yɒ³（六月份多台风,接二连三,连续不断）

乌云过横溪,西北十八个 ɔu¹ oŋ² ko⁴ hua² khe¹ , ɬai¹ paʔ⁶ ɬeʔ⁷ peʔ⁵ ke²（夏天乌云罩天,雷阵雨将连续数日）

2.物产谚

三月三,当被食马鲛 ɬɒ¹ kue⁴ ɬɒ¹ , tɒŋ⁴ phue⁵ ɬia² pɒ³ khɒ¹（三月乃鱼中美味马鲛鱼之鱼汛,即使当掉被子也要买来进食）

多头蛏,江口蛎 tɒ¹ thau² theŋ¹ , kaŋ¹ khau³ tyɒ⁵（多头之蛏,江口之蛎为莆田一带两种有名贝类）

枫亭糕,度尾柚 hɒŋ¹ teŋ² ko¹ , tɒu⁵ pue³ iu⁵（枫亭、度尾均仙游地名,其米糕及文旦柚闻名遐迩）

山兮鹧鸪獐,海兮马鲛鲳 ɬua¹ e² tsia¹ kɔu¹ kiau¹ , hai³ e² pɒ³ kɒ¹ tshiau¹（鹧

鸪、山獐、马鲛、鲳鱼乃当地民间公认的山珍海味）

3.史地谚

沉七洲,浮莆田 theŋ²tshiʔ⁶tsiu¹,phu²ɔu²teŋ²（相传莆仙沿海原有七洲岛,后因地震沉没,并挤压出新地块,即莆田）

未有兴化,先有广化 pue⁵u⁵hiŋ¹hua⁴,ɬeŋ¹u⁵kɒŋ³hua⁴（广化寺建筑于隋初,而兴化府则建置于宋,时序不同）

涵头街二十四铺 aŋ²thau²ke¹ti⁵ɬeʔ⁷ɬi⁴phɔu⁴［历史上涵头街（涵江镇）一带商铺林立,商贸发达］

铜延平,铁邵武,锈倾莆田城 taŋ²ɛŋ²piŋ²,thi⁵ɬiau⁵pu³,ɬa¹khiŋ²pɔu²teŋ²ɬia²［旧以延平府（今南平一带）乃闽江上中游咽喉,地理形势险要;邵武有闽北“铁城”之称,易守难攻。莆田人则自诩兴化府能与上揭二地比肩,故有此语。此处锈指生铁,倾为浇铸（铁水）］。

二、歇后语

牛囤犁田——无规矩　　ku²kyɒ³le²tshɛŋ²——po²ki¹ky³
双头车——踏毛水　　ɬaŋ¹thau²tshia¹——tɒ⁸po²tsui³
青盲讨姆——量重　　tsha¹ma²thɔ³mɔ³——liau²tœŋ⁵
光饼扔给狗——有去无回　　kuŋ¹pia³lɒŋ¹kiʔ⁶kau³——u⁵khy⁴po²hue²
师公写疏——私派　　ɬai¹kɒŋ¹ɬia³ɬɔ⁴——ɬo¹phai⁴

三、儿歌

1.五日节①

初一糕②,初二粽,初三螺,初四艾③,初五扒蜀日④,初六头翘翘⑤ tshø¹iʔ⁶ko¹,tshø¹tsi⁵tsaŋ²,tshø¹ɬɒ¹lø²,tshø¹ɬi⁴hyŋ⁴,tshø¹ŋɒu⁵pɒ²ɬo⁷tiʔ⁷,tshø¹laʔ⁷thau²khiau⁴khiau⁴

2.天乌乌⑥

---

① 五日节:端午节。

② 初一糕:初一吃糕;下二句句式同。

③ 艾:艾草,可采摘来熏蚊子、辟邪。

④ 扒:划桨,指赛龙舟。蜀日:一天。

⑤ 头翘翘:指头伸不直,因前一天龙舟竞渡,疲惫所致。

⑥ 乌:黑(暗)。

天乌乌，卜落雨①。海龙王，卜讨姆② thiŋ¹ ɔu¹ ɔu¹，poʔ⁶ lo² hɔu⁵；hai³ lœŋ² ɒŋ²，poʔ⁶ tho³ mo³

龟嗌笙③，鳖拍鼓④，水鸡扛轿目土土⑤ ku¹ poŋ² ɬɛŋ¹，pe⁵ pha⁵ kɔu³，ʦui³ ke¹ kuŋ¹ kiau⁵ pa⁷ thɔu³ thɔu³

草猴送嫁颂绿裤⑥，虾蛄担盘勒腹肚⑦ ʦhau³ kau² ɬaŋ⁴ kɒ⁴ ɬœŋ⁵ lɒʔ⁶ khɔu⁴，hɒ² kɔu¹ tɒ¹ pua² lɛʔ⁷ pa⁷ tɔu³

暗晡揭灯来照路⑧，膣毣揭旗喊辛苦⑨ aŋ⁴ pɔu¹ kyŋ⁷ tɛŋ¹ li² ʦiau⁴ lɔu⁵，ʦhɛŋ² mi¹ kyŋ² ki² haŋ³ ɬiŋ¹ khɔu³

螃蟹牵马走横步，鱼兵虾将来保护 muŋ² he⁵ khɛŋ¹ pɒ³ ʦau³ hua² pɔu⁵，hy² piŋ¹ hɒ² ʦyɒŋ⁴ li² pɒ³ hɔu⁵

四、谜语

1.线面（物谜）

白鹭鹚⑩，红髻索⑪，羁胵颃⑫ pa⁸ lɔu² ɬi²，aŋ² kue⁴ ɬo⁵，ke¹ tau⁵ ly²

2.鞋（物谜）

蜀间厝囝窄窄⑬，会住五个侬客⑭ ɬoʔ⁷ kaŋ¹ ʦhɔu⁴ kyŋ³ ʦa⁵ ʦa⁵，e⁵ tɒu⁵ ŋɔu⁵ kɛ² naŋ² kha⁵

3.瑞（字谜）

王三偷揭耙⑮，耙了放山下 ɒŋ² ɬaŋ¹ thau¹ kyɒ⁴ pɒ²，pɒ² lo paŋ⁴ ɬua¹ ha⁵

---

① 卜：借音字，将要。
② 讨姆：娶妻。
③ 嗌：吹奏。
④ 拍：敲打。
⑤ 水鸡：青蛙的一种，生于水中。目：眼睛；土土：凸出。
⑥ 草猴：螳螂；颂：穿着。
⑦ 虾蛄：虾类；担：挑起；盘：此指装盛财礼的盘子，俗称礼盘。腹肚：肚子。
⑧ 暗晡：夜晚；揭：举起。
⑨ 膣毣：蜻蜓。
⑩ 白鸼鹚：水鸟名，即鱼鹰。
⑪ 红髻索：红头绳。
⑫ 羁：系，胵颃：脖颈。
⑬ 蜀：一；厝囝：小屋。
⑭ 侬客：客人。
⑮ 揭：举，扛在肩上。耙：一种农具。

五、民谣

看亲情①

蜀头螃蟹双头行②,十五岁姊娘囝看亲情③ ɬoʔ⁷ thau² muŋ² he⁵ ɬaŋ¹ thau²
kia² ,ɬɛʔ⁷ ŋou⁵ hue⁴ ɬiŋ¹ ŋiau² kyɒ³ khua⁴ tɕhiŋ¹ tɕia²

卜挃甚物汝罔讲④。卜挃王番起轿骹⑤,复有肉面共猪骹⑥ poʔ⁶ ti² ɬoŋ⁵
mue¹ ty³ moʔ kɒŋ³ ,poʔ⁶ ti² ɒŋ³ huaŋ¹ khi³ kiau² khɒ¹ ,hɒʔ⁶ u⁵ nɒʔ⁷ miŋ⁵ kaŋ⁵ ty¹ khɒ¹

猪骹乌骹蹄⑦,阿五揭大牌⑧ ty¹ khɒ¹ ɔu¹ khɒ¹ te² ,aʔ⁶ ŋou⁵ kyɒ⁴ tua⁵ pe²

大牌乞雨批⑨。蜀顶轿,两头鸡 tua⁵ pe² khɒʔ⁶ hɒu³ phe¹ ,ɬoʔ⁷ teŋ³ kiau⁵ ,nuŋ⁵
thau² ke¹

扛遘厅前顶⑩,乌云四合顶 kuŋ¹ kau⁴ thia¹ ɬe² teŋ³ ,ɔu¹ oŋ² ɬi⁴ kaʔ⁷ teŋ³

六、民间故事传说

pi² tɕiu¹ ma³ tsɔu³ ku⁵ lo⁵
湄 洲 妈 祖 故 事

pɒu² leŋ² pi² liu¹ to³ ɬe¹ naŋ² ,u⁵ ɬoʔ⁷ ke² ɬiau³ to³ mia² tshai⁴ y⁵ ,teŋ³ thau² u⁵
莆 田 湄 洲 岛 西 南, 有 蜀 个 小 岛 名 菜 屿⑪,顶 头 有
tɕiŋ¹ ɬɛ⁵ tsɔ³ kiŋ¹ tshai⁴ . tse³ tsœŋ³ tshai⁴ khui¹ ua¹ ɬi² tse² ,tɕiŋ¹ ho³ khua⁴ hoʔ⁶ tɕiŋ¹
真 侪 紫 金 菜⑫。这 种 菜 开 花 时 节, 真 好 看 复 真

---

① 看亲情:相亲。
② 蜀头:一只。双头行:指蟹爬行时横向进退的动作。
③ 姊娘囝:女孩。
④ 卜挃:想要。甚物:什么;汝:你;罔讲:随便说出来。
⑤ 王番:银元;起轿骹:压轿钱。起:抬起(轿子);骹:脚,指轿子的垫脚。
⑥ 复有:还有;猪骹:猪蹄。
⑦ 乌:黑色。
⑧ 揭:举起;大牌:指开路时举的牌子。此句写少女出嫁情景。
⑨ 乞:被;批:(雨)淋。
⑩ 遘:到;厅前:厅堂;顶:上面。
⑪ 蜀:一。
⑫ 顶:上头。侪:多。真侪:很多。

phaŋ¹，pue³ te⁵ naŋ² kiŋ¹ ɬyoŋ² niaŋ⁵ khy⁴ tshou⁴ ɒ⁵ tshɒʔ⁶ hua¹．tso³ kiŋ¹ tshai⁴ kyŋ¹
芳①，　本　地　侬　经　常　捻　去　厝　下　插　花②。紫　金　菜　根

kø⁵ niau² tshyɒ² iau² tse⁶ e⁵ ta³ tia²⁷ maʔ⁷ tsiu¹ pa⁵，thia¹ kɒŋ³ tsiŋ¹ ɬe⁵ naŋ² tu¹ kho²⁶
合　箬　焯　药　汁　会　打　迭　目　珠　病③，听　讲　真　侪　侬　都　乞

ta³ lia²³ ho³．thia¹ lau³ naŋ² kɒŋ³；maʔ tsɔu⁵ u⁵ ɬoʔ⁷ kaŋ¹ li² hai³ to³ ɬoŋ² iu²，khua⁴
打　迭　好④。听　老　侬　讲⑤：妈　祖　有　蜀　工　来　海　岛　巡　游⑥，看

kiŋ⁴ ɬoʔ⁷ ke² pa² thau² pue⁵ ke² lau³ liŋ³ ma³ li² thue⁴ ia³ tshai⁴，toʔ⁷ pɛŋ⁴ ɬia²⁴ ɬoʔ⁷ ke²
见　蜀　个　白　头　发　其　老　婶　妈　来　撋　野　菜⑦，笃　变　成　蜀　个

niau² yɒ³，khaŋ⁴ lau⁴ ɬiŋ³ ma³ tshou⁴ ɒ⁵ tɒu⁵ ta³ lo¹？niaŋ⁵ ia³ tshai⁵ poʔ⁷ nai³？lau³
娘　囝⑧，勘　老　婶　妈　厝　下　住　底　落⑨？捻　野　菜　卜　乃⑩？老

ɬiŋ³ ma³ kɒŋ³：ka¹ ki³ tshou⁴ ɒ⁵ tɒu⁵ pi² liu¹，ku⁵ niŋ² lau⁵ ɒŋ¹ kaŋ¹ tai¹ yɒ³ tshɒʔ⁶ hai³
婶　妈　讲：家　己　厝　下　住　湄　洲⑪，旧　年　老　翁　共　兽　囝　出　海

tia²⁷ hy²，pha⁵ huaŋ¹ ɬoŋ² ɬi³ lo，tshou⁴ li³ na²⁶ tuŋ⁵ ɬoʔ⁷ ke² tshiʔ⁶、peʔ⁶ hue⁴ ke
搦　鱼⑫，拍　翻　船　死　了⑬，厝　里　那　长　蜀　个　七、八　岁　其

ɬoŋ¹ yɒ³．ɬe² kui³ tiʔ⁷，ɬoŋ³ yɒ³ tshai⁵ iŋ¹ te²⁶ ɬoʔ⁷ tsœŋ³ kue⁴ pa⁵，maʔ⁷ tsiu¹ po²
孙　囝⑭。前　几　日，孙　囝　在　因　得　蜀　种　怪　病⑮，目　珠　无

---

① 复：又；芳：香。

② 侬：人；捻：采摘。去厝下：回家。厝：房子，家。

③ 合：跟、和。箬：叶子；焯：煎煮。药汁：药汤。打迭：治疗。目珠：眼睛。

④ 听讲：听说。乞：给，被。

⑤ 老侬：老人。

⑥ 妈祖：福建民间传说中的保境护民守护神，常出现沿海一带救民海难。蜀工：一天。

⑦ 蜀个：一个；其：的。老婶妈：老大娘。撋：寻找。

⑧ 笃：借音字；就；娘囝：女孩子。

⑨ 勘：询问。厝下：家。底落：哪里。

⑩ 捻：采摘；卜乃：要做什么。

⑪ 家己：自己。

⑫ 旧年：去年。老翁：丈夫；共：和，同。兽囝：小孩，此指儿子。搦：捕捉。

⑬ 拍翻船：即船翻了。

⑭ 厝里：家中；那：只，仅仅。长：剩余。蜀个：一个；孙囝：孙子。

⑮ 在因：忽然。

khua⁴ iŋ⁴ lo. ɬe² ma² khy⁴ kœŋ¹ piau⁵ hia² hioŋ¹ , ɬiŋ² ɬɛŋ¹ thoʔ⁶ maŋ⁴ kɒŋ³ tse³ lo
看　见　了①。昨　暝　去　宫　庙　燃　香②，神　仙　托　梦　讲　这　落

ke³ tsɒ³ kiŋ¹ tshai⁴ e⁵ ta³ tia⁷ ho³ , kiŋ¹ nua⁴ khi¹ tsɒ³ thiŋ¹ pɛŋ² kuŋ¹ toʔ⁶ li² , ɬua⁴
其　紫　金　菜　会　打　迭　好③，今　旦　起　早　天　嚍　光　笃　来④，箅

pe⁵ kau⁴ pua⁴ kaŋ¹ lo nɒ⁵ khua⁴ kiŋ¹ tse³ ɬoʔ⁷ tau¹ , au⁵ kaŋ¹ peʔ⁶ naŋ² nɒ⁵ poʔ⁶ ti⁷ tsɒ⁴
舱　遭　半　工　了　那　看　见　这　蜀　株⑤，后　工　别　侬　那　卜　挃　做

iau² toʔ⁶ mo² lo. moʔ⁷ nyɒŋ² ai⁴ khaŋ⁴ lau⁴ ɬiŋ³ ma³ : ta¹ ty³ pha⁴ ɬua⁴ ɬɛŋ⁵ na¹ tsɒ⁴
药　笃　无　了⑥。默　娘　再　勘　老　婶　妈⑦：□汝　拍　算　甚　生　做

ne? lau³ ɬiŋ³ ma³ ɬua⁴ ɬoʔ⁷ ɒ⁵ , toʔ⁶ kɒŋ³ : tse³ tau¹ ia³ tshai⁴ kua³ tua⁴ khy⁴ tshou⁴
呢⑧? 老　婶　妈　算　蜀　下⑨，笃　讲⑩：这　株　野　菜　我　带　去　厝

ɒ⁵ , khøʔ⁶ ɬoŋ¹ kyɒ³ tsɒ⁴ iau² ; ai⁴ tsyɒŋ² tshai⁴ tsi³ tsœŋ⁴ tshou⁴ piŋ¹ tshyɒŋ² kaʔ⁶ , au⁵
下⑪，乞　孙　囝　做　药⑫；再　将　菜　籽　种　厝　边　墙　角⑬，后

hue² huŋ² naŋ² poʔ⁶ ti⁷ , toʔ⁶ ŋ⁵ kia¹ bo² lo. moʔ⁸ nyɒŋ² thia¹ lo lau³ ɬiŋ³ ma³ kɒŋ³
回　浑　侬　卜　挃⑭，笃　怀　惊　无　了⑮。默　娘　听　了　老　婶　妈　讲

ŋe² ua⁵ , tua⁵ kaŋ³ taŋ⁵ , toʔ⁶ kœʔ⁶ i¹ kɒŋ³ : "lau³ ɬiŋ³ ma³ ho³ ɬiŋ¹ kua¹ , kua⁴ yɒŋ¹
其　话⑯，大　感　动⑰，笃　合　伊　讲⑱："老　婶　妈　好　心　肝⑲，我　央

---

① 无看见：看不见。
② 昨暝：昨天。燃：点燃，焚烧。
③ 这落：这儿。其：的。打迭：医治
④ 今旦：今天；起早：清早。嚍：尚未，没有。光：亮。笃：就。
⑤ 算：想。舱：不，遭：到；半工：半天。那：只。蜀株：一株。
⑥ 后工：日后。别侬：别人。那卜挃：如果想要。卜：欲；挃：要。笃：就；无：没有。
⑦ 勘：问。老婶娘：老大娘。
⑧ □ta¹：那么。汝：你；拍算：打算。甚生：怎么。
⑨ 算蜀下：想了一下。
⑩ 笃：就。
⑪ 去厝下：回家。
⑫ 乞：给。孙囝：孙子。
⑬ 厝边：房子旁边。
⑭ 后回：今后。浑侬：谁，什么人。卜挃：想要。
⑮ 笃：就。怀惊：不怕。无：没有。
⑯ 其：的。
⑰ 大：非常，十分。
⑱ 合：跟，同。伊：她。
⑲ 好心肝：好心肠。

ty³ ɬua⁴ pa⁵ huaʔ⁶ !" kɒŋ³ liau³ , tsyŋŋ¹ lau⁵ ɬiŋ³ ma⁵ tshiu³ tœŋ¹ ke² ia³ tshai⁴ tsiʔ⁶
汝　算　办　法①!"　讲　了②，　将　老　姆　妈　手　中　其　野　菜　接

kua⁴ , hiau⁴ taŋ¹ ɬai¹ naŋ² paʔ⁶ pai⁴ kui³ pai⁴ , ai⁴ tsyŋ¹ tso³ kiŋ¹ tshai⁴ paŋ⁴ tshiu³ koʔ⁶
过，　向　东　西　南　北　拜　几　拜，再　将　紫　金　菜　放　手　骨

te³ , tshui⁴ kheŋ¹ kheŋ¹ poŋ² kui³ ɒ⁵ , kui³ ho⁷ tshai⁴ li³ pue¹ kua⁴ thau² khak⁶
底③，　喙　轻　轻　嗌　几　下④，几　核　菜　籽　飞　过　头　壳

teŋ³ , pεŋ⁴ ɬia² tshe¹ tshe¹ maŋ⁵ maŋ⁵ , ai⁴ lau⁴ kau⁴ ti⁵ lɒ⁵ . mo² tiɔ¹ u³ , ɬiau³ to³
顶⑤，　变　成　千　千　万　万，　再　落˙遭　地　道⑥。无　若　久⑦，　小　岛

teŋ³ nau² tshai⁵ iŋ¹ tshoʔ⁶ tshoʔ⁶ tsiŋ¹ ɬe⁵ tso³ kiŋ¹ tshai⁴ . lau⁵ ɬiŋ³ ma³ tshai⁵ iŋ¹ ɬua⁴
顶　头　在　因　出　出　真　侪　紫　金　菜⑧。老　姆　妈　在　因　算

khi³ : tse³ kheŋ³ teŋ⁵ ɬi⁵ ma³ tsɒu³ tso⁴ huaʔ⁶ , li² po³ i⁵ nam³ pue⁴ , e⁵ kiŋ³ khui⁴ lue⁵
起⑨：这　肯　定　是　妈　祖　做　法⑩，来　保　佑　咱　辈⑪，会　紧　跪　落

hua⁴ ɬia⁵ . niau² yɒ³ kœʔ⁶ i¹ khiʔ⁷ ɬoʔ⁷ ke² to⁶ mo² khua⁴ kiŋ⁴ lo . i¹ khy⁴ lɒu⁴
唤　谢⑫。娘　囝　合　伊　咭　蜀　个　笃　无　看　见　了⑬。伊　去　厝

huaʔ⁶ hεŋ⁵ : ɬoŋ¹ yɒ³ ŋe² maʔ⁷ tsiu¹ i³ kiŋ¹ ho³ lo .
发　现⑭：孙　囝　其　目　珠　已经　好了⑮。

---

① 央:帮助。汝:你。算办法:想办法。
② 讲了:说完。
③ 手骨底:手心上。
④ 喙:口,嘴巴。嗌:吹。
⑤ 几核:几颗,几粒。
⑥ 落:掉下来;遭:到。地道:地面。
⑦ 无若久:没有多久。
⑧ 顶头:上面;在因:忽然,刹那间。出出:长出。真侪:很多。
⑨ 算起:想起。
⑩ 做法:施展法术。
⑪ 咱辈:咱们。
⑫ 会紧:赶紧。跪落:跪下。唤谢:喊谢,道谢。
⑬ 娘囝:女孩子。合:跟,和。伊:她,指老姆妈。咭蜀个:笑了一下。咭[khiʔ⁷]:笑的声音。笃:就;无看见:看不见。
⑭ 去厝:回家。
⑮ 孙囝:孙子;其:的;目珠:眼睛。

参考文献：

1.福建省汉语方言调查指导组.福建汉语方言概况（讨论稿）[M].厦门:厦门大学出版社,1963:368－425.

2.黄典诚.福建省志方言志[M].北京:方志出版社,1998:164－193.

3.李如龙、姚荣松.闽南方言[M].福州:福建人民出版社,2008:98－105.

4.刘福铸.莆田方言熟语歌谣[M].福州:福建人民出版社,2001.

5.周雪香.莆仙文化论述[M].北京:中国社会科学出版社,2008:350－384.

6.莆田方志委员会.莆田县志[M].北京:中华书局,1994.

第五章
闽北方言

第一节　闽北方言的形成与分布

地处建溪流域的闽北是福建省最早开发的地区,从汉晋时代开始,闽北便是外省人入闽最先的落脚点。早在东汉末年,三国孙吴就多次遣兵入闽,开辟闽北和闽东一带。东汉建安十二年(207),全省设置五县,其中除侯官一县设福州外,其余四县建安(今建瓯)、建平(今建阳)、南平和汉兴(今浦城)均在闽北。永安三年(260),孙吴景帝在闽设立建安郡,闽北一度成为全省中心。南朝萧梁时期,福建设建安、晋安与南安三郡,建安郡仍是全闽重镇之一。由于闽北属于早期开发地域,加上自东吴设立郡治到唐代建州与后世设建宁府,这一带始终是省内行政区划大体统一的地区,因此其经济文化发展较他处平顺,区域内人口也能稳步增长。早在置晋安郡时,闽北已有4300多户居民,人口几乎占全省一半。唐德宗建中四年(733),当地已有 2 万多户、14.2 万人口。

闽北虽地势高,但山脉并不陡峭,地形相对平坦开阔。因建溪流域土地肥沃,水源充足,使这一带成为福建粮仓。当地民间除普遍从事农耕生产之外,还种植芝麻、甘蔗、花生、油菜、烟叶、毛竹等多种经济作物,还大量从事木材、茶叶、香菇、笋干、生漆、油脂、棕片之类的生产、销售。文化方面,闽北一带自来也十分发达。两宋时期,闽北的书院文化蜚声省内外,著名的建阳麻沙版书籍在国内也颇有影响。以理学家朱熹,文学家江淹、柳永、严羽,史学家孔安国和文字学家顾野王、音韵学家吴棫等人为代表的一批学者文人都出在闽北,并在国内均享有盛誉。闽北方言就是在这样的自然条件和社会环境中逐步孕育、形成和发展的,时间已长达 1700-1800 年。而描写闽北首府建瓯方言的地方韵书《建州八音》成书于清代乾隆六十年(1795)(作者为福清人林端材),则是当地民间流行的识字课本,在传播建瓯话方面也发挥过一定作用。

当代闽北方言可分为东西两片。东片含建瓯、松溪、政和、南平(大部分)、顺昌(东南部)等县市,以及浦城南部,基本上分布崇阳溪东岸;西片则分布崇阳溪以西的建阳、崇安(今武夷山市)。其主要区别是西片受江西赣语一定影响,吸收了一些赣语特色;而东片则受赣语影响要小。此外,东片南平市夏道镇因与市区接壤受土官话影响,又因其东邻樟湖板、太平等闽东土语片而独具特色,与本片方言表现出一定差异。由于该方言区中心建瓯城自汉末历唐宋以至元明清以来千百年中均属闽北行政中心,经济文化较他处发达,人口数长期维持在 4 万~5 万人左右,因此,建瓯话理所当然地成为本区方言的代表。

第二节　闽北方言代表——建瓯话

闽北方言以建瓯话为代表。下面重点介绍建瓯方言特点[①]

一、语音特点

1.声韵调系统

(1)声母表

p 帮婆　　ph 扒拍　　m 马味

t 帝知　　th 体毒　　n 尼二　　l 礼律

ts 资支　　tsh 粗市　　s 四施

k 古基　　kh 苦曲　　ŋ 宜五　　x 夫许　　ø 医务

[说明]

A.建瓯话共有 15 个声母(含零声母 ø)。

B.声母 ts、tsh、s 与齐、撮两呼韵母拼合时,发音与舌叶音 ʧ、ʧh、ʃ 接近。

C.声母 k、kh、x 与齐、撮两呼韵母拼合时,发音与舌根前音 c、ç、hç 近似。

(2)韵母表

①元音韵

---

①　本章所记录的建瓯话是建瓯城关口语,由潘渭水和杨光宇等同志提供,谨此致谢。

a 茶杂	e 勾厚	ɛ 栽栗	œ 而嗝
o 杯捋	ɔ 波落	i 比力	u 都目
y 女肉	ai 胎乃	au 交造	ia 地叶
iɛ 爹别	iɔ 靴石	iu 彪纠	ua 花划
uɛ 灾辣	yɛ 吹月	iau 标赵	uai 血为

②鼻音尾韵

aŋ 病贪	ɔŋ 帮卵	iŋ 鞭兼	aiŋ 班蜓
eiŋ 兵林	œyŋ 中云	iaŋ 兄姓	iɔŋ 张两
uaŋ 光王	uoŋ 文旺	uiŋ 般饭	yiŋ 端献
ieiŋ 然	uaiŋ 凡万		

［说明］

A.建瓯话韵母共 34 个。

B.e—ɛ、o—ɔ 差异明显,音位对立。

C.uiŋ、yiŋ 韵已趋于合并。

D.鼻音韵可出现于入声调。

E.入声韵无喉塞音韵尾,已并入舒声韵。

(3)声调表

表 5-1

调类	1.平声	2.上声	3.阴去	4.阳去	5.阴入	6.阳入
调值	53	21	33	55	24	42
例字	批书	比土	帝眉	害谢	杀确	月绝

［说明］

A.建瓯话共有 6 个声调。

B.平声属高降调,调值 53;有人记作 54。

C.上声调值低沉,调时短暂。

D.阴入 24 与阳入 42 相配,但非促调。

E.阳去调值高平,记作 55,有人记作 44。

2.文白异读

(1)声母对应

表 5-2

文读	白读	例　　字

续表

文读	白读	例　字
t	th	童 tɔŋ^2 儿～；thɔŋ^2 拍～(求神)
n	m	日 ni^6 ～时(白天)；mi^6 ～头(太阳)
l	s	雷 lo^3 响～；so^3 ～公
ts	k	枝 tsi^1 ～叶；ki^1 一～花
ts	ø	上 tsiɔŋ^4 ～级；iɔŋ^4 ～课
s	ts	寻 siŋ^2 ～机；tsein^2 几～长
s	tsh	生 saiŋ^1 ～意；tshaŋ^1 ～心饭(夹生饭)
k	tsh	车 ky^1 ～子；tshia^1 开～
k	kh	谦 kiŋ^1 林祥～；khiŋ^1 ～虚
k	x	嫁 ka^3 ～娶；xa^3 行～
k	ø	高 kau^1 跳～；au^1 ～级
kh	k	崎 khi^1 ～岖；kyɛ^5 (山)真～(陡峭)
x	p	发 xuai^5 ～票；puɛ^2 ～狂
x	ph	缝 xɔŋ^3 ～纫；phɔŋ^4 墙～
x	k	滑 xua^5 ～稽；ko^6 公路～
ø	m	物 o^5 动～；mi^3 ～事(东西)

(2)韵母对应

表 5-3

文读	白读	例　字
a	ɔ	学 xa^5 ～习；ɔ^6 ～画
a	uɛ	沙 sa^1 ～丘；suɛ^1 ～地
ɛ	a	白 pe^6 李～；pa^4 ～菜
ɛ	ia	择 tsɛ^5 选～；tsia^5 ～菜
ɔ	u	剥 pɔ^5 ～削；pu^5 ～皮
ɔ	uɛ	破 phɔ^3 ～坏；phuɛ^3 拍～

续表

文读	白读	例　　字
i	ε	脐 tɕi²～带；tshɛ³ 腹～
	ai	犁 li³～铧；lai³～塍
	yɛ	被 pi⁴～动；phyɛ⁴ 棉～
	ia	壁 pi⁵～垒；pia⁵ 墙～
	iɛ	翼 i⁴ 羽～；siɛ⁴ 髀（翅膀）
	iɔ	石 si⁴～榴；tshiɔ⁴～头
u	ε	子 tsu²公～；tsɛ² 种～
	i	事 su⁴～业；ti⁴ 话～（说话）
	y	妇 xu⁴～女；py⁶ 新～（儿媳）
	iɔ	补 pu²～药；piɔ² 鼎（补锅）
y	iu	珠 tsy¹～菇（野～名）；tsiu¹～仔瓜（南瓜名）
ai	ε	来 lai³ 未～；lɛ³～去
	o	胎 thai¹～记；tho¹ 头～
	uɛ	芥 kai³ 草～；kuɛ³～菜
au	e	老 lau²～鼠；sɛ⁴～爹（干爹）
iɛ	a	爹 tiɛ¹～～（祖父）；ta¹～奶（父母）
	ai	节 tsiɛ⁵～约；tsai⁵ 过年～
iu	e	昼 tiu³～夜；te³～边（近午）
uai	uɛ	发 xuai⁵～生；puɛ²～狂
aŋ	aiŋ	含 xaŋ¹～糊；kaiŋ¹～各落（口含）
	uiŋ	山 saŋ¹～水；suiŋ¹～灰
ɔŋ	œyŋ	供 kɔŋ³ 提～；kœyŋ³～养
iŋ	aŋ	念 niŋ⁴ 想～；naŋ⁴～经
	aiŋ	先 siŋ¹～生；saiŋ¹～前
eiŋ	aŋ	冥 meiŋ²～衣（纸衣）；maŋ³ 分岁～（年夜饭）
	iaŋ	命 meiŋ⁴～令；miaŋ⁴ 好～
iɔŋ	ɔŋ	长 tiɔŋ²～头（头胎）；tɔŋ²～短

（3）声调对应

表 5-4

文读	白读	例　字
平声	阴去	崎 khi¹ ～岖；kyɛ³ 陡峭
上声	阴去	平 peiŋ² 公～；piaŋ³ ～直
	阳去	卵 luiŋ² ～巢；sɔŋ⁴ ～黄
	阳入	两 liɔŋ² ～情相许；niɔŋ⁶ ～姑嫂
阴去	上声	闲 xaŋ³ 安～；aiŋ² 有～（有时间）
阳去	阳入	下 xa⁴ ～盐（搁盐）；a⁶ 楼～
阴人	阳入	xa⁵ 学～问；ɔ⁶ ～样

二、词汇特点

1.常用词

表 5-5

普通话	建瓯话	普通话	建瓯话
烈日	日头火 mi⁶ the³ xo²	日晕	日头驮枷 mi⁶ the³ tɔ² ka¹
月亮	月二奶 ŋye⁶ ni⁴ nai³	星星	星宿 saiŋ¹ siu³
旋风	（螺）转风 so³ tsuiŋ⁴ xoŋ¹	闪电	焰刀 iaŋ⁴ tau¹
久雨	长骹雨 tɔŋ² khau¹ xy⁴	冰	霜冰结 sɔŋ¹ paiŋ¹ ke³
冰雹	龙雹 lœyŋ³ phau⁴	米雪	霰仔 thiŋ³ tsie²
阴天	乌天 u¹ thiŋ¹	夏天	热天时 ie² thiŋ¹ si³
山坳	山窠 suiŋ¹ khua¹	当天	当工 tɔŋ¹ kɔŋ¹
平时	闲下 aiŋ² xa³	今天	今迦 kiŋ¹ kia³
山谷	山垅 suiŋ¹ lɔŋ³	山地	山场 suiŋ¹ tiɔŋ³
曲水	溪曲 khai¹ khy⁵	岩石	石岩 tsiɔ⁴ ŋaŋ³
坝上	陂上 puɛ³ the³	鱼塘	ŋy³ tɔŋ²
水泥	洋毛灰 iɔŋ³ mau³ xo¹	鹅卵石	溪滑啰 khai¹ ko⁶ lo⁵
牌坊	坊牌 xoŋ¹ pai²	灰棚	灰厂 xo¹ tshɔŋ²
种地	打粗 ta² tshu¹	摘菜	讨菜 thau² tsh

续表

普通话	建瓯话	普通话	建瓯话
垃圾	垃堁 lu⁴ su⁵	稻草	秆 kuiŋ²
镰刀	截仔 tsai⁴ tsiɛ²	稻穗	粟撒 sy⁵ sa⁵
铡刀	草铡 tshau² tsa⁶	灌溉	壅水 œyŋ³ sy²
风车	风辗 xɔŋ¹ siŋ³	打谷桶	禾楻 o³ xuaŋ³
木屑	樵柿 tshau³ phuɛ³	小米	芦粟 lu³ sy⁵
禾苗	早仔 tsau² tsiɛ²	蚕豆	福州豆 xu⁵ tsiu¹ te⁴
包菜	包心白 pau² sein¹ pa⁴	西瓜	洗子瓜 sai¹ tsɛ² kua¹
丝瓜	甜萝 taŋ² lɔ³	葫芦	葫芦匏 u² lu² py²
豌豆	麦仔豆 ma⁶ tsiɛ² te⁴	芥菜	春不老 tshœyŋ¹ pu⁵ lau²
鸡冠花	鸡角髻（花）kai¹ ku⁵ ko³（xua¹）	桂花	木樨花 mu⁶ sai¹ xua¹
黄花菜	金金菜 kein¹ kein¹ tshe³	公猪	猃瑕 khy² ka¹
母猪	嫲猃 ma³ khy²	公鸡(未阉)	鸡角狮 kai¹ ku⁵ sɛ¹
鸡窝	鸡橱 kai¹ ty²	老鹰	偷鸡鹞 the¹ kai¹ iau⁴
喜鹊	屎坑秀 si² khaŋ¹ siu³	蚊子	蠓 mɔŋ²
猴子	猴屄 ke² piɛ⁵	茅屋	茅厝 me² tshiɔ³
楼梯	楼阶 le³ ko¹	瓦棚	山厂 suiŋ¹ tshɔŋ²
客厅	厅厝 thain¹ tshiɔ³	台阶	崎仔 kyɛ⁶ tsiɛ²
厕所	东司 tɔŋ¹ su¹	廊桥	厝桥 tshiɔ³ kiau³
锅铲	鼎铲 tian² tshuiŋ²	大灶(烧柴)	樵鼎 tshau³ tiaŋ²
泔水	潲水 sau³ sy²	热水瓶	电壶 tiŋ⁴ u²
电灯	电光火 tiŋ⁴ kuaŋ¹ xo²	小油灯	灯盏 taiŋ¹ tsaiŋ²
水炉	火熥 xo² thɔŋ¹	制服	操衣 tshau¹ i¹
衣领	胘领 te⁵ liaŋ⁵	睡裤	眯瞇裤 mi³ tshi⁵ khu³
毛线	羊毛索 iɔi³ mau³ sɔ⁵	雨鞋	鞋套 ai² thau³
尿布	尿块 niau⁴ thi⁴	隔餐饭	蔫饭 aiŋ⁴ puiŋ⁴
酵母	饧 tsɛ⁴	猪肘	膀蹄仔 phɔŋ³ tai³ tsiɛ² t
腌菜	藏菜 sɔŋ³ tshɛ³	素菜	斋菜 tsai¹ tshe³
豆浆	豆腐娘 te⁴ xu⁴ niɔŋ³	醋	小酒 siau² tsiu²

续表

普通话	建瓯话	普通话	建瓯话
蜂蜜	蜂糖 phɔŋ¹ thɔŋ³	茶叶	茶茗 ta³ mein²
祖宗	翁仔 œyŋ¹ tsiɛ²	父亲	爷爷（老派）iɛ² iɛ²
外公	畲公 tsia³ œyŋ¹	外婆	畲嫲 tsia³ ma³
老头儿	老仔 sɛ⁴ tsiɛ²	奶妈	引奶 eiŋ² nai²
北方人	北佬 pɛ⁵ lau²	扒手	马仔 ma² tsiɛ²
傻瓜	赖（撇）仔 lai⁶（phiɛ⁵）tsiɛ²	脖子	仲仲 tœyŋ⁴ tœyŋ⁴
脊背	背脊 po³ tsia⁵	辫子	笓仔 nia⁶ tsiɛ²
传染	惹人 nia² nein³	号脉	觑脉 tshu⁴ mɛ⁶
散发	俵 piau³	勾结	朋 phaŋ²
凶恶	狰狞 tsaiŋ¹ laiŋ⁶	穷困	穷无 kœyŋ³ mau²
难看	生清 tshaŋ¹ tshein³	威风	炫 xiaŋ²
故意	一劲劲 tsi⁶ keiŋ³ keiŋ³		

2.民俗词

表 5-6

普通话	建瓯话	普通话	建瓯话
送年	送年 sɔŋ³ niŋ³	伴娘	伴嫁奶 puiŋ⁴ xa³ nai²
送节	送节 sɔŋ³ tsai⁵	娶已婚妇	讨二嫁 thau¹ ni⁴ xa³
午夜饭	分岁饭 puiŋ¹ sy³ maŋ¹	续弦	讨填房 thəu¹ təiŋ³ poŋ²
元宵节	正月十五 tsiaŋ¹ ŋyɛ⁶ si⁴ ŋu⁶	再婚	二婚亲 ni⁴ xɔŋ¹ tshein¹
端午节	五月节 ŋu⁶ ŋyɛ⁶ tsai⁵	独身	㧻单身 ma⁶ tuiŋ¹ sein¹
七夕节	七月七 tshi⁵ ŋyɛ⁶ tshi⁵	过继	承继 tshein² ki⁶
中元节	七月半 tshi⁵ ŋyɛ⁶ puiŋ³	孕妇	大腹嫂 tuɛ⁴ pu⁵ sau²
中秋节	八月中秋 pai⁵ ŋyɛ⁶ tœyŋ¹ tshiu¹	分娩	洗团 sai² kyiŋ²
重阳节	九月重阳 kiu² ŋyɛ⁶ tœyŋ³ iɔŋ³	流产	遏团 tɔŋ⁴ kyiŋ²
年货	年料 niŋ³ liau⁴	临盆	顺月 sœyŋ⁴ ŋyɛ⁶
压岁钱	坠岁钱 ty⁴ sy³ tsiŋ³	坐月子	做月 tsə³ ŋyɛ⁶
相亲	觑亲 tshu⁴ tshein¹	庆满月	做满月 tsa³ muiŋ² ŋyɛ⁶

续表

普通话	建瓯话	普通话	建瓯话
提亲	话亲 ua⁴ tshein¹	订婚	插记 tsha⁵ ki³
洗三	三朝 san¹ tiau¹	发请帖	俵帖 piau³ thie⁵
周岁	做晬 tsa³ tso³	出嫁	还亲 xin³ tshein¹
贺寿	拜寿 pai³ siu⁴	哭嫁	khu⁵ xa³
寿轴 （祝寿的字画）	siu⁴ ty⁴	花轿 （装饰华美的）	雅轿 ŋa² kiau⁴
洞房	新娘房 sein¹ nion³ poŋ²	闹洞房	娇新娘 thia³ sein¹ nion³
嫁妆	纲箱 kon¹ sion¹	残骸	拾骨 sio⁵ ku⁵
阴间	下界 a⁵ kai³	棺木	寿樵 siu⁴ tshau³
棺材	棺木 kuiŋ¹ mu⁶	童棺	篾仔 lu⁵ tsiɛ²
停棺待葬	停棺 tein¹ kuiŋ¹	骨殖坛子	金鼎 kein¹ tiaŋ²
周年祭	做周年 tsa³ tsiu¹ niŋ³	寿桃（祝寿的桃形包）	siu⁴ thau³
寿宴	生日酒 san¹ ni⁶ tsiu²	红白大事	做动事 tsa³ toŋ⁶ ti⁴
去世	过身 kua¹ sein¹	灵堂	孝堂 xau³ toŋ²
神主牌	灵牌仔 lian³ pai² tsiɛ²	入殓	装殓 tson¹ lin³
出殡	出葬 tshy⁵ tson³	守孝	做孝 tsa³ xau³
做忌食	做冥寿 tsa³ mein² siu⁴	扫墓	醮塚 tsiau³ toeyŋ²
木偶戏	抽傀儡 thiu¹ ko² lo²	风水林	xon¹ sy² lan³
赣剧	唱江西路 tshion¹ kon¹ sai¹ lu	看相	觑相 tshu⁴ sion³
灯会	迎灯 nian³ tain¹	算卦	做卦 tsa³ kua³
猜谜	估对子 ku² to³ tsiɛ²	跳神	降童 kuin⁴ ton²
跑旱船	行彩船 kian² tsho² yin²	问卦	沉神珓 tian⁶ sein² kau³
荡秋千	拍颠荡 ma⁶ tiŋ¹ ton³	诠释签诗	解签诗 kai² tshin¹ si¹
踩高跷	高骸戏 au¹ khau¹ xi³	梦魇	魃 mɛ²
舞狮子	拍狮 ma⁶ su¹	灶王爷	灶神公 tse³ sein² kon¹
杂耍	把戏 pa² xi³	做道场	拍醮 ma⁶ tsiau³
龙舟竞渡	扒龙船 pa³ lœyŋ³ yin²	请春酒	tshiaŋ² tshœyŋ² tsiu²
包粽子	裹粽 xo³ tson³	请会亲	tshiaŋ² xo⁴ tshein¹

续表

普通话	建瓯话	普通话	建瓯话
放风筝	放鹞 poŋ³ iau⁴	谢亲宴（夏收后）	洗榎酒 sai² xuaŋ³ tsiu²
赶集	逮墟 tai⁴ xy¹	业余乐队	嬉会场 xi¹ xo⁴ tiɔŋ¹
闽剧	福州戏 xu⁵ tsiu¹ xi³	鼓乐队	锣鼓帮 lɔ³ ku² pɔŋ¹
越剧	绍兴戏 siau⁶ xeiŋ¹ xi³	古装剧（戏）	古老戏 ku² lau² xi³
南戏	下府戏 a² xu² xi⁴		

3.古语词

樵 tshau³　木柴,烧火用。如:～架(木架子)。《集韵》慈焦切:"《说文》:散木也。"

豨 khy²　猪。如:"～脑",即猪脑,也指人脑子愚笨。《广韵》虚岂切:"楚人呼猪。"

豭 ka¹　公猪。如:"豨～"〔khy² ka¹〕(公猪)。《广韵》古牙切:"《说文》曰:牡豕也。"

屩 kiɔ⁵　草鞋。如"草～"(草鞋)。《集韵》居与切:"《说文》:履也。"《广韵》:"草履。"

榧 xi²　木名。如:木～子,一种常绿乔木,子可食。《集韵》府尾切:"木名,子可食,疗白虫。"

笍 nia⁶　篾片扎成的粗绳子。如:"竹～。"《集韵》株卫切:"《说文》:羊车驺箠也。箠箴其耑,长半分。"《玉篇》:"小车具也。"一作女劣切,义同。

筧 aiŋ²　引水竹槽。如"水筧"〔sy² aiŋ²〕。也指承接屋檐水的小水槽。《集韵》吉典切:"通水器。"

簩筶 khau² lau²　柳条编成的针线筐。簩,《集韵》苦皓切:"～～,屈竹木为器。"筶,《集韵》鲁皓切:"柳器。"

簁 sai⁴　竹扫类,如"竹～"〔ty⁵ sai⁴〕(用以赶猪鸡等下端开叉的竹鞭)。《集韵》旋芮切;《说文》:"扫竹也。"《竹谱》:"～、篠,竹中扫帚,细竹也。"大者如箭,长者几丈。

鼋 yiŋ³　鳖。俗称～鱼。《集韵》愚袁切,《说文》:"大鳖也。"

潲 sau³　泔水。如"～水"。《集韵》所教切:"一曰汛潘以食豕。"而潘,《集韵》铺官切:"《说文》:淅米计也。"

烔 thɔŋ¹　暖。如"火～"(手炉),《集韵》他东切:"以火暖物。"

鏊 ŋau⁴　平底锅,常用以煎馃、仓和薄饼等。《集韵》牛刀切:"金属。"

髦 me²　梦魇。如:"呐～压住"(被梦魇压住)。《集韵》明秘切:"《说文》:老精物也。"《周礼·春官》:"以夏至日致地示物～。"《注》:百物之神曰～。

簏 lu⁵　抽屉类。如"桌～""橱～"。《集韵》卢谷切:"《说文》:竹高～下。"

篓 lia⁶　圆形竹编,供晒物用。《集韵》力协切:"竹篂也。"俗写为筣。

糁 san²　饭粒。如"饭～。"《集韵》桑感切;《说文》:"以米和羹也;一曰粒也。"

屪 no³　男阴。如:"～脬"[no²pha³](阴囊)。《字汇》屪:"力宵切:男阴。"

瘥 thueɛ²　麻风病。叫"～仔"[thueɛ²tsieɛ²]。《集韵》荡亥切:"病也。"

輚 siŋ³　车扇。如:"风～"[xɔŋ¹siŋ³](风车)。《集韵》式战切:"车扇也。"

篴 thi⁵　竹签:香篓～[xiɔŋ¹mie⁶thi⁵](烧香后残剩竹签)。《集韵》亭历切:"竹竿貌。"

垓 ko¹　楼房中上下楼的梯子。如:楼～(楼梯)。《集韵》居谐切:"坛级。"

瘊 khiu¹　下体病。如"病～"[paŋ⁴khiu¹](糖尿病)。《广韵》许尤切:"下病。"

牯 ku³　雄性动物。如:"牛～"(公牛)。《广韵》公户切:"《玉篇》:牡牛。"

醮 tsiau³　祭祀。如"～冢"(祭墓)。《集韵》子肖切:"《博雅》:～,祭也。"

燌 pœyŋ¹　炙、烤。如:"～饭"[pœyŋ¹puiŋ⁴](焖饭)。《集韵》敷文切:"火貌。"

垽 ŋœyŋ³　浸沤、发臭。如:"～豆脯"。《集韵》语靳切:"淀也。"

壅 œyŋ¹　盖上泥土。如:"～泥仔"(加封垃圾肥)。《广韵》於用切:"加土～田。"

擎 kheiŋ³　提起:"～书包"(提书包)。《广韵》渠京切:"举也。"

毅 tu⁶　扎、刺。如:"～人"(刺人)。《集韵》都毒切:"椎击物也。"

靓 tshiaŋ⁴　诱人注目。如"靓阿娘(诱惑女性)"。《广韵》疾政切:"《说文》:召也。"

莽 laŋ⁴　草木覆盖。如："山墿真～，舣行得"（山路草木覆盖，走不得）。《集韵》而琰切："草盛貌。"

嬉 khyi⁴　玩乐。如："去～"（去玩儿）。《广韵》虚其切："关也；一日游也。"《广雅·诂》："戏也。张衡《归田赋》:谅天道之滋味，追渔父以同～。"

捞 so⁵　寻找。如："～人"（找人）。《集韵》郎到切："取物也。"当地义为寻找，属引申义。

馇 iɛ⁵　吃。如："～饭"（吃饭）"馇屄"[iɛ⁵ pɛ¹]（交合）。《广韵》筊辄切。《诗·七月》"～彼南亩"；《玉篇》"馇田食。"

跍 ku¹　蹲。如："～噜"[ku¹lu¹]（下蹲）。《广韵》苦胡切："蹲貌。"

剒 thu⁵　刺。如："～人"（刺人）。《集韵》他骨切："刺入貌。"

庀 py³　埋。如："活～"（活埋）。《集韵》兵媚切："覆也。"

挐 ny³　如："尽～人"（很烦人）。《集韵》女居切。宋玉《九辩》："枝烦～而交横"，旧注："烦～，扰乱也。"

拍 ma⁶　打。如："～狮"（舞狮子）。《广韵》莫白切："击也。"

挲 sa³　抓、薅。如："～草"（薅草，即耘田）。《集韵》桑何切："摩～也。"又师加切，义同。

搊 tʃhe¹　穿裤子的动作。如："～裤"（穿好裤子）。《集韵》初尤切:拘也。

踱 nɔ⁵　踩踏。如："～田里去"（踩到田里）。《集韵》日灼切："蹂也。"

莝 tʃhɔ³　截取。又作量词，如："一～蔗"（一截甘蔗）。《集韵》千卧切："《说文》斩刍。"

俵 piau³　分发。如："～帖"（分发请柬）。《集韵》彼庙切："分与也。"

剅 phiɛ³　削、砍。如："～柴"（劈削木料）。《集韵》蒲糜切："刀析也。"

摖 tʃhɛ⁵　扶起。如："～住"（挽扶好）。《集韵》测革切："扶也。"

牮 tsaiŋ³　支撑倾斜的房屋。如："～厝"[tsaiŋ³ tʃhy³]。《字汇》作甸切："屋斜用～。"

皲 kœyŋ¹　裂。如："必～"（裂开）。《广韵》举云切："足坼。"坼，裂开。

摑 khua⁶　击打。如："～渠一顿"（揍他一顿）。《集韵》古获切："批也，打也。"

躐 lia⁵　（跑得）快。如："马走得～"（马跑得快）。《集韵》力涉切："《玉篇》:践也。"《学记》:"学不～等也。"《疏》:"逾越也。"当地用引申义。

闻 saŋ¹　罩，盖住。如："～炭篮篓"（用炭篓遮盖，喻喜欢别人奉承）。

《广韵》苏绀切："覆盖。"

聑 tshi⁵　闭目。如："～隻目"（闭上一只眼）。《广韵》子入切："眨～。"

剔 thi⁵　挑选。如："～日子"（择日）。《集韵》他日切："《说文》：解也。"

朓 tau⁶　长远。如："半天～"（半天远）。《集韵》大到切："长也。"

謷 tshau⁵　咒骂。如："～祖宗"（骂祖宗）《集韵》疾各切："詈也。"

逮 tai⁴　追赶。如：～贼（追贼）、～阿娘（追求女人）。《广韵》特计切："及也。"

饐 aiŋ⁴　不新鲜。如："～饭"[aiŋ⁴ puiŋ³]（隔餐或不新鲜的饭）。《广韵》於乾切："物不鲜也。"

㑴 laiŋ⁴　指品质恶劣。如："尽～"（很恶劣）。《集韵》尼耕切："一曰恶也。"

洇 eiŋ¹　液体沾湿物体（如纸张等）后向周围扩散或渗透。如："～开"（扩散开）。《集韵》於真切："《说文》～，没也。"《尔雅·释诂》："～，落也。"

敠 tso⁶　用指关节敲击头部或桌面的动作。《集韵》陟略切："击也。"

堞 tsie⁵　坛。如：酒～（酒坛）。《集韵》质涉切："盎属。"

篌 ke³　舀酒用的竹器。俗称"酒～"。《集韵》居候切："竹器。"

蕾 tsiaŋ²　色淡。如："布色真～"（布色很淡）。《集韵》子冉切："色弱。"

孲 ŋa⁴　婴儿，俗称"～仔"[ŋa⁴ tsie²]《集韵》牛加切："吴人谓赤子曰～子。"

蕨 ue²　野生～类植物。如："～粉"（蕨根捣制的粉末，乃勾芡用料）。《韵会》居月切。《诗·召南》："言采其～"，《疏》："周秦曰～，齐鲁曰鳖。云其初生似鳖脚，故名。"

4.地名词

阜 py³　小土山，当地民间常作地名，但俗写为堋、垺、布。如：～上，～头，官～，等。阜，《集韵》扶缶切："《说文》：大陆山无石者。"应视为本字。

漈 tsye³　小瀑布。《集韵》子例切："水涯"。《吾学编》："琉球国西有彭湖岛，海水渐低，谓之落漈，舟行误入者百无一反。"建瓯一带常常用为地名。如：～上，～下，～村，山～，官～，云～，等等；民间俗写为际或砾，如拿口有际上、南际，沿山有三元际，水北有砾头等，均其异写。

窠 khua¹　原指巢穴，《集韵》苦禾切："《说文》：空也。穴中曰窠，树上曰巢。"闽北指山窝，并用作地名。建瓯村名用"窠"的，如：东峰乡有～墩、鹤～，外崇乡有外～，丰乐乡有甲～、大～，顺阳乡有北头～、霞桂乡有后～，等等。

埂 kaŋ² 建瓯话田埂说 tshaiŋ³ kaŋ²。按埂，《集韵》古杏切："《说文》：秦谓坑为埂，一曰堤封谓之埂。"当地多水田，有田便少不了田埂，而位处水田附近的村落便多以"埂"为村名，如：外崇乡的～头、～尾，水源乡的上～，高阳乡的～墩，等等。

源(元)ŋyiŋ³ 源，原指水的源头，或溪河上游。而闽北一带则常用为地名。如桃～、张～、吕～(东游镇)，集～、松～、龙～、仙～(阳泽乡)，长～、陈～、松～丰(乐乡)等。当地还将源省写作"元"，并用于村名，如：横～、～前、福～、留～、谢～、上元(霞桂乡)，上～、王上～(外崇乡)，南～头、江～、大～(东峰乡)等等。

厂 tshɔŋ² 闽北一带指山间十分简陋的工棚，多用茅草或粗劣砖瓦等搭盖而成，大多无围墙或敞门，专供造纸、加工竹笋或伐木者等临时住宿，也用以堆放农具、肥料或加工农副产品。当地多设山厂，故也常用"厂"作为地名用字。例如：马白坑～、田坪～(水源乡)，外～、溪尾～(鲁口乡)，上～(丰乐乡)，垇～(东游镇)。

墩 toŋ¹ 《集韵》都昆切："平地有堆者。"闽北一带山峦林立，处处山包小丘，民间称"墩"。以"墩"为村落名称更是随处可见。如吉阳乡的宅～、曹～、～头，内吉乡的谢～、官～、仰～、吴～、翁～，霞吉乡的园～、碗～、岚下乡的夏～、阳～；等等。

坪 piaŋ³ 《集韵》蒲兵切："坪，平也。"《说文》：地平也。闽语区多指山地中的平地。闽北一带也常用为地名，建瓯境内便有～村(顺阳乡)、秋叶～(玉岑乡)，桃～(阳泽乡)，上～、大～(房村乡)，长～(鲁口乡)等。

坑 khaŋ¹ 《集韵》：丘庚切："《说文》：阬也。"建瓯一带多山，山涧，当地称"山坑"[suiŋ¹ khaŋ¹]。当地民间常把山涧附近地名称"某坑"，如：迪口乡有小境～、凑～，水源乡有仲～、黄泥～、白～厂等。

5.成语

凉九燥三 liaŋ⁴ kiu² xi² saŋ¹ 初秋凉而未寒，不必添衣；春末乍暖还寒，不可轻易减衣。

红颜蔷色 ɔŋ² ŋaiŋ³ tshiɔŋ² sɛ⁵ 红光满面

烧糍清粽 tshiau¹ tsi³ tsheiŋ³ tsɔŋ³ 饮食有热食冷食，不可混同

银团金孙 ŋoeŋ² kyiŋ² keiŋ¹ soŋ¹ 指疼爱孙辈超过了子辈

破财安乐 phɔ³ tsɔ² uiŋ¹ lo⁶ 破财换取安乐。谓塞翁失马，焉知非福。

大福大量　　tueʔ xu⁵ tueʔ lioŋ⁴　　有大福者必有大肚量

量大福大　　lioŋ⁴ tueʔ xu⁵ tueʔ　　度量大福气亦大

礼无足数　　li² u² tsy⁵ su³　　送礼无定数,须视情况而定

心直噱快　　seiŋ¹ te⁴ tshy³ khyɛ³　　心直口快

好馇惮做　　xau² ie⁶ tuiŋ⁶ tsa⁴　　好吃懒做

揽骹撸手　　laŋ⁶ khau¹ lu⁶ aiu³　　扎起衣袖、裤管干活,形容辛苦劳碌

好头好尾　　xau² the³ xau² mye²　　做事有头有尾,始终如一

千人千品　　tshaiŋ¹ neiŋ³ tshaiŋ¹ pheiŋ²　　世上众生,品相各异

万人万相　　uaiŋ⁴ neiŋ³ uaiŋ⁴ sioŋ²　　世上众生,品相各异

破樵捞纹　　phuɛ³ tshau³ lau⁴ uoŋ³　　劈柴找纹路。喻做事须找窍门。

三、语法特点

1.词法

(1)名词

名词词尾有如下几个:

仔[tsiɛ²]　用名词后,表示细小事物,如:瓯仔(小杯子)、茶盒仔(礼品盒)、火箸仔(夹火炭的铁筷子);用于部分亲属名词后,表示亲昵,如:兄弟仔(弟兄们)、嫂仔(嫂子);用于某些名词后表示厌恶或鄙视,如:驼仔(罗锅儿)、聋仔(聋子);日本仔(日本鬼子)、番仔(洋人)、媒仔(骗子),等。

佬[lau³]　用在名词后,表示某类身份的人,如:乡巴佬(乡下人)、担水佬(挑水工)、剃头佬(理发员)、算命佬(算命先生)等。

客[kha⁵]　表示外来的人,如:香港客、南洋客、台湾客、香菇客(来自浙南制作香菇的农技员)。

鬼[ky²]　表示对某类人的蔑称,如矮仔鬼、败家鬼(败家子)、乌溜鬼(善于钻营捣鬼的人)、啬鄙鬼(吝啬鬼)。

(2)代词

A.人称代词

单数　我[ue⁶]、你[ni⁶]、渠[ky⁶](他)

复数　于单数后加"伙人"[xuɛ³ neiŋ³]。即我伙人(我们)、你伙人(你们)、渠伙人(他们)

B.指示代词

其近指与远指呈 ioŋ⁵—u⁵ 对应。如:ioŋ⁵ tsia⁵(这个)、u⁵ tsia⁵(那个)、

iɔŋ⁵ti²(这里)、u⁵ti²(那里)、iɔŋ⁵kɛ⁵si⁵(这样)、u⁵kɛ⁵si⁵(那样)。

C.疑问代词

有:孰人[su¹nein²](谁)、孰么[su¹mu⁴](什么)、呢里[ni²ti²](哪里)、孰事[su¹ti⁴](什么)、共弄(样)[kɔŋ⁴lɔŋ¹(iɔŋ⁴)](怎么)共弄地[kɔŋ⁴lɔŋ¹ti³](为什么),等等。

（3）数量词

数词"一",用法同福州、厦门,有"蜀"[tsi⁶]与"一"[i⁵]之分。

普通话概数用"多",建瓯用"零"[lain³]或"把"[pa²]表示。如:千把人（一千多人）、三十零岁（三十多岁）等。

凡二十以上零数,建瓯读"十"为i⁴,如"二十一"读为"二 i⁴ 一"[ni⁴i⁴i⁵],"四十五"读为[si³i⁴ŋu⁶]

特殊量词,常见的有:蜀隻饭（一粒饭）、蜀肚气（一肚子气）、蜀管枪（一杆枪）、蜀头花（一朵花）;等等。动量词,如"走一趟",说"行蜀轮",同福州。

（4）动词

A.少数动词有衍音现象,即在单音节动词后,附以声母为1、韵母及声调与单音动词相同的新音节。这种叠韵式结构一般不产生新义,但却略具描写色彩。如:爬啦[pa³la³]（爬行）、缠连[tin⁴lin⁴]、搅老[kau⁶lau⁶]、曲律[khy⁵ly⁵]等等。

B.部分动词重叠后加后缀"下"[xa⁶],可表示动作的短暂或随意。如:笑笑下（笑）、话话下（说一说）、车车下（拧一拧）、修理理下（修理修理）、解解闷下（解解闷）

（5）形容词

少数普通话中"名＋形"结构形式的形容词,如"雪白、橘红"等,建瓯话可以在名、形之间嵌以中缀"及利"[ki⁴li⁴],表示程度加强。如:雪及利白、桔及利红、漆及利乌。

（6）副词

表时间　有:伽今[kia³kin¹]（现在）、顷先[khain¹sain¹]（刚才）、傍傍[pɔŋ⁴pɔŋ⁴]（刚刚）、傍初[pɔŋ⁴pue²tsho²]（刚开始）、起头[khi²the³]（起先）、讨[thau²]（将、快要）、未曾[mi⁴nain²]（从未）、后尾[xe⁴mue⁴]（后来）、临阵[lein²tein⁴]（突然）,等等。如:伽今就去（现在就去）、顷先厝去（刚才回家）、讨天光了（天快要亮了）、透底未曾邀渠话（从来没有跟他说过）,等等。

表频度　有:唵[aŋ³]（再）、已[i²]（又）、一笔直[i⁵pi⁵te⁴]（始终、一直）、

花花地［xua¹ xua¹ ti³］(时不时)、□□［sɛ⁴ sɛ⁴］(常常)等、如:唵唱蜀轮(再唱一次)、渠隔暝已来了(他昨天又来了)、我一笔直信渠(我始终相信他)、上半月花花地落雨(上半月不时地下点雨)、我伙人□□［sɛ⁴ sɛ⁴］去乡下(我们经常去乡下)

表否定　有:莫［mo³］(别)、怀［eiŋ⁴］(不)、怀让［eiŋ⁴ niəŋ⁴］(不必)、怀曾［eiŋ⁴ naiŋ²］(没有)、绘(不会、不能)、无(没、不)等。如:莫话(别说)、怀来(不来)、怀让厝去(不用回家)、怀曾去绘使得(不去不行)、无断工(没有一天间断)。

表程度　有:怀止［eiŋ⁴ tsi²］(不只)、顷顷好［khaiŋ¹ khaiŋ¹ xau²］(恰好)、满顶［muiŋ² taiŋ²］(最多)、故［ku³］(还)等。如:怀止去过两轮(不仅去过两趟)、顷顷好十五斤(刚好十五斤)、满顶七八斤(至多七八斤)、红茶比绿茶故耐滤(红茶比绿茶更经滤)等。

表范围　有:总把［tsɔŋ² pa²］(完全、总共)、加滚囵［ka¹ kɔŋ² lɔŋ²］(全部)、满世块［muiŋ² si³ thi⁴］(到处)、故［ku³］(还)、总来［tsɔŋ² lɛ³］(只有)。等等。如:总把五六十斤(总共五六十斤)、加滚囵过关(全部过关)、满世块捞(到处找)、故长五斤(还剩五斤)、总来两本书(只有两本书),等等。

(7)介词

介词,常见的有:拿［nə⁶］(把)、使［sɛ²］(用、以)、到［tau³］(在)、得［tɛ⁵］(让、被)、呐［na⁵］(给、被)、凭在［pein² tsai⁶］(任凭)、行［kiaŋ²］(从)、邀［iau¹］(和、跟)等。如:拿渠做自己人(把他当自己人)、使力做(用力气做)、到里怀曾(在不在)、得人怒(让人讨厌)、厝呐风台拍到(树被台风刮倒)、凭在渠(任随他)、行兀一工起(从那一天开始)、邀渠齐齐来(跟他一起来)等等。

(8)助词

常用助词,着［tɔ⁴］(过、到)、介［kɛ³］(的)、住［tiu⁴］(着)、掉［thɔ⁴］等。如:未曾去着(不曾去过)、箭射着了(箭射中了)、我介书(我的书)、呐人拿住(被人抓着)、总把馦掉啰(全部吃光了)。

2.句法

(1)特殊词序

A.否定句,常把否定成分置动词谓语前。如:

牛尾绘遮得住牛膝髀(牛尾巴遮不住牛屁股)

做戏绘少得拍锣仔(演戏少不了打锣的)

B.表示对某种动作行为的取舍时,句中的肯定或否定成分可置动词谓语后。如：

死得谪怀得(可以死,不可以受辱骂。意即"士可杀,而不可辱")

C.表示动作重复,可以把副词"添"移置句末。如：

唵去建宁府蜀轮添(再到建宁府一趟)

吼渠饐蜀瓯茶添(叫他再喝一杯茶)

(2)反复问,建瓯有多种不同表达形式。如："你吃不吃饭",当地可以表达为：

你饐饭怀饐饭/你饐饭怀饐/饭你饐怀饐/你饭饐怀饐/你饐饭饐怀饐,等等。

(3)数量结构,数词为"一"(蜀 tsi⁶),在句子中有时可省略不说。如：

隻人夷猪,八人拿骸(一人杀猪,八人抓腿脚)

隻钱买胡椒,隻钱买甜豉(一个铜钱买胡椒,一个铜钱买豆豉)

第三节　建瓯话暗语

建瓯民间曾流行过两类暗语：一种是商贩在商品市场交易中使用的隐语；另一种是被人们称为鸟语的切口,即所谓民间的切语。下据此做些说明。

一、行用于商品交易中的暗语

用于商品交易中的暗语,建瓯人称其为"话白仔"或"丢江(湖)口"。据潘渭水介绍[1],主要用于顾客、货物及其价格、数目等方面。

例如顾客,商贩称其为"货钞";对乡下人,则称之为"监婢叔"或"监婢";对外来工,则称其为"胡伯、老胡"(因外来工为"无三证"者,况无、胡同音,因有此名)等等。

对于市面交易的货物,也常用暗语称述。如商家称大米为"蜂仔",麦子为"皮仔",黄豆为"珠仔";叫香菇为"乌面",白笋为"白袍",笋干为"竹兜"。而对于家禽鱼类,则鸡称"尖嘴",鸭子称"扁嘴",鱼称"摆尾";肉类之中,猪头叫"元宝",猪肚叫"灯笼",排骨叫"排栅",肥肉叫"白的",瘦肉叫"红的",

---

① 潘渭水:闽北方言研究[M]福州:福建教育出版社,2007:213－214,215－216.

等等。

对于钞票，常用"工农兵"指十元钞，用"黄牛"指五元钞；而卖菜小贩，则把钞票的币值"角"说为"斤"，如"三斤"即"三角钱"，十五斤指一元五角。

数字方面，建瓯话也有不同形式暗语。例如有的商店称述从一到十的数字是条龙（一）、漏工（二）、横川（三）、空回（四）、缺丑（五）、断大（六）、皂底（七）、散人（八）、缺丸（九），生动形象，隐晦曲折；有些商家则另用一套暗语称述，如"柳"（一或十）、月（二）、汪（三）、则（四）、中（五）、辰（六）、星（七）、张（八）、艾（九），则令人颇费思量。有的则干脆借用唐诗人贾岛的名句"鸟宿池边树，僧敲月下门"或自编诗文以替代之。

其他形式的暗语，还有一些，此不赘述。暗语的产生，自然与其行用的地域自然环境、经济状况和社会思想意识紧密相关。建瓯地处闽北山区，交通闭塞，与外界接触、交流较少。因此，封建时代长期自给自足的生产方式与商品经济的落后、不发达，使人们的眼界和胸怀受到局限，各行各业尤其商品交换领域中易于形成畸形的自我保护意识与在讨价还价中的自我戒备心理。这大概正是当地方言中暗语产生与行用的历史地理和文化心理原因。新中国成立之后，随着国有经济和集体经济的发达，上述形形色色的暗语一度销声匿迹。改革开放以来，随着市场经济的繁荣和多种经营方式的发展，上述的暗语又有所抬头。

二、流行于偏远山村的"鸟语"

鸟语，又称"隻仔语"[tsia^{24} tsie^{21} ŋy^{21}]或"燕语"[iŋ^{33} ŋy^{21}]、"燕仔语"[iŋ^{33} tsie^{21} ŋy^{21}]①

事实上，它是用建瓯方言的声韵改变后产生的一种切语。其方法是将一个汉字拆合成建瓯方言读音的音节声母和韵母，在声母后加 i 或 iŋ（鼻音韵后），韵母前加 l，然后将声、韵位置前后对调，成为"l＋韵母"＋"声母＋i（或 iŋ）"结构，一个音节便成为两个音节。例如：

过 kua^{33}—lua^{33} ki^{33}　溪 khai^{54}—lai^{54} khi^{54}

这样，词语"过溪"[kua^{33} khai^{54}]（过河）的切语便成为"lua^{33} ki^{33} lai^{54} khi^{54}"。

同理，词语"电光"[tiŋ^{55} kuaŋ^{54}]（电灯）的切语便说为"liŋ^{55} tiŋ^{55} luaŋ^{54}

---

① 潘渭水：闽北方言研究[M].福州：福建教育出版社，2007：213－214，215－216.

kiŋ⁵⁴"；而"衣裳"［i⁵⁴ tsiɔŋ³³］的切语便说为"li⁵⁴ i⁵⁴ liɔŋ³³ tsiŋ³³"。

第四节　闽北方言内部异同

一、语音异同

1.共同特点［与大多数闽语相同的，如无轻唇音 f(古非组)、无舌上音(古知组)，等，此不赘列］

(1)普通话部分声母读 l(古来母)，闽北读 s。如：卵、笠，建瓯、政和、松溪分别读 sɔŋ⁴、sɛ⁶，sauŋ⁶、sɛ⁶，suiŋ、syœ⁶；建阳、武夷山、石陂，则分别读 suŋ⁵、se⁸，suiŋ⁶、sie⁸，sueiŋ¹、se¹。

(2)普通话部分卷舌音声母 tʂh、ʂ(古禅母)，闽北读 x、ɦ、j 或零声母。例如：社、船，建瓯、政和、松溪分别读 ia⁶、yiŋ²，sia⁶、yiŋ²ᵇ，xia⁶、yiŋ²ᵇ；建阳、武夷山、石陂，则分别读 ɦia⁵、ɦyeiŋ²ᵇ，jia⁵、yiŋ⁵，ɦia⁵、ɦyŋ²。

(3)普通话部分 k、tɕ、ɕ 声母(古见、晓母)，闽北读 kh、x 或零声母。例如：菇、虎，建瓯、政和、松溪读 u²、khu²，xu⁵、khu³，xu¹、khu³；建阳、武夷山则分别读 ɦo³、kho³，ku¹、khu³。

(4)普通话部分开口呼，闽北读合口；一些非撮口呼，闽北读撮口。如：大、鼠、献，建瓯、政和、松溪分别读 tue⁴、tʂhy²、xyiŋ³，tuɛ⁶、tʂhy³、xyiŋ⁵，tua⁶、tʂhy³、xyŋ⁵；建阳、武夷山、石陂则读 tue⁶、tʂhy³、xyeiŋ⁵，tuɛ⁶、tʂhy³、xyiŋ⁵，tua⁶、tʂhy³、xyŋ⁵。

(5)普通话鼻音尾韵，闽北一概收 ŋ 尾。如：心、亲、冰，建瓯、政和、松溪分别读 seiŋ¹、tsheiŋ¹、paiŋ¹，seiŋ¹、tsheiŋ¹、paiŋ¹，seiŋ¹、tshɛiŋ¹、paiŋ¹；建阳与武夷山则读 sɔiŋ¹、tshɔiŋ¹、paiŋ¹。

(6)古入声字今闽北读开尾韵。如：立、七、逼，建瓯、政和、松溪分别读 li⁶、tshi⁷、pi⁷，tsai⁵、tshi⁷、pi⁷，tsa⁷、tshei⁷、pei⁷；建阳、武夷山则分别读 lɔi⁸、thɔi⁷、pɔi⁷，lei⁸、thei⁷、pei⁷。

2.内部差异

(1)古浊音声母字(古并、定、从、邪、澄、群、匣等母)，东片一律清化，西片则保留浊音读法。如：步、行，东片的建瓯、政和、松溪分别读 pu⁴、kiaŋ²，po⁵、kiaŋ²ᵇ，po⁷、kiaŋ²ᵇ；西片的建阳、武夷山则分别读 βo⁶、ɦiaŋ²ᵇ。

（2）普通话部分塞擦音声母（tʂh、tʂh），东西两片读音不同。如：草、床，东片的建瓯、政和、松溪分别读 tshau²、tshɔŋ³，tshɔ³、tshauŋ²ᵃ，tshɔ³、tshaŋ²ᵃ；西片的建阳、武夷山则分别读 thau³、thɔŋ²ᵃ，thau³、thɔŋ²。

（3）普通话部分送气塞音，西片读擦音 h，东片仍读塞音。如：偷、超，东片的建瓯、政和、松溪分别读 the¹、thiau¹，the¹、thio¹，tha¹、thyo¹；西片的建阳、武夷山则分别读 həu¹、hiə¹，hiəu¹、hiu¹。

（4）普通话部分 aŋ、iaŋ 韵母（古宕开一、江开二），东片读音多不同，西片则多混同。如：当、江，东片的建瓯、政和、松溪分别读 tɔŋ¹、kɔŋ¹，tauŋ¹、kɔŋ¹，taŋ¹、koŋ¹；而西片的建阳、武夷山、石陂则一律读 tɔŋ¹、kɔŋ¹。

（5）普通话部分 un、uan 韵母（古臻合三，山合一），闽北各地多合并为一韵。合并后东片的松溪与西片石陂读为同音，其他各地读音则不相同。如：敦孙、酸软，松溪、石陂韵母均 ueiŋ；其他各处韵母读音是：建瓯 oŋ、政和 auŋ、建阳 uŋ、崇安 uiŋ。

二、词汇异同

表 5-7

普通话	建瓯	松溪	建阳	武夷山
打雷	响雷 xiɔŋ² so³	响雷 xiɔŋ³ suei²ᵃ	响雷 xiɔŋ² sui²ᵃ	响雷 xyɔŋ³ sui²
阴天	乌天 u¹ thiŋ¹	乌天 u¹ thiŋ¹	乌天 o¹ thieiŋ¹	乌天 u¹ hiŋ¹
河滩	溪坪 khai¹ piaŋ²	溪洲 khai¹ tsiu¹	溪洲坪 khai¹ tsiu¹ piaŋ²	溪洲 khai¹ tsiu¹
泥土	泥 nai³	泥 nai²	泥 nai²	泥 nai²
坟墓	冢 tœɣŋ³	冢 tœɣŋ³	冢 teiŋ³	冢 təŋ³
上午	昼前 te³ tshiŋ⁵	昼前 tɒu⁵ tshiŋ²ᵃ	昼前 to⁵ tshieŋ²	昼前 tu⁵ tshiŋ²
下午	昼了 te³ lau⁶	昼了 tɒu⁵ lɒu⁸	昼了 to⁵ lau⁵	昼了 tu⁵ lau⁵
每日	工工 kɔŋ¹ kɔŋ¹	工日 kouŋ¹ nei⁸	工工 kouŋ¹ kouŋ¹	工工 həŋ¹ həŋ¹
玉米	包萝 pɔ¹ lo³	包萝 po²ᵃ lo²ᵃ	番米 xueiŋ¹ mɔi⁵	包粟 pau¹ səu⁷
丝瓜	缠萝 taŋ² lɔ³	藤萝 taŋ²ᵇ lɔ²ᵃ	布瓜 pɔ⁵ kua¹	天萝 hiŋ¹ lo²
葵花	日头阳 mi³ the³ iɔŋ³	日头莲 nei⁸ tha² laŋ²	日头葵 nɔi⁸ heu²ᵃ ky²	日头花 nei⁸ hiəu² xua¹
公牛	牛牯 niu² ku²	牛牯 niu²ᵃ ku³	牛牯 niu²ᵃ kɔ³	牛牯 ŋiu² u³
母猪	猇嫲 khy² ma⁵	猇嫲 khy³ mɒ²ᵃ	猇嫲 khy² ma²ᵃ	猇嫲 khəu³ ma²

续表

普通话	建瓯	松溪	建阳	武夷山
泥鳅	鰍 tɕhiu¹	鰍 tɕhiu¹	沉鱼 lain² ŋy²	黄鰍 ɔŋ² tɕhiu¹
蟑螂	蟧 tsue⁶	蟧 tsua⁸	蟧 lue⁸	蟧 luai⁵
笋筐	笋仔 sue³ tsiɛ²	谷筥 ku⁷ tsy⁵	米笋 mɔi⁵ sue⁵	笋 syai²
斗笠	箬笠 liau⁶ se⁴	箬笠 syœ⁸ syœ⁶	箬笠 niɔ⁸ ny²	箬笠 ŋyo⁸ sie⁸
木柴	樵 tɕhau³	樵 tɕhɒu²	樵 tɕhau²	樵 tɕhau²
镰刀	截仔 tsai⁴ tsiɛ²	禾镰 uei² liŋ²	截仔 tsai⁸ tsie⁴	禾镰 ui² liŋ²
肥皂	胰子 i² tsiɛ²	番子碱 xueiŋ¹ tsie¹ kaŋ²	鬼子碱 ky³ tsie³ kaiŋ³	番鬼碱 xuaiŋ¹ kəu³ kaiŋ³
炊帚	梡筅 xɔŋ⁴ thiŋ²	饭筅 pouŋ⁶ tiŋ⁴	筅帚 hiŋ⁴ tsiu⁴	筅帚 hiŋ³ tsiu²
泔水	潲水 sau³ sy²	潲水 so⁵ sy³	潲水 sau⁵ sy³	潲水 sau⁵ sy³
厨房	鼎间 tiaŋ² kaiŋ¹	鼎间 tiaŋ⁴ kaiŋ¹	鼎间 tiaŋ⁴ kaiŋ¹	鼎间 tiaŋ³ kaiŋ¹
柱石	柱磉 thiu⁴ sɔŋ²	柱蹄 thiu⁶ tai²	柱磉 hiu⁴ sɔŋ⁴	磉石 sɔŋ³ tsyo⁷
屋檐	厝檐 tɕhiɔ³ saŋ³	檐尾 saŋ⁵ muei⁴	厝檐 tɕhiɔ⁵ saŋ²	厝檐 tɕhyo⁴ iŋ²
屁股	膝髀 tse³ phai³	屎窟 si⁴ khuei⁷	屎窟髀 si⁴ kui⁷ pai³	屎窟门 si³ khui⁶ meiŋ²
肚子	腹 pu⁵	腹 pu⁷	腹 po⁷	腹 pu⁶
疼痛	疾 tsi⁴	疾 tsei⁶	疾 tsɔi⁸	疾 tsei⁷
中暑	痧着 sa¹ tiɔ⁴	成痧 xiaŋ³ sɒ¹	痧着 sa¹ tiɔ⁸	发痧 xuai⁶ sa¹
腹泻	泻腹 sia³ pu⁵	泻腹底 siɒ⁵ pu⁷ tai⁴	泻腹 sia⁵ po⁷	泻腹 sia⁴ pu⁶
痢疾	病赤痢 paŋ⁴ tɕhia⁵ li⁴	病赤痢 paŋ⁶ tɕhiŋ⁷ lei⁶	拍痢疾 ma⁷ tɕhia⁷ li⁸	赤痢 tɕhia⁶ lei⁵
交合	嗑鳖 ie⁶ pie⁵	做鳖 tsɒ⁵ pie⁷	做鳖 tsa⁵ pie⁷	做鳖 tsa⁴ pi⁵
孩子	囝仔 kyiŋ² tsiɛ²	囝仔 kyiŋ³ tsie³	囝仔 kyeiŋ³ tsiɛ²	囝仔 kyaiŋ³ tsie³
哥哥	哥子 kɔ¹ tsiɛ²	哥子 kɔ¹ tsie³	哥子 kɔ¹ tsie³	哥子 kɔ¹ tsie³
妹妹	妹子 mɛ⁴ tsiɛ²	妹子 muei⁶ tsie³	妹子 mui⁶ tsie³	妹子 mi⁶ tsie³
外婆	畲嫲 tɕia³ ma³	妈子 mɒ³ tsie³ 奶奶 nai⁴ nai⁴	婆婆 po² po²	外婆 ŋyai⁶ po²
女婿	郎 sɔŋ³	郎 sɔŋ¹	郎 sɔŋ² ᵃ	婿郎 sei⁵ sɔŋ²
木匠	作头 tsɔ⁵ the³	作头 tsɔ⁷ tai²	作头 tsɔ⁷ həu²	作头 tsɔ⁷ həu²
厨子	厨官 tiu⁵ kuiŋ¹	厨官 tœy² ᵃ kueiŋ¹	厨官 ty² ᵃ kueiŋ¹	厨官伯 təu² kuaiŋ¹ pa⁶
乞丐	化馁 xue³ ie⁶	化馁 xuɒ⁶ ie⁸	化馁 xue⁵ ie⁸	讨饭 thau³ piŋ⁵

续表

普通话	建瓯	松溪	建阳	武夷山
和尚	道老 tau⁶lau³	长老 tiaŋ³lo³	长老 tiɔŋ³lau³	长老 tyɔŋ³lau³
吃	馐 iɛ⁶	馐 xuŋ⁶	馐 xue⁵	馐 i⁷
看	觑 tshu³	觑 tshɒu³	觑 tsəu³	觑 tsiəu³
蹲	跍 ku¹	跍嘟 ku¹tu¹	嘟 to¹	都住 tu¹tiu⁵
睡觉	目眯 mi³tshi⁵	目眯 mu⁸tshi⁷	目眯 mi⁸tshi⁷	眯 tshi⁶
玩儿	嬉 xi¹	嬉 xœy¹	嬉 xi¹	嬉 xi¹
驱逐、追赶	逮 tai⁴	驱 khy¹	继 kai⁵	继 kai⁴
寻找	捞 lau⁴	捞 lo⁶	捞 lɔ⁵	捞 lo⁶
休息	歇闲 xyɛ⁵xaiŋ³	歇气 xœ⁷khi⁵	歇 xie⁷	歇累 xyai⁶lui⁵
回家	厝去 tshiɔ³khɔ³	倒去 tai⁵ko⁵	倒去 tau⁵khɔ³	来厝 lie²tshyo⁴
漂亮	雅式 ŋa²si⁵	雅式 ŋɒ³si⁷	雅式 ŋa³si⁷	清水 theiŋ¹sy³
丑陋	生得呆 saŋ¹te⁵ŋai³	惊人 kiaŋ¹nein²	惊人 kiaŋ¹niɔŋ²	畏人 əu⁵nein²
干净	来俐 lai²li⁴	清气 tsheiŋ¹khi⁵	伶俐 la⁶lɔi⁶	伶俐 laŋ⁴lei⁵
肮脏	邋遢 la⁶sa⁵	黑死 mai⁵sɐi⁴	龌龊 ɔ¹nɔ⁷	邋遢 la²sai⁵
可爱	好惜 xau²tshiɔ⁵	好惜 xo⁷tshyo⁷	好惜 xau³tshiɔ⁷	得人惜 tie⁶nein²tshyo⁶
吝啬	吝鄙 sɛ⁵phi²	小气 siukhi⁵	涩 se⁷	啬鄙 sie⁶hei³
狭窄、紧	饱 pa²	饱 pɒ⁸	□ua³	饱 βa³
遥远	辽 tau⁶	辽 to⁸	辽 lau⁵	辽 lau⁵
丢人	跌鼓 tie⁵ku³	跌鼓 tie⁷ku³	跌鼓 tie⁷ko³	跌鼓 ti⁷ku³
多少	几多 ki²tue¹	几多 ki³tua¹	几多 ki³tue¹	几密 ki³mei⁷
不敢	唔敢 eiŋ⁶koŋ³	唔敢 ɔŋ⁸kaŋ³	唔敢 oŋ⁶niɔŋ⁶	唔敢 ŋ⁷ŋyoŋ⁶
要(要去)	让 niɔŋ⁴	让 niɔŋ⁶	让 niɔŋ⁶	让 nyoŋ⁶
那么	兀只 u⁵tsia⁵	兀只 ua⁷tsia⁷	兀只 o⁷tsia⁷	兀只 ua⁵hai⁶

三、语法异同

1.共同特点

(1)名词

A.表示动物性别,东西两片凡雄性兽类,有角的用"牯",无角的加"猳",而禽类则加"角",或加"牯",或加"雄";而雌性则一律加"嬷"。如:牛牯(公牛)、狗猳(公狗),鸡角(公鸡)、鸭雄(公鸭)、鹅牯(公鹅);羊嬷(母嬷)、驴嬷(母驴)、鹅嬷(母鹅)。

B.名词词尾,普遍用"仔"。其中的"仔",或词义已完全虚化,如"索仔"(绳子)、帽仔(帽子)、橱仔(橱子);有的还带有"细小"义,如:鸡仔(小鸡)、鸭仔(小鸭)。

(2)动词

凡表示动作尝试或短暂之义,两片都常用"动词重叠＋下"的"AA下"式结构表示。如:"听听下"(听一听)、"讲讲下"(说说一下)。

(3)部分虚词,东西两片用词及用法相同。如:

普通话时间副词"刚才",东西两片都说"顷顷"。如:渠顷顷来过(他刚来过)。

普通话否定副词"不",东西两片都说"怀"(建瓯[eiŋ⁴]、建阳[oŋ⁶])。如:捞怀着(找不到)。

普通话否定动作可能的副词"不会",闽北东西两片都说"艙"(建瓯[mai⁶],建阳同)。如:艙跳了,就到了(不远了,就要到了);"今下艙热"(今天不热)。

普通话介词"把",闽北东西两片都说"拿",如:"拿钱纳你"(把钱给你)。

普通话兼具介词与连词性质的"和、同、跟"等,闽北都说"邀"(建瓯[iau¹]、建阳[io¹]),如"邀渠齐齐去"(跟他一起去)。

普通话表示从属的语气助词"的",闽北各地多说"介"[kɛ⁵](建瓯[kɛ⁵]、建阳[kɛ⁵])。如:我介书(我的书)。

(4)部分特殊句式,闽北话东西两片说法近似。如:

否定句,东西两片都用否定词"艙"＋动词方式表示。如:我艙拿得起(我拿不动);我艙觑得见(我看不见);

疑问句,不用疑问助词"呢、吗"表示,闽北话一般用肯定与否定词连用的形式表示。如:渠会话广州事艙(他会说广州话吗);你馠过咖啡糟(你喝过咖啡吗)(建瓯"糟"[mi⁴naiŋ²];建阳"慒"[naiŋ³],义同)。

反复问,用动词的肯定与否定式连用表示。如:拿书纳你,让怀让(把书给你,要不要);语速较快时,否定成分甚至可以省略。如上述之例中之"让怀让",快说时可以读成"让让"。

用"会"与"艐"组合表示选择,也是反复问的一种形式。如:"兀的桃会酸艐"(那些桃子酸不酸);其句式,还可以说成"兀的桃会艐酸",意思不变。

2.内部差异

闽北话东西两片在语法上的主要差异是语法用词不同。如:

普通话时间副词"从前",东片建瓯话说"闲把时"[aiŋ² pa³ si³],如:"杭州西湖我闲把时来过"(杭州西湖我从前来过);西片建阳话则说"闲下"[ɦaiŋ³ xa⁶],如:普通话"我从前是村干部",建阳话则说"我闲下是村干部"。普通话时间副词"快要、即将",东片建瓯话说"讨"[thau³],而西片建阳话说"好咧"[xau⁴ le⁷],如普通话说"天快亮了",东片建瓯话说"讨天光了",而西片建阳话则说"好咧天光"。

普通话表频度的副词"再",东片建瓯话说"唵"[aŋ¹],而西片的建阳话则说"再",与普通话无别。例如,普通话"吃了饭再去",建瓯话说"饭饹了唵去",建阳话说"饹了饭再去"。

普通话否定时间的副词多用"没有、没"等,东片建瓯话说"未曾"[mi⁴ naiŋ²],西片建阳话则说"儎"[naiŋ³]。例如:建瓯话"未曾找着渠"(没有找到他),"你饹着荔枝未曾"(你吃过荔枝没有);建阳话如:"我儎肥过"(我没有肥胖过),等等,与建瓯话有别。

普通话兼表范围或程度的副词"还",东片建瓯话多说"故"[ku³],如:"厝里有人"(家中还有人)、"桃故未曾熟"(桃子还没熟)。西片的建阳,则用"按"[aŋ⁵],与东片不同。如"桃园按儎熟"(桃子还没熟)。

第五节 建瓯话篇章语料

一、谚语

1.天气谚

春天后奶面 tshœyŋ¹ thiŋ¹ xe⁴ nai² miŋ⁴(春天后娘脸,指变幻无常)

春露雨淋淋,夏露断雨神;秋露做秋淋,冬露大天晴 tshœyŋ¹ su⁴ xy⁴ lein³ lein³,xa³ su⁴ toŋ⁴ xu¹ sein²;tshiu¹ su⁴ tsa³ tshiu¹ lein³,toŋ¹ su⁴ tuɛ⁴ thiŋ¹ tsaŋ⁴(春雾有雨,夏雾无雨;秋雾雨不停,冬雾主晴。按:当地人说雾为露 su⁴)

惊蛰怀响雷,棉被会发霉 keiŋ¹ ti⁴ eiŋ¹ xioŋ² so³,miŋ³ phyɛ⁴ ɔ⁵ xuai⁵ mo³(惊

蛰不打雷,天气将阴雨连绵、空气潮湿)

清明断雪,谷雨断霜 tshein¹ mein³ toŋ⁴ xye⁵ , ku⁵ y⁶ toŋ⁴ soŋ¹(清明若停止下雨,谷雨将停止下霜)

过节会出龙船水 kua³ tsai⁵ ɔ⁴ tshy⁵ lœyŋ³ yiŋ³ sy²(端午节多雨水连绵,使河港水位提高)

云遮中秋月,雨拓上元灯 œyŋ² tsia¹ tœyŋ¹ tshiu¹ ŋye⁶ , xy⁴ ma⁶ tsyiŋ⁴ ŋyiŋ³ taiŋ¹(中秋节下雨,来年元宵节也下雨)

山露雨,溪露晴 suiŋ¹ su⁴ xy⁴ , khai¹ su⁴ tsaŋ³(山头罩雾主雨,溪面有雾主晴)

2.农事谚

打田无功夫,就靠骹手粗 ta² tshaiŋ³ mau² koŋ¹ xu¹ , tsiu⁴ khau³ khau¹ siu² xu¹

莳膡莳得深,架下秧担镒点心 tshi³ tshaiŋ² tshi³ te⁵ tshein¹ , ka³ xa⁴ ɔŋ¹ taŋ¹ iɛ⁶ taŋ² sein¹(插秧深了,便可卸下挑秧苗的担子放心去吃点心)

头遍慢慢耙,二遍拿草嫲 the³ phiŋ³ maiŋ⁴ maiŋ⁴ pa³ , ni⁴ phiŋ³ na⁶ tshau² ma³(稻田耘草,第一遍细致、认真,第二遍就只要拔除漏掉的大丛草即行)

上丘流下丘,三工到福州 tsioŋ⁴ khiu¹ lau⁴ a⁴ khiu¹ , saŋ¹ koŋ¹ tau³ xu⁵ tsiu¹(秧田灌溉施肥后须防止水肥流失,影响庄稼生长)

二月茶发芽,四月茶拓骹;五月茶出山,六月去做官 ni⁴ ŋye⁶ ta³ pue² ŋa³ , si³ ŋye⁶ ta³ ma⁶ khau¹ ;ŋu⁶ ŋye⁶ ta³ tshy⁵ suiŋ¹ , ly⁶ ŋye⁶ khɔ³ tsa³ kuiŋ¹(茶叶二月发新芽,四月枝繁叶茂,为采茶旺季,五月出山上市,六月春茶茶事结束,茶农休闲)

二月二,笋出鼻;三月三,笋担担 ni⁴ ŋye⁶ ni⁴ , sœyŋ² tshy⁵ phi³ ; saŋ¹ ŋye⁶ saŋ¹ , sœyŋ² taŋ⁶ taŋ¹(二月初,春笋刚从地底下伸出小尖芽;三月初,便见人们用担子来挑了)

桃三李四橄榄七 thau³ saŋ¹ li² si³ ka⁵ laŋ² tshi⁵(从栽种果苗到开花结果,桃子三年,李子四年,橄榄七年)

3.生活哲理谚

气力罔使罔侪 khye³ li⁶ mɔŋ³ sɛ² mɔŋ² tsai⁴(力气越用越多,勉人辛勤肯干;侪,多)

上树徒弟,下树师傅 ioŋ⁶ tshiu⁴ tu³ ti³ , a⁶ tshiu⁴ su¹ xu⁴(上树不易,下树更难。指历练多,本领更高)

万事通,饭碗空 uaiŋ⁴ si⁴ thoŋ¹ , pyiŋ⁶ uiŋ² khɔŋ¹(不能专精一行者往往糊口

不易）

么二三,卖长衫 iau¹ni⁴san¹,mai⁴ton²san¹（沉溺赌博,往往要卖掉衣物以维持生活。么二三,即一二三,指骰子的点数。）

把心怀定,抽签算命 pa²sein¹ein⁴tian⁴,thiu¹tshin¹son³mian⁴（缺乏主见的人往往要抽签算命,做迷信）

好竹出好笋 xau²ty⁵tshy⁵xau²sœyŋ²（好家庭教育出好子女）

掯刀无样,罔掯罔似像。ma⁶tau¹mau³ion⁴,mon²ma⁶mon²su⁴sion⁴（打制刀具没模式,可边做边学。即实践出真知）

好怀好,问三老。xau²ein⁴xau²,mon⁴san¹lau²（事无大小,应多征询有经验的老人意见。三老:指德高望重的老人）

二、歇后语

刘备招亲——弄假成真 liu²pi⁴tsiau¹tshein¹——loŋ⁴ka²tshein²tsein¹

花篮打水——两头空 xua¹san³tan¹sy²——lien⁶the³khon¹

鼻屎当盐馅——小气 phi⁴si²ton³in³ie⁶——siau²khi³（馅:吃）

道老仔念经——有喙无心 tau⁴lau²tsiɛ²nan⁴kein¹——iu²tshy³mau²sein¹（道老仔:小和尚;喙:口,嘴巴）

蠓蝶仔扑火——自己捞死 mon²ia⁶tsiɛ²phu⁵xo²——tsu³tsi⁴lau³si²（蠓蝶仔:小飞蛾;捞死:找死）

鼠豻仔借鸡——有借无还 tshy²tsai²tsiɛ²tsiɔ⁵kai¹——iu²tsiɔ⁵mau²xin³（鼠豻仔:黄鼠狼)

空心水萝卜——好觑怀好馌 khon¹sein¹sy²lɔ³pɛ⁴——xau²tshu³ein⁴xau²iɛ⁶（好觑:好看;怀:不;好馌:好吃）

落雨天担秆——罔担罔重 lɔ⁶xy⁴thin¹tan¹kuin²——mon²tan¹mon²ton⁴（落雨天:下雨天;担:挑;秆:稻草;罔……罔:越……越）

三、童谣

月二奶

月二奶①,月光光。ŋyɛ⁶ni⁴nai³,ŋyɛ⁶kuan¹kuan¹

唱隻曲②,心头慌。tshion³tsia⁵khy⁵,sein¹the³xuan¹

---

① 月二奶:月亮。

② 曲:民间小调。

做饭娘①，饭菜香。tsa³ puiŋ⁴ nioŋ³，puiŋ⁴ tʃhɛ³ xioŋ¹

念书郎②，写文章。naŋ⁴ sy¹ loŋ³，sia² uoŋ² tsioŋ¹

讨樵郎③，入山乡。thau² tʃhau³ loŋ³，ni⁶ suiŋ¹ sioŋ¹

打塍郎④，蹂泥浆。ta² tʃhaiŋ³ loŋ³，nɔ⁵ nai³ tsioŋ¹

四、民歌

十八岁女嫁九岁郎

十八岁女嫁九岁郎⑤，si¹ pai⁵ xyɛ³ ny² xa³ kiu² xyɛ³ loŋ³

做事蜀工做到暗⑥。tsa³ ti⁴ tsi⁶ koŋ¹ tsa³ tau³ oŋ³

蜀暝嘘了三套尿⑦，tsi⁶ maŋ³ sy¹ lɔ¹ saŋ¹ to¹ niau⁴

天光故让倒尿床⑧。thiŋ¹ kuaŋ¹ ku³ nioŋ⁴ tau³ niau⁴ tʃhoŋ³

气得老娘心火起⑨，khi¹ tɛ⁵ lau² nioŋ³ seiŋ¹ xo² khi²

蜀骹拿你踢下床⑩。tsi⁶ khau¹ na⁶ ni⁶ thɛ⁵ a⁶ tʃhoŋ³

新妇娘，小心过⑪，seiŋ¹ py⁶ nioŋ³，siau² seiŋ¹ kua³

领大老翁无几年⑫。liaŋ⁶ tuɛ⁴ sɛ⁴ œyŋ¹ mau² ki² niŋ³

喙凋鲅等得新开井⑬，tʃhy³ tiau¹ mai⁶ taiŋ² tɛ⁵ seiŋ¹ khuɛ¹ tsaŋ²

腹饥鲅等得早禾黄⑭。pu⁵ kyɛ¹ mai⁶ taiŋ² tɛ⁵ tsau² o³ uaŋ³

等到老翁慢慢大，taiŋ² tau³ sɛ⁴ œyŋ¹ maiŋ⁴ maiŋ⁴ tuɛ⁴

---

① 做饭娘：煮饭的女人。

② 念书郎：读书的儿童。

③ 讨樵郎：砍柴的年轻人。樵：柴。

④ 打塍郎：种田人。打塍：种田。

⑤ 郎：男人

⑥ 蜀工：一天。暗：天黑。

⑦ 蜀暝：一夜。嘘尿：把尿。嘘，嘬圆嘴巴发出"嘘"声，逗引婴儿小便。套：当地作量词，"三套"即"三泡"（尿）。

⑧ 天光：天亮。故：还。让：要，必须。倒：躺；尿床：尿湿的床铺。

⑨ 老娘：妇女骂人时的自称。

⑩ 蜀骹：一只脚。拿：把。

⑪ 新妇娘：媳妇，儿媳。过：此指过日子。

⑫ 领大：抚养大。老翁：老公，即丈夫，男人。

⑬ 喙：嘴巴；凋：干燥。喙凋，即口渴。鲅等得：等不及。

⑭ 腹饥：肚子饿。早禾：早稻。

蜜蜂怀采落地花①。mi⁵ phɔŋ¹ ein⁴ tsho² lɔ⁶ ti⁴ xua¹

五、民间故事传说

lo³ ki⁵ sain¹ ŋɛku³ si³
雷 吉 生 其 故 事②

mein² tiɔ³ si³ xe⁴,kuin³ e¹ pɔŋ² tau⁶ tein³ tshy⁵ lɔ tsi⁶ tsia⁵ tsein¹ su⁴ lo³ ki⁵ sain¹.
明　朝 时 候，建 瓯 房 道 镇 出 了 蜀 隻 进 士 雷 吉 生③。

thiaŋ¹ liŋ⁴ ua⁵ ky⁴ tai³ siau² khi² tsiu⁴ tsein¹ tshɔŋ¹ mein²,naŋ⁴ sy¹ œyŋ⁴ kuŋ¹.xau¹ sy¹
听 聆 话 渠 迨 小 起 就 真 聪 明④，念 书 用 功，教 书

sin¹ sain¹ tsein⁴ thiɔŋ⁴ ky⁶. tsi⁶ kɔŋ¹ ɔŋ³ maŋ³,sin¹ sain¹ liŋ⁴ tein⁴ tshu⁴ kin⁴ ky⁶ kaŋ¹
先 生 尽 疼 渠⑤。蜀 工 暗 暝⑥，先 生 临 阵 觑 见 渠 肩

paŋ³ the³ iu³ liɔŋ⁴ tsaŋ² kein¹ si¹ tain¹ tsau² tɕɔ¹,si⁴ xɔŋ¹ ki¹ kuɛ³,sein¹ siɔŋ³ : iɔŋ⁴ tɕia⁵
膀 头 有 两 盏 金 丝 灯 罩 着⑦，十 分 奇 怪，心 想：样 隻

kyin² tsiɛ² tsɔŋ¹ lai² i⁵ tiaŋ⁴ ɔ⁵ tshein² tsɔ². kua³ lɔ³ ki³ kɔŋ¹,sin¹ sain¹ lɛ² tau³ sy¹
团 仔 将 来 一 定 会 成 才⑧。过 了 几 工⑨，先 生 来 到 书

ŋuiŋ⁴,lein² tein⁴ xuai⁴ xin⁴ ky⁶ kaŋ¹ paŋ³ the³ tsiɔŋ¹ tain¹ lɔŋ³ siau³ lo³ tsi⁶ tsaŋ²,tsiu⁴
院，临 阵 发 现 渠 肩 膀 头 上 灯 笼 少 了 蜀 盏⑩，就

mɔŋ³ ki⁵ sain¹ : "kein¹ tiɔ¹ iu² mau² tshy⁵ su¹ mu⁴ ti⁴?" ki⁵ sain¹ mai⁶ xau¹ tɛ⁵ sin¹
问 吉 生："今 朝 有 无 出 孰 么 事⑪?"吉 生 觖 晓 得 先

---

① 怀:不。落地花:喻人老珠黄（没人要了）。
② 其:的。
③ 蜀隻:一个。
④ 听聆:听;话:说;渠:他;迨小:从小。
⑤ 尽:很,非常;疼:疼爱;渠:他。
⑥ 蜀工:一天,一日;暗暝:晚上。
⑦ 临阵:忽然;觑见:看见;渠:他;肩膀头:肩上;金丝灯:灯笼的一种。
⑧ 样隻:这个。样:借音字。
⑨ 几工:几天。
⑩ 临阵:忽然;蜀盏:一盏。
⑪ 有无:有没有? 孰么:什么。

saiŋ¹ kɛi⁵ i⁵ su³, tsiu⁴ ua⁴: "mei⁴ tsa³ su⁴ ti⁴ ia." xe² keiŋ¹ siŋ¹ saiŋ¹ tsue³ saŋ¹
生 其 意思① 就 话② "未 做 孰事呀③" 后 经 先 生 再 三

mɔŋ⁴, tsue² siɔŋ² khi² tsu⁴ tsi⁴ iu² pɔŋ¹ neiŋ¹ sia² lɔ tsi⁶ xɔŋ¹ xiu¹ sy¹. siŋ¹ saiŋ¹ thiaŋ¹
问, 才 想 起 自己 有 帮 人 写 了 蜀 封 休书④。先 生 听

lɔ, ua⁴: "eŋ⁴ xau³ lɔ! ni⁶ kaŋ² keiŋ² pa² xiu¹ sy¹ tɛ⁵ tshu⁵ lɛ²!" ku³ to³ ky⁶ ua⁴:
了, 话: "怀 好 了⑤! 你 赶 紧 把 休 书 得 出 来⑥!" 故 对 渠 话⑦:

"xiu¹ sy¹ si⁵ thia⁵ suiŋ² neiŋ¹ ka¹ teiŋ³ kɛ, eŋ⁴ kɔŋ² pɔŋ¹ neiŋ³ tsa³ iɔŋ⁴ ti⁴!" ki⁵
"休 书 是 拆 散 人 家 庭 其⑧, 怀 敢 帮 人 做 样事⑨!" 吉

saiŋ¹ thiaŋ¹ liŋ⁴ lɔ, tɛ⁵ ti¹ tsu³ tsi⁴ tsa³ lɔ sa² kua¹ ti⁴, tsiu⁴ kaŋ² kiŋ⁶ siɔŋ² paŋ⁴ hua⁵
生 听 聆了⑩, 得知 自己 做 了 傻 瓜 事⑪, 就 赶 紧 想 办 法

tsiɔŋ¹ u⁵ xuiŋ³ sia² xiu¹ sy¹ kɛtsi⁴ tiau³ tɔ² tshu² lɛ². ky⁶ tɔ² u⁵ tsia⁵ neiŋ³ ua⁴, tsu³ tsi⁴
将 兀 份 写 休书 其 字 条 掏 出 来⑫。渠 对 兀 隻 人 话⑬, 自己

sia³ tsho⁴ lɔ³ tsi⁴, niɔŋ⁴ kai² tsi⁶ xa⁴. u⁵ tsia⁵ neiŋ³ tsiu⁴ tsiɔŋ¹ tsi⁴ tiau³ tɛ⁵ xiŋ³ ky⁶, ki⁵
写 错 了字, 让 改 蜀下⑭。兀 隻 人 就 将 字条 得 还 渠⑮, 吉

saiŋ¹ tɔŋ¹ tiɔŋ³ si¹ thio⁶. ki³ kuɛ³ ɛ si⁵, ky⁶ kaŋ¹ paŋ³ the² kɛliɔŋ⁴ tsaŋ² taiŋ¹ tsi⁶ khe²
生 当 场 撕掉。奇怪 其是⑯, 渠 肩 膀 头 其 两 盏 灯 蜀 刻

tsie² iu⁴ kuaŋ¹ lɔ.
仔 又 光 了⑰。

---

① 袂晓得:不明白;其:的。
② 话:说。
③ 孰事:什么事。
④ 蜀封:一封。
⑤ 怀好了:不好了。
⑥ 得出来:要回来。
⑦ 故:还;渠:他;话:说。
⑧ 其:的。
⑨ 怀敢:不可以;样事:这样的事。
⑩ 听聆:听见。
⑪ 得知:知道。
⑫ 兀份:那份;其:的;掏出来:取回来。
⑬ 渠:他;兀隻:那个;话:说。
⑭ 让:要;蜀下:一下。
⑮ 得还:还给;渠:他。
⑯ 其:的。
⑰ 其:的;蜀刻仔:一会。光:亮。

ki⁵ saiŋ¹ tau³ sy¹ ŋuiŋ⁴ naiŋ⁴ sy¹, mɔ² kɔŋ¹ ɔŋ³ maŋ³ tu² iu² tsi⁶ tsia⁵ ŋa² si⁵ kɛ a¹
吉　生　到　书　院　念　书，每　工　暗　暝　都　有　蜀　隻　雅　式　其阿

nioŋ³ kyiŋ² tsiɛ² lɛ³ po³ ky⁶, ky⁶ mai⁶ hau² tɛ⁵ si⁴ su¹ mu⁵ ŋeiŋ³. ky⁶ khɔ³ mɔŋ⁴ siŋ¹
娘　团　仔　来　陪渠①，渠　獪　晓　得　是　孰　么　人②。渠　去　问　先

saiŋ¹, siŋ¹ saiŋ¹ tsiu² mɔŋ⁴ ky⁶ saŋ¹ tɛ⁵ kɔŋ⁴ nioŋ⁴ si⁵. ki⁵ saiŋ¹ ua⁴: "tsein⁴ ŋa² si⁵.
生，先　生　就　问　渠　生　得　共　样　式③?吉生　话："尽　雅　式④。

tsi² si⁴ mi³ tshi⁵ si³ xe⁴ tshy³ ɔ⁵ lau³ luiŋ². "siŋ¹ saiŋ¹ ua⁴: "ioŋ⁵ i⁵ tiaŋ⁵ si⁵ u² li² tsein¹
只　是，眜　眜　时　候　喙　会　流　澜⑤。"先　生　话："样　一　定　是　狐　狸　精

pein⁴ kɛ, pɔŋ¹ ni⁶ ioŋ³ sein². mein³ tio¹ tsɔ³ lɛ², ni⁶ tsiu² pɔŋ¹ luiŋ² thɔŋ¹ a⁶ khɔ⁶,
变　其⑥，帮　你　上　神⑦。明　朝　再来，你　就　帮　澜　吞　下　去⑧，

tsuɛ³ sia² tsi⁶ tsia⁴.'suiŋ¹' tsi⁴, ɛ⁵ ky⁶ the² tsioŋ⁴. "ti⁶ ni⁴ kɔŋ¹, ki⁵ saiŋ¹ tsiau² siŋ¹
再　写　蜀　隻　'山'　字⑨，扼渠　头　上⑩。"第　二　工⑪，吉　生　照　先

saiŋ¹ ua⁴ kɛtsa³ lɔ, u² li² tsein¹ xiŋ⁴ tshy⁵ ŋyiŋ³ xein³, na⁵ nein³ ɛ⁵ suiŋ¹ khau¹ a⁶,
生　话其做了⑫,狐　狸　精　现　出　原　形，纳　人　压　山　骹　下⑬,

pu⁵ naiŋ³ tsɔ² xuɛ⁴ nein³ lɔ.
不　能　再　害　人　了。

ki⁵ saiŋ¹ ie⁶ lɔ u² li² tsein¹ kɛ luiŋ² sy², kaiŋ³ iu³ tsein¹ sein³, sy¹ mɔŋ² naŋ⁴ mɔŋ²
吉　生　镒了狐　狸　精　其　澜水⑭，更　有　精　神，书　罔　念　罔

---

① 　每工:每天;暗暝:晚上;蜀隻:一个;雅式:漂亮;其:的;阿娘团仔:女孩子;陪渠:
陪伴他。
② 　獪晓得:不知道;孰么人:什么人,谁。
③ 　生得:长得;共样式:什么样子,怎么样。
④ 　尽:很;雅式:漂亮。
⑤ 　眜眜:睡觉;喙:嘴巴;流澜:流口水。澜:唾液。
⑥ 　样:这;变其:变的。
⑦ 　上神:提神。
⑧ 　帮:把;澜:口水。
⑨ 　蜀隻:一个。
⑩ 　扼:按,放;渠:她。
⑪ 　第二工:第二日。
⑫ 　话其:说的。
⑬ 　纳人:被人;山骹:山脚。
⑭ 　澜水:口水。

xau². tsein² kein¹ kan³ khau² si² xe⁴ , sin¹ sain¹ son³ ky⁶ lɛ² tau³ kuin⁴ sein⁴ tshi⁷ sain¹

好①。 进 京 赶 考 时 候， 先 生 送 渠 来 到 县 城 七 星

kiau³ piŋ¹ , naŋ¹ lɔ tsi⁶ ky³ tsion⁶ liŋ³ : "tshi⁵ sain¹ kiau³ tsion⁶ lɛ² tso⁵ piɛ⁴ ." ki⁵ sain¹

桥 边②， 念 了 蜀 句 上 联③："七 星 桥 上 来 作 别。"吉 生

ein⁴ nion⁴ kon⁴ nion⁴ sion² tsiu⁴ to³ tshy⁴ a⁶ lin³ : "ŋu⁶ xon⁴ lɛ³ the² tsuɛ³ sion¹ xo⁴ ." sin¹

怀 让 共 样 想④， 就 对 出 下 联："五 凤 楼 头 再 相 会。"先

sain¹ thian¹ lin¹ lɔ tsein³ kau¹ xein¹. ŋu⁶ xon⁴ lɛ³ tsiu⁴ si⁴ kuin³ e¹ ku² lɛ³. tsi² iu² khau²

生 听 聆 了 尽 高 兴⑤。 五 凤 楼 就 是 建 瓯 鼓 楼，只 有 考

tœyn³ ŋenein³ tsuɛ² nain³ ion⁴ te⁵. ki² nin³ i² xe⁴, ki⁵ sain¹ tsein¹ ŋɛ tœyn³ pon², ion⁴

中 其 人 才 能 上 得⑥。几 年 以 后，吉 生 真 其 中 榜⑦，上

kein¹ tœyn³ lɔ tsein³ su⁴ , kuin¹ tsa³ tau³ san¹ san² tshuɛ⁵ ŋuin⁴.

京 中 了 进 士，官 做 到 三 省 察 院。

参考文献：

①福建汉语方言调查指导组.福建汉语方言概况（讨论稿）[M].厦门：厦门大学出版社，1963.

②黄典诚.福建省志·方言志[M].北京：方志出版社，1998：194－239.

③李如龙、潘渭水.建瓯方言词典[M].南京：江苏教育出版社，1998.

④潘渭水.建瓯方言熟语歌谣[M].福州：福建教育出版社，2000.

⑤李如龙.福建县市方言志12种[M].福州：福建教育出版社，2001：431－499.

⑥潘渭水.闽北方言研究[M].福州：福建教育出版社，2007.

---

① 罔⋯⋯罔：越⋯⋯越。

② 送渠：送他。

③ 蜀句：一句。

④ 怀让：不必。共样想：怎么想。

⑤ 听聆了：听了；尽：很。

⑥ 考中其人：考中的人。

⑦ 真其：真的。

第六章
闽中方言

第一节　闽中方言的形成与分布

　　闽中方言是闽语中使用人口较少的方言,主要通行于福建省中部永安、沙县和三明三个县市,而以永安话为代表。目前省内说闽中方言的人口不过 50 万左右。而永安话则又以该市行政中心所在地的燕城话为代表性方言。

　　历史上早期进驻闽中地区的是孙吴时期南下开发的汉人。他们主要分布于闽北地区的建瓯、南平与将乐一带,并给福建闽北山区带来上古时代以吴语为主的江淮吴楚方言。此后闽北一带以建瓯为中心的建溪流域便逐渐形成一个较为发达的经济文化区。而闽中一带则由于闽江上游三大支流沙溪、富屯溪和建溪在南平汇合,且南平又置县甚早(东汉建安元年—196),因此,一个以南平为中心,包括南平、沙县、三元和永安诸县市的另一个经济文化区也随之逐步形成。永嘉之乱,尤其南北朝间,中州汉人纷然入闽,给闽省带来上古中原汉语,与孙吴时期带来的江淮吴楚方言融合,成为早期闽北地区建瓯话与南平话的底色。此时的南平话应是闽中方言的早期代表。隋开皇元年(581),古延平地南部置设沙县,其辖地包括今永安辖域。唐宋时期,沙县社会稳定,经济有了长足进步,垦殖面积大增,桥梁交通发展迅速,加以地方文教事业蒸蒸日上,甚至出现了"五步一塾,十步一庠"的盛况,科举进士竟多达 129 人,声名远播遐迩,沙县话的地位也大幅度提高,渐次成为闽中地区最有影响的方言。明景泰三年(1452),沙县南部与尤溪西部重新划片,成立永安县,此时的永安话并无多大势力。明正统十三年(1448),铲平王邓茂七在沙县陈山寨揭竿而起,发动了中国历史上著名的农民起义,后遭明王朝残酷镇压而宣告失败,沙县的地位从此衰落,而新兴的永安县地位则随之上升,永安话的威信在闽中一带也逐步增强。随着闽中一带丰富的山地资源的发现、开发,闽中的木柴与煤炭、铁、锰、石灰石等矿藏的大量开采,位于闽中大谷地南端的永安便逐渐发展成为本地区举足轻重的农林产品与土特产的集散地。抗战期间,永安一度作为福建临时省会和全省抗战指挥中心,大大提升了其政治地位;新中国成立后,省内外重要交通大动脉鹰厦铁路从市内通过,当地又建起全省首屈一指的安砂水电站与永安火电厂,极大地带动了本区纺织、机械、建材工业的发展。特别是三明建成省内重工业基地之后,内地及沿海的许多大型工厂、企业纷纷搬迁永安、三明,上述两地成为福建中部最有活力的新兴工业城市。这一切又进一步巩固和提升了永安话在闽中方言中的地位和影响。上述这些便是闽中方言以闽北话为基础、同时又以永安话为代表的原因。闽中方言虽然以闽北话为基础,但当地历史上一贯有闽南与客赣移民来此避乱、经商、垦荒与从事手工业劳动,他们所带来的闽南口语与客赣方言对永安话便也产生了一定影响。

第二节　闽中方言代表——永安话

闽中方言以永安话为代表,下文重点介绍永安话。①

一、语音特点

1.声韵调系统

(1)声母表

p 帮肥	ph 批配	(m 妈闽)		b 米麦		
t 兜多	th 啼退	(n 奶拿)		l 来赖		
ʦ 借抓	ʦh 切催		s 洗寿			
ʧ 朱纸	ʧh 吹烧		ʃ 希书			
k 骄央	kh 口开	(ŋ 愚硬)	h 夫胡	g 我你	ø 禾歪	

[说明]

A.永安话共 17 个声母(含零声母)

B.声母 b、l、g 与鼻化韵拼合时带鼻音,读 m、n、ŋ。故 m、n、ŋ 可视为 b、

----

① 本章所记录的永安话是永安市区燕城口语。笔者早年曾向当地中学老师邱其永、刘思森等作过调查,近年又向永安一中高级教师范纯正、林永全等作了大量补充、调查与核实工作,在此向他们一并致以诚挚谢意。

l、ɡ的音位变体。

C.声母 tʃ、tʃh、ʃ为舌叶音,但发音时舌位偏平,不翘舌,与卷舌音不同。

(2)韵母表

①元音韵

a 爸呆	e 排雪	ø 谋灶	o 闹包
ɔ 把打	ɿ 支试	ɯ 果卧	i 梯皮
u 模胡	y 朱具	aɯ 刀波	ou 都苏
ia 开择	ie 债差	iø 搜巢	iɔ 车斜
iɯ 消猫	ue 坐胎	uɔ 拖沙	ui 推队
ya 纸蛇	ye 月吹	yi 辉水	iaɯ 修柱

②鼻音韵尾

am 江广	ɔm 孔冬	um 潘短	ym 衔
m 忠共	iam 横行	aŋ 尖兔	eiŋ 唱张
ieiŋ 贤演	ueiŋ 门问	yeiŋ 元旋	

③鼻化韵

ā 兵心	ō 三贪	ɿ̄ 灯陕	iā 针庆
iō 平生	uā 奔春		

[说明]

A.永安话共41个韵母,10个元音音位。

B.与其他闽方言比较,永安话元音韵尾除 i、u、y 外,多1个 ɯ;鼻音韵尾有 m、n、ŋ3个。

C.永安话韵母有鼻化韵,但无塞音尾韵;古入声字韵尾消失,并入元音韵。

D.-ŋ尾韵 aŋ、eiŋ、ieiŋ、ueiŋ、yeiŋ 等韵母之主元音均带鼻化音色彩。

(3)声调表

表 6-1

调类	1.阴平	2.阳平	3.阴上	4.阳上	5.去声	6.入声
调值	42	33	21	54	24	12
例字	碎边	排盘	品尾	部弟	怕度	百幕

[说明]

A.永安话共 6 个声调

B.永安话平声、上声都分化为阴、阳两类,去、入两调不分阴阳。

C.古入声字入声尾虽已丢失,但入声韵与入声调仍独立存在。

D.阳上调调值(54)较高,且较短促,不能延长。

2.连读变调

永安话二字组连读,后字不变调。而前字则除阳平不变外,一般要变调。其变调规律如下:

(1)前字阴平变阳平(33):

中秋 tam^{42} tsiau^{42}→tam^{33} tshiau^{42}

中年 tam^{42} gein^{33}→tam^{33} gein^{33}

中午 tam^{42} gu^{21}→am^{33} gu^{21}

中教 tam^{42} ko^{24}→tam^{33} ko^{24}

中下 tam^{42} hɔ^{54}→tam^{33} hɔ^{54}

开幕 khia^{42} po^{12}→khue^{33} po^{12}

(2)前字阴上变阳平(33):

小心 siɯ^{21} sā^{42}→siɯ^{33} sā^{42}

小年 siɯ^{21} gein^{33}→siɯ^{33} gein^{33}

小姊 siɯ^{21} tsi^{21}→siɯ^{33} tsi^{21}

小教 siɯ^{21} ko^{24}→siɯ^{33} ko^{24}

小雪 siɯ^{21} se^{12}→siɯ^{33} se^{12}

小麦 siɯ^{21} puɔ^{54}→siɯ^{33} puɔ^{54}

(3)前字阳上变阳平(33):

动心 tɔm^{54} sā^{42}→tɔm^{33} sā^{42}

动员 tɔm^{54} yein^{33}→tɔm^{33} yein^{33}

动手 tɔm^{54} tʃhiau^{21}→tɔm^{33} tʃhiau^{21}

社戏 ʃiɔ^{54} ʃi^{24}→ʃiɔ^{33} ʃi^{24}

动作 tɔm^{54} tsaɯ^{12}→tɔm^{33} tsaɯ^{12}

动脉 tɔm^{54} ba^{54}→tɔm^{33} ba^{54}

(4)前字去声,遇阴上、阳上变阳平,遇阴平、阳平、去声、入声变44。如:

A.菜子 tsha^{24} tsi^{21}→tsha^{33} tsi^{21}

　菜箸 tsha^{24} giɯ^{54}→tsha^{33} giɯ^{54}

B.菜心 tsha^{24} sā^{42}→tsha^{44} sā^{42}

　菜头 tsha^{24} thø^{33}→tsha^{44} thø^{33}

　变态 pan^{24} tha^{24}→pan^{44} tha^{24}

代笔 ta²⁴pi¹² → ta⁴⁴pi¹²

3.文白异读

永安话文白异读比较复杂。下举例说明：

（1）声母对应

表 6-2

文读	白读	例　字
l	s	罗 lauɯ² , suɔ²
	ʃ	狮 sʅ¹ , ʃia¹
	g	凝 lā² , giō²
ts	k	枝 tsʅ¹ , ki¹
tsh	th	拆 tsha⁶ , thiɔ⁶
s	ts	谢 siɔ⁵ , tsiɔ⁵
	tsh	粟 sy⁶ , tshy⁶
	tʃ	石 sʅ⁴ , tʃiɯ⁶
	ʃ	石 sʅ⁴ , ʃiɯ⁴
tʃ	t	住 tʃy⁵ , ty⁵
	th	柱 tʃy⁵ , thiau⁴
tʃh	ʃ	豺 tʃhia² , ʃia
ʃ	tʃ	首 ʃiauɯ³ , tʃiauɯ³
	s	穗 ʃyi⁵ , suɔ⁵
	k	悬 ʃyeiŋ² , kyeiŋ²（高）
h	p	枫 ham¹ , bɔm¹
	ph	浮 hɵ² , phauɯ²
	k	猴 hɵ² , kɵ²
ø	b	问 uā⁵ 学～ , bueiŋ⁵ ～话
	th	夷 i² , thai²（杀，宰）
	l	耳 øi³ , lā³
	ts	痒 iam³ , tsiam⁴
	h	雨 y³ , hu⁵

（2）韵母对应

表 6-3

文读	白读	例　　字
a	e	矮 a³，e³
	uɔ	盖 ka⁵，kuɔ²
	ue	胎 tha¹，thue¹
	ui	戴 ta⁵，tui⁴
e	a	节 tse⁶，tsa⁶
ø	iau	浮 hø²，phiau²
o	uɔ	我 go³，guɔ³
	ia	夹 ko⁴，kia⁴
ɔ	uɔ	麻 pɔ²，puɔ²
ʅ	i	枝 tsʅ¹，ki¹
	ia	狮 sʅ¹，ʃia¹
	ie	世 sʅ⁵，ʃie⁵
	iɯ	石 sʅ⁴，ʃiɯ⁴
ɯ	ø	告 kɯ⁵，kø⁵
	aɯ	稿 kɯ³，kaɯ³
	ya	鹅 gɯ²，gya²
i	a	密 bi⁴，ba⁴
	e	宜 gi²，ge²
	ia	狸 li²，ʃia²
	iɯ	席 si⁴，tshiɯ⁴
	iɔ	迹 tsi⁶，tsiɔ⁶
	ue	皮 phi²，phue²
	ya	蚁 gi⁵，gya⁵
	ye	饥 ki¹，kye¹
y	u	雨 y³，u⁴
	iɯ	粟 sy⁶，tshiɯ⁵
	iau	柱 tsy⁵，thiau⁴

续表

文读	白读	例　字
ĩ	ō	醒 sĩ³ , thō³
	iō	行 hĩ² , kiō²
iã	m	影 iã³ , m³
	ā	趁 thiã⁵ , thā⁵
	iō	声 siã¹ , siō¹
auɯ	ø	槽 tsauɯ² , tsø²
	u	沃 auɯ⁶ , u⁶
	ie	捞 lauɯ² , ʃie²
	ue	座 tsauɯ⁵ , tsue⁵
	uɔ	破 phauɯ⁵ , phuɔ⁵
ia	ue	解 kia³ , kue³
iɯ	o	猫 biɯ¹ , bo²
uɔ	ue	发 huɔ⁶ , pue⁶
	ui	消 huɔ⁴ , kui⁴
ui	e	会 hui⁵ , e⁴
	ue	对 tui⁵ , tue⁵
yi	ue	飞 hyi¹ , pui¹
iau	u	牛 giau² , gu²
	y	就 tsiau⁵ , tsy⁵
	iø	留 liau² , liø²
am	ā	浓 lam² , lā²
um	paŋ	放 hum⁵ , paŋ⁵
	yeiŋ³	碗 um³ , yeiŋ³
	ĩ	反 hum³ , pĩ³
iam	ɔm	长 tiam² , tɔm²
	m	秧 iam¹ , m¹
eiŋ	ĩ	肩 keiŋ¹ , kĩ¹
ueiŋ	uā	门 bueiŋ² , buā²

续表

文读	白读	例　字
yeiŋ	eiŋ	转 tʃyeiŋ,teiŋ
ā	ō	青 tʃhā,tʃhō
	ī	鳞 lā²,ʃī²
	iō	精 tsā¹,tsiō¹
ō	ym	衔 hō²,kym²

(3)声调对应

表 6-4

文读	白读	例　词
阴平	阳平	猫 biɯ¹ 熊～;bo² 野～
阳平	阳上	痒 iam² 痛～;tsiam⁴ 大～
阴上	阳上	李 li³ 姓～;ʃia⁴ ～仔　雨 y³ ～水;hu⁴ 落～
阳上	阳平	戴 ta⁵ 爱～;tui² ～帽　辈 pui⁵ 长～;pue² 上～
	去声	背 pui⁵ ～部;pue⁴ ～包　被 pi⁵ ～动;phue⁴ ～单　毒 tɔu⁴ ～药;thø⁵ ～死

二、词汇特点

1.常用词

表 6-5

普通话	永安话	普通话	永安话
雾	露 sɔu⁵	冰雹	龙雹 lam² pho⁴
旋风	风旋 haŋ¹ tsyeiŋ²	傍晚	暝昏 bō² hum¹
芦苇	芦 sɔu²	茅草	茅 bo²
西红柿	洋柿 iam² khi⁴	葫芦	胡瓜 hu² kua¹
辣椒	胡椒鼻 hu² tsiɯ¹ phi⁵	粳米	大禾米 tuɔ⁵ ue² bi³
大葱	胡葱 hu² tʃhaŋ¹	玉米	包黍 po¹ ʃy⁶
高粱	芦黍 lɔu² ʃy⁶	大蒜	胡蒜 hu² sum⁵
蚂蚁	蚁 gya³	苍蝇	蝇 suā²

续表

普通话	永安话	普通话	永安话
蟑螂	蟩 tsɔ⁴	鸽子	鸽 kɯ⁶
蜘蛛	马拉崎 bɔ³ lɔ¹ khiɔ²	蚯蚓	虾蟮 hɔ² seiŋ³
萤火虫	蚁火珠 gya³ hue³ tʃy¹	蜻蜓	笔蜓 pi⁶ kia¹
蝙蝠	蚍婆燕 pi² paɯ² ieiŋ⁵	麻雀	百家鹊 pɔ⁶ kɔ¹ iɯ⁵
猪圈	狶橱 khyi³ ty²	厢房	房厢 hum² ʃiam¹
厨房	鼎间 tiã³ kī¹	台阶	阶 kia¹
房间	席间 tshiɯ⁴ kī¹	草屋	茅庐 bɔ² lɔɯ²
茅房	肥寮 pui² lɔ²	狗窝	狗巢 ø³ tʃhiɔ²
犁	步犁 pu⁵ le²	搪瓷	洋瓷 iam² tsi²
斗笠	笠 ʃye⁴	猪食	汁水 tʃi⁶ ʃyi⁶
案板	砧 tā¹	锅铲	菜锹 tsha⁵ tshiɯ¹
勺子	匏栿 pu² khya¹	缝纫机	洋车 am² tʃhia¹
椅子	凳头 tī⁵ thø²	澡盆	桶坞 thaŋ³ u¹
脚盆	骹盆 kho¹ puã²	脸盆	杉锣 sōlaɯ²
肥皂	番子蜡 hum¹ tsā³ lɔ⁴	砚台	墨碗 ba⁴ um²
信封	信贷 sā⁵ tue⁵	钞票	票 phiɯ⁵
坟墓	冢 tam³	身体	完身 yeiŋ² ʃiā¹
脑袋	头壳 thø² khu⁶	腮帮	嘴斗 tse³ tø³
口水	澜涎 lum³ seiŋ²	尿床	搜尿 tʃhya⁵ giɯ⁵
负伤	着伤 tiɯ⁴ ʃiam¹	中暑	成痧 ʃiō² sɔ¹
浮肿	胖肥 phō⁵ pui²	恶心	做恶 tsaɯ⁵ ø⁴
打针	拍针 bɔ⁴ tʃiā¹	号脉	拿脉 lɔ¹ ba⁴
公公	阿官 ɔ¹ kɯ¹	婆婆	婆奶 paɯ² le³
父亲	俺爸 ō¹ pɔ¹	母亲	俺奶 ō¹ lī¹
堂亲畲	俺自畲 ō¹ tsi⁵ sɔ²	抱窝	发伏 pue⁶ pu⁵
盖(～被子)	遮 tʃi¹	编织(～毛衣)	结 ke⁶
收割	杀 sɔ⁶	想要	讨 thaɯ³
站立	徛地 khya⁵ ti⁵	蹲下	跑落 kɔu¹ laɯ⁴

续表

普通话	永安话	普通话	永安话
睡觉	倒眠 tauɯ⁵ bã²	吵闹	打相争 ta³ siam¹ tsõ¹
提防	防排 hum² pe²	放心	落心 lauɯ⁴ sã¹
生气	腹结 pu⁶ ke⁶	乘凉	歇凉 ʃie⁶ liam²
认识	识 ʃie⁶	聊天	话好嬉 uɔ⁵ hɔ³ hi¹
奉承	高褒 kɔ¹ pauɯ¹	下棋	动棋 taŋ⁴ ki²
弯曲	曲 khy⁶	容易	易 e⁵
凹	□bauɯ⁶	凸	突 tui⁴
勤劳	勤力 khyeiŋ² ʃia⁴	牢固	固极 ku⁵ ki⁴
稀罕	值钱 ti⁴ tsein²	谁	谁畲 ʃi² sɔ²
我们	俺侪 õ¹ tse²	哪些	何些 hɔ³ siɔ¹
这边	这地 tʃiɔ⁶ ti⁵	哪里	何地 hɔ³ ti⁵
这么	真么 tʃia¹ bo		

2.民俗词

表 6-6

普通话	永安话	普通话	永安话
日历	官历 kuŋ¹ liɔ²	冬至	冬节 taŋ¹ tse⁶
年初一	正月初一 tʃiõ¹ gye² tshɔuɯ¹ i⁶	元宵	上元 ʃiam⁴ geiŋ²
除夕	卅日暝 sõ¹ gi⁴ bõ²	清明	清明 tshã¹ bã²
端午	五月节 guɯ³ gye⁴ tsa⁶	赛龙舟	扒龙船 pɔ² lm² ʃyeiŋ²
包粽子	裹粽 kue⁵ tsaŋ⁵	七月初七	七夕 tshi⁶ si⁴
中元节	普度 phu² to⁵	八月十五	中秋 tam¹ tshiuɯ¹
九月初九	重阳 tam² iam²	冬至	冬节 taŋ¹ tse⁶
放风筝	放纸鹞 paŋ⁵ tʃya³ iuɯ⁵	娶亲	讨新妇 thauɯ³ sã¹ pu⁴
媒婆	媒人 bue² lã²	出嫁	行嫁 hĩ² kɔ⁵
择吉	择日子 təuɯ⁴ gi⁴ tsã1	嫁妆	kɔ⁵ tsoŋ¹
单身汉	老棍 kəm¹ kuã⁵	拜堂	pa⁵ təm²
再婚	二婚亲 gi⁵ huã⁴ tsha	新房	新娘厝间 sã¹ giam² tshiuɯ⁵ kiŋ¹

续表

普通话	永安话	普通话	永安话
新郎	新郎 sā¹ loŋ²	新娘	新娘 sā¹ giam²
怀孕	有身 iau³ ʃiā¹	害喜	病妹 pō⁵ bue⁵
	有妹了 iau³ bue⁵ lo	分娩	生妹 sō¹ bue⁵
坐月子	做月 tsau⁵ gye⁴	满月宴	满月酒 um³ gye⁴ tsiau³
周岁	朝晬 tiu¹ tsa⁵	接生婆	拾妹婆 khiu⁶ bue⁵ pau²
拖油瓶	婆奶囝 pau³ lī¹ kyeiŋ³	继父	后爸 hø² pɔ¹
继母	后娘 hø² giam²	童养媳	新妇仔 sā¹ pu⁵ tsā³
干儿子	认分囝 lā⁵ kekyeiŋ³	把兄弟	结拜兄弟 ke⁶ pa⁵ ʃiō¹ ti⁴
斟酒	滕酒 thī² tsiau⁴	祝寿	做寿 tsau⁵ ʃiau⁵
鞭炮	鞭仗 pī¹ thiam⁴	礼节	礼数 li³ sɔ⁵
分赠(礼品)	衔 ho²	设宴	办酒 pī⁵ tsiau³
灶神	灶神公 tsau³ ʃiā² kaŋ¹	老天爷	天公爹 thein¹ kaŋ¹ tɔ¹
拜佛	拜菩萨 pa⁵ pu² sɔ⁶	观世音	观音妈 kum¹ iā¹ bō³
念经	读经 thɔu⁴ kiā¹	卜卦	做卦 tsau⁵ kuɔ⁵
求签	抽签 thiau¹ tsheiŋ¹	迎神	迎菩萨 giɔpu² sɔ⁶
信基督教	拜上帝 pa⁵ ʃiam⁵ ti⁵	扫墓	祭坟 tsi⁵ xā²
骨殖坛子	黄金瓮 m² kiā¹ aŋ⁵	丧事	忧事 iau¹ sɿ⁴
焚香	烧香 tʃhiu¹ ʃiau¹	去世	死罢 si³ pɔ⁵
棺木	火樵 hue³ tsho²		罢了 pɔ⁵ lo
童棺	四块板 si⁵ khui⁵ pī³		怀在 aŋ⁵ tsa⁴
坟墓	坟 huā²	墓碑	石碑 ʃiu⁴ pi¹
	冢 tam²	收拾残骸	拾骨 khiu² kui²

3.与闽东、闽北、闽南相同的

表 6-7

普通话	方言	永安	福州	建瓯	厦门
太阳	日头	gi⁴ thø²	niʔ⁷ thau²	ni⁶ the³	liʔ⁷ thau²
月亮	月	gye⁴	ŋuoʔ⁷	ŋyɛ⁶	geʔ⁷

续表

普通话	方言	永安	福州	建瓯	厦门
台风	风飚	haŋ¹ tha¹	huŋ¹ thai¹	xɔŋ¹ thai¹	hɔŋ¹ thai¹
洪水	做大水	tsauɯ⁵ tɔ⁵ ʃyi³	tsɔ⁴ tuai⁵ tsui³	tsa³ tue⁴ sy²	tsue⁴ tua⁵ tsui³
晴天	天晴	theiŋ¹ tshō²	thieŋ¹ saŋ²	thiŋ¹ tsaŋ³	thī¹ tsī²
水田	塍	tshī²	tsheiŋ²	tshaiŋ³	tshan²
小河	溪	khe¹	khɛ¹	khai¹	khue¹
房屋	厝	tshiuɯ⁵	tshuɔ⁴	tshiɔ³	tshu⁴
庭院	天井	theiŋ¹ tsō²	thieŋ¹ tsaŋ³	thiŋ¹ tsaŋ²	thī¹ tsī²
胡同	弄	laŋ⁵	lɔyŋ⁵	lɔŋ³	(巷团 haŋ⁴ a³)
学校	学堂	hauɯ⁴ tɔm²	houʔ⁷ touŋ²	xa²⁴ tɔŋ²	oʔ⁷ tŋ²
床铺	眠床	bātshɔm²	miŋ² tshouŋ²	meiŋ³ tshɔŋ³	bin² tshŋ²
锅盖	鼎片	tiō³ pheiŋ⁵	tiaŋ³ phieŋ⁴	tiaŋ² phiŋ⁴	(鼎盖 tiã³ kuā⁴)
方桌	四角桌	si⁴ kuɯ⁶ tø²	sɛi⁴ kɔy⁶ tɔʔ⁶	si³ ku⁵ tɔ⁵	si⁴ kak⁶ toʔ⁶
圆桌	圆桌	yeiŋ² tsauɯ⁶	ieŋ² tɔʔ⁶	uiŋ² tɔ⁵	ī² toʔ⁶
端午	五月节	gu³ gye⁴ tsa⁶	ŋu⁵ ŋuoʔ⁷ tsai⁶	ŋu⁶ ŋye⁶ tsai⁵	gɔ⁵ ge⁷ tsue⁶
昨天	昨暝	tshɔ⁴ bō²	soʔ⁷ maŋ²	tsia³ maŋ³	(昨日 tsio⁷ lit⁷)
电灯	电光	teiŋ⁵ kɔm¹	tieŋ⁵ kuoŋ¹	tiŋ⁴ kuaŋ¹	(电火 tian⁴ he³)
自行车	骹踏车	khɔ¹ tɔ⁴ tʃhiɔ¹	kha¹ taʔ⁷ tshia¹	khau¹ ta⁴ tshia¹	kha¹ taʔ⁷ tshia
绳子	索	sauɯ⁶	sɔʔ⁶	sɔ⁵	(索仔: soʔ⁶ a)
稻谷	粟	tshy⁶	tshuɔʔ⁶	sy⁵	tshik⁶
空心菜	蕹菜	aŋ⁵ tsha⁵	ouŋ⁴ tshai⁴	ɔŋ³ tshɛ³	iŋ⁴ tshai⁴
邻居	厝边	tshiuɯ⁵ peiŋ¹	tshuɔ⁴ pieŋ¹	tshiɔ³ piŋ¹	tshu⁴ pī¹
儿媳	新妇	sā¹ pu⁵	siŋ¹ pou⁵	seiŋ¹ py⁶	sin¹ pu⁵
衣服	衣裳	i¹ ʃiam²	i¹ suoŋ²	i¹ tsiɔŋ²	衣裳 ī¹ tsiũ²
					(衫裤 sā¹ khɔ⁴)
袖子	手袘	tʃhiau³ yeiŋ³	tshiu³ uoŋ³	siu² uiŋ²	tshiũ³ ŋ³
油条	油炸粿	iau² tsɔ⁵ kue³	iu³ tsa² kui³	iu³ tsa⁶ ko²	iu² tsa⁴ ke³
年糕	糖粿	thɔm² kue³	thouŋ² kui³	thɔŋ² ko²	(粿 ke³)
蛋清	卵白	sum⁵ pɔ⁴	lauŋ⁵ paʔ⁷	sɔŋ⁴ pa⁴	(卵清 nŋ⁵ tshiŋ¹)

续表

普通话	方言	永安	福州	建瓯	厦门
烤饼	光饼	kɔm¹ piō³	kuoŋ¹ piaŋ³	kuaŋ¹ piaŋ²	kŋ¹ piā³
浇水	沃水	u⁶ ʃyi³	uoʔ⁶ tsui³	u⁶ ʃyi³	ak⁶ tsui³
笋筐	笋	lo²	lai²	sue³	luā²
晒谷子	曝粟	phu⁴ tshy⁶	phuoʔ⁷ tshuoʔ⁶	phu⁴ sy⁵	phak⁷ tshik⁶
下棋	行棋	kiɔ¹ ki²	kiaŋ² ki²	kiaŋ² ki²	kiā² ki²
跳绳	跳索	thiau⁵ saɯ⁶	thieu⁴ sɔʔ⁶	thiau² sɔ⁵	thiau⁴ soʔ⁶（a³）
宰鸡	夷鸡	tha² ke¹	thai² kie¹	thi³ kai¹	thai² kue¹
系(绳子)	羁	ki	kie¹	kai¹	ki¹
挣(赚)钱	趁钱	thā⁵ tsei²ŋ	thɛiŋ⁴ tsieŋ²	theiŋ³ tiŋ³	than⁴ tsī²
节约	省	sō²	saŋ³	saŋ²	siŋ³
热闹	闹热	lo⁵ gya⁴	nɑu⁵ ie¹	nau⁴ iɛ²	lau⁵ liat⁷

4.与客话相同的

表 6-8

普通话	方言	永安	长汀
打雷	响雷	ʃiam³ lue²	ʃiɒŋ³ lue²
泥巴	泥	le²	nai²
怀孕	大腹屎	tɔ⁵ pu⁶ sɿ⁶	thai⁵ pu² ʃɿ³
玉米	包黍	po¹ sy³	pɔ¹ siəɯ²
南瓜	番匏	hum¹ pu²	faŋ¹ phu²
桂花	木樨(花)	bu⁴ si(huɔ¹)	mu² si¹
公牛	牛牯	gu² ku³	ŋəɯ² ku³
母鸡	鸡嫲	ke¹ bɔ²	tʃe¹ ma²
鳖	圆鱼	yeiŋ² gy²	veŋ² ŋe²
蜜蜂	糖蜂	thɔm² phaŋ¹	thɔŋ² foŋ¹
今天	今朝	kiā¹ tiu¹	tʃeŋ¹ tʃɔ¹
赶集	赴墟	hu⁵ sy¹	fu⁴ ʃi¹
弟弟	老弟	lau³ te⁵	lɔ³ the¹

续表

普通话	方言	永安	长汀
妹妹	老妹	lau³ bue⁵	lɔ³ mue⁴
女婿	婿郎	sa⁵ lɔm²	se⁵ lɔŋ²
客人	人客	lã² khɔ⁶	neŋ² kha²
他	渠	gy¹	ke²
眼泪	目汁	bu⁴ tsʅ⁶	mu² tʃʅ²
蒸笼	饭甑	pum⁵ tsī¹	pū⁶ tseŋ⁵
打	拍	bɔ⁴	ma⁶
看	睲	iō¹	niaŋ⁵
喂养	供	kam¹	tsiaŋ⁵
说话	话事	uɔ⁵ ʃia⁵	vɔ⁶ sɛ⁶
洗澡	洗浴	se³ y⁴	sie³ i⁵
插秧	栽禾	tsa¹ ue²	tse¹ vo²
饥饿	腹饥	pu⁶ ki¹	pu² tʃi¹
美丽	精（指物）	tsã¹	tsiaŋ¹

5.古语词

阶 kia¹ 台阶。如：楼～（楼梯）。《集韵》："居谐切：《说文》：陛也。"

墟 ʃy¹ 乡村集市。如：赴～（赶集）。《集韵》丘於切，陆游《剑南诗稿》卷一《溪行》："逢人问～市，计日买薪蔬。"《文献通考》卷十四《征榷·宋孝宗诏》："乡落～市皆从民便，不许人买朴收税。"

载 tsa³ 岁数，年。如："你今年几～?"（你今年几岁）《集韵》子亥切："年也。"

侪 tse² 们，类。如：你～［gi³ tse²］（你们）《集韵》床偕切："'《说文》：等、辈也。'引《春秋传》'吾～小人'。"

屦 kiɯ⁶ 草鞋。《广韵》："居匀切：'草履也。'"《史记·范雎传》："夫虞卿蹑～檐簦，一见赵王，赐白璧一双，黄金百镒。"当地草鞋说～，属古语残留。

巢 tʃhiø² 窝。一窝小猪，当地说"寡～猁仔"。《集韵》锄交切："《说文》：鸟在木上曰～，在穴曰窠。从木象形。"

猁 khyi¹ 如："～狮"［khyi¹ ʃia¹］（雄性种猪）。猁另作豨。《庄子·知北游》："正获之问於监市履～也，每况愈下。"注："～，大豕也。"

脰 tø² 脖颈，本地说"脰～"[tø⁴kiõ³]。《集韵》田侯切："《说文》：项也。"《左传》庄公 18 年："射殖绰，中肩，两齿夹～。"

痧 sɔ¹ 如："成～"（中暑）。中医"痧"指中暑、霍乱等急性病。明陈实功《外科正宗二·疔疮》："霍乱、绞肠、～及诸痰喘，并用姜汤磨服。"清王凯有《痧症全书》。

畲 sɔ² 永安指人。如称顾客为"交关～"。～初义为刀耕火种。《集韵》诗车切："火种也。"指人是由耕种方式特点引申而来。唐刘禹锡《刘梦得集》九《竹枝词》九有"银钏金钗来负水，长刀短笠去烧～"句。宋范成大《石湖集》十六《劳畲耕诗序》："～田，峡中刀耕火种之地也。春初斫山，众木尽蹶，至当种时，伺有雨候，则前一夕火之，借其灰以粪。"

宰 tso³ 家长、总管。永安一带儿媳称婆婆为"俺～"，女婿称丈母娘亦同。按～，《集韵》子亥切。～有主管义，因婆婆、丈母娘皆为管家婆，故称～亦合情合理。《庄子·齐物论》："若有真～，而特不得其眹。"又其书《列御寇》："受乎神，～乎神。"此～亦主管。

俺 õ¹ 我。如："～侪"（我们）。《集韵》於验切："我也。北人称我曰～。"辛弃疾《稼轩词》四《夜游宫·善俗客》："且不罪，～略起，去洗耳。"《正字通》："～，北方读何罕切。凡称呼我通曰～。"

俺姐 õ¹tsiɔ³ 婶娘。俺，永安话可用为词头（如俺妹[õ¹bue⁵]，义同"阿妹"）。"姐"有"母"义。《集韵》子野切："《说文》：蜀谓母曰姐，淮南谓之社。"永安话称母亲为"俺奶"[õ¹li¹]，故"婶娘"便称"～～"，以为区别。

长老 tɔm²lɯu³ 和尚。原指年高德劭的高僧。《景德传灯录》六《禅门规武》："於是创意别立禅居，凡具道眼有可尊之德者，号曰～。"当地泛指和尚，属词义引申。

渠 ɡy¹ 他（她）。如："～来了"（他来了）。《集韵》求於切："吴人呼彼称，通作～。"

睨 ɡi⁵ 斜视。如："目珠～地"[bu⁴tsy¹ɡi⁵ti⁵]（闭眼）。《集韵》研计切。《说文》："斜视也。"

话 ua⁵ 说。如："～事"（说话）。《广韵》下快切。杜甫《草堂诗笺》十七《乾元中寓居同谷县作歌》之七："山中儒生旧相识，但～宿昔伤怀抱。"其"话"即说。

涉 ʃie⁴ 徒步过河。如："～水"（过河）。《集韵》时摄切。《邶风·匏有苦叶》:"匏有苦叶,济有深～。"毛《传》:"由膝以上为～"。后世泛指渡水。

拍 ma⁴　打。如:"～侬"(打人)。《集韵》莫白切:"击也。"

撠 khɔ²　举。如:"～旗"(举旗)。《集韵》户佳切:"挟也,扶也。"

捞 so⁵　寻找。如"～鸡子"(找小鸡)。《集韵》郎到切:"取物也。"

截 tʃye²　割、剪。如:"～布"(剪布料)。《集韵》昨结切。《史记》六十九《苏秦传》:"韩卒之剑戟……皆陆断牛马,水～鹄雁。"

行嫁 ki²kɔ⁵　出嫁。如"娘仔～～"(女儿出嫁)。《邶风·泉水》:"女子有行,远父母兄弟。"郑《笺》:"行,道也。妇人有出嫁之道,远于亲亲。"

得知 ta⁶ti¹　知晓,知道。如"安～～"(怎么知道)。白居易《绣妇叹》:"虽凭绣床都不绣,同床绣伴得知无?"

有身 iau³ʃiā¹　有身孕。《诗·大雅·大明》:"大任～～。"毛《传》:"身重也。"郑《笺》:"重为怀孕也。"

行棋 kiõ²ki²　下棋。宋何薳《春渚纪闻》五《昼画行棋》:"又弈棋,古亦谓之～～。……盖春秋棋战所以为人困者,以其行道穷迫耳。行字於棋家,亦有深意,不知何时改为着棋。"永安下棋也说～～。

思量 sɿ¹liam²　思念,考虑。如"～～俺妈"(想念母亲)。《晋书·五豹传》:"司马调令:得前后白事具意,辄别～～也。"

忤逆 gu⁴gia⁴　违反,悖逆。当地口语也常用。《淮南子·齐俗》:"是故入其国者从其俗,入其室者避其讳,不犯禁而入,不～～而进。"

时行 sɿ²hī²　时髦,流行。如"～～拍电脑"(流行打电脑)韩愈诗句有:"～～当反慎藏蹲,视眈看花可小骞。"

固 ku⁵　牢固、结实。如"索缚～"(绳子绑紧)。《集韵》古慕切:"《说文》:一曰坚也。"

暇 lɒ⁴　闲暇。如:"上～时节"(从前)。《集韵》亥驾切:"闲也。"

隘 a⁴　狭窄。如:"席间过～"(房间太窄)。《集韵》乌懈切。《玉篇》:"急也,陕(狭)也。"

孽 ge⁶　淘气,刁皮。如"者团畬真～"(这孩子很淘气)。《集韵》鱼列切。《书·大甲》:"天作～,犹可为;自作～,不可～。"其义可引申。

遭瘟 tsau¹uā¹　倒霉,厄运临头。也用于骂人。《西游记》第十七回:"菩萨若要依得我时,好替你做个计较,也就不须动得干戈,也不烦劳得征战。妖魔眼下～～。"

寡 kuɔ³　本义少,永安话作数词"一"用。如"～门亲事"(一门亲事),

"～铺厝"(一座房子)。其义有引申。《集韵》古丸切:"《说文》:少也。"

安 an¹　怎么,哪里。如"～得知"(怎知道)。《集韵》於寒切。《小雅·小弁》:"天之生我,我辰～在?"《史记·陈涉世家》:"燕雀～知鸿鹄之志哉?"

何 hɔ²　怎么、什么、哪里。如"～地"(哪里)、"～时节"(什么时候)、～些(哪些),等等。～,《集韵》下可切,古代常用为疑问句代词。如《论语·子路》:"既富矣,又～加焉?""众人皆好之,如～?"

6.地名词

岌 ki⁴　山势高峻。《广韵》～:"鱼及切。《说文》:山高貌。"又《集韵》:"逆及切,危也。"屈原《离骚》:"高余冠之～～兮。"永安周边高山林立,故"～"字便常作地名用,如贡川有～头,茶字～,大湖有～尾坪,小陶有松林～,安砂有砂尾～,曹远有百家～、尾～宅,洪田乡则有坑尾～、无子～、石伏～、苏坑～等九个。

甲 kɔ⁶　永安一带部分地名带"～"字,如西洋有大～头、上～、下～;茅坪乡则有吉山～、罗地～等等。事实上,此处之～应作"岬"。《集韵》:"岬,音古狎切,义为'山旁也'。"《淮南子·原道训》:"徘徊於山岬之旁",注:"山脅也。"左思《吴都赋》:"倾薮薄倒岬岫。"注:"两山间曰～。"永安此类地名,也与山旁相关。

峡 kɔ⁶　山峭夹水称～。《广韵》侯夹切:"巫～,山名。"蜀楚之交山有三～。三～地势,两旁高山,中有长江,因以为名。永安一带多此地形,故有不少地名带"～"字。如西洋镇之八～、顶～山、狗头～、下～寨、员当～、石罗～,大湖乡之维台～、欧～,青水乡之～柄等等。

崠 taŋ⁵　山之脊梁,永安称～。《集韵》多贡切:"山脊也。"当地有些带"～"地名。又因该字音义难识,民间便改用同音字"栋"替代。如:安砂之埔头～、砂俐～,大湖之洋盘～、埔头～,等等。只有小湖口之黄竹崬,则写异体字"崒",其音义不殊。

坪 piɔ²　山间小块平地,多用为地名。如:茅～、谷～、上～、荆～、前～、～坑等。

坂 pum³　平地上之小坡,俗间称坂。永安此类地名不少。如:～尾、～头、上～、洋～头、～尾、美长～、沙溪～、中～,等等。

窑(瑶)iu²　带窑的地名,一般与当地有烧制砖、瓦的土筑窑址有关,而"瑶"则为"窑"之雅化。带"窑"的地名,在永安有丸～头、下傍～(小陶)、瓦～坂(大湖)、大～坑,把窑写作瑶的,则有上～、下～(罗坊)以及～田、磁～

头等。

畲 ∫ya² 带畲地名，一般为畲族聚居点。如永安吴地的北罗～、西洋镇之元～、三～，槐南乡之牛～、南～，上湖口之浮流～，罗坊之高～。

寮 lo² 畲族住房多简陋粗放，一般称寮。故也常用作该族居处地名。如曹远镇之下～、上～墘、牛～、张婆～，他处还有长川～、三百～等等。

二、语法特点

1.词法

（1）名词

A.词头

俺[o¹] 原表示第一人称，相当于普通话的"我"，如：俺公[ō¹kaŋ¹]（我祖父）、俺奶[ō¹li¹]（我祖母）。今"俺"[ō¹]义已虚化，成为词头，并带有亲切之意味。如：俺姊[ō¹tsɿ³]（姐姐）、俺妹[ō¹bue⁵]（孩子，性别不分）。

老[lauɯ⁵] 用于部分亲属称谓前，可能源于闽西客话。如：哥哥称"老兄"[lauɯ³ʃiō¹]、弟弟称"老弟"[lauɯ³te⁴]，妹妹称"老妹"[lauɯ³bue⁵]。

B.词尾

子[tsɿ³]与仔[tsā³] 这两个词尾与普通话词尾"子、儿"相当。其中前者多用以指称人，如：哑子[ɔ³tsɿ³]（哑巴）、聋子[saŋ²tsɿ³]、驼子[tauɯ²tsɿ³]（驼背的），后者多用于表示事物，如：桔仔[ki⁶tsā³]（桔子）、杏子[hī⁵tsā³]（杏儿）、鸟仔[tso³tsā]（鸟儿）；偶尔也用以表示人，如：厨仔[ty²tsā³]、贩仔[hum⁵tsā³]（小摊贩）。

畲[sɔ²] 常用于某些语词或短语之后，表示某类人。如：俺自畲[ō¹tsi⁵sɔ²]（自己人）、别畲[pe⁴sɔ²]（别人）、剃头畲[the⁵thɵ²sɔ²]（理发师）、交关畲[ko¹kum¹sɔ²]（顾客）、傻畲[sɔ³sɔ²]（傻瓜）、本地畲[puā³ti⁵sɔ²]（本地人）。

公[kaŋ¹]、牯[ku³]与嬷[bɔ²] 表示动物性别，在动物名词后加"公[kaŋ¹]、牯[ku³]"表示雄性，如：羊公[iam²kaŋ¹]（公羊）、猫公[bo¹kaŋ¹]（雄猫）、鹅公[gya²kaŋ¹]（公鹅）、牛牯[gu²ku³]（公牛），狗牯[ɵ³ku³]（公狗）；在动物名词后加"嬷[bɔ²]"表示雌性，如：猫嬷[bo¹bɔ²]（母猫）、鸭嬷[ɔ⁶bɔ²]（母鸭）。

（2）形容词

永安话形容词与他处方言一样，可以重叠。其重叠形式也只有两种格式。

AA 式：隘[a⁴]→隘隘[a⁴a⁴]（很窄）

胶[ko¹]→胶胶[ko¹ko¹]（很黏）

AABB 式：马虎[bɔ³hu³]→马马虎虎[bɔ³bɔ³hu³hu³]

爽快[ʃiam³khue⁵]→爽爽快快[ʃiam³ʃiam³khue⁵khue⁵]

此外，部分形容词可以带重叠式后附成分，以表示事物的状态。如：乌珠珠[u¹ʧu¹ʧu¹]（黑黝黝）、衰□□[sui¹kia⁶kia⁶]等等。

（3）代词

①人称代词

人称代词单数，永安话分别用"我[guɔ¹]、俺[o¹]"（我），你[gi¹]（你）、佢[gy¹]（他）表示，其复数形式，则是"俺侪[o¹tse²]"（我们），"你侪[gitse²]"（你们）与"佢侪[gy¹tse²]"（他们）。

指示代词　近指用"这"[ʧiɔ⁷]，远指用"兀"[uɔ⁵]（那）。如：

这隻[ʧiɔ⁷ʧiɔ⁶]（这个）　　　兀隻[uɔ⁵ʧiɔ⁶]（那个）

这地[ʧiɔ⁷ti⁵]（这儿）　　　兀地[uɔ⁵ti⁵]（那儿）

这下[ʧiɔ⁷hɔ⁵]（这时）　　　兀时节[uɔ⁵sʅ²tse⁶]（那时）

②疑问代词

永安话疑问代词有如下这些：

问人，有：谁畲[ʃi²sɔ²]（谁）、何隻[hɔ²ʧiɔ⁶]（哪个）、何些[hɔ²siɔ¹]（哪些）；

问物，有：啥□[ʃiɔ³hɔ³]（什么）、何些[hɔ²siɔ¹]（哪些）；

问处所，有：何地[hɔ²ti⁵]（哪里）；

问时间，有：何时节[hɔ²sʅ²tse⁶]（什么时候）

问情形，有：何地地[hɔ²ti⁵ti⁵]（哪样）何地地[kiɔ̄²ti⁵ti⁵]（怎么样）

（4）数量词

特有的数词"寡"[kuɔ³]，数词"寡"[kuɔ³]当基数词用，表数量"一"。如：寡斤米（一斤米）、寡把刀（一把刀）、寡篮菜（一篮菜），等。

①特有的余数表示法

普通话中凡遇余数，一般在整数后加"几、多"等词语表示，而永安话则用"宽"[khum¹]表示。如：十宽人［sʅ⁴khum²lā²］（十多人）、两千宽斤［liam³tshein¹khum¹kuā¹］（两千多斤）、点宽钟［ti³khum¹ʧiam¹］（一点多钟）。

②常用量词

比较特殊的，有：

（寡）隻[ʧiɔ⁶]（人）＝一个人　　　（寡）核[huɔ⁴]（花生）＝一颗花生

（寡）丛[tsaŋ²]（花）＝一朵花　　　（寡）喙[ʧyi⁵]（汽水）＝一口汽水

（寡）茎[ō¹]（草）＝一根草　　　　（寡）乘[ʃia²]（轿子）＝一顶轿子

（寡）段[tum^{5}]（饭）＝一顿饭　　（寡）丘[khu^{1}]（房子）＝一座房子

（寡）柎[pu^{2}]（花）＝一朵花　　（寡）具[ky^{5}]（棺材）＝一副棺材

（5）副词

表程度。有“极”[ki^{4}]（很），“过”[kɯ^{5}]（更）等。如：红极（非常红），冻人极（冻得很），过热（更热）、过寒（更冷）等等。

表范围。有“□□”[ʦã^{1} nĩ^{1}]（只）、“乾乾”[kum^{1} kum^{1}]（仅仅）、“尽”[ʦã^{5}]（都）、“早气”[ʦaɯ^{3} khi^{5}]（全部）等。如：□□[ʦã^{1} nĩ^{1}]去寡隻（只去一个）、乾乾买菜（仅仅买菜）、尽馌光（都吃光），早气栽果仔（全部种果子树）。

表时间。有“打先”[tɔ^{3} sĩ^{1}]（先，起先）、“打后”[tɔ^{3} hø^{4}]（后，以后）、“□”[khõ^{5}]（刚）等。如：你打先去，我打后行（你先走，我后走）；仓库□[khõ^{5}]徛起来（仓库刚盖起来）等等。

表频率。有“乾乾”[kum^{1} kum^{1}]（常常）、“稠稠”[ʦø^{2} ʦø^{2}]（经常）、“倒倒”[taɯ^{5} taɯ^{5}]（每每）、“亦”[i^{6}]、“各”[ɔ^{6}]等。如：五月乾落雨（五月常常下雨），七月稠稠起风颱（七月经常刮台风），伊天寒倒倒感冒（他天冷每每感冒），阿妹亦买寡斤菜（孩子又买一斤菜），你各写一行（你再写一行）。

表否定。与他处闽语相同的，有“无”[bau^{2}]（没）、“膾”[be^{2}]（不会）等；也有与他处闽语的意义或用法，并不相同的。如：“伓”[aŋ^{5}]，用于“伓敢去”（不能去）中，与多数闽方言用法相去甚远，“做伓到”[ʦaɯ^{5} aŋ^{5} taɯ^{5}]（做不到）、“还伓[aŋ^{5}]行嫁”（还没出嫁）。

（6）介词

常见的介词有“行”[kiõ^{2}]（从、由）、“遘”[kø^{5}]（到）、“打”[tiɔ^{3}]（在）、“做”[ʦaɯ^{5}]（跟、和）、“拿”[lõ^{1}]（把、将）、“遣”[kheiŋ^{3}]（被）等。如：行[kiõ^{2}]北京遘[kø^{5}]上海（从北京到上海），打亭边坐（在亭边坐）、我坐渠写字（我跟他写字）、拿船开来（把船开来）、遣人话罢（被人说了）。

2.句法

（1）比较句

平比句一般用副词性成分，如“共□”[kiam^{5} haŋ^{2}]（一样）、“一般”[i^{6} pum^{1}]等表示；如“两把刀共□[kiam^{5} haŋ^{2}]利”（两把刀一样锋利）；该句也可换说为“两把刀一般利”。

差比句常用副词“过”[kɯ^{5}]作为比较标志。如：“渠比我过本事”（他比我能干）。此处的“过”义已虚化。如要表示程度，则应在过前加程度副词“还”[hum^{2}]。如：“渠比我还过本事”（他比我还能干）。此外，表示“不如”之类的差比句,还能用"甲+动词+乙+过"的句式。如"牛走马怀过"(牛跑不过马)。

(2)状语的位置

永安话的状语位置与普通话或有不同:

A.时间状语,有时可置动词谓语之后。如"你行打先。俺妈[o̅¹bɔ³]行打后"(你先走,奶奶后面跟着)。

B.强调数量补语少量时,状语可置动词谓语之后,如"俺姊大毛几载"。(姐姐大不了几岁)。

第三节　闽中方言内部异同

一、语音异同

1.声母

闽中方言各地市口语声母基本一致,均含有 17 个辅音声母:

p ph b t th l ts tsh s tʃ tʃh ʃ k kh g h ø

各地市方言声母有如下区别:

(1)普通话部分 tʂ、tʂh、ʂ声母(古知章组三等),永安、三明多读 tʃ、tʃh、ʃ,沙县多读为 ts、tsh、s,个别也有读 tʃ、tʃh、ʃ 的。如:

表 6-9

	纸	战	折	车	春	勺	唱	尺	手
永安	tʃya³	tʃiein⁵	tʃe⁶	tʃhiɔ¹	tʃhuã¹	tʃiɔ⁴	tʃhiam⁵	tʃhiu⁶	tʃhiau³
三明	tʃyɔ³	tʃiein⁵	tʃie⁶	tʃhiɔ¹	tʃhuã¹	tʃhiɔ⁴	tʃhiam⁵	tʃhiu⁶	tʃhiau³
沙县	tsua³	tsɿ⁵	tsie⁶	tshia¹	tshøyŋ¹	tsio⁴/tio⁴	tʃhiŋ⁵	tsho⁶	tʃhiu³

	蛇	婶	升	石	说
永安	ʃya²	ʃiã³	ʃia¹	ʃiu⁴	ʃye⁶
三明	ʃya²	ʃiã³	ʃia¹	ʃiu⁴	ʃye⁶
沙县	sua²	sɛiŋ³	sɛiŋ¹	sio⁴	ʃye⁶

(2)普通话 ɕ声母(古晓母细音),永安、三明多读为 ʃ,永安一般读为 s,偶见读 ʃ。如:

表 6-10

	靴	许	嫌	县	悬	歇	血	兄	香
永安	ʃiɯ¹	ʃy³	ʃieĩŋ²	ʃyeĩŋ⁵	ʃyeĩŋ²	ʃiø⁶	ʃye⁶	siõ¹	ʃiam¹
三明	ʃiɯ¹	ʃy³	ʃieĩŋ²	ʃyeĩŋ⁵	ʃyeĩŋ²	sɛ⁶	ʃye⁶	siɔ¹	ʃiam¹
沙县	sio¹	ʃy³	ʃĩ²	sĩ⁵	ʃỹĩ²	sie⁶	ʃye⁶	siɔ¹	siŋ¹

(3)普通话部分零声母 ø(古影云以母),永安、三明读声母 ø,沙县读 g。如:

表 6-11

	安	弯	叶
永安	um¹	um¹	ie⁴
三明	ŋ¹	ŋ¹	iɛ⁴
沙县	guĩ¹	guĩ¹	gie¹

2.韵母

(1)普通话部分韵母 ie、a,永安读 a,三明 ɛ,沙县 e。如:

表 6-12

	贴	八	拔
永安	tha⁶	pa⁶	pa⁷
三明	thɛ⁶	pɛ⁶	pɛ⁷
沙县	te⁶	pe⁶	pe⁷

(2)普通话部分韵母 i、ə(或 ai),永安、三明读 ia,沙县读 ai。如

表 6-13

	逆	宅	革
永安	gia⁴	thia⁴	kia⁶
三明	gia⁴	thia⁴	kia⁶
沙县	gai⁴	thai⁴	kai⁶

(3)普通话部分韵母 ə,三明读 yɔ,永安、沙县读 ya 或 ua。如:

表 6-14

	热	蛇	舌
永安	gya³	ʃya²	ʃua⁴
三明	gyɔ⁴	ʃyɔ²	ʃyɔ⁴
沙县	gya⁴	ʃya²	ʃua⁴

(4)普通话韵母 a,永安、三明读 ɔ,沙县读 a。如：

表 6-15

	爬	答	鸭	达
永安	pɔ²	tɔ⁶	ɔ⁶	tɔ⁴
三明	pɔ²	tɔ⁶	ɔ⁶	tɔ⁴
沙县	pa²	ta⁶	a⁶	ta⁴

(5)普通话部分韵母 u,永安读 ɔu、三明读 au,沙县读 u。如：

表 6-16

	肚	初	毒
永安	tɔu³	tshɔu¹	tɔu⁴
三明	tau³	tshau¹	tu⁴
沙县	tu³	tshu¹	tu⁴

(6)普通话部分韵母 au,永安、三明读 aɯ,沙县读 o。如：

表 6-17

	宝	报	早	老
永安	paɯ³	paɯ⁵	tsaɯ³	laɯ³
三明	paɯ³	paɯ⁵	tsaɯ³	laɯ³
沙县	po³	po⁴	tsɔ³	lo³

(7)普通话部分韵母 iu,永安、三明读 iau,沙县读 iu。如：

表 6-18

	流	酒	九	油

续表

	流	酒	九	油
永安	liau²	tsiau³	kiau³	iau²
三明	liau²	tsiau³	kiau³	iau²
沙县	liu²	tsiu²	kiu³	iu²

（8）普通话部分韵母 ao(iao)，永安读 o，三明读 ɔ，沙县读 au。如：

表 6-19

	饱	教	炒
永安	po³	ko⁵	tsho³
三明	pɔ³	kɔ³	tshɔ³
沙县	pau³	kau⁵	tshau³

（9）普通话部分韵母 ou，永安、三明读 ø，沙县读 aɯ。如：

表 6-20

	头	偷	狗	猴
永安	thø²	thø¹	ø³	kø²
三明	thø²	thø¹	ø³	kø²
沙县	thø²	thaɯ¹	aɯ³	kau²

（10）普通话部分韵母-in、-iŋ，永安、三明读 ã 或 iã，沙县读-iŋ。如：

表 6-21

	侵	亲	兵	灵	金	真	经
永安	tshã¹	tshã¹	pã¹	lã²	kiã¹	tsiã¹	kiã¹
三明	tshã¹	tshã¹	pã¹	lã²	kiã¹	tsiã¹	kiã¹
沙县	tshiŋ¹	tshiŋ¹	piŋ¹	liŋ²	kiŋ¹	tsiŋ¹	kiŋ¹

（11）普通话部分韵母 uan、yn，永安、三明读 uã，沙县读 uī。如：

表 6-22

	钝	温	军
永安	tuā¹	uā¹	kuā¹
三明	tuā¹	uā¹	kuā¹
沙县	tuī¹	uī¹	kuī¹

(12)普通话部分韵母 ian、əŋ,永安读ī,三明读ɛ̄,沙县读ɔī。如:

表 6-23

	间	灯	等	钉
永安	kī¹	tī¹	tī³	tī¹
三明	kɛ̄	tɛ̄	tɛ̄³	tɛ̄¹
沙县	kɔī¹	tɔī¹	tɔī	tɔī¹

(13)普通话部分韵母 an、iaŋ,永安读 ɔm、iam,三明读 am、iam,沙县读 aŋ、iŋ。如:

表 6-24

	帮	党	糖	良	张	姜
永安	pɔm¹	tɔm³	thɔm²	liam²	tiam¹	kiam¹
三明	pam¹	tam³	tham	liam²	tiam¹	kiam¹
沙县	paŋ¹	taŋ³	thaŋ²	liŋ²	tiŋ¹	kiŋ¹

(14)普通话部分韵母 oŋ,永安读 aŋ,三明读 ā,沙县读 ɔuŋ。如:

表 6-25

	笼	工	冬	公
永安	laŋ²	kaŋ¹	taŋ¹	kaŋ¹
三明	lā²	kā¹	tā¹	kā¹
沙县	lɔuŋ²	kɔuŋ¹	tɔuŋ¹	kɔuŋ¹

(15)普通话部分韵母 ian,永安读 eiŋ、yeīŋ,三明读 ɛiŋ、yɛiŋ,沙县读ī。如:

表 6-26

	镰	钳	变	箭	天	建	念
永安	lein²	khein²	pein⁵	tsein⁵	thein¹	kyein⁵	lyein⁵
三明	lein²	khein²	pein⁵	tsein⁵	thein¹	kyein⁵	lyein⁵
沙县	lī²	khī²	pī⁵	tī⁵	thī¹	kī⁵	lyī⁵

二、词汇异同

1.永安、三明、沙县三地不同的

表 6-27

普通话	永安	三明	沙县
旋风	飞风旋 pue¹ haŋ¹ tsyein²	转风 tʃyain³ ha¹	起风钻 khi³ xɔuŋ¹ tsī⁵
地震	鲤鱼博转肩 li³ gy² pau⁶ tein³ kī¹	地震 ti⁵ tʃia³	地神反边 ti⁵ sɛin² pɔi³ pī¹
辣椒	胡椒鼻 hu² tsiɯ¹ phi⁵	茄椒 kiɯ² tsiu¹	麻椒 ba² tsio¹
公羊	羊公 iam² kaŋ¹	羊牯 iam² ku³	绵羊公 bein² iŋ² kɔuŋ¹
麻雀	百家鹞 pɔ⁶ kɔ¹ iɯ²	班雀仔 pain¹ tshiɔ⁶ tsa³	隻仔 tsia⁶ tsai³
蜻蜓	笔玺 pi⁶ kia¹	轻轻胚 khia¹ khia¹ phuɛ¹	囵囵胚 kɔuŋ² lɔuŋ² phue¹
热水瓶	滚水壶 kuā³ ʃyi³ xu²	热水瓶 ge⁴ ʃyi³ pɛ̄²	茶壶 tʃha³ xu²
剪刀	剪仔 tsein³ tsā³	剪铰 tsɛ̄³ kɒ¹	剪剪 tsɔi³ tsɔi³
信封	信袋 sā⁵ tue⁵	信皮 sī⁵ phɛ²	信封 sein⁵ xuŋ¹
公公	阿官 ɔ¹ kum¹	公爹 kā¹ tɒ¹	官爹 kuī¹ ta¹
婶婶	婶姐 ʃia³ tʃio³	婶 sia³	阿姐 ɔ¹ tsia³
道士	南嘛先生 lɔ̄² bɔ² sein¹ sī¹	南魔 lā² mo²	作作道畲 tso⁶ tso⁶ to⁴ sia⁴
胎盘	朋 phm¹	妹子朋 mue⁵ tsā³ phi¹	衣 i¹
漂亮	爽丽 sam³ li⁵	精 tsiɔ¹	斯爽 sɿ¹ saŋ³
丑	猷 te¹	极人 luā³ lā²	惊人 kiɔ¹ lein²
怎样	何地地 kiɔ̄² ti⁵ ti⁵	简样 kɛ̄³ iam⁵	□□ kiŋ³ iŋ⁵

2.永安、三明相同的,沙县不同的

表 6-28

普通话	永安	三明	沙县
日食	蚀日 tʃie² gi⁴	蚀日 tʃe⁶ ŋi⁴	绝日 tsie⁴ ŋi⁴
闪电	烁燦 giɔ⁴ hue³ sɑɯ⁶	烁火索 giɑɯ⁶ hue³ sɑɯ⁶	火索 xue³ sɔ⁴
冰雹	龙雹 lam² phɔ⁴	龙雹 lam² phɔ⁴	龙锡 lœyŋ² sai⁶
中午	日昼 gi⁴ tø⁵	日昼 gi⁴ tø⁵	对昼 tui⁵ tau⁵
端午	五月节 gu³ gye⁴ tsa	五月节 ŋu⁴ ŋie⁴ tse⁶	过节 ko⁵ tse⁶
南瓜	番匏 hum¹ pu²	番匏 hm¹ pu²	金瓜 kɛiŋ¹ kua¹
丝瓜	棉瓜 beiŋ² kuɔ¹	棉瓜 mɛ̃² ko¹	萌瓜 bɛiŋ² kua¹
蝙蝠	琵婆燕 pi² pɑɯ² yieiŋ⁵	琵婆燕 pi² pɑɯ² iaiŋ⁵	琵婆 pi² po²
电池	电油 teiŋ⁵ iau²	电油 taiŋ⁵ iau²	电泥 tiŋ⁵ le²
米汤	饭汤 pum⁵ thɔm¹	饭汤 pŋ⁵ tham¹	饭汁 puĩtsɿ¹
婆婆	婆奶 pɑɯ² le³	婆奶 pɑɯ² le³	官奶 kuĩle³
脖子	腔颈 tø⁵ kiɔ̃³	腔颈 tø⁵ kiam³	腔总 tau⁵ tsɔyŋ³
亲嘴	鼻 phi⁵	鼻 phi⁵	□piau⁶
地方	停场 tã² tiam²	停场 tã² tiam²	场所 tiŋ² so³

3.三明、沙县相同，永安不同的

表 6-29

普通话	三明	沙县	永安
打雷	起雷 khi³ luɛ²	起雷 khi³ lui²	响雷 ʃiam³ lue²
坟墓	坟 huã²	坟 xuĩ²	冢 tam¹
肚子	腹屎 pu⁶ sɿ⁶	腹屎 pu⁶ sɿ³	腹室 pu⁶ sɿ⁶
怀孕	挂腹屎 ko⁵ pu⁶ sɿ³	挂腹屎 kua⁵ pu⁶ sɿ³	有身 u³ sɿ⁶
旱烟	薰酒 hŋ̃¹ tʃiau³	薰酒 xuĩ¹ tsiu³	名烟 bã² ieiŋ¹
衣服	衣裳裤 i¹ ʃiŋ² khu⁵	衣裳裤 i¹ siŋ² khu⁵	衣裳 i¹ ʃiam²
公鸡	鸡角 kɛ¹ ku⁶	鸡角 kie¹ ko⁶	鸡牯公 ke¹ ku³ kaŋ¹
门槛	横隊 hŋ̃² taiŋ⁵	横隊 xuĩ² tĩ⁵	户隊 hu⁴ teiŋ⁵
美丽	斯爽 sɿ¹ siam³	斯爽 sɿ¹ saŋ³	爽丽 sɔm³ li⁵
烟囱	烟筒 iaiŋ¹ tã²	烟筒 ĩ¹ tɔuŋ²	灶尾筒 tsø⁴ bue³ taŋ²

三、语法异同

闽中各地方言语法差异不大。各地口语偶有差异，主要是语法用词方面有些不同。如：

1.疑问代词

问"谁"[ʃi²]永安说"谁畲"[ʃi²sɔ²]，三明说"何隻"[hɔ²ʧio⁶]，沙县为"啥人"[sɔ̄¹liɛiŋ²]。

"什么"，永安说"啥□"[ʃio³hɔ³]，三明说"□□"[kɔ̄³hɔ̄³]，沙县说"啥□"[sɔ̄¹xɔi³]；

"怎样"，永安说"行地地"[kiɔ̄²ti⁵ti⁵]，三明说"简样"[kɛ̄³iam⁵]，沙县说"强样"[kiŋ³iŋ⁵]。

2.常用副词、介词等，各地多同。差异较少。如：常常，永安说"稠稠"[tsø²tø²]或"乾乾"[kum¹kum¹]，三明说"稠稠"[tsø²tsø²]，沙县说"急急"[ki⁶ki⁶]，普通话当介词与连词用的"和、跟"，永安说"做"[tsaɯ⁵]，三明同，沙县则说逐[ty⁶]。

第四节　永安话篇章语料

一、儿歌

1.红笔蛏① haŋ² pi⁵ kia¹

红笔蛏，红藏蛴②。大湖溪，好栽禾③。 haŋ² pi⁵ kia¹ , haŋ² tsaŋ² tsue². tɔ⁵ u² khe¹ , haɯ³ tsa¹ ue².

禾毛□④，好栽菜。菜毛芽，好栽茶。 ue² baɯ² la⁵ , haɯ³ tsa¹ tsha⁵. tsha⁵ baɯ² gɔ² , haɯ² tsa¹ tsɔ².

茶开花，李开花；生隻娘囝嫁乞我⑤。 tsɔ² khue¹ huɔ¹ , li³ khue¹ huɔ¹ ;

---

① 注：笔蛏：蜻蜓。

② 藏蛴：蝉。

③ 禾：禾苗，水稻。

④ 毛：没有；□[la5]：芽儿

⑤ 隻：个；娘囝：女孩儿；乞：给。

sə¹ ʧio⁵ giam² kyeiŋ³ kə⁵ khe⁶ guə³.

2.羊嬷羊仔行打先① iam² bə² iam² tsā³ kiō² tə³ seiŋ¹

咩咩咩②,咩咩咩;羊嬷羊仔行打先。bī¹ bī¹ bī¹ bī¹,bī¹ bī¹ bī¹;iam² bə² iam² tsā² kiō² tə³ seiŋ¹.

上的上,落的落③;羊嬷羊仔放鞭炮。ʃiam⁵ ke⁵ ʃiam⁵,laɯ⁴ ke⁵ laɯ⁵;iam² bə² iam² tsā³ paŋ⁵ pum¹ phiɯ⁴.

鞭炮放犹响④,挡你俺婆两巴掌⑤。pum¹ phiɯ⁴ paŋ⁴ bē⁴ ʃiam³,tɔm³ gi³ ō¹ paɯ² liam² pa¹ ʧiam³.

俺婆开门,开门做啥许⑥? 开门拿锁匙⑦。ō¹ paɯ² khue¹ bueiŋ²,khue¹ bueiŋ² tsaɯ⁵ ʃiə³ hə³? khue¹ mueiŋ² lō¹ saɯ³ ʃie².

拿锁匙,做啥许? 筛米糠羊嬷羊仔食⑧。lō¹ saɯ³ ʃie² tsaɯ⁵ ʃiə³ hə³? thi¹ bī¹ khɔm¹,iam² bə² iam² tsā³ ie⁴.

有分我食毛⑨? 毛分你食⑩。iau³ pum¹ guə¹ ie⁴ baɯ²? baɯ² pum¹ gi³ ie⁴.

二、婚俗歌

媒婆来 bue² paɯ² la²

媒婆来,有事话⑪。娘仔姑⑫,着行嫁⑬。bue² paɯ² lai²,iam³ ʃia⁴ uə⁵.giam² tsā³ ku¹,tiɯ⁴ hī² kə⁵.

嘴真甜,东话西话合团圆⑭。tse³ tsiā¹ teiŋ¹,taŋ¹ uə¹ si¹ uə⁵ haɯ⁴ thum² yeiŋ².

真真假假讲聘金,句句讲来讲得清。ʧiā¹ ʧiā¹ kə³ kə³ kɔm³ phā⁵ kiā¹,ky⁵

---

① 羊嬷:母羊。羊仔:羊羔,仔:崽。行打先:打先行,即在前面走。
② 咩[bī¹]:拟声词,羊叫声。
③ 落:下。本句形容群羊争先恐后,向前奔忙的情景。
④ 犹:不会。俗写字。
⑤ 挡:搯(耳光)。借音字。俺婆:阿婆。
⑥ 啥许:什么。
⑦ 锁匙:钥匙。
⑧ 食:吃。此借义字,本字是馌。
⑨ 毛:无。
⑩ 毛:不。
⑪ 话:说。
⑫ 娘仔姑:女孩儿,姑娘家。
⑬ 着:要。行嫁:出嫁。
⑭ 东话西话:东说西说,即反复动员、怂恿。话:说。合:促成。

ky⁵ kɔm³ la² kɔm³ ta⁶ tsha¹.

寡杠扛来豨羊两百斤①，二杠扛来鸡鹅和 kuɔ³ kɔm² kɔm¹ la² khyi³ iam² li-am³ pɔ⁶ kua¹，gi⁵ kɔm² kɔm¹ la² ke¹ gya² hau²

红卵②，成坛老酒③结红心。haŋ² sum⁴，ʃiō² thō² lau³ tsiau³ kie⁶ haŋ² sā¹.

方壜扛来心欢喜④，雅轿来到母又愁⑤。hum¹ ʃiā⁵ kɔm¹ la² sā¹ hum¹ hi³，gɔ³ kiɯ⁵ la² tɔ⁵ bu³ iau⁵ tʃiø².

俺母怀得愁，⑥俺妈怀得趃⑦ ō¹ bu³ aŋ³ ta⁶ tʃiø²，ō¹ bā¹ aŋ⁵ ta⁶ ke⁵

你厝娘仔送隻好停场⑧。gi³ tshiɯ⁵ giam² tsā³ seiŋ³ tʃiø⁵ hau³ taŋ² tiam².

三、安砂情歌

保护今朝落大雨⑨ pau³ hu⁵ kiā¹ tiɯ¹ lau⁶ tɔ⁵ hu⁴

一转来⑩，黑暗天⑪，乌云白云在两边。i⁶ teiŋ³ la²，he⁶ m⁵ theiŋ¹，u¹ uā² pɔ⁴ uā² tsa⁵ liam³ peiŋ¹.

保护今朝落大雨，留我俺哥隔暝天⑫。pau³ hu⁵ kiā¹ tiɯ¹ lau⁶ tɔ⁵ hu⁴，sø² guɔ¹ ō¹ kɯ¹ kɔ⁶ bō² theiŋ¹.

隔了寡暝又寡暝⑬，隔了三暝似神仙。kɔ⁶ lo kuɔ³ bō² iau⁵ kɔ³ bō²，kɔ⁶ losō¹ bō² si⁵ ʃiā² seiŋ¹.

四、民间故事传说

phum² ku³ khue¹ theiŋ¹ ti⁵

盘　古　开　天　地

---

① 寡：一。杠：长棍儿，当扁担用。扛：抬起。豨：猪。

② 红卵：红蛋。闽方言称蛋类为卵。

③ 老酒：老红酒。

④ 方壜：方形的壜；壜：装财礼的箱笼之类。

⑤ 雅轿：花轿。

⑥ 俺母：阿母，媒婆对女方母亲的称呼。怀得：不用。

⑦ 俺妈：阿妈，义同"俺母"；趃：生气离开。

⑧ 厝：家。娘仔：女孩儿。隻：个；停场：地方。送隻好停场，即送到一个好地方。意即嫁个好人家。

⑨ 保护：保佑。今朝：今天。落大雨：下大雨。

⑩ 一转来：一回来。

⑪ 黑暗天：天色阴暗。

⑫ 俺哥：阿哥；对情郎的昵称。隔暝：过夜。

⑬ 寡：一；暝：夜。

uā³ um¹ haŋ² thī² tā⁵ kɯ¹ sum¹ tshuā¹ iau³ ʧiɔ⁶ ku⁵ sႅ⁴ : haɯ³ tsa⁵ i³ tsheiŋ² ,
　永　安　洪　田　镇　高　山　村　有　隻　故　事①：好　早　以　前，

ʃiam⁵ baɯ² theiŋ¹ , ɔ⁵ baɯ² ti⁵. iau³ kuɔ³ kaŋ¹ , la² lo kuɔ³ tue⁴ hu¹ tshi¹ , lō² ke⁵ hø³
　上　　毛　天②，下　毛　地。有　寡　工③，来　了　寡　对　夫　妻④，男　介　吼

phum² ku³ kaŋ¹ , gy³ ke⁵ hø³ phum² ku³ paɯ². gy² tse² liam³ ʧiɔ⁶ laɯ³ ʃiā² sɔ² ʃiam¹
　盘　古公⑤，女　介　吼　盘　古　婆⑥。渠　侪　两　隻　老　成　畲　商

liam² kia⁶ tiō⁵ : ʃia³ ʧhiau³ thaɯ⁶ khi³ theiŋ¹ , ʃia³ khɔ¹ tɔ⁴ ti⁵ , lō¹ gyeiŋ² la² m⁵
　量　决　定⑦：使　手　　托　起　天⑧，使　骹　踏　地⑨，拿　原　来　暗

tɕhy⁴ tɕhy⁴ kesႅ⁵ ka⁴ phe⁶ ʃiɔ² theiŋ¹ tsaɯ⁵ ti⁵. phum² ku³ kaŋ¹ kum³ theiŋ¹ , phum²
　黜　黜　介世界劈　成　天　做　地。⑩　盘　古　公　管　天，　盘

ku³ paɯ² kum³ ti⁵.
古　婆　管　地。

phum² ku³ kaŋ¹ pi³ kø⁵ lō³ tei⁵ , tseiŋ³ kaŋ¹ siaŋ³ taɯ⁶ bā² , khue¹ ke theiŋ¹ pi³
　盘　古　公　比　较　懒　惰，整　工　想　督　眠⑪，开　介　天　比

kø⁵ se⁵ , phum² ku³ paɯ² khueiŋ² ʃia⁴ , tsaɯ³ tsaɯ³ ʧhyi⁶ khy⁵ heiŋ³ bī⁵ teiŋ³ la² ,
　较　细⑫，盘　古　婆　勤　力⑬，早　早　出　去，很　晚　转　来⑭，

khue¹ ke ti⁵ haɯ³ tɔ⁵. phum² ku³ kaŋ¹ lō¹ theiŋ¹ kiā⁵ ti⁵ , pā² gi¹ ɔ⁶ kiō² ti⁵ ti⁵ tɔu¹
　开　介　地　好　大⑮。盘　古　公　拿　天　禁　地⑯，凭　你　盖　行　地　地　都

---

① 隻：个。
② 毛：没有。
③ 寡工：一天。寡：一；工：日，天。
④ 寡对：一对
⑤ 男介：男的。介：个。吼：叫做。
⑥ 女介：女的。
⑦ 渠侪：他们。两隻：两个（人）。老成畲：老人家。
⑧ 使：用。
⑨ 骹：脚
⑩ 拿：把。暗黜黜：黑黢黢。介：的。做：借音字，和、同。
⑪ 整工：整天；督眠：睡觉。
⑫ 介：的；细：小。
⑬ 勤力：勤劳。
⑭ 早早出去，很晚回来：早出晚归。
⑮ 介：的；好大：很大。
⑯ 禁：盖、罩。

kiā¹ aŋ⁵ ti⁵，hum² tiam⁵ hauɯ³ ʦe⁵ khui⁵，iauɯ¹ ʃa³ aŋ⁵ ta⁶ tiɔ⁴ pɔ⁵. phum² ku³ pauɯ²
禁 怀 得①，还 长 好 侪 块②，犹 舍 怀 得 掷 罢③。 盘 古 婆

va⁵：guɔ¹ lō¹ ke¹ ʦe² lɔ¹ ʦhiau¹ kuɔ³ hɔ⁴. ʧiɔ⁵ iam⁵，phum² ku³ kaŋ¹ khue¹ ke
话④：我 拿 渠 侪 拉 揪 寡 下⑤。 这 样， 盘 古 公 开 介

theiŋ¹ ʦy⁵ lō¹ ti⁵ kiā⁵ hauɯ¹ lɔ
天 就 拿 地 禁 好 了⑥。

phum² ku³ pauɯ² ʧiɔ⁶ hɔ⁴ lɔ¹ ʦhiau¹，ti⁵ meiŋ⁵ ʃiam⁴ ʦy⁵ ʧhyi⁶ ʃieiŋ⁵ lo ʃieiŋ⁵ ʦa⁴
盘 古 婆 这 下 拉 揪， 地 面 上 就 出 现 了 现 在

ke tɔ⁵ ha³、kyeiŋ² sum¹ ʦauɯ⁵ khe¹ hauɯ².
介 大 海、 悬 山 做 溪、河⑦。

参考文献：

1.福建省汉语方言调查指导组.福建汉语方言概况（讨论稿）[M].厦门：厦门大学出版社,1963.

2.黄典诚.福建省志·方言志[M].北京：方志出版社,1998：240—276.

3.永安市方志编委会.永安市志[M].北京：中华书局,1994.

4.周长楫.永安方言[M].厦门：厦门大学出版社,1992.

---

① 盖：再。行地地：怎么样；禁不得：盖不了。怀：不。

② 长：剩余。好侪：好多。

③ 舍怀得：舍不得；掷罢：丢掉。

④ 话：说。

⑤ 拿：把；渠侪：他们。拉揪：拉扯。寡下：一下。

⑥ 介：的。拿：把。禁：盖。

⑦ 悬山：高山；做：借音字。和，同。

第七章
闽客方言

第一节　闽客方言的形成与分布

闽西一带原是畲族聚居地,流行畲话。唐末五代,黄巢义军过境,客家先民第二次南迁,进入闽西。正如罗香林《客家研究导论》所述,"这次迁徙,远者已达循、惠、韶等地,其近者则达福建、宁化、汀州、上杭、永定等地,其更近者则在赣东、赣南等地"。南迁结果,闽西人口数量有了大幅增加。尤其王潮、王审知兄弟入闽后,注重改善吏治,发展农商,汀州一带社会安定,经济繁荣,生齿日繁。至北宋初年,汀州府人口,已从原先的 2000 多户跃升 10 倍,竟达二万户之众。原来的汀州境域偏狭,仅领长汀、宁化两个小县,北宋淳化五年(994),增设了上杭、永定、连城、武平 4 县。上述 6 县,加上周边的清流、明溪(部分),便成为闽西客家民系聚居千载、繁养生息的根据地,也成为闽西客话的通行地。

闽西一带属于武夷山脉和博平山脉延伸交接的丘陵地,沙溪与汀江纵横全境。生活在这片土地的客家人,长期以来从事农林牧副生产和纺织造纸、榨糖、采伐、制药、酿酒、粮油加工、采矿和冶炼劳动,并在共同的生活劳作之中不断丰富、充实着客话的内涵。客家民众历来有兴学重教传统。史传汀州一带自北宋起便开始创办县学、府学,明清之后各县纷设县学、书院,培养高级人才。此外,闽西一带还流行汉剧、客家山歌与山歌戏等,极大丰富了本地民间百姓的精神生活,并为客家方言的交流、发展创造了良好的环境条件。

由于长汀自明清以来素称"客家首府",因此长汀话在闽西客话中最具权威性,理所当然地成为闽西客话的代表性方言。

在闽西客话内部,各个土语间语言特点有同有异,按其亲疏关系分析,则长汀与连城近似,自成一片;上杭、永定、武平三县地域连片,方言特点近似,也可视同一片;而行政区划隶属三明地区的宁化、清流及明溪的一部分,保存较多的闽语特点,也可独立成片。此外,在闽西客话和闽南方言毗邻处的南靖、平和和诏安三县,两区交界处均有部分人能说客话,有人称之为"闽南客话"。其语言特点接近上杭、武平和永定话,但因受漳州闽南话影响,杂有闽南话成分。此外,这一带人一般都能用客话与闽南话进行双语交际。

第二节　闽客方言的流播

闽西客话向外流播主要有三个方向。一种是在本省内就近移民,从而在各地形成不少客家方言岛。这类方言岛在闽东一带有福清东张的南湖和一都乡的王坑、音西乡的云中等村,福安社口乡的首笕村,福鼎磻溪乡和点头乡的一些村落,寿宁平溪乡的三角洋等44个自然村。在闽北与闽西北,也有客家移民所形成的方言岛,如南平的大洋、峡阳、洋后、东坑几个乡,建阳的黄坑乡,顺昌的城关镇,泰宁的新桥乡和龙湖乡,浦城的忠信乡等,均有一些村落说客话。闽中地区各市县散布各地的客话方言岛有好几十个。如大田的桃源镇、太华乡、广平镇,三明的中村乡、陈大乡,沙县的复茂镇、高砂乡,均有不少客家移民。

广东的客家话主要是由闽西移民带去的,因此,它们事实上也算是闽西客话的流播。只是由于迁徙年代已久,加上广东环境与福建的差异,两处客话已面目不同。

闽西客话也有不少迁徙入台湾。他们多数是在第四次移民时迁徙入台的。故今日在台湾岛内的客话以"四县腔、海陆腔、大埔腔、饶平腔、诏安腔"(所谓"四安大平安"为主,而福建诏安腔则占其一。)此外,台湾客家还有一些永定、武平方言岛,则与汀州府的永定、武平移民有关。

此外,客家人还有不少到南洋经商或从事其他谋生的。著名的爱国侨领胡文虎、胡文豹兄弟便是福建永定客籍人。据有关资料统计,闽西客家中的海外华人华侨总数约10多万人,其侨居地则以南洋一带的新加坡、印尼、马来西亚、缅甸、越南、菲律宾等国家和地区为主。他们与广东省籍的客家一起,都把大陆客话传播到海外各处。

第三节　闽客方言代表——长汀话

闽西客话以长汀话为代表,下重点介绍长汀话特点。①

一、语音特点

1.声韵调系统

(1)声母表

p 巴悲　　ph 爬坡　　m 马摸　　f 非花　　v 话微
t 打到　　th 弟替　　n 脑入　　　　　　l 罗劳
ts 资早　　tsh 茶浊　　　　　　s 私嫂
tʃ 者照　　tʃh 车试　　　　　　ʃ 诗蛇
k 歌家　　kh 客确　　ŋ 鱼蚁　　h 下效　　ø 押袄

[说明]

A.长汀话共有 20 个声母(含零声母 ø)

B.当地口语有舌叶音声母 tʃ、tʃh、ʃ。在与 i 或带介音 i 的声母拼合时 tʃ、tʃh、ʃ 发音近 tɕ、tɕh、ɕ。

(2)韵母表

①元音韵

ɿ 资时　　　　　a 拉客　　　　　e 非鱼　　　　　o 多岳
ɔ 包高　　　　　i 比取　　　　　u 补书　　　　　ai 来皆
əɯ 某欧　　　　ia 姐壁　　　　　ie 街舌　　　　　io 弱靴
iɔ 标夭　　　　ua 瓜柯　　　　　ue 灰开　　　　　ui 归骨
iəɯ 修九

②鼻音尾韵

aŋ 班雁　　　　eŋ 分针　　　　　oŋ 工风　　　　　ɔŋ 帮郎
iŋ 今庆　　　　iaŋ 平病　　　　　ioŋ 宫穷　　　　　iɔŋ 放良
uaŋ 顽杆　　　　ueŋ 坤滚　　　　　ŋ 吴安

③鼻化韵

---

①　本章记录的长汀话为长汀县城口语,发音合作人是长汀一中高级教师廖金璋,谨此致谢。

ɯ 端肝　　　　　iẽ 天权

[说明]

A.长汀话共有 30 个韵母。

B.韵母无撮口呼。

C.鼻化韵 ɯ、iẽ 带微弱-ŋ 尾，有人记作 ɯŋ、iẽŋ。

(3)声调表

表 7-1

调类	①阴平	②阳平	③上声	④阴去	⑤阳去
调值	33	24	42	55	21
例字	三弟	茶法	火杂	破暴	字列

[说明]

A.长汀话共有 5 个声调。

B.古入声字，因喉塞音尾丢失，入声消失，合并入舒声调。

2.连读变调

长汀话二字组连读时前字大多变调，后字有时也要变调；变调时多数不产生新调值，而是在现有声调之中转换。现把变调规律归纳如下：

(1)前字阴平的变调：

(阴平＋阴平/阴去→不变)　　　　　　　　　　　例　　词

阴平＋阳平→阳去＋阳平　　　　　车门 tʃha^{33} meŋ^{24}→tʃha^{21} meŋ^{24}

阴平＋上声→阴平＋阳去　　　　　花粉 fa^{33} feŋ^{42}→fa^{33} feŋ^{21}

阴平＋阳去→阳去＋阳去　　　　　冷静 leŋ^{33} tsheŋ^{21}→leŋ^{21} tsheŋ^{21}

(2)前字阳平的变调

阳平＋阴平→阴去＋阴平　　　　　麻花 ma^{24} fa^{33}→ma^{55} fa^{33}

阳平＋阳平→阴平＋阳平　　　　　樵门 tshiɔ^{24} meŋ^{24}→tshiɔ^{33} meŋ^{24}

(阳平＋上声→不变)

阳平＋阴去→22＋阴去　　　　　牌照 phe^{24} tʃɔ^{55}→phe^{22} tʃɔ^{55}

阳平＋阳去→阳平＋上声　　　　　茶话 tsha^{24} va^{21}→tsha^{24} va^{42}

(3)前字上声的变调

上声＋阴平→阳平＋阴平　　　　　草包 tshɔ^{42} pɔ^{33}→tshɔ^{24} pɔ^{33}

上声＋阳平→阳去＋阳平　　　　　掌门 tʃɔŋ^{42} meŋ^{24}→tʃɔŋ^{21} meŋ^{24}

上声＋上声→阴平＋阳去　　　　　美女 me^{42} ni^{42}→me^{33} ni^{21}

上声＋阴去→阳去＋阴去　　　　　美化 me⁴² fa⁵⁵→me²¹ fa⁵⁵

上声＋阳去→A.阳去＋上声　　　　本事 peŋ⁴² sʅ²¹→peŋ²¹ sʅ⁴²（本领）

　　　　　　B.不变　　　　　　　本事 peŋ⁴² sʅ²¹（勇气）

（4）前字阴去的变调

阴去＋阴平→上声＋阴平　　　　　做家 tso⁵⁵ ka³³→tso⁴² ka³³

阴去＋阳平→上声＋阳平　　　　　货色 ho⁵⁵ se²⁴→ho⁴² se²⁴

阴去＋上声→阴去＋阳去　　　　　报考 pɔ⁵⁵ khɔ⁴²→pɔ⁵⁵ khɔ⁴²

（阴去＋阴去→不变）

（5）前字阳去的变调

阳去＋阴平→阴平＋阴平　　　　　画家 fa²¹ ka³³→fa³³ ka³³

［阳去＋阳平（或阳去）→不变］

阳去＋上声→阴平＋阳去　　　　　道理 thɔ²¹ li⁴²→thɔ³³ li²¹

阳去＋阴去→阴平＋阴去　　　　　暴露 phɔ²¹ lu⁵⁵→phɔ³³ lu⁵⁵

3.文白异读

长汀话语音较少文白异读，其对应形式如下：

（1）声母对应

表 7-2

文读	白读	例　字
f	p	飞 fi¹ ～机，pe¹ ～去
	ph	覆 fu² ～盖，phu² ～下
v	m	舞 vu³ 跳～，mu³ ～龙灯
l	t	力 li⁶ ～量，ti⁶ 有～
ʧ	t	知 ʧʅ¹ 通～，ti¹ ～道
	k	解 ʧe³ ～开，kai³ ～劝
ʧh	h	去 ʧhi⁵ ～去，he⁵ 来～
kh	h	口 khəɯ³ 户～，həɯ 开～

（2）韵母对应

表 7-3

文读	白读	例　字
ɿ	i	值 tʃɿ⁵ 价～，thi⁵ ～钱
	e	事 sɿ⁵ 从～，ʃe⁵ 做～
e	o	择 tse² ～定，tho⁵ 选选～～
	ai	溪 tʃhe¹ 明～，hai¹ 大～
i	e	批 phi¹ ～评，phe¹ 两～
	ai	徙 si⁹ 迁～，sai³ 移～
	ia	迹 tsi² 奇～，tsia² 脚～
	ui	龟 tʃi¹ 乌～，kui¹ 乌～
ie	eŋ	闰 ie⁵ ～月，veŋ⁵ 这月～
aŋ	iŋ	板 paŋ³ 呆～，piŋ³ 樵～
	ū	干 kaŋ¹ ～净，kū 豆～
eŋ	aŋ	争 tseŋ¹ ～取，tsaŋ¹ ～起来
	oŋ	崩 peŋ¹ ～溃，poŋ¹ 山～
ieŋ	e	云 ieŋ² 多～，ve² 有～
	en	永 ieŋ³ ～久，ven³ ～久
uaŋ	uŋ	关 kuaŋ¹ 机～，kuŋ¹ ～门
iē	iaŋ	影 iē³ ～响，iaŋ³ 人～

（3）声调对应

表 7-4

文读	白读	例　字
阴平	阴去	交 kɔ¹ ～通，kɔ⁴ 相～
	阳去	伴 phaŋ¹ ～随，phaŋ⁵ 老～
阳平	阴平	鳞 leŋ² 鱼～，teŋ¹ 鱼～
	阳去	虹 hoŋ² ～彩，koŋ⁵ 出～
上声	阴平	满 maŋ³ 小～，maŋ¹ ～弟
阴去	阴平	教 kɔ¹ ～人，kɔ⁴ ～书
	上声	散 saŋ³ 六一～，saŋ⁴ 分～
阳去	阴平	妇 fu⁶ ～女，phe¹ 新～

二、词汇特点

1.常用词

表 7-5

普通话	长汀话	普通话	长汀话
太阳	热头 ne^5 thəɯ^2	月亮	月光 ie^5 kɔŋ^1
田沟	田塍 thiŋ^2 ʃiŋ^2	山后	岭背 tiaŋ^3 pue^5
坟墓	地 thi^5	阴沟	水涵 ʃu^3 hɔŋ^2
中午	昼边 təɯ^4 piŋ^1	上面、表面	浮皮 phɔ^2 phi^2
玉米	包粟 pɔ^1 siəɯ^2	山药	药薯 io^5 ʃu^2
黄瓜	藜瓜 le^2 kua^1	南瓜	番匏 faŋ^1 phu^2
花生	番豆 faŋ^1 thəɯ^5	茅草	芒 miɔŋ^1
公猪	猪牯 ʧu^1 ku^3	母猪	猪嫲 ʧu^1 ma^2
豺	豺狗 sai^2 kəɯ^3	虾	虾公 ka^2 koŋ^1
虱子	虱嫲 ʃe^2 ma^2	笊篱	笊箩 sɔ^2 lo^2
火铲	火撩 fo^3 liɔ^1	案板	砧盘 ʦeŋ^1 phaŋ^2
镰刀	禾刀子 vo^2 tɔ^1 ʦ^3	造纸作坊	纸槽 ʧi^3 ʧhɔ^2
扁担	担竿 taŋ^1 kuŋ^1	扫帚	秆扫 kuŋ^3 sɔ^4
棉胎	棉被骨 miŋ^2 phi^2 ku^2	抽屉	拖箱 tho^1 siɔŋ^1
汗衫	腊衣子 la^2 i^1 ʦ^3	米汤	粥汤 ʧu^2 thɔŋ^1
饺子	烧末 ʃ^1 mai^5	红糖	赤糖 ʧha^2 thɔŋ^2
酒子	酒娘 ʦiəɯ^3 niɔŋ^2	客家茶	擂茶 le^2 ʦha^2
身体	文身 veŋ^2 ʃŋ^1	鼻子	鼻公 phi^4 kɔŋ^1
手	手骨 ʃəɯ^3 kui^2	背部	背脊 pue^4 ʦia^1
感冒	冻感 toŋ^4 kaŋ^3	抓药	点茶 tiŋ^3 ʦha^2
摆摊	摆庄子 pai^3 ʦɔŋ^1 ʦ^3	集市	墟场 ʃi^1 ʧhɔ^2
粉笔	白粉 pa^1 feŋ^3	祖父	公爹 kɔŋ^1 ta^1
公公	家官 ka^1 kuŋ^1	招待	相待 siɔŋ^1 thai^5
说话	讲事 kɔŋ^3 sŋ^5	端（饭）	兜 təɯ^1
修理	整 ʧaŋ^3	倒茶	筛茶 sai^1 ʧha^2

续表

普通话	长汀话	普通话	长汀话
穿衣	着衣衫 ʧo^{2} i^{1} saŋ^{1}	放牛	䀹牛 niaŋ^{1} ŋəɯ^{2}
下蛋	屙蛋 o^{1} thaŋ^{5}	客气	演文 ieŋ^{3} veŋ^{2}
肮脏	邋遢 la^{2} tha^{2}	清楚	分相 feŋ^{1} siɔŋ^{1}
拼命	杀火 sai^{2} fo^{3}	勤家	做家 ʦo^{4} ka^{1}
宽松(经济)	蓬松 phoŋ^{1} soŋ^{1}		

2.民俗词

表 7-6

普通话	长汀话	普通话	长汀话
大年初一	大麻年初一 thai^{5} ma^{2} niẽ^{2} ʦhi^{1} i^{2}	元宵	正月半 ʧaŋ^{1} ie^{5} paŋ^{4}
清明	清明节 ʦhiaŋ^{1} miaŋ^{2} ʦie^{2}	端午	五月节 ŋ^{3} ie^{5} ʦie^{2}
中元节	七月半 ʦhi^{2} ie^{5} paŋ^{4}	中秋	八月节 pe^{2} ie^{5} ʦie^{2}
重节	九月节 ʧiəɯ^{3} ie^{5} ʦie^{2}	年底大扫除	打火堂霉 ta^{3} fo^{3} thɔŋ^{2} mue^{2}
除夕	年三十晡 nĩẽ^{2} saŋ^{1} ʃɿ^{5} pu^{1}	除夕围炉	年夜饭 niẽ^{2} ia^{5} phũ^{5}
压岁钱	压岁钱 a^{2} sei^{4} ʧhiẽ^{2}	年糕	糖糕 thɔŋ^{2} kɔ^{1}
糍粑(长条)	米粿 mi^{3} kɔ^{3}	豆腐年糕	豆腐圆 thəɯ^{2} fu^{2} viẽ^{2}
油炸年糕	炰炰糃 phɔ^{2} phɔ^{2} ʃia^{2}	裹粽子	包粽子 pau^{1} ʦoŋ^{4} ʦɿ^{3}
月饼(白色)	月华饼 ie^{5} fa^{2} piaŋ^{3}	喜蛋(煮熟染红的鸡蛋)	红蛋 foŋ^{2} thaŋ^{5}
糕饼名	灯盏糕 teŋ^{1} ʦaŋ^{3} kɔ^{1}	踩高跷	装高脚司 ʧɔŋ^{1} kɔ^{1} ʧio^{2} sɿ^{1}
舞龙灯	vu^{3} toŋ^{2} teŋ^{1}	跑旱船	踩船灯 ʦhai^{3} ʃũ^{2} teŋ^{1}
打牌	拿牌 na^{1} phai^{2}	翻跟斗	打翻筋斗 ta^{3} faŋ^{1} ʧeŋ^{1} təɯ^{3}
谈情说爱	嫽 liɔ^{5}	出嫁	嫁女 ka^{4} ni^{3}
讨媳妇	讨新婢 thɔ^{3} seŋ^{1} pe^{1}	童养媳	等郎妹 teŋ^{3} loŋ^{2} mue^{4}
分层礼箱	墭 ʃaŋ^{5}	择吉	拣日子 ʧiẽ^{5} ni^{2} ʦɿ^{3}
相亲	䀹人家 niaŋ^{1} neŋ^{2} ka^{1}	订婚	砟定 ʦa^{2} theŋ^{5}
新郎	新郎公 seŋ^{1} lɔŋ^{2} koŋ^{1}	新娘	新人 seŋ^{1} neŋ^{2}
新房	新人间 seŋ^{1} neŋ^{2} ʧiŋ^{2}	入赘	入屋 ȵip^{5} vuk^{3}

续表

普通话	长汀话	普通话	长汀话
招赘婚生儿夫妇平分	打合同 ta³ ho⁵ thəŋ²	怀孕	大腹屎 thai⁵ pu² ʃ1³
孕期	病子 phiaŋ⁵ tsʅ³	流产	损身 sen³ sen¹
产房	衍间 iŋ³ tʃiŋ¹	分娩	供子 tʃoŋ⁵ tsʅ³
坐月子	做月日 tso⁵ ie⁵ ni²	洗三	三朝 saŋ¹ tʃo¹
满月宴	满月酒 maŋ³ ie⁵ tʃiɯ³	项链	挂颈 kua⁴ tʃiaŋ³
满六十岁	上寿 ʃŋ⁵ ʃɯ⁵	祝寿	做寿 tso⁴ ʃɯ⁵
去世	敬老 tʃen⁴ lo³	丧事	做白事 tso⁵ pha⁵ s1⁵
	老嘞 lo³ le	棺材	寿木 ʃɯ⁵ mu²
	归天嘞 kui¹ thiē¹ le	守灵	送终 soŋ⁴ tʃoŋ¹
	行撇嘞 haŋ² phe² le	讣告	出课 thie² kho⁴
入殓	入材 ne⁵ tshue²	出殡	发口 fai² ien⁵
下葬	落葬 lo⁵ tsɔ⁵	夭折	打短命 ta³ tɯ³ mian⁵
坟墓	地 thi⁵	墓碑	碑石 pi¹ ʃa⁵
祭墓	醮墓 tsiɯ⁵ mu⁵	冥钞	纸钱 tʃŋ³ tʃhie²
骨殖坛子	金罂子 tʃen¹ aŋ¹ tsʅ³	拾骨葬	捡金 tʃi³ tʃen¹
神灵	神祇 ʃen⁵ tʃhi²	土地公	社公 ʃa² koŋ¹
灶神爷	灶神菩萨 tʃo⁴ ʃen² phu² sai²	妈祖神	天上圣母 thie¹ ʃoŋ⁵ ʃen⁴ mu³
蛇王神	蛇王菩萨 ʃa² vɔŋ² phu² sai²	观音、定光佛与伏虎神	三大祖师 saŋ¹ thai⁵ tsu³ ʃi¹
供奉	供养 koŋ⁴ niaŋ³	祭祀费	蒸尝 tʃen¹ ʃoŋ²
历书	通书 thoŋ¹ ʃu¹	设宴	做酒 tso⁴ tsiɯ³
酒菜	东道 toŋ¹ tho⁵	斟酒	筛酒 sai¹ tsiɯ³
客人	人客 nen² kha²	伴手礼	手信 ʃɯ² sen⁵
猜拳	搨拳 fa² tʃhie²	融洽	合式 ho⁵ ʃ1²

3.古语词

圳 tʃen⁴　田畔水沟。如："～沟"（水渠）。清代钮琇《觚賸》之《粤觚语字之异》："粤中语少正音，书多俗字……通水之道为～，音浸。"

涵 hɔŋ²　阴沟。如"水～窿"［ʃu³ hɔŋ² loŋ⁴］《集韵》胡南切：《说文》：水泽

多也。"

磡 khɔŋ¹ 石阶。如"石～"。《集韵》苦绀切:"岩崖之下。"此处用引申义。

墘 tiŋ² 畦。如"地～"(田畦)。《集韵》离珍切:"蔬畦曰～。"

朝 tʃɔ¹ 日。如"今～"(今日)。《广韵》:"陟遥切。《孟子·告子下》:'虽与之天下,不能一～居也。'"一～,一日。今～,即今日。

霚 mɔŋ² 雾。如:"～纱"(雾气)。《集韵》谟蓬切:"《尔雅》:天气下地不应曰～。"～纱,即雾气笼罩如轻纱。

泥 ne² 泥土。《集韵》年题切:"塗也。"塗,即泥土。

时节 ʃɿ² tse² 时候。杜甫《江南逢李龟年》诗:"正是江南好风景,落花～～又逢君。"

禾 vo² 稻子。《集韵》胡戈切:"《说文》:嘉谷也。二月始生,八月而熟,得时之中,故谓之～。"

毛竹 mɔ² tʃu² 竹名。唐罗隐诗:"武夷洞里生～,老尽曾孙更不来。"

青果 tshiaŋ¹ ko³ 即橄榄。《都城纪胜》:"诸行又有名为团者,如城南之花团,泥路之～团是也。"文中～～,即橄榄。

牛轭 ŋəɯ² a² 套子,牛脖颈上的曲木。轭,《集韵》乙革切。《正韵》:"'辕端,横木驾马领者'。"

秆荐 kuŋ³ tsiŋ⁴ 稻秆晒干编织的床垫。荐,《集韵》才甸切:"《左传》襄公四年《戎狄荐居》,注:'荐,草也'。"

笪 ta² 粗竹席。如"谷～"(晒谷席)。～,《广韵》:"当割切。"《集韵》:"一曰……似篷篛,直纹而粗者,江东呼为～。"

罂 aŋ¹ 一种大腹小口的瓦礶。《集韵》於茎切:"《说文》:缶也。"

甏 phaŋ⁵ 一种较大的陶礶。《字汇》:"蒲孟切,瓶瓮。"

襻 phaŋ⁴ 纽扣。如:纽～(布扣)。《集韵》普患切:"衣系曰～。"

筲 sɔ¹ 淘米竹器。如:饭～子。《集韵》师交切:"斗～,竹器。"

㞘 tu² 屁股。如:屎窟～(屁股)。《集韵》都木切:"《博雅》:臀也。"

藜 le² 蒺藜,草刺。《集韵》怜题切:"蒺藜,草名。"长汀杉树上针叶称"杉毛～"。

黸 lu² 黑色;又指生锈。如"发～"。《集韵》卢都切:"《说文》:齐谓黑为～。"扬雄《方言》"彤弓～矢",～矢即生锈发黑之箭矢。

痡 phu⁵ 疙瘩。如:长～(长疙瘩)。《集韵》蒲故切:"痛病。"

瘰疬 le¹le³　淋巴结肿大病。如："脖胫发～～。"《集韵》鲁果切："～～，筋结病也。"《正字通》："疬绕颈项累累也。"

胻 tsaŋ¹　脚后跟。如"脚～痛"（脚后跟痛）。《集韵》甾茎切："足筋。"

粄 paŋ³　饭饼。《集韵》补满切："屑米饼。"

墟 ʃi¹　乡村集市。如：赴～（赶集）。《集韵》丘於切："大丘也……古者九夫为井，四井为邑，四邑为丘，丘谓之墟。或从土。"又商贾货物辐辏处，古谓之务，今谓之集，又谓之虚。陆游《剑南诗稿》十《抚州上元》"人如虚市散，灯似晓星疏。"字又作墟。

礳 soŋ³　柱子的基石。如："石～"（柱下石）《集韵》写朗切："柱下石。"《正字通》："俗呼础为～。"

娭 ue¹　母亲。如："～哩"[ue¹le]。（母亲）俗又作娘。娭，《集韵》於开切："婢也。"客话指母亲，义有引申。

伯 pa²　兄长。如："老～"（哥哥）。《孟子·告子上》："乡人长於伯兄一岁，则谁敬？"其"～"即兄。

三朝 san¹tʃɔ¹　婴儿出生三日。旧俗多要为其洗浴并宴请亲友。宋代吴自牧《梦粱录》二十《育儿》："～～与儿落脐炙臗。"今客家仍流行此俗。

胞衣 po¹i¹　胎盘。《南史》："（王）敬则生时，～～紫色。"

灶下 tso⁴ha⁵　厨房。《元人竹枝词》："～～已无新晋马，釜中犹有旧唐鸡。"

神祇 ʃeŋ²tʃhi²　泛指神灵。《书·微子》："今殷民乃攘窃神祇牺牷牲，将食无灾。"《释文》："天曰神，地曰祇。"

社公 ʃa¹koŋ¹　土地（公）：如：～～菩萨。《后汉书》八十二下《费长房传》："遂能医疗众病，鞭笞百鬼，及驱使～～。"此～～即指土地神。

自家 tsɿ⁵ka¹　自己。《近思录》："周茂叔窗前不除，曰：与～～意思一般。"

蚓 tʃen²　蚯蚓类。当地称蚯蚓为"黄～"voŋ²tʃen³。《唐韵》："休谨切。"《正韵》："许谨切，欣土声。蚯蚓，吴楚呼为寒～。"

尘灰 tʃhen²hue¹　灰尘。苏轼《荔枝叹》："十里一置飞～～，五里一堠兵火催。颠坑外坑相枕藉，知是荔枝龙眼来。"

屙 o¹　排泄大小便。如"～尿"（撒尿）。《字汇》："乌何切，音阿。"《景德传灯录》九《大安禅师》："喫沩山饭，～沩山屎，不学沩山禅。"今长汀母鸡下蛋称"～蛋"[o¹thaŋ⁵]，义有引申。

蒸尝 tʃeŋ¹ ʃɔŋ²　祭祀花费。《尔雅·释诂》："禋、祀、祠、蒸、尝、禴：祭也。"郭璞注："《书》曰：禋於六宗。其馀者皆以为四时祭名也。"

睜 niaŋ⁴　看。如："～牛"（放牛）。《集韵》研领切："直视也。"当地读阴去调。

嫽 liɔ⁵　玩儿。如："来～"（来玩）。～，《集韵》怜萧切："《说文》：一曰相嫽戏也。"《广韵》又力弔切，义同。

屏 piaŋ⁴　藏。如："～风"（避风）。《集韵》蒲明切："《说文》：蔽也。"

供 tʃiɔŋ⁵　喂、养，如："～鸡（养鸡）"。《集韵》居用切："设也。"李密《陈情表》："臣以～养无主，辞不赴命。"当地转用为喂养。

炆 ven²　慢火炖食物。如："～鸡。"《集韵》无分切："《说文》：煴也。"

蕩 thɔŋ⁵　滑倒。《集韵》大浪切："《说文》：失据而倒也。"本地指滑倒在地。

趈 pu¹　下蹲、蹲伏。如："～倒"（蹲下去）《集韵》滂模切："伏地。《玉篇》：匍匐也。"

斫 tʃho²　砍。如："～猪肉"（砍猪肉）。《集韵》之若切："《说文》："击也。"《玉篇》："刀～。"

炙 tʃa²　曝晒。如："～谷" tʃa²ku²（晒谷子）《集韵》之石切："《说文》：炮肉也。"

蒔 ʃ²⁵　种植。如："～田"（插秧）。《集韵》时吏切："《博雅》：立也。"《方言》："更也"，注："更种也。"《文选》晋代左思《魏都赋》："水澍秔稌，陆～稷黍。"

研 ŋa⁵　碾。如："～碎"（碾碎）。《集韵》吾驾切："碾研也。"

涿 tu²　滴下去。如："水～下"（水滴下）《集韵》竹角切："《说文》：流下滴也。"

4.地名词

闽西客家常见的地名词有：

岭 tiaŋ¹　指山。常用为地名。如：李～（大同乡）、胡～（童坊乡）、元～（红山乡）、羊牯～（四都乡）、刘屋～（新桥乡）。

背 pue⁴　当地方位名词，即"背后"。带"～"的地名，有：洋～、塘～（南山乡）、塞～（宣城乡）、迳～（河田镇）、营～（汀州镇）、社～（庵杰乡）、河～（策武乡）等。

塅 thʉ⁵　当地指小平原。所见地名有古城乡的长～、红山乡的红～，河田乡的南～,等等。

地 thi⁵ 客话一指地片,一指坟地。用为地名,或指某姓聚居小片。如:张～、芦～(铁长乡),罗～、余～(河田镇),赖～(庵杰乡)。他处还见有上温～、下温～、陈～等。

陂 pi¹ 蓄水的建筑物。长汀历史上多处建有蓄水小工程,后多成为地名。如:罗坊～、高～、龙潭～(南山乡),万鞍～、油寮～、魏坊～(童坊乡)、下坑～(河田乡),大坑～、埔下～(涂坊乡)、大田～、龙子～(古城乡),大河～(濯田乡),和尚～(策武乡)等等。

坝 pa⁴ 拦截山洪的堤坝,当地也多用为地名。如:长～(童坊乡)、～尾(濯田乡)、桐～(三洲乡)等等。

坑 kheŋ¹ 原指低洼地。长汀一带多山,低洼地自然常见,"坑"字因也成为地名用字。如:古城乡的梁～、元～,策武乡的南～、当～,新桥乡的罗～、三～口,涂坊乡的慈～、丘～、洋～,宣城乡的吉～、罗～头;等等。

坊 faŋ¹ 《旧唐书·食货志》上:"在邑居者为～,郊外为村。"可见"～"原指城内街坊里巷。明代长汀曾合宋时州城内外二十三坊,清光绪年间全县辖四十六图,计有十三坊五百零八村。后世"坊"也便被普遍沿用,成为当地特色地名词。今所见者,如:罗～、镇～(大同乡),童～、彭～、龙～(童坊乡),朱～、廖～、邓～(南山乡),赖～、涂～、红～(涂坊乡)等,为数不少。

屋 vu 住宅,家。相当于闽语的"厝"。其中常见带"屋"的地名,较多是"姓+～"。如:新桥乡之任～、蔡～,濯田乡之刘～、陈～,大同乡之黄～,四都乡之汤～,涂坊乡之马～等等。

5.成语

人走茶凉 neŋ² tsəu³ tsha² tioŋ²(人不在人情也不在)

毛脚风筝 mɔ² tʃio² foŋ¹ tseŋ¹(没有着落)

过桥抽板 ko⁵ tʃio² tʃhəu¹ piē³(过河拆桥)

懵懵懂懂 moŋ¹ moŋ¹ toŋ¹ toŋ¹(糊里糊涂,似懂非懂)

问客刣鸡 meŋ⁴ kha² tʃhi² tʃe¹(虚情假意)

捉牛上树 tsɔ² ŋəu² sɔŋ⁵ ʃu⁵(白费心力)

老虎借猪 lɔ³ fu³ tsia² tʃu¹(有借无还)

诳鬼还愿 ʃio² kui³ vaŋ² ŋiŋ⁵(敷衍应付)

手长衫袖短 ʃəu³ tʃɔŋ² ɲsaŋ¹ tshiəu⁵ tɯ³(力不从心)

三、语法特点

1.词法

(1)名词

A.词头和词尾

老[lɔ³] 用于称谓语。如:老公(丈夫)、老弟(弟弟)、老妹(妹妹)等。

番[faŋ¹] 用于指称外来民族引进的物名。如:番豆(花生)、番柿(西红柿)、番匏(南瓜)等。

牯[ku³] 主要用于表示雄性动物的名称,如:牛牯(公牛)、羊牯(公羊)等。

公[koŋ¹] 也用于表示雄性动物,如:鸡公(公鸡)、猫公(公猫)。但有时"公"已虚化,并不表示性别,如:蚁公(蚂蚁)、虾公(虾)、蜈公(蜈蚣)等等。

嫲[ma²] 用于表示雌性动物的名称。如:猪嫲(母猪)、鸡嫲(母鸡)、鸭嫲(母鸭)等。

佬[lɔ³] 用于指称某一类人。如:外江佬(外地人)、哑佬(哑巴)。

嘞[le⁵] 是广泛使用的词尾,相当于普通话的"子"。如:

用于指人:爹嘞(父亲)婶嘞(婶婶)妹嘞(妹妹)

用于指动物:猴嘞(猴子)狗嘞(狗)鸡嘞(鸡儿)

用于指植物:桃嘞(桃子)豆嘞(大豆)梨嘞(梨子)

用于指器具:帽嘞(帽子)礶嘞(礶子)刨嘞(刨子)

嘞子[le⁵tsɿ] 表示较细小的物体名。如:兔嘞子(小兔子)、柚嘞子(小柚子)、凿嘞子(小凿子)。

B.名词重叠

部分名词重叠,意义不变。如:夹夹子=夹子;亲亲戚戚=亲戚

少数名词重叠,含"每一"义。如:袋袋=每一袋;桌桌=每一桌

方位名词重叠,表示"极其"。如:上上头头=最上面;下下背背=最下面

(2)动词

A.动词的"时"和"体"

普通话中表示动作行为的完成,多用"完了、了"等表示,长汀话则常用"撇嘞"[phie²le]如:"钱用撇嘞"(钱用完了)、"饭食撇嘞"(饭吃完了)。

表示动作已然,普通话常用"了"表示,长汀则用"嘞"[le²]表示。如:"你食嘞,我蛮曾食"(你吃了,我还没吃)。

表示动作正在进行,普通话多用"正、正在"等副词表示。长汀话则往往用"稳嘞"[veŋ³le²]表示。如:"渠搭人讲稳嘞事"(他正在跟人说话)。

经历体,普通话常用"过"表示,长汀话多用"过嘞"[ko⁴le²]表示。如:我食过嘞粥汤"(我吃过米汤)。

动作持续,普通话常用"动＋着＋动＋着"表示,长汀话则用"动＋动＋动"表示。如:老妹跑跑跑,跌嘞一脚(妹妹跑着跑着,跌了一跤)。

B.动词重叠

单音节动词重叠,可后附"嘞"[le²],重叠后表示状态,能充句子谓语。如:擘[pa²]→唠擘擘嘞(嘴巴张开的样子);或后附"动",重叠后也表示状态,如:摇摇动(不停地摇动)。

双音节动词重叠,其格式是 AABB。重叠后可表示动作反复进行的样子。如:商量→商商量量。

(3)形容词

A.形容词的"级"

比较级,常用程度副词"野"[ia³]表示。如:花野红(花很红);桃嘞野甜(桃子很甜)。

最高级,常在形容词后加补语的标志"得、到",然后附以程度副词"唔得过"[ŋ⁵te²ko⁴],或"话唔像"[va²ŋ⁵tshioŋ⁵]。如:梨花白得唔得过(梨花白得不得了);糖糕甜到话唔像(年糕甜得无法形容)。

此外,单音形容词的最高级,尚可采取"A＋过＋A＋绝"格式表示。如:好过好绝(相当好)、靓[tsiaŋ¹]过靓绝(极其漂亮)、大过大绝(非常之大)。

B.形容词重叠

单音形容词重叠,有三种形式:

A→AA＋嘞[le²]。如:红→红红嘞(红红的)

A→A＋BB＋嘞[le²]。如:白→白雪雪嘞(雪白的)。此处"BB 嘞"属形容词后缀。

A→BB＋A＋嘞[le²]。如:白→雪雪白嘞(雪白的样子)

双音形容词重叠,常见的形式是:

AB→AABB 如:排场→排排场场(十分排场)

AB→ABAB 如:袅达→袅达袅达(上下抖动)

AB→A 里 AB 如:古怪→古里古怪(颇为古怪)

(4)代词

①人称代词

人称	单 数	复 数
第一人称	我[ŋai¹]	我侪(们)[ŋai¹tʂhi²](meŋ²)（我们） 我搭人[ŋai¹ta²neŋ²]（咱们）
第二人称	你[ni¹]	你侪(们)[ni¹tʂhi²](meŋ²)（你们）
第三人称	渠[ke¹]（他）	渠侪(们)[ke¹tʂhi²](meŋ²)（他们）

②指示代词

尔[ni³]或[ti¹]	这	该[kai³]	那
尔角[ni³＋ko]	这儿	该角儿[kai³ko]	那儿
尔里[ni³＋ti]	这里	该里[kai³ti]	那里
尔套子[ni³thɔ⁴tʂʅ]	这会儿	该套子[kai³thɔ⁴sʅ]	那会儿
尔阵子[ni³ʃheŋ⁵tʂʅ]	这阵子	该阵子[kai³ʃheŋ⁵tʂʅ]	那阵子
仰(滴)嘞[niɔŋ³(ti²)le]	这样么	该(滴)嘞[kai³(ti²)le]	那样、那么

③疑问代词

问人物	有：哪个(嘞)[ne⁴ka⁴(le)]	（谁；哪一个）
问事物	有：甚式(嘞)[soŋ²si¹(le)]	（什么）
问时间	有：哪日[ne³ni²]	（哪一天）
问地点	有：哪块[ne³khue⁴]	（哪里）
问性状、方式	有：用：样甚[iɔŋ²ʃeŋ²]	（怎样）
问数量	有：几[tʃi³](多少、几)，几多[tʃi³to¹]	（多少）

（5）量词

较为特殊的，如：

长汀话	普通话
一行鱼	一尾鱼
一张刀	一把刀
一番席子	一张席子
一腰裤	一条裤子
一只碗	一个碗
一杆笔	一支笔
一行树子	一根木头
一行米馃	一块米馃
一眼屋子	一间屋子

一块镜子	一面镜子
眍下子[niaŋ⁴ na¹ tsɿ³]	看一眼
来一套	来一趟

（6）常用副词

程度副词。除上述"野"[ia³]（外），还有"好"[hɔ³]（很）、"忒"[the²]（太、过于）等。如：好好食（很好吃）、忒厉害（太厉害）。

否定副词。常用"无"[mɔ²]（不、没）、"唔"[ŋ⁵]、"蛮"[maŋ²]（没、末）等。如无齐整（不整齐）、比你唔上、蛮曾食饭（不曾吃饭）。

时间副词。有"还正"[vaŋ² tʃaŋ⁴]（刚刚）、"正"[tʃaŋ⁴]等。如：会议还正开成（会议刚开完）、渠正食成（他刚吃完）。

（7）常用介词

常见介词有"搭"[ta²]（跟、和）、"拿"[na³]（把）、"当"[tɔŋ¹]（向）、"帮"[pɔŋ¹]（给、替）、"得"[te²]（给、被）等，如渠搭人讲稳嘞事（他和人说着话），拿笋干拿来（把笋干拿来），当下去河田（向下去河田），帮我吃一碗（给我吃一碗），桃嘞得渠食嘞（桃子被他吃啦）。

2.句法

（1）特殊词序

A.修饰动作方向的状语前置，如：

渠行当东去连城，你行当南去上杭（他往东去连城，你往东去上杭）

B.表示动作频率的副词状语"添"[thiē¹]后置，如：

食一碗饭添（再吃一碗饭）

买两斤添（再买两斤）

（2）宾语的位置

A.某些动词的宾语前置，如：

屎窟打你疤去（狠狠打你屁股）

我讲渠知（我告诉他）

B.双宾语句，直接宾语置间接宾语前，如：

你借一本书得我（你借我一本书）

我学一样事你知（我告诉你一件事）

（3）特殊句式

A.反复句，一般用"A 唔 A"式表示，急读时"唔"可省略，成为"AA"或"A"式。如：

要唔要去——要要去——要去(?)(要不要去?)

系唔系我——系系我——系我(?)(是不是我?)

B.比较句,常用比较副词"更",有时也不用"更",如:

渠比我更高(他比我高)

老米比新米更做得有饭(陈米比新米出饭率高)

我写的字比你唔上(我写的字比不上你)

第四节　长汀秘密语——市语

长汀客家在商品集市交易中有一特殊习俗,即用"秘密语"买卖,俗称"打市语"。这在从事米业的商人尤其牙人(中介)中较为流行,秘密语的形式有两类:

1.切口,即用反切法把一个单音节字拆为声、韵两部分,再将其次序颠倒,然后在其韵母前加声母 l,在声母后加韵母 i,声调不变。如:

大 thai^{21}—lai^{21} thi^{21}(赖地)细 se^{55}—le^{55} si^{55}(嘞四)

2.暗语,又称暗号,又分两类,如:

(1)数字暗语

么 iə^1 一　　　神 ʃeŋ^2 二　　　斩 tsaŋ^3 三　　　飞 fi^1 四　　　勾 ieŋ^2 五

添 thiŋ^1 六　　　线 siŋ^4 七　　　赖 lai^4 八　　　勾 kəu^1 九　　　齐 tshe^2 十

(2)物名暗语

啄老 tu^2 lə^3 大米　　　张飞 tʃəŋ^1 fi^1 黑豆　　　内老 nue^1 lə^3 猪肉

摆摆 pai^1 pai^3 鱼　　　蔡老 tshai^4 lə^3 鸡　　　四脚 si^4 tʃiə^2 狗

滑老 vai^1 lə^3 油　　　点点 tiŋ^1 tiŋ^3 酒　　　挂须 kua^4 si^1 面条

五十三 ŋ^3 ʃi^1 saŋ^1 男阴　　　红鲫鱼 foŋ^2 tsi^2 ŋe^2 红色　　　粢糯米 thiə^4 no^1 mi^3 傻瓜

第五节　闽客方言内部异同

一、语音异同

1.共同特点

（1）普通话中古浊声母今读塞音或塞擦音的，一般平声送气，仄声不送气，闽西客话一律读送气，如"豆族"等字，客话音长汀 thɯu⁵、tshu⁵，上杭 thiɔ³、tshɐi 宁化 thɤu⁶、tshu⁶。

（2）普通话部分 h 声母（中古晓匣母）遇合口呼（为主），闽西客家话读 f 如"红花"，长汀 foŋ¹fa¹，上杭 fəŋ²fɔ¹，宁化 foŋ¹fɔ¹。

（3）普通话中部分零声母合口韵（中古微影匣云），客话读 v，例如，"文物"客话音是长汀 veŋ²vu²，上杭 vɛ̃³vɛʔ⁷，宁化 veŋ²vɤʔ⁷。

（4）普通话中部分 ʂ 声母（中古庄组）客话读 ts、tsh、s 如："师生"，客话长汀、上杭 sɿ¹sɛ̃³，宁化 sɤ¹sɛŋ¹。

（5）普通话韵母 ʅ（古止开三、知照系声母），客家话一般读 ɿ。如"指迟诗"字，客话音长汀 tʃɿ³、tshɿ²、ʃɿ¹，上杭 tsɿ³、tshɿ²、sɿ¹，宁化 tsɿ³、tshɿ²、sɿ¹。

（6）普通话韵母 ai，除长汀（含永定）外，各地客话一般读为 a 韵，如："卜、牌、材"字，长汀 phe²、phe²、tshue²，上杭 pha²、pha²、tsha²，宁化 pha²、pha²、tsha²。

（7）普通话前鼻音尾韵（-n）（中古咸深山臻等摄），客话多读为后鼻音尾韵（ŋ）或鼻化韵。如："胆班因"字客话读音长汀 taŋ³、paŋ¹、ieŋ¹，上杭 tã³、pã¹、iəŋ¹，宁化 taŋ³、paŋ¹、iŋ¹。

（8）普通话韵母 u（古遇摄合口一等疑母），客话多读鼻音韵 ŋ，如："午、五"两字，各地客话普遍读 ŋ³；"吴"各地一般读 ŋ²。

（9）普通话韵母 aŋ、iaŋ（中古宕摄），客话多读 ɔŋ、iɔŋ 或鼻化韵。如"党、方、羊"字，客话音是长汀 tɔŋ³、foŋ¹、iɔŋ¹，上杭 tɔ̃³、fɔ̃¹、iɔ̃¹，宁化 toŋ²、foŋ¹、ioŋ²。

（10）古浊声母上声字，今普通话读为去声；古次浊声母上声字，今普通话读上声字；闽西客话中，这两类字有的则读为阴平。前者如"抱弟坐"等，长汀读 phɔ¹、the¹、tsho¹，上杭读 phɔu¹、thei¹、tsɔu¹，宁化读 phau¹、thie¹、tsho¹；后者如"买懒"等字，长汀读 me¹、len¹，上杭读 mei¹、lɛ̃¹；"你、两"等字，宁化读 ŋi¹、liɔŋ¹。

2.内部差异

（1）普通话 n、l 声母（中古泥、来），长汀、上杭小片可分；宁化小片洪音都读 l，细音字泥母读 ŋ，如"南、蓝"等字，长汀音 naŋ²、laŋ²，上杭音 nã²、lã²；宁化音均读为 laŋ²；而"泥、娘"等字，宁化音 ŋie²、ŋiɔŋ²。

（2）部分普通话 l 声母（中古来母），长汀小片读音为 t，宁化仍读为 l，如：

"刘、笠"等字，长汀音 təu²、ti²，上杭音 tiu²、teʔ⁷，宁化音 liu²、lie⁶。

（3）普通话 tʂ、tʂh、ʂ 声母（中古知、章组），长汀小片、清流读舌叶音 tʃ、tʃh、ʃ，上杭、宁化等则读舌尖前音 ts、tsh、s。如"除、中、珠"等字，长汀读 tʃhu²、tʃoŋ¹、tʃu¹，清流读 tʃhy²、tʃioŋ¹、tʃy¹，上杭读 tsu²、tsəŋ¹、tsu¹，宁化读 tshu²、tsoŋ¹、tsu¹。

（4）普通话部分声母 ʐ（中古日母），长汀读 n 或零声母，上杭读 n、ŋ 或零声母，宁化一般读为 ŋ。如"日、忍、容"等字，长汀音 ni²、nen³、ion²，上杭音 nieʔ⁷、nəŋ¹、iaŋ²，宁化音 ŋi⁶、ŋiŋ³、ŋioŋ².

（5）普通话部分 tɕ、tɕh、ɕ 声母（中古见组，细音），上杭读舌尖前音 ts、tsh、s，宁化则读舌根音 k、kh、h 如："基、喜"等字，长汀读 tʃi¹、tʃhio²、ʃi³，上杭读 tsi¹、tshiu²、si³，宁化读 ki¹、khiau²、hi³。

（6）普通话部分声母（中古泥日疑母），上杭、永定客话读 h，如："女、汝、语"字，上杭读 hŋ³、hŋ²、hŋ³，永定同音都读 hm³.

（7）普通话撮口呼，客话除连城、清流也是撮口外，一般读为齐齿或开口。如"女、语、泉"等字，连城读为 nye³、ŋye³、tshe²，清流读为 ŋy³、ŋy³、tshyī²；长汀读 ni³、i³、tʃhie²，宁化读为 ŋi³、ŋiəu³、tshiɛŋ².

（8）普通话部分鼻音尾韵，长汀、上杭等地或读鼻化韵，宁化读鼻音尾韵，连城则读元音韵，如"盐、添"等字，各地客话读音为：长汀 iẽ²、thiẽ¹，上杭同，宁化 iaŋ²、thiaŋ¹，连城 ie²、the¹。

（9）长汀口语已无入声韵尾，他处闽西客话仍保留喉塞音尾。如："合、笔、麦"等字，长汀读为 ho⁵、pi²、ma⁵，上杭读 haʔ⁸、peʔ⁷、mɒʔ⁸，宁化读 ho⁶、piʔ⁷、mɒ⁶。

（10）长汀小片无入声调，上杭小片有两个入声调（阴入、阳入），宁化小片则有一个入声调。如"帖、立"二字，长汀读 the²，li⁵，上杭 thieʔ⁷、leʔ⁸，宁化则分别读 thiaʔ⁷、leʔ⁶。

（11）普通话部分去声字（中古全浊上声），长汀、宁化归阳去，上杭一带读上声，如"夏、静"等字，长汀读 ha⁵，tsheŋ⁵，宁化读 hɔ⁶、tshiŋ⁶，上杭读 hŋ³，tshəŋ³。

二、词汇异同

1.共有词汇

表 7-7

普通话	方言	长汀	上杭	宁化
太阳	热头	ne⁵ thəɯ²	ŋieʔ⁶ thiɔ̄²	ŋieʔ⁶ thəɯ²
月亮	月光	ne⁵ kɔŋ¹	ŋieʔ⁶ kɔ̄¹	ŋieʔ⁶ kɔŋ¹
冰	凌冰	leŋ² peŋ¹	iɛ̄² pɛ̄¹	liŋ² piŋ¹
灰尘	尘灰	tʃheŋ² hue¹	tshəŋ² fuo¹	tshuŋ¹ fei¹
水田	田	thiɛ̄²	thiɛ̄²	thieŋ²
热水	烧水	ʃau¹ ʃu³	siɔ̄¹ fei³	sau¹ fi³
泥土	泥	ne²	nei²	ŋie²
坟墓	地	thi⁵	thi³	thi⁶
瓶子	罂	aŋ¹	iā¹	ŋaŋ¹
蒸笼	笼床	laŋ² sɔŋ²	ləŋ² sɔ̄²	lɤŋ² sɔ²
柴火	樵	tshiɔ²	tsiə²	tshiau²
肥皂	胰子	i² tsɿ³	i² tsɿ³	i¹ tsɛi³
大缸	鬓	phaŋ⁵	phaŋ⁵	phaŋ⁵
扫帚	秆扫	kɯ̄³ sɔ³	kɯ̄³ sou⁴	kuaŋ³ sau³
工具	家伙	ka¹ fo³	ka¹ fɔ³	ka¹ fo³
房子	屋	vu²	vəʔ⁵	vu⁷
屋子	间	tʃiɛ̄¹	tsiɛ̄¹	kaŋ¹
污垢	浼	ma³	miɛ̄³	maŋ⁶
铁锈	黥	lu¹	lu²	lu¹
今天	今朝	tʃeŋ¹ tʃɔ̄¹	tsiəŋ¹ tsiɔ̄¹	kiŋ¹ tsau¹
明天	天光	thiɛ̄¹ kɔŋ¹	thiɛ̄¹ kɔ̄¹	thieŋ¹ kɔŋ¹
中午	昼边	tʃəɯ⁴ piɛ̄¹	tsiu⁴ piɛ̄¹	tsəɯ⁵ pieŋ¹
正月初一	年初一	niɛ̄² tsu¹ i²	ŋiɛ̄² tshu¹ ieʔ⁵	nieŋ² tshu¹ i⁷
割稻	割禾	kue² vo²	kuoʔ⁵ vou²	kau⁷ vo²
喂猪	供猪	tʃoŋ⁴ tʃu¹	tsiəŋ¹ tsu¹	kiɤŋ⁴ tsɤ¹
稻草	秆	kɯ̄³	kuɔ̄³	kuaŋ³
玉米	包粟	pɔu¹ siəɯ¹	pɔu¹ su⁴	pau¹ siəɯ¹
稻谷	谷	ku²	kəʔ⁵	ku⁷

续表

普通话	方言	长汀	上杭	宁化
花生	番豆	faŋ¹ thəɯ⁵	fai¹ thie⁵	faŋ¹ thiəɯ¹
公猪	猪牯	tʃu¹ ku³	tsu¹ ku³	tsɤ¹ ku³
母猪	猪嬷	tʃu¹ ma²	tsu¹ mɒ²	tsɤ¹ ma²
公鸡	鸡公	tʃe¹ kcŋ¹	keikəŋ¹	kie¹ kɤŋ¹
母鸡	鸡嬷	tʃ¹ ma²	kei¹ mɒ²	kie¹ ma²
阉割	刣	tʃe²	tsieʔ⁵	kie⁵
虾	虾公	ha¹ koŋ¹	ha² kəŋ¹	ha¹ kɤŋ¹
苍蝇	乌蝇	vu¹ iŋ²	vu¹ iŋ²	vu¹ iŋ²
虱子	虱嬷	ʃe² ma²	sɛʔ⁵ mɒ²	sɤ² ma²
蟑螂	黄骚	vɔŋ² tshai⁵	vɔ̃² tsha²⁶	vɔŋ² tsha⁶
鼻子	鼻公	phi⁵ koŋ¹	phi⁵ kəŋ¹	phi⁵ kɤŋ¹
口水	口澜	həɯ³ laŋ¹	khiɒ³ lɑ̄³	khɒɯ¹ laŋ¹
胳膊肘	手睁	ʃəɯ³ tsaŋ¹	siu³ tsɒ̄¹	səɯ³ tsaŋ¹
发旋儿	旋	tshiē⁵	siē²	tshieŋ⁶
脚后跟	脚睁	tʃiɔ² tsaŋ¹	tsiɔʔ⁵ tsɒ̄¹	kio⁷ tsaŋ¹
害喜	病子	phiaŋ⁵ tsɛi³	phiã³ tsʅ³	phiaŋ⁶ tsɛi³
胎盘	胞衣	pɔ¹ i¹	pu¹ i¹	pau¹ i¹
中暑	发痧	pue² sa¹	pueʔ⁵ sɒ¹	fa⁷ sa¹
疼痛	疾	tshi⁵	tsheʔ⁶	tshi⁶
痱子	热痱	ne⁵ pe³	ŋieʔ⁶ pei¹	ŋie⁶ pɛi⁶
客人	人客	neŋ² kha²	ŋiəŋ² khɒʔ⁵	ŋiŋ² kha²
哑巴	哑子	a³ tsʅ³	ɒ̄³ tsʅ³	a³ tsɛi³
尿床	尿	ʃe⁵ niɔ⁵	sei³ niɔ³	sɤ⁶ ŋia⁶
丈夫	老公	lɔ³ koŋ¹	lɔu³ kəŋ¹	lau³ kɤŋ¹
妻子	老婆	lɔ³ pho¹	lɔu³ phɔu²	lau³ pho²
妯娌	子嫂	tsi³ sɔ³	tsʅ³ sɔu³	tsɛi³ sau³
舅母	舅娓	tʃhiəɯ¹ mei¹	tshiu¹ mei¹	khəɯ¹ mɤ³
公公	家官	ka¹ kū¹	kɒ̄¹ kuɒ̄¹	ka¹ kuaŋ¹

续表

普通话	方言	长汀	上杭	宁化
女婿	婿郎	sɛi⁴ loŋ²	sei⁴ lɔɔ̃²	sie⁵ loŋ²
哥哥	老伯	lɔ³ pa²	lɔu³ pɔ̃ʔ⁵	lau³ thie¹
弟弟	老弟	lɔ³ the¹	lɔu³ thei¹	lau³ thie¹
妹妹	老妹	lɔ³ mue⁴	lɔu³ muoi⁴	lau³ mɛi⁶
穿着	着	tʃo¹	tsɔʔ⁶	tso⁷
拉（屎尿）	屙	o¹	ɔu¹	ŋɤ¹
哭	吼	vɔ³	vɔu³	vau³
寻找	寻	tshen²	tshiəŋ²	tshiŋ²
藏	屏	piaŋ⁴	piã⁴	piaŋ⁵
修理	整	tʃaŋ⁴	tsəŋ³	tsiəŋ²
缝补	联	liẽ²	liẽ²	lien²
羡慕	猴	hauɯ²	hiə²	həuɯ²
干净	淋利	len² li⁵	ləŋ² li³	liŋ² li⁶
肮脏	醒酲	o² tsho²	ɔuʔ⁵ tsəʔ³	ŋo⁷ tsho²

2.差异词汇

表 7-8

词目	长汀	上杭	宁化
星星	星宿 sen¹ siəuɯ²	星子 sɛ̃¹ tsɿ³	天星 thien¹ siŋ¹
刮风	起风 ʃi³ foŋ¹	转风 tsuɔ̃fəŋ¹	吹风 tshɤ¹ fɤŋ¹
干旱	做旱 tso⁵ hɯ¹	做天旱 tsɔu⁴ hiẽ¹ huɔ̃	旱 huaŋ⁶
凉快	凉快 tioŋ² khue⁵	凉爽 tiɔɔ̃² sɔ̃³	凉冷 lioŋ² liŋ¹
水渠	圳沟 tʃen⁴ kəuɯ¹	水圳 fei³ tsəŋ⁴	圳 tsuŋ¹
烂泥	泥浆 ne² tsioŋ¹	淹泥 iẽ¹ nei²	烂泥 laŋ⁵ ɲie²
傍晚	挨暗里 ai¹ ɔŋ⁴ le⁵	随夜边 sei² iɔ² pie¹	挨夜边 ŋa¹ ia⁶ pien²
门槛	户山 fu¹ san¹	枯栅 khu¹ sã¹	屋槛 vu⁷ tshan¹
柱下石	磉石 ʃɔŋ² ʃa⁵	石墩子 sɔʔ⁶ tẽ¹ tsɿ¹	磉盾 sɔŋ³ tɛi³
屋椽	桷子板 ko² tsɿ³ piẽ³	桷子 kɔʔ⁵ tsɿ²	桷子枋 ko⁷ tsɛi³ pioŋ¹

续表

词目	长汀	上杭	宁化
烟囱	烟窗 iē¹ tʃhoŋ¹	火烟行 fo³ ɛi¹ hɔŋ²	烟筒 ieŋ¹ thɤŋ²
方凳	独凳 thu⁵ teŋ⁵	四方凳 sɿ⁴ fəŋ¹ tɛ̄⁴	凳 tiŋ⁶
抽屉	推箱 thue¹ siɔŋ¹	橱桌盘 tʃhu² tsɔʔ⁵ phã²	橱层 tʃhu² tʃhēi²
火柴	自来火 tshɿ¹ lai² o³	洋火 iɔ̃³ fɔu⁴	火药 fo³ io³
锅盖	锅籁 ko¹ keŋ³	甄棚 tsɛ̄¹ phɒ̄²	锅盖 ko¹ kua⁵
炊帚	洗锅笊哩 se³ ko¹ tʃia³ le⁵	帚哩 tshin³ lei	笓手 tshaŋ³ səuɯ³
毛巾	洗面手帕 se³ miɛ̄⁴ ʃuɯ² pha⁴	面帕 miɛ̄⁴ phɛ̄⁴	手帕 səuɯ³ pha⁵
插秧	莳田 ʃ²ɿ thiē²	栽田 tsa¹ thɛi²	栽禾 tsɛi¹ vo²
鸟儿	鸟哩 tiɔ¹ le⁴	鸟子 tiau³ tsɿ²	雀哩 tshiɔʔ⁵ lei
麻雀	麻必雀哩 ma² pi² tsiɔ² le⁵	禾必子 vo² pi²ɿ⁵ tsɿ³	禾雀子 vo² tsio⁷ tsɛi³
鳖	圆鱼 viɛ̄² ŋe²	沙鳖 sɒ¹ pie⁵	脚鱼 kio⁷ ŋɤ²
蝙蝠	跳檐老鼠 thiɔ⁵ iē⁵ lɔ³ ʃu³	婢婆子 phi¹ phɔu² tsɿ³	檐老鼠 iaŋ² lau³ səuɯ³
蝉	呀衣 ia¹ i¹	蝉哩 sɛ̄² lei	蝉蝉子 tsaŋ² tsaŋ² tsɛi³
蜻蜓	挪尾 no² mi¹	龙飞哩 lɵŋ² pei¹ lei	干蜚 kuaŋ¹ pei¹
翅膀	翼拍 i⁵ pha²	翼股 ie²ʔ⁶ ku³	翼甲 i⁶ ka⁷
柚子	柚哩 iəuɯ⁵ le⁵	橙柑 tshɔŋ² kɔu¹	柚 iu⁵
小孩	细人哩 se⁴ neŋ² le⁵	细人子 sie⁴ ŋiəŋ² tsɿ³	子女 tsɛi³ ŋiɤ³
男孩子	细隶子 se⁴ lai⁴ tsɿ³	大细子 tha³ sei⁴ tsɿ³	仔哩畲 tsɛi³ li³ sa⁷
女孩儿	细妹子 se⁴ muɯ⁴ tsɿ³	妹子 muɔ⁴ tsɿ³	女哩畲 ŋiɤ³ li³ sa⁷
祖父	公爹 koŋ¹ ta¹	爹爹 tɒ̄¹ tɒ̄¹	公公 kɤŋ¹ kɤŋ¹
外婆	婆姐 pho² tse¹	外娭姐 ŋɵ³ uo¹ tsiɒ̄	婆婆 pho² pho²
岳父	丈门佬 tʃhɔŋ⁵ meŋ² lɔ³	大叔 tha³ ʃu²ʔ⁶	丈人 tshɔŋ¹ ŋiŋ²
岳母	丈门婆 tʃhɔŋ⁵ meŋ² pho²	丈门娭 tshɒ̄⁵ meŋ² uo¹	丈母 tshɔŋ¹ mɤ³
眉毛	眉毛 mi² mɔ²	目眉毛 məʔ⁵ mei² mɔu²	眼眉 ŋaŋ³ mi²
嘴巴	嘴 tsue⁴	嘴佬 tsie⁴ lɔ³	嘴管 tsɤ³ kaŋ³
下巴	下把 ha⁵ pha²	下嘴颜 hɒ̄¹ tsuɔ⁴ ŋā	下搭 ha¹ ta⁷
胡子	胡须 fu² si¹	须菇 su¹ ku¹	须子 siəuɯ¹ tsɛi³
癫痫	发猪嬷癫 pue² tʃu¹ ma² tiē¹	发死 puɔ²ʔ sɿ³	猪疯癫 tsɤ¹ fɤŋ¹ tieŋ¹

续表

词目	长汀	上杭	宁化
出麻疹	做好事 tso⁵ hɔ³ sı⁵	发麻 puaʔ⁵ mɔ²	过麻子 ko⁵ ma² tsɛi³
结痂	结疤 ʧe² pa¹	癞疤 la³ pa¹	□疤 kɛ̃i¹ pa¹
瞎子	瞎目哩 hai² mu² le⁵	白目珠 phō⁶ məʔ⁶ tsu¹	瞎眼子 ha⁷ ŋaŋ³ tsɛi³
瘸子	瘸伯 ʧhio² pai²	跛子 pa⁴ tsı³	拐脚 ka³ kio⁷
闭目	□ʃe²	暖塞 nieʔ⁵ sɛı⁵	眯 mi¹
跌跤	跌 te³	翻跌倒 fai¹ tieʔ⁶ to³	跕倒 taŋ³ tau³
瞌睡	打目睡 ta³ mu² ʃue⁵	暖目睡 nieʔ⁵ məʔ⁶ fei³	啄眼歇 tu⁷ ŋaŋ³ hie⁷
打鼾	打鼾 ta³ hū¹	睏睡 khuō⁴ fei³	宽睡 khuaŋ¹ fie⁶
打哈欠	打呵廅 ta³ ho¹ iē	开廅掰皮 khuo¹ iē¹ pɒʔ³ phi³	打呵欠 ta³ ho¹ tshiaŋ⁵
乘凉	燎凉 liɔ⁵ tioŋ²	吹凉 tshei¹ tiɔ²	摊凉 thaŋ¹ lioŋ²
玩耍	嫽 liɔ⁵	去赖 tsye⁴ la⁵	嬉 hei¹
游泳	洗浴 se³ i⁵	洗浴子 sei³ iɔʔ⁶ tsı³	打浮条 ta³ phau² thiəu²
挂念	记稳 ʧi⁴ veŋ³	忆 ɛʔ⁵	牵挂 khieŋ¹ kua⁵
忘记	添□了 thiē¹ piɔŋ⁴ le²	唔记得 ŋ² tsi⁴ teʔ³	落□□lau² phɔ² thia
（时间）晚	晏 ŋ⁵	夜 iɒ³	迟 tshı²
稠（粥）	局 ʧhie⁵	绝 tsieʔ⁸	浓 nioŋ²
漂亮	精 tsiaŋ¹	极精 tsheʔ⁶ tsiā¹	爽 sɔŋ³

三、语法异同

1.特殊词法
（1）量词

表 7-9

普通话	长汀	上杭	宁化
（一）座房子	座 tsho⁵	只 tsɒʔ⁷，栋 toŋ⁵	栋 toŋ⁵
（一）棵树	兜 təɯ¹	行 hɔ²	头 thiəu²
（一）支烟	行 haŋ²	支 tsi¹	杆 kaŋ³
（走一）趟	车 ʧha¹	趟 thɔ⁵	转 tsyī³

（2）代词

表 7-10

普通话	长汀	上杭	宁化
你	你 ni¹	汝 hŋ²	你 ŋi¹
我们	我侪（们）ŋai² tshi²（meŋ²）	我们 ŋa² mɛ̃²	我多人 ŋa¹ to¹ ŋiŋ²
你们	你侪（们）ni¹ tshi²（meŋ²）	汝大家 hŋ² tha³ kɒ¹	你多人 ŋi¹ to¹ ŋiŋ²
他们	渠侪（们）ke¹ tshi² meŋ²	渠大家 kei¹ tha³ kɒ¹	渠多人 kɤ¹ to¹ ŋiŋ²
这个	尔介 ni³ ke⁴	□介 nɔ̃³ ka⁵	只介 tsɿ⁵ ka⁵
那个	该介 kai³ ke⁴	该介 ka³ ka⁵	该介 kɤ⁵ ka⁵
谁	哪介 ne³ kai⁴	曼人 mã² ŋiəŋ²	何人 ha² ŋiŋ²
什么	甚式哩 soŋ² si¹ le	曼哩 mã² lei	甚么 suŋ⁵ mei⁶
多少	几多 tʃi³ to¹	几多 tsi³ tou¹	几多 ki³ to¹

（3）虚词

表 7-11

普通话	长汀	上杭	宁化
起先	当初 taŋ¹ tshu¹	开头 khuo¹ thiə²	发利发市 faʔ⁷ li⁶ faʔ⁶ sɿ⁶
刚才	头先 thəu² siɛ¹	临□哩 taŋ² liə² lei	先头 siɛŋ¹ thiəu²
经常	常常 ʃɔŋ² ʃɔŋ²	随时 sei² sɿ²	常常 sɔŋ² sɔŋ²
很（冷）	野 ia³	极 tʃheʔ⁵	很 hɛi³
最（好）	头一 thəu² i²	最 tsui⁴	第一 thi⁶ i⁷
太（大）	忒 the²	忒 thəʔ⁵	忒 thie²
不（说）	唔 ŋ²	唔 ŋ³	不 pɤ⁷
没（去）	无 mo²	无 mou²	冇 mɒŋ²
和、跟（我和你）	搭 ta²	同 thəŋ²	齐 tshi²
把（～书给我）	拿 na²	把 po³	帮 pɒŋ¹
被（～他发现）	得 te²	分 pɛ̃¹	分 pɛŋ¹

2.特殊句法

表 7-12

	长汀	上杭	宁化
你前面走	你在前头行 ni¹ tshai⁴ tshiε² thəu² haŋ²	汝行前背 hŋ¹ hɔ² tshiε² puo⁴	你打前 ni¹ ta³ tshʔeŋ²
再吃一碗	食一碗添 ʃi⁵ i² vaŋ³ thiε¹	食一碗添 se?⁶ ie⁵ uõ³ thiε¹ 食加一碗 se?⁶ kɒ¹ ie⁵ uõ³	食一碗凑 sŋ⁶ i⁷ vaŋ³ tshəu⁵
我告诉过他	我学渠知哩 ŋai² ho⁵ kei¹ ti¹ le²	我讲渠知哩 ŋa² kɔ³ kei³ ti¹ lei	我渠话过 ŋa¹ tshi² kɤ² va⁶ ko⁵
他比我高	渠比我更高 kei² pi² ŋai² keŋ⁴ kɔ¹	渠比我较高 kei³ pi³ ŋa² kou³ kou¹	渠比我介高 kɤ² pi³ ŋa¹ ka⁵ kau¹
给你一本书	拿一本书得你 na¹ i² peŋ³ ʃu¹ te² ni¹	分汝一本书 pε̄¹ hŋ² ie⁵ pε̄³ su¹	分你一本书 pε̄¹ ni¹ i⁷ pε̄³ su¹
上哪儿去	去哪块哩 he² ne² khue⁴ le	到哪里去 tou⁴ na³ likhei⁴	去何角 khɤ⁵ ha² ko⁷
(咱们)看戏去	来去眑戏 lai² he⁴ nian³ ʃi⁴	来去望戏 luo² khei⁴ mɔ̃³ tshi⁴	来去眑戏 lεi² khɤ⁵ ŋiaŋ³ si⁵

第六节　台湾客家话简介

一、历史来源与分布

1.据罗香林《客家研究导论》(1933)称,历史上客家话的形成与早期中原汉人及其后裔移民有关。西晋永嘉之乱,元帝渡江,便有客家先民从山西长治与河南灵宝等处南徙至长江西岸;唐末僖宗时黄巢起义,则另有一批中原汉人从河南、安徽等地辗转到赣南、闽西;南宋时元人南侵,另有部分客人自赣南、闽西迁入粤东、粤北等地;明末清初因人口膨胀,外迁粤中、沿海、四川、广西与台湾各地,另有部分人则从广东嘉属各邑和赣南、闽西南迁到赣西、湘南和湘中;清同治年间粤西发生"土客大斗案"及太平军兴起,又有部分粤中、粤东客家人迁往粤西、海南。台岛上的客家则大多来自第四次移民。他们大多来自粤东,即原嘉应州辖属之兴宁、五华、平远、蕉远四邑与惠州的海陆丰一带。余则还有来自广东大埔、饶平和福建诏安等地,俗称所谓"四海大平安"。另有极少数来自福建永定、武平与广东丰顺。他们入台的时间晚于闽南人。据不完全统计,目前,整个台湾岛内说客家话的约有 300 万人,占台湾总人口的 13%。但实际说客话的人口比认同客家的人口少,因为有部分人在公开场合多改说"国语"或闽南话。

2.台湾客家话集中分布在北部的桃园、新竹、苗栗三县,中部的台中、南投县的丘陵地带,南部高雄县与屏东县的六堆地区,余则散布在东部花莲和台东一带的花东纵谷各个乡镇。此外,台北县的三重、板桥、中、永和,台北市的内河、淡水河、新否溪左岸,以及宜兰县兰阳平原浅山地区,员山乡(双连埤)与三星地区,嘉义县的中埔乡等等,尚散布一些客家人。

如果按方言来源类型来分,则台湾各类客话的分布区域大体情形是:

(1)四县腔。主要分布在北部苗栗、新竹(关西东部)、桃园(杨梅以东)、中部南投,南部高雄与屏东之六堆;花莲市县与台东的纵谷区。

(2)海陆腔。主要分布桃园(西半部)、新竹(大部分)、南投(埔里)、苗栗(卓兰镇之食水坑)

(3)大埔腔。主要分布台中县(以东势腔为代表)、苗栗卓兰镇

(4)饶平腔。桃园中坜乡(小部分)、苗栗卓兰镇(老庄里)、台中东势镇(福隆里)、嘉义中埔乡(一部分)、竹北市区(六家)、芎林(纸寮窝)只是一些小方言岛。

(5)诏安腔。北部、宜兰兰阳浅山地区,员山乡(双连埤)、三星地区(少数);花东纵谷(部分),中部云林(二仑、西螺、仑背)、彰化(大村以南)。

其他,各地还散布一些五华、丰顺、永定、武平等客家方言岛,但人口均很少,分散各处,不成村里。

二、语言特点[①]

1.语音(以桃园四县腔客话为代表,下词汇部分同)

(1)声韵调系统

A.声母表

p 比脾	ph 普肥	m 马昧	f 夫房	v 乌武
t 钉帝	th 他提	n 怒南		l 拉
ts 子债	tsh 粗茶	ȵ 语	s 四师	
tʃ 猪蔗	tʃh 痴治		ʃ 手寿	ʒ 衣夜
k 孤家	kh 欺枯	ŋ 雅瓦	h 许气	

B.韵母表

①元音韵

---

① 注:本节内容以台湾桃园客话(四县腔)为主,兼顾其他。资料主要参考杨时逢《台湾桃园客家方言》(1992)一书。

ɿ 资脂　　　　i 里知　　　　u 埔楚　　　　a 马遮

o 波毛　　　　e 计齐　　　　iu 九柳　　　　ia 写借

io 茄靴　　　　ie 蚁　　　　ua 瓜瓦　　　　ui 歪雷

ai 买鸡　　　　oi 灰来　　　　au 包考　　　　eu 邹斗

iai 街介　　　　iau 焦笑　　　　uai 快拐

②鼻音尾韵

im 林心　　　　am 三监　　　　em 深音　　　　iam 尖剑

in 人精　　　　un 本云　　　　an 丹山　　　　on 欢看

en 申争　　　　iun 银近　　　　ian 边见　　　　ion 软全

uan 关环　　　　uŋ 风双　　　　aŋ 邦郑　　　　oŋ 庄汤

iuŋ 龙弓　　　　iaŋ 领井　　　　ioŋ 两枪　　　　uaŋ□①

③塞音尾韵

ɿp 执湿　　　　ip 立习　　　　ap 答业　　　　ep 涩

iap 接捷　　　　ɿt 一质　　　　it 必壁　　　　ut 不拭

at 八泼　　　　ot 脱葛　　　　et 得结　　　　iut 屈

iet 铁雪　　　　uat 刮　　　　uet 国　　　　uk 木哭

ak 百白　　　　ok 托郭　　　　iuk 足曲　　　　iak 额鹊

iok 雀削

C.声调表

调类	①阴平	②阳平	③上声	④去声	⑤阴入	⑥阳入
调值	24	11	31	55	2	5
例字	波歪	婆陪	饱炒	豹赵	必	特

（2）语音特点

A.古全浊声母字，不论平仄，今塞音塞擦音，一律读送气清音。如：排 phai²、台 thoi²、樵 tshiau²、赵 tʃhau⁴、靠 khau⁴。

B.普通话 f、ø 声母，今客话或读 f、v 或读 p、ph、m。如：夫 fui¹、粉 fun³、斧 pu³、腹 puk⁵、副 fu⁴、武 v³、未 vui⁴、肺 fui⁴、房 foŋ²、肥 phui²、网 moŋ³。

C.普通话部分卷舌音声母 tʂ、tʂh、ʂ（古庄组），今客话读 ts、tsh、s。如：庄 tsoŋ¹、床 tshoŋ²、壮 tshoŋ⁴、初 tshu¹、锄 tshu⁴、生 sen¹。

D.普通话部分卷舌音声母 tʂ、tʂh、ʂ（古知章组），今客话读 tʃ、tʃh、ʃ。如：朝

_____

① lin³～：男阴

ʧeu¹、痴 ʧh1̩¹、迟 ʧh1̩²、时 ʂ1̩²、朱 ʧu¹、煮 ʧu³、蔗 ʧa⁴、社 ʃa⁴。

E.普通话部分 ʨ、ʨh、ɕ(古精组、见组细音)，今客话读 ʦ、ʦh、s 或 k、kh、h。如：借 ʦia⁴、千 ʦhian¹、仙 sian¹、今 kim¹、钦 khim¹、贤 hian²。

F.普通话部分韵母 y₁(古鱼虞韵，泥、云、以、疑母)，今客话读 1̩。如：预 ʒ1̩⁴、誉 ʒ1̩⁴、愈 ʒ1̩³、雨 ʒ1̩³、女 ŋ1̩³、鱼 ŋ1̩²。

G.普通话部分 əŋ、iəŋ 韵母(中古梗摄)，今客话读为 aŋ 或 iaŋ。如：明 maŋ²(清～)、争 ʦaŋ¹、正 ʧaŋ⁴、省 saŋ³、坑 khaŋ¹、手 phiaŋ³、命 miaŋ⁴、星 siaŋ¹、轻 khiaŋ¹。

H.少数全浊声母平声字读阴平。如：膨 phaŋ¹、憔 ʦhiau¹、妯 ʦhiu¹。

I.部分次浊上声字读阴平。如：马 ma¹、母 mu¹、有 ʒu¹、雅 ŋa¹、里 li¹、买 mai¹、乃 nai¹、美 mui¹、咬 ŋau¹、某 meu¹、委 vui¹、暖 non¹。

J.部分全浊声母上声字读为阴平。如：被 phi¹、患 fam¹、舅 khiu¹、伴 phan¹、旱 han¹、断 ton¹、婢 phi¹、巨 khi¹、蚌 phoŋ¹、坐 ʦho¹、逮 tai¹、浩 hau¹、弟 thai¹、旱 hon¹、动 tuŋ¹。

二、词汇

1.与梅县客话相同的

月光 ȵiet⁶koŋ¹ 月亮

响雷公 hioŋ³lui²kuŋ¹ 打雷

过云雨 ko⁴iun³i³ 阵雨

好天时 ho³thian¹s1̩² 晴天

今晡日 kin¹pu¹ȵit⁵ 今天

天光日 thian¹koŋ¹ȵit⁵ 明天

朝晨 ʧeu¹ʃen² 早晨

上昼 ʃoŋ⁴ʧu⁴ 上午

坝 pa⁴ 沙洲

湖洋田 fu²ioŋ²thian² 水田

河坝 ho²p⁴ 河床

河唇 ho²sun² 河沿

河坜 ho²lak⁵ 河床

红毛灰 fuŋ²mo²foi¹ 石灰

地坪 thi⁴phiaŋ² 地面

临暗 lim²am⁴ 傍晚

揆秧 khai¹ioŋ¹ 挑（或捆）秧苗

莳秧 ʃ1²ioŋ¹ 插秧

开田缺 khoi¹thian²khiat⁵ 在田埂上挖缺口

打禾 ta³vo² 打谷子

割禾 kot⁵vo² 割稻子

砻 luŋ² 用木制磨形器具去稻壳

担杆 tam¹kon¹ 扁担

刀嫲 to¹ma² 劈柴刀

索嫲 sok⁵ma² 绳子

禾篮 vo²lam² 箩筐

糯米 no⁴mi³ 江米

芥菜 kiai⁴tshoi⁴

芥蓝菜 kiai⁴lan²tshoi⁴

包心菜 pau¹sim¹tshoi⁴ 洋白菜

蕹菜 vuŋ⁴tshoi⁴ 空心菜

红肉柚 fuŋ²n̦iuk³iu⁴ 红心柚子

芎蕉 kiuŋ¹tsiau¹ 香蕉

生果 sen¹ko³ 水果

牛牯 n̦iu²ku³ 公牛

羊嫲 ioŋ²ma² 母羊

阉牯 iam¹ku³ 公畜去势

猪哥 tʃu¹ko¹ 雄种猪

细狗儿 se⁴keu³ə 小狗

鸡公 ke¹kuŋ¹ 公鸡

鹅嫲 ŋo²ma² 母鹅

鸦鹊 a¹siak⁵ 喜鹊

猴哥 heu²ko¹ 猴子

蛇哥 ʃa²ko¹ 蛇

蚁公 n̦ie⁴kuŋ¹ 蚂蚁

糖蜂 thoŋ²phuŋ¹ 蜜蜂

乌蝇 vu¹in² 苍蝇

虱嫲 sat⁵ ma² 虱子

蝦公 ha² kuŋ¹ 虾

胡鳅 fu² tʃhiu¹ 泥鳅

胡蜞 fu² khi² 水蛭

屋下 vuk⁵ kha⁴ 房屋

屋栋 vuk⁵ tuŋ⁴ 屋脊

起屋 khi³ vuk⁵ 盖房子

牛栏 ȵiu³ lan² 牛圈

猪栏 tʃu¹ lan² 猪圈

屎窖 ʃ¹³ kau⁴ 粪坑

暖壶 non³ fu² 热水瓶

火钳 fo³ khian² 夹煤球的铁钳

镬 vok⁶ 锅

镬铲 vok⁶ tʃhan³ 锅铲

罂 aŋ¹ 罐子

担杆 tam¹ kon¹ 扁担

竹笕 tʃuk⁵ kian⁴ 引水竹管

脚盆 kiok⁵ phun² 澡盆

福佬 hok⁶ lo³ ȵin² 说闽语的人

伙头 fo³ theu² 伙夫

爷儿 ia² ə 父亲

娘 oi 母亲

丈人佬 tʃhoŋ⁴ ȵin² lo³ 丈人

满妹 man³ moi⁴ 最小的妹妹

婿郎 se⁴ loŋ² 女婿

老弟 lo³ thi⁴ 弟弟

老妹 lo³ moi⁴ 妹妹

心舅 sim¹ khiu⁴ 儿媳

细心舅儿 se⁴ sim¹ khiu⁴ ə 童养媳

鼻公 phi⁴ kuŋ¹ 鼻子

舌嫲 ʃat⁶ ma² 舌头

颈根 kiaŋ³ kin¹ 脖子

脚睁 kiok^{5}ʦaŋ^{1} 脚后跟

心肝窟 sim^{1}kon^{1}khut^{5} 心窝，心坎儿

屎窟 ʃi^{3}khut^{5} 屁股

肚屎 tu^{3}sɿ^{3} 肚子

起病 khi^{3}phiaŋ^{4} 生病

发财 fat^{5}ʧhoi^{2} 生疖

食昼 ʃɿt^{6}ʧu^{4} 吃午饭

食朝 ʃɿt^{6}ʧeu^{1} 吃早饭

食夜 ʃɿt^{6}ia^{4} 吃晚饭

食茶 ʃɿt^{6}ʦha^{2} 喝茶

食酒 ʃɿt^{6}ʦiu^{3} 饮酒

饭汤 fan^{1}thoŋ^{1} 米汤

粄 pan^{1} 米糕类

米程 mi^{3}ʦhaŋ^{2} 爆米花

衫袋 sam^{1}thoi^{4} 衣袋

衫袖 sam^{1}ʦhiu^{4} 衣袖

衫领 sam^{1}liaŋ^{1} 衣领

火船 fo^{3}ʃon^{2} 轮船

睡目 ʃoi^{4}muk^{6} 睡觉

供 khiuŋ^{4} 生育

装 ʦoŋ^{1} 做，拨弄

拄 lv^{3} 遇上

毛影 mo^{2}iaŋ^{2} 杳无踪迹

揞 em^{1} 遮住

揹 khem^{4} 盖

刣 ʧhɿ^{2} 宰杀

斫 tok^{5} 砍

识 ʃɿt^{5} 认识

爱 oi^{4} 要、欲

擎 khiaŋ^{2} 提起，握

搞 kau^{3} 玩儿

喊 ham^{3} 呼唤

嬲 liau² 玩耍

啼 thai² 鸡鸣

嗑乌火 phun²u¹fo³ 吹熄

转来 tʃon³loi² 回来

撥 khai¹ 挑，担起

强监 khioŋ²kam⁴ 强迫、迫使

诈意 tsa⁴i⁴ 假心假意

燉 tun⁴ 隔水蒸

煲 po¹ 蒸

五月节 ŋ⁴ȵiet⁶tsiet⁵ 端午节

八月节 pat⁵ȵiet⁶tsiet⁵ 中秋节

冬节 tuŋ¹tsiet⁵ 冬至

结亲 kiat⁵tshin¹ 成亲

讨媳娘 tho³pu¹ȵioŋ² 娶妻

行嫁 haŋ²ka⁴ 出嫁

新娘公 sin¹ȵioŋ²kuŋ¹ 新郎

新人 sin¹ȵin² 新娘

新间房 sin¹kian¹foŋ² 新房

新妇 sin¹fu⁴ 新嫁妇

招婿郎 tʃeu¹se⁴loŋ² 招赘

大肚屎 thai⁴tu³sɿ³ 怀孕

供 khiuŋ⁴ 生育

做三朝 tso⁴sam¹tʃeu¹

满月酒 man³ȵiet⁶tsiu³

做寿酒 tso⁴ʃu⁴tsiu³ 祝寿酒

做牙祭 tso⁴ŋa²tsi⁴ 农历每月初二、十六商家祭拜土地、游魂的习俗

过世 ko⁴ʃe⁴ 去世

做七 tso⁴tshit⁵ 人死后七日一祭，共7次

奉教 fuŋ⁴kau⁴ 信教

符诰 fu²kau⁴ 符咒

再世 tshai⁴ʃe⁴ 转世

神明 ʃen²miŋ² 鬼神

行棋 haŋ²khi² 下棋

把戏 pa³hi⁴ 戏法

香包 hioŋ¹pau¹ 香囊

樵头戏 tshiau²theu²hi⁴ 木偶戏

布袋戏 pu⁴thoi⁴hi⁴ 手控戏

大戏 thai⁴hi⁴ 京剧

扒龙船 pha²liuŋ²ʃon² 龙舟竞渡

铺排 phu¹phai² 排场

谒 ioŋ² 热闹

精 tsiaŋ¹ 漂亮

戆 ŋoŋ⁴ 傻瓜

腈 tsiaŋ¹ 瘦，指肉

怮 au¹ 固执

拗蛮 au¹maŋ² 蛮横

歪 vai¹ 坏

乜人 mak⁶ȵin² 谁

乜个 mak⁶kai⁴ 什么

仰 ȵioŋ³ 怎么

该个 kai¹kai⁴ 那个

咁 an² 这样、这么

咁娘 an²ȵioŋ² 这样

唔 m² 不，没有

无 mo² 没有

惊怕 kiaŋ¹pha⁴ 只怕

好得 ho³tet⁵ 幸亏

正 tʃeŋ⁴ 才、刚

搭 tap⁵ 顺便

共下 khiuŋ⁴ha⁴ 一同

拄好 tu³ho³ 恰好、刚好

分 pun¹ 给、让、被

对 tui⁴ 从、由

2.当地客话特有的

年三十 ȵian² sam¹ ʃ1p⁶ 除夕

朝晨头 ʧeu¹ ʃen² theu² 早晨

天光朝 thiau¹ koŋ¹ ʧeu¹ 明早

横风 vaŋ² fuŋ¹ 大风

塗泥 thu² nai² 泥土

间房 kian¹ foŋ² 房间、屋子

间肚 kian¹ tu³ 里屋、室内

蛙怪 va¹ kuai³ 蛙名

月鸽 ȵiet⁶ kap⁵ 每月生一个蛋的鸽子

禾鹑 vo² ʃun² 鹌鹑

马蛄蝉 ma¹ ku³ ʃam² 知了

玄蚣 hian¹ kuŋ¹ 蚯蚓

金瓜 kim¹ kua¹ 倭瓜

黏糯 ʧam¹ no⁴ 优质糯米

糟嫲 tsau¹ ma² 酒酿

虾脯 ha² phu³ 大干虾

月光饼 ȵiet⁶ kuŋ¹ piaŋ³ 月饼

焗箩 phu² lo² 小饭锅

粉筛 fun³ s1¹ 筛面粉类竹编

压拃机 ap⁵ tsa¹ ki¹ 抽水机

压水柜 ap⁵ ʃui³ kui⁴ 水塔

寒热表 hon² ȵiet⁶ peu³ 温度计

脚踏车 kiok⁵ thap⁶ ʧha¹ 自行车

水裤头 ʃui³ khu⁴ theu² 短裤

和服 fo² fuk⁶ 日本服

病患 phiaŋ⁴ ham¹ 患病

发梦 fat⁵ muŋ⁴ 做梦

翻症 fan¹ ʧen⁴ 复发

吐红 thu⁴ fuŋ² 吐血

顿血 tun⁴ hiet⁵ 止血

狐狸臊 fu² li² so¹ 狐臭

心肝肚 sim¹ kan¹ tu³ 胸脯

客人 hak⁵ȵin² 客家人

乌人 vu¹ȵin² 黑人

结亲 kiat⁵ʦhin¹ 结成婚姻关系

过定 ko⁴tiaŋ⁴ 订婚礼

对头 tui⁴theu² 婚姻对象

看日 khan⁴ȵit⁶ 择吉

喜日 hi³ȵit⁶ 吉日

飞行机 fui¹haŋ²ki¹ 飞机

暗车 am⁴ʧha¹ 夜行车

暗船 am⁴ʃon² 夜航船

舅公 khiu¹kuŋ¹ 外祖父

舅婆 khiu¹pho² 外祖母

番人 fan¹ȵin² 外国人

狐狸形 fu²li²hin² 贱女人

猎食狗 lam⁶ʃɿ⁶keu³ 贪吃鬼

观音娘 kon¹im¹ȵioŋ² 观音菩萨

大戏 thai⁴hi⁴ 京剧

交番 kau¹fan¹ 与番族人交往或交易

挪 no² 揉、撮、磨

炕火 haŋ¹fo³ 烤火

开火 khoi¹fo³ 开电灯

行香 haŋ²hioŋ¹ 焚香

做斋 ʦo⁴ʦai¹ 做佛事

无呷杀 mo²kat⁵sat⁵ 不知所措

胖风 phoŋ⁴fuŋ¹ 吹牛

嘴滑 ʧoi³vat⁶ 口才好

着老实 ʧok⁵lo³ʃit⁶ 衣着朴素

牛形 ȵiu²hin² 呆笨

戇猴 ŋoŋ⁴heu² 愚蠢

乌白 vu¹phak⁶ 分明

得尽 tat⁵ʦhin⁴ 划算

尾□□ mui³niap⁵niap⁵ 难为情

3.与闽南话相同或相近的

日头 ȵit^{5}theu^2 太阳

天光 thieŋ^{1}koŋ^1 早晨

天时 thian^{1}si^2 天气

风飑 fuŋ^{1}thai^1 台风

旧年 khiu^{4}ȵian^2 去年

下昼 ha^{4}tʃu^4 下午

暗晡 am^{4}pu^1 夜晚

五月节 ŋ^{3}ȵiet^{6}tiet^5 端午节

八月节 pat^{5}ȵiet^{6}tsiet^5 中秋节

时节 ʃ1^{2}tsiet^5 时候

过年 ko^{4}ȵiet^5 春节

过节 ko^{4}tsiet^5 节日

戽斗 hu^{4}teu^3 装水器具

铳 tʃhuŋ^4 火枪

麻索 ma^{2}sok^5 麻绳

番火 fan^{1}fo^3 火柴

砧 tʃem^{1}pau^3 案板

衫裤 sam^{1}khu^4 衣服

火船 fo^{3}ʃon^2 轮船

风篷 fuŋ^{1}phaŋ^2 帆

抛锭 pha^{1}tia^4 抛锚

菜头 tshoi^{4}theu^2 萝卜

匏瓜 phu^{2}kua^1 葫芦

芎蕉 kiuŋ^{1}tsiau^1 香蕉

鸡公 ke^{1}kuŋ^1 公鸡

猪哥 tʃu^{1}ko^1 种猪(雄性)

毛蟹 mo^{2}hai^4 河蟹

红糟 fuŋ^{2}tsau^1 酒糟

卵 lon^3 蛋

豆油 theu^{4}iu^2 酱油

面线 mian^{4}sian^4 线面

乌糖 vu¹thoŋ² 红糖

头(口)毛 theu²(na¹)mo² 头

目珠 muk⁶ʧu¹ 眼睛

口澜水 khen²lan¹ʃui² 口水

目汁 muk⁶ʧɿp⁵ 眼泪

惊风 kiaŋ¹fuŋ¹ 怕受寒

人客 ȵim²khak⁵ 客人

食饭 ʃɿt⁶fan⁴ 吃饭

食昼 ʃɿt⁶ʧu⁴ 吃中饭

红毛 fuŋ²mo² 洋人

哑口 a³heu³ 哑巴

阿姊 a¹ʦi³ 姐姐

姊丈 ʦi³ʧhoŋ⁴ 姐夫

三朝 sam¹ʧeu¹ 洗三

满月酒 man³ȵiet⁶ʦiu³ 满月宴

做生日 ʦo⁴saŋ¹ȵit⁶ 庆祝生日

第七节　长汀话篇章语料

一、谚语

春暖春晴,春寒雨起。ʧhen¹nɔ¹ʧheŋ¹tshiaŋ²,ʧheŋ¹hɯ²i³ʃi³.春天天气和暖兆晴,天气寒冷兆雨

清明断雪,谷雨断霜。tshiaŋ¹miaŋ²thɯ⁵sie²,ku²i³thɯ⁵sɔŋ¹.清明前后停止下雪,谷雨前后不再下霜。断,此指停止。

食哩五月粽,还有三日冻。ʃɿ⁵le²ŋ⁵ie⁵ʦoŋ⁴,hai⁵iəu¹saŋ¹ni²toŋ⁴.过了端午节,仍有数日余寒。食哩:吃了;五月粽,指端午节的粽子;冻:寒冷,此指寒意。

立秋雷响,百日毛霜。li²ʧhiəu¹le²ʃiɔŋ³,pa²ni²mɔ²sɔŋ¹.立秋打雷,兆三个月不下霜。毛:无。

十二月南风蒸雪骨。ʃɿ⁵ni⁵ie⁵naŋ²foŋ¹ʧeŋ¹se²kui².十二月即使刮起南

风,仍寒彻骨。

春天一镢头,冬天一碗头。 tʃheŋ¹ thiē¹ i² tʃio² thəɯ² , toŋ¹ thiē¹ i² vū³ thəɯ². 多少耕耘,多少收获。镢头:锄头;一碗头:一碗饭。

早起三朝当一工。 tso³ ʃi³ saŋ¹ tʃɔ¹ toŋ⁴ i² koŋ¹. 早起三天,等于多了一天。 三朝:三天;一工:一日。

别人龙床,唔似自家狗宿。 phe⁵ neŋ² toŋ² soŋ² , ŋ² sɿ⁵ tʃhi² ka¹ kəɯ³ səɯ⁴ 劝 人安贫守道,勿羡他人富足。唔:不;自家:自己;狗宿:狗窝。

细窿唔补补大窿。 se⁴ loŋ⁴ ŋ² pu³ pu³ thai⁵ loŋ¹. 小洞不补大洞难补。细: 小;窿:孔隙;唔:不。

二、歇后语

猴哩捡到姜——唔晓得样甚办 heɯ² le tʃiē¹ tə⁴ tʃiɔŋ¹ ——ŋ² ʃiɔ³ te² iɔŋ² ʃeŋ² phaŋ⁵ 猴子捡到姜——不知道怎么办。猴哩:狗子;唔:不;样甚:怎么;

下坪社公——唔打唔松 ha⁵ phiaŋ² ʃa¹ koŋ¹ ——ŋ² ta³ ŋ² soŋ¹ 下坪的土地 公,不打不舒服。下坪:地名;社公:土地神;唔:不;松:舒服。

屙尿成大水——小题大做 o¹ niɔ⁵ ʃaŋ² thai⁵ ʃu³ ——siɔ³ thi² thai⁵ tso⁴

死尸硬过棺材——固执 si³ ʃɿ¹ ŋaŋ⁵ ko⁴ kū¹ tshue² ——ku⁴ tʃɿ²

蜈蚣虫送毒——害人 ŋo² koŋ¹ tʃhoŋ² soŋ⁴ thu⁵ ——hue⁵ neŋ²

孔夫子介手帕——包输(书) khoŋ³ fu¹ tsɿ³ ke⁴ ʃɯ³ pha⁴ ——pɔ¹ ʃu¹ 介:的

三、童谣

1.一岁娇 i² sei⁴ tʃio¹

一岁娇,两岁娇,三岁揆樵爷娘烧①。 i² sei⁴ tʃio¹ , tiɔŋ³ sei⁴ tʃio¹ , saŋ¹ sei⁴ khai¹ thiɔ² ia² niɔŋ² ʃɔ¹ 。

四岁学织线,五岁学做花,六岁做出芙蓉牡丹花。 si⁴ sei⁴ ho⁵ tʃɿ² siē⁴ , ŋ³ sei⁴ ho⁵ tso⁴ fa¹ , ʃo¹ sei⁴ tso⁴ tʃhiē² fu² iɔŋ² məu³ taŋ¹ fa¹ 。

七岁食郎饭②,八岁当郎家;九岁带子带女探外家③。

tshi² sei⁴ ʃɿ⁵ loŋ² phū⁵ , pe² sei⁴ toŋ¹ loŋ² ka¹ ; tʃiəu³ sei⁴ tai⁴ tsɿ³ tai⁴ ni³ thaŋ⁴ ŋui⁵ ka¹ 。

---

① 揆:挑;樵:木柴;爷娘:爹娘。

② 食:吃;郎:郎君,丈夫。

③ 外家:娘家。

2.月光华华 ie⁵ kɔŋ¹ fa² fa²

月光华华①,点火烧茶。ie⁵ kɔŋ¹ fa² fa²,tiē³ fo³ ʃɔ¹ ʧha²。

茶一杯,酒一杯,嘀嘀呀呀讨新婢②。ʧha² i² pe¹,tsiəɯ³ i² pe¹,ti² ti² ia⁵ ia⁵ thɔ³ seŋ¹ pe¹。

讨个新婢矮墩墩③,做的饭子香喷喷。thɔ³ ke⁴ seŋ¹ pe¹ ai³ toŋ¹ toŋ¹,tso⁴ ke⁴ phɯ⁵ ʦŋ³ ʃiaŋ¹ phoŋ¹ phoŋ¹。

四、民歌

1.腹饥样得早禾黄④ pu² ʧi¹ iəŋ² te² tsɔ³ vo² vɔŋ²

风吹禾子一行行⑤,样得禾子来封行⑥? foŋ¹ ʧhue¹ vo² ʦŋ³ i² hɔŋ² hɔŋ²,iəŋ² te² vo² ʦŋ³ lai² foŋ¹ hɔŋ²?

嘴燥样得开新井⑦? 腹饥样得早禾黄? ʧue⁴ tsɔ⁴ iəŋ² te² hui¹ seŋ¹ ʧiaŋ³? pu² ʧi¹ iəŋ² te² tsɔ³ vo² vɔŋ²?

2.灯盏无油烧灯芯 teŋ¹ tsaŋ³ mɔ² iəɯ² ʃɔ¹ teŋ¹ seŋ¹

灯盏无油烧灯芯,屋下无钱要小心⑧; teŋ¹ tsaŋ³ mɔ² iəɯ² ʃɔ¹ teŋ¹ seŋ¹,vu⁵ ha⁵ mɔ² tshiē² iɔ⁴ ʃiəɯ³ seŋ¹;

小心行得天下路⑨,铁杆磨成绣花针。 ʃiəɯ³ seŋ¹ haŋ² te² thiē¹ ha⁵ lu⁵,the² kuaŋ³ mɔ² ʧheŋ² siəɯ⁴ fa¹ ʧeŋ¹。

五、情歌

1.老妹住在大路边⑩ lɔ³ mue⁴ ʧu⁵ tshai⁵ thai⁵ lu⁵ piē¹

老妹住在大路边,人才好来嘴又甜⑪ lɔ³ mue⁴ ʧu⁵ tshai⁵ thai⁵ lu⁵ piē¹,neŋ²

---

① 月光:月亮;华华:形容月光明亮。
② 嘀嘀呀呀:拟声词,指吹奏唢呐时发出的响声;讨:娶;新婢:儿媳。
③ 矮墩墩:形容个子矮。
④ 腹饥:肚子饿;样得:怎么能(做到)。样:借音字,怎么。
⑤ 禾子:稻子。
⑥ 封行:覆盖了田畦间的沟子。指庄稼长势好。
⑦ 嘴燥:口渴。
⑧ 屋下:家中。
⑨ 行:走
⑩ 老妹:妹妹。情郎对女方的昵称。
⑪ 人才:此处指长相;好,漂亮。

ʦhue² hɔ³ lai² ʧhue⁴ iəɯ⁵ thiē¹。

哪个哥哥恋得到①，好比入京点状元。ne³ ke⁴ ko¹ ko¹ liē⁵ te² tɔ⁴，hɔ³ pi³ ne² ʧeŋ¹ tiē¹ ʧhɔŋ⁵ iē²。

2.搮担溪水淹又淹② khai¹ taŋ⁴ hai¹ ʃu³ iē¹ iəɯ⁵ iē¹

搮担溪水淹又淹，亲哥面前歇一肩③。khai¹ taŋ⁴ hai¹ ʃu³ iē¹ iəɯ⁵ iē¹，ʦheŋ¹ ko¹ miē⁴ ʦhiē² ʃie² i² ʧiē¹。

打开缸盖眪一眪④，心肝比得水般鲜。ta³ hai¹ kɔŋ¹ kue⁴ niaŋ¹ i² niaŋ¹，seŋ¹ kū¹ pi³ te² ʃu³ paŋ¹ siē¹。

六、民间传说

ʦɿ³ thi⁵ fu²
紫 地 胡

ʦhoŋ² ʦhiē²，ʧhɔŋ² theŋ¹ fu⁴ ʃaŋ² mu⁵ ŋe² saŋ¹ ha⁵，iəɯ³ i² ke² ʃaŋ⁴ ŋo⁵ ke⁴
从　　前，　长　汀附城　木　鱼　山　下⑤，有　一个　姓　岳介

ʦue² ʦu³.ke¹ iəɯ³ saŋ¹ ke⁴ lɔ³ phɔ²，i² ke⁴ pi³ i² ke⁴ ʧiē¹ tiɔ¹ vai² ɔ²。iəɯ³ i² ʃe²，lai²
财　主。渠　有　三　个　老婆⑥，一个　比　一个　奸　刁　坏　恶。有　一次，来

loi² i¹ ke⁴ theŋ⁵ kɔŋ¹ ho² ʃɔŋ⁵，ʦhai⁵ ke¹ vu²ha¹ ʦo² ʧhɔŋ² kɔŋ¹.ʦhue² ʦu³ ke⁴ thai⁴
了　一　个　定　光　和　尚，　在　渠屋下　做　长工⑦.财　主介大

lɔ³ phɔ²haŋ³ ke¹ kue⁴ ŋe² ʦhɔ³.i² ni¹iɔ⁴ kue²ʃ⁵ taŋ⁴.theŋ⁵ kɔŋ¹ ʧiəɯ⁵ na¹ ŋe² kaŋ³ tɔ²
老　婆　喊　渠　割　鱼草⑧，一日要　割　十担。定　光　就　拿鱼　赶到

tiaŋ¹ hɔŋ⁵ he⁴ ʃ⁵ ʦhɔ³.ʦhue² ʦu³ thai⁴ lɔ³ phɔ² ʧiɔ¹ te² ʧhi² kue⁴，ma⁴ theŋ⁵ kɔŋ¹ he⁵
岭　上　去食草⑨. 财　主　大　老婆　觉　得　奇　怪，骂　定　光　系

---

① 恋:追求
② 搮:挑;担:一担;淹:荡漾。
③ 亲哥:对情郎的昵称;歇:歇息。歇一肩:指从肩上卸下担子休息一下。
④ 眪:瞅。
⑤ 附城:郊区。
⑥ 渠:他。
⑦ 屋下:家中。
⑧ 介:的。喊:呼唤,叫。
⑨ 拿:把。

"iɔ¹ kue⁴".tshue² tsu³ ke⁴ thi⁵ ni⁵ ke⁴ lɔ³ phɔ² haŋ³ theŋ⁵ koŋ¹ he⁴ se³ tsiəɯ³ aŋ⁴ , theŋ⁵

"妖怪"①。财　主介第二个老婆　喊　定　光去洗酒瓮，定

koŋ¹ tʃiəɯ⁵ na¹ tsiəɯ³ aŋ⁴ piŋ³ tʃu³ lai¹ se³ , tshue² tsu³ lɔ³ phɔ² va⁵ ke¹ he⁵ tso⁴ kui³ ʃu³.

光　就　拿酒瓮反转来洗，财　主老婆话渠系做鬼术。

thi⁵ saŋ¹ ke⁴ lɔ³ phɔ² lo⁵ i³ ke⁴ ʃ²⁵ tse² haŋ³ theŋ⁵ koŋ¹ he⁴ tʃo² tʃhiə². lo⁵ i² tʃo² ŋ² tɔ⁴

第　三　个老婆落雨介时节　喊　定　光去斫樵②。落雨斫唔到

tʃhiə² , ke¹ iɔ⁴ theŋ⁵ koŋ¹ tshi¹ ka¹ ke² tʃio² na¹ he⁴ ʃɔ¹. theŋ⁵ koŋ¹ ke² tʃio² ʃɔ¹ ŋ² thoŋ⁴ ,

樵③，渠要　定　光　自家介　脚拿去烧。定　光介脚烧唔　痛，

tshue² tsu³ lɔ³ phɔ² ma⁴ theŋ⁵ koŋ¹ he⁵ "ia³ tʃoŋ³". theŋ⁵ koŋ¹ tshai⁵ tshue² tsu³ vu² ha⁵

财　主老婆骂　定　光系"野种"。　定　光　在　财　主屋下

ʃ⁵ le ia³ tɔ¹ khu³ thəɯ² , thi⁵ saŋ¹ niē² iɔ⁴ tsəɯ³ le , tue⁴ i² ke⁴ phi³ phɔ² va⁵ : maŋ²

食了野多苦　头，　第　三　年要　走　了，对一个　婢　婆话④：明

niē² ke⁴ tʃeŋ¹ pu¹ , ni³ tʃie⁴ tɔ⁴ kəɯ³ ŋɔ¹ phū⁵ ʃɔ⁵ , iɔ⁴ he⁴ tsiəɯ². thi⁵ ni⁵ niē² , ni³ ke⁴

年介今晡，你见到　狗　咬饭勺，要去逐⑤。第二年，尔个

phi³ phɔ² tʃeŋ¹ ke⁴ niaŋ¹ tɔ⁴ le kəɯ³ ŋɔ¹ phū⁵ ʃɔ⁵ , tʃiəɯ⁵ he⁴ tsiəɯ². tsiəm² tʃhie² meŋ²

婢　婆　真介睁到了狗　咬饭勺⑥，　就去逐。　逐　出　门

həɯ³ , theŋ¹ tɔ⁴ vu² tsʅ³ "hai¹ la¹" ʃɔŋ³ tsʅ³ tɔ³ ha⁵ lai² le , phie⁴ tʃheŋ² i² həɯ³ fu². ni³

后，　听到屋子"轰啦"响子倒下来了⑦，变　成一口湖。那

həɯ³ fu² , peŋ³ thi⁵ neŋ² tʃiəɯ⁵ haŋ³ tso⁴ "tsʅ³ thi⁵ fu²", ia³ haŋ³ "tʃheŋ² fu²".

口　湖，本　地　人　就　喊　作"紫地湖"，也喊　"沉　湖"。

参考文献：

（1）福建省汉语方言调查指导组.福建汉语方言概况（讨论稿）［M］.厦门：厦门大学出版社，1963.

（2）黄典诚.福建省志方言志［M］.北京：方志出版社，1998：277—339.

（3）李如龙、张双庆.客赣方言调查报告［M］.厦门：厦门大学出版社，1992：234—322.

---

① 　系：是

② 　落雨：下雨；介：的；时节：时候。喊：叫。斫：砍。樵：木柴。

③ 　唔：不

④ 　婢婆：婢女。话：说

⑤ 　逐：追赶

⑥ 　尔个：这个。真介：真的；睁到：看见。

⑦ 　"轰啦"响子："哗啦"一响。

(4)长汀县方志委.长汀县志[M].北京:生活读书新知三联书店,1993:867—1065.

(5)上杭县方志委.上杭县志[M].福州:福建人民出版社,1993:844—885.

(6)龙岩地区方志委.龙岩地区志[M].上海:上海人民出版社,1992:1461—1522.

(7)黄雪贞.梅县方言词典[M].南京:江苏教育出版社,1995.

(8)杨时逢.台湾桃园客家方言[M].台北:台湾"中央研究院"历史语言研究所单利甲种之二十二,1993.

(9)罗香林.客家研究导论[M].上海:上海文艺出版社,1992.

(10)庄英章、简美玲.客家的形成与变迁[M].新竹:交通大学出版社,2011.

(11)张光宇.闽客方言史稿[M].台北:南天书局,1996:73—90,213—238,245—262.

(12)古国顺.客语发音学[M].台北:五南图书出版公司,2004.

(13)陈泽平、彭怡玢.长汀客家方言熟语歌谣[M].福州:福州人民出版社,2001.

(14)宁化县方志委.宁化县志[M].福州:福建人民出版社,1992:810—845.

第八章
闽西北赣语

第一节　闽西北赣语的形成与分布

位于闽西北边陲地带的邵武、光泽、泰宁、建宁诸县市,三国孙吴时期隶属建安郡管辖,唐五代起更属建州,宋代同属邵武军,明朝又同隶邵武府。

然自西晋太康元年(280)起,邵武虽在建安属下,却改由江西江州管辖;隋开皇十二年(592),改隶江西抚州;隋大业元年(605),改隶江西临川;唐武德四年(621)置建州,虽邵武隶之,仍属江西道。故上述四县市在行政区划上受江西管辖时间竟长达700年之久。直至宋太平兴国四年(979)置邵武军时,才正式复归福建省管辖(宋称路,元称道,明称府,民国称道)。而上述四县市的方言,连同地域上与其毗连的顺昌、将乐、明溪(一部分)三县市,历史上均曾通行过闽北建瓯方言。后因行政区划关系,长期受赣东赣语的渗透、侵入,面目渐已变异;特别是历经李唐五代黄巢过境、南宋末年范汝为起义,以及金元时代兵燹之灾后,赣浙一代尤其是江西移民成批成群避乱入闽,填塞了上述山县因连年动荡不安所带来的人口稀缺。因此,宋元之后,闽西北一带便已成为赣语抚南片方言延伸入福建边陲的区域了。

闽西北赣语以邵武市方言为代表,这与邵武市长期作为闽西北行政区划的中心地位有关。本区方言整体上可分为两个小片:一是与江西东境接壤的西北邵武片,含上述之邵武、光泽、泰宁、建宁四个县市;二是富屯溪下游、沙溪以西的东南将乐片,含将乐,顺昌二县市,连同明溪县境北部的一部分。以邵武为中心的西北片赣语因地域上紧接江西,带有更强赣语色彩。其中邵武、光泽二个县市,同处富屯溪上游,三国至五代同归昭武(后改邵武)管辖,语言极其接近,通话无阻;而泰宁、建宁二县,同在金溪上游,三国六朝时同属绥安县,唐代又同隶绥城县,宋时虽分开却同隶邵武军(府),语言上则同属赣语另一小片；若加比较可以发现，这西北邵武片的四个土语之中，建宁话则是最纯粹的赣语。而东南将乐片的将乐、顺昌，三国至唐均隶将乐县，宋代虽析出却同归南剑州治下，明清时又同隶延平府，自来与南平、沙县一带原闽中方言有更多联系，故有人称其为闽西北赣语与闽语的过渡片（区），或闽西北赣语附属片（区）。由于该小片方言的语音、词汇与语法带有明显的过渡特征，其归属问题常引发人们争议。[①] 鉴于此东南将乐小片方言带有更多赣语特征（如语音中古全浊声母读送气清音，非组与晓组合口字读为 f；词汇中与客赣方言相同的数量较多，与闽语相同的数量较少[②]，等等）；同时也为了说明方便，我们将邵武小片与将乐小片方言合并，归入"闽西北赣语"片区。

第二节　闽西北赣语代表——邵武话

闽西北赣语以邵武话为代表，下文重点介绍邵武话特点。[③]

一、语音特点

1.声韵调系统

（1）声母表

p 巴包拔　　ph 派拍飞　　m 买美茂　　f 槐回火　　v 歪维位

t 滴对囝　　th 脱疾邓　　n 奶内蚁　　　　　　　l 拉赖睿

ts 鲫桌炸　　tsh 刺坐差　　　　　　　　s 嫂绣瘦

tɕ 蛇石　　　tɕh 臭仇深　　　　　　　　ɕ 收手剩

k 京供瓜　　kh 强姜胸　　ŋ 颜硬眼　　x 行喜晓　　ø 鸦阿恶

[说明]

A.邵武话共有 20 个声母（含零声母 ø）；

B.声母 v 是唇齿浊擦音，但双唇与上齿接触轻，以致浊音也颇模糊。它们一般源于古次浊声母，如歪 vai¹、文 ven²、壬 von²；

C.声母 tɕ、tɕh、ɕ 虽为舌面音，但舌位靠前，与舌叶音 ʧ、ʧh、ʃ 近似；

　　① 陈章太、李如龙.闽语研究［M］.北京：语文出版社，1991：219－265.

　　② 陈章太、李如龙.闽语研究［M］.北京：语文出版社，1991：219－265.

　　③ 本章记录的邵武话为邵武市区口语，由邵武市民俗文化馆长傅唤民发音并提供资料，谨此感谢。

D.声母 x 发音部位偏后,近似喉部清擦音 h,如:虾 xa^2,何 xo^2,休 xou^1。

(2)韵母表

①元音韵

a 把马要	o 破货错	ə 慈次色	ɯ 脱疾记
ɿ 肢鲫丝	i 批帝戏	u 补奴哭	y 趋举畜
ai 摆太擦	au 包靠号	oi 筛坐杀	ou 丢因救
əi 闭灰泼	əu 谋宿漏	ei 杯最卒	ia 且写壁
ie 买低热	ua 瓜夸寡	uo 果科扩	uə 国乖
yo 布厝尺	ye 决缺鳜	iau 表少	ieu 酋周友
uai 拐快阔	uei 桂槐窟		

②鼻音尾韵

an 办站甲	on 拔短合	ən 奔寸妗	en 冰省恨
in 宾紧湿	yn 军群郡	ien 边件涉	uan 关惯宽
uon 官贯款	uən 滚昆困	yen 捐权眷	aŋ 柄青江
oŋ 榜丧杭	uŋ 总孔聋	ŋ 五鱼哼	iaŋ 平领命
ioŋ 张厂影	uaŋ 杆茎	uoŋ 光晃旷	yuŋ 风穷用

[说明]

A.邵武话韵母共 46 个(含自成音节的鼻音韵 ŋ)

B.元音 o 唇形较展,实际音值近于 ɔ,如:何 xo^2、般 pon^1、霜 son^1。

C.元音 ə 在 əi、uə 韵中舌位靠前,音近似于 ɛ。如:火 $fəi^3$、楼 $ləu^2$,有人记作 ɛ。

D.韵母 ie 中韵头 i 发音轻短,如:泥 nie^2、别 $phie^5$;该韵中的所属汉字"矮",实际发音是 e,因仅此一字,故与 ie 韵合并,不另立一韵。

E.元音 e 在 ieu 韵中发音轻短。如:周 $tɕieu^1$、手 $ɕieu$。

F.韵母 uai 实际上应包括 uɛi 韵,因 uɛi 韵仅有 1 个"阔"字,故并入 uai 韵,不另立一韵。

(3)声调表

表 8-1

调类	1.阴平	2.阳平	3.上声	4.阴去	5.阳去	6.入声
调值	21	33	55	213	35	53
例字	巴波	爬婆	把躲	霸破	耙糯	爸播

[说明]

A.邵武话共有 6 个声调（不含轻声）

B.阴平调值 21，读为低降调

C.阴去调值 213，先降后升；连读时只降不升，变为阴平，如：菜心 thə$^{213:21}$ sən^1，放手 puŋ$^{213:21}$ ɕiou^3。

D.入声属短促调，调值 53，读音高降调；但该韵无塞鼻韵尾，或读为元音尾韵，或读鼻音尾韵。如：拍 pha^6；吸 xən，壳 kho^6。

2.语流音变

（1）连续变调

邵武话二字组连读，上声与阴去有时发生变调，其变调规则是：

A.上声在阴平、阳平、上声之后变阳平（33）

阴平＋上声→阴平＋阳平　　　如：风水 fuŋ^{21} sei^{55}→fuŋ^{21} sei^{33}

阳平＋上声→阳平＋阳平　　　如：娘舅 nioŋ^{33} ky^{55}→nio^{33} ky^{33}

上声＋上声→上声＋阳平　　　如：滚水 kuən^{55} sei^{55}→kuən^{55} sei^{33}

B.阴去在上声、阳去、入声之前变阴平（21）：

阴去＋上声→阴平＋上声　　　如：露水 so^{213} sei^{55}→so^{21} sei^{55}

阴去＋阳去→阴平＋阳去　　　如：配料 phəi^{213} liau^{35}→phəi^{21} liau^{35}

阴去＋入声→阴平＋入声　　　如：去年 kho^{213} nin^{53}→kho^{21} nin^{53}

（2）轻声音变

邵武话单字调 6 个，此外还有轻声音变现象。这在福建方言中可谓富有特色的音变。发生这一现象的主要有下列情况：

A.名词词尾"子、头、儿、佬"等读轻声。如：

凳子 ten^4 tsə　　　　　　　　　剪儿 tsien^3 nə（剪刀）

肩膀 kien^1 tsə　　　　　　　　　爷佬 ia^2 lau（父亲）

B.助词"个"[kəi^4]（的）、"得"[tie^6]读轻声。如：

肥个 pi^2 kəi（胖的）　　　　　　写得快 si^3 tiekhua^{55}

短个 ton^3 kəi（短的）　　　　　　话得多 va^5 tietai

乌个 u^1 kəi（黑的）　　　　　　打得烂碎 ta^3 tielan^5 sei^4（打得粉碎）

C.部分方位词读轻声。如：

天上 thien^1 ɕioŋ　　　　　　　　暗沟底 on^4 kəu^1 ti（阴沟里）

山下 son^1 xa　　　　　　　　　　猪栏底 ty^1 lan^2 ti（猪圈中）

D.趋向动词"来、去"等读轻声。如：

拿来 na⁵li　　　　　　　　　放下来 puŋ⁴xali

归去 kuei¹kho（回去）　　　去街上 kho⁴kie¹ɕioŋ（上街）

托上来 xo⁶ɕioŋli　　　　　　倒下去 tau³xako（躺下去）

E.句末语气词读轻声。如：

几多人呢 ki³tai¹ninne（多少人呢）

是娘佬吧 ɕi³nioŋ²lauma（是妈妈吧）

去搞么 kho⁴kau³mo（去玩么）

老伯行去了 lau³pa⁶xaŋ²kholə（哥哥走了）

F.某些多音节词末音节读轻声。如：

坊间 foŋ²kien（屋子）　　　鼎片 tiaŋ³phien（锅盖）

洋火 ioŋ²fəi（火柴）　　　　师父 sə¹fu（师傅）

老虎 lau³khu　　　　　　　老鼠 lau³tɕy

马荠 ma³ti（荸荠）　　　　核桃 xoi⁶thau

番薯 fan¹ɕy（甘薯）　　　　蕹菜 xŋ⁴thə（空心菜）

人客 nin²kha（客人）　　　木匠 mu⁶sioŋ

排老骨 pie²lau³kuei（肋骨）　手食甲 ɕiou³ɕikan（指甲）

味之素 vi⁵tɕi¹su（味精）　　脚踏车 kio⁶tai³tɕhia（自行车）

3.文白异读

邵武话文白异读与闽方言比较多有不同。异读的字数也不很多。下即此条例作些分析。

（1）声母对应（只列声母不同,不管韵母与声调）

表 8-2

文读	白读	例　　　　词
f	p	风 fuŋ¹～气；piuŋ¹ 发～（刮风）
	ph	飞 fei¹～行；phəi³～来
	kh	虎 fu³～步；khu³ 老～
	ø	糊 fu²～涂；u² 米～
v	f	远 vien³～东；fien³ 真～
l	s	李 li³ 姓～；sə⁶～儿（李子）

续表

文读	白读	例　　词
ts	t	摘 tsə⁶～要；tia⁶～菜
ts	th	早 tsau³～熟；thau³ 去得～
tsh	th	坐 tsho⁵ 就～；thoi³～下
s	th	醒 sin³ 苏～；thiaŋ³～了
tɕ	t	昼 tɕiu⁵～夜；tu⁵ 上～（上午）
tɕ	ts	转 tɕien³ 周～；tien³～去
tɕ	k	枝 tɕi¹～节；ki¹ 柴～（树枝）
ɕ	x	输 ɕy¹～送；xy¹ 赢
k	x	嫁 ka⁵～娶；xa⁵～出去
x	f	兄 xiuŋ¹～长；fiaŋ¹～弟
ø	v	赢 in²～利；viaŋ² 输～

（2）韵母对应（只管韵母异读，不管声母与声调）

表 8-3

文读	白读	例　　词
a	ai	沙 sa¹～漠；sai¹～地
o	ai	破 pho⁴～坏；phai⁴～布
o	oi	坐 tsho⁵ 安～；thoi³～好
o	əi	磨 mo² 折～；məi²～刀
ə	a	百 pə⁶～货；pa⁶ 几～
ə	i	自 thə⁴ 自觉；ti⁵ 自家（自己）
ə	ia	摘 tsə⁶～要；tia⁶～瓜
ə	ie	得 tə⁶～失；tie⁶ 识～（认识）
ə	in	耳 ə³～目；nin³ 猪～

续表

文读	白读	例　　　词
i	ə	李 li³ 老～；sə³ ～儿(李子)
	oi	地 thi⁵ ～震；thoi⁵ ～下
	əi	溪 khi¹ ～流；khəi⁵ ～洲(河滩)
	ei	皮 phi² 调～；phei⁶ 树～
	ia	壁 pi⁶ ～垒；pia⁶ 墙～
	ie	低 ti¹ 高～；tie¹ ～级
	yo	石 ɕi⁵ 蒋介～；ɕio⁶ ～头
	en	笠 li⁵ 李～翁；sen⁶ ～儿(斗笠)
u	y	妇 fu⁵ ～道；phy² 新～(儿媳妇)
y	o	去 khy⁴ 过～；kho⁴ ～了
	u	六 ly⁵ ～安；su⁵ ～个人
	ou	宿 sy⁶ ～舍；sou³ ～
ai	a	钗 tshai¹ 钿～；tsha¹ 刀～
	ə	菜 tshai⁴ ～肴；thə⁴ 包～
	i	艾 nai⁵ 方兴未～；ŋi⁵ ～菜
	oi	筛 sai¹ ～选；thoi¹ ～糠
	ie	排 phai² ～除；phie² 儿～
au	u	灶 tsau⁴ 祭～；tsu⁴ ～下(厨房)
	ou	讨 thau³ 乞～；thou³ ～债
	iau	巧 khau³ 取～；khiau³ 手～
oi	ɯ	脱 thoi⁶ 开～；thɯ² ～下来
	i	来 loi² 将～；li～了
əu	u	走 tsəu³ ～狗；tsu³ 偷～(逃跑)
	y	后 xəu⁵ 落～；xy³ ～脑
	iau	浮 fəu² ～动；phiau¹ ～起
ie	a	爹 tie¹ ～娘；ta¹ ～～(祖父)
	ə	节 tsie⁶ ～约；tsə⁶ 过～

续表

文读	白读	例　　词
ye	ia	削 sye⁶ 剥～；sia⁶ ～价
	iau	嚼 tsye⁵ 咀～；tsiau⁵ ～一～
iau	au	猫 miau¹ 熊～；mau⁶ ～咪
ieu	u	昼 tɕieu⁴ ～夜；tu⁴ 食～（吃午饭）
an	ən	饭 fan⁴ 开～；phən⁵ ～汤（米～）
	ien	间 kan¹ 中～；kien¹ 房～
en	aŋ	生 sen¹ ～产；saŋ¹ ～卵（下蛋）
in	en	定 thin⁵ ～理；then⁵ ～下来
	ien	怜 lin² ～爱；lien¹ 可～
	yen	筋 kin¹ ～骨；kyen¹ 青～
	aŋ	明 min² ～白；miaŋ² ～朝（明天）
	iaŋ	命 in³ ～令；miaŋ³ 好～
	ioŋ	影 in³ ～响；ioŋ³ 人～
ien	in	面 mien⁴ ～积；min⁴ 洗～
	yuŋ	浓 nuŋ⁵ ～厚；niuŋ² 味～
yuŋ	uŋ	重 tyuŋ⁵ ～视；thuŋ³ 茶味～
	iaŋ	兄 xyuŋ～长；fiaŋ¹ ～弟

（3）声调对应（只管声调，不管声母或韵母）

表 8-4

文读	白读	例　　词
阴平	上声	争 tsɛn¹ ～取；thaŋ³ 相～
阳平	入声	年 nian² ～度；nin⁶ 过～
上声	入声	影 in³ ～响；ioŋ⁶ 月～
	阳去	少 ɕiau³ ～数；ɕiau⁵ 年～
阴去	上声	柱 tɕy⁴ 支～；thou³ 石～
	阳去	过 kuo⁴ ～错；xo⁵ ～年

续表

文读	白读	例　词
阳去	上声	被 phei⁵ ～动;phei³ 棉～
	阴去	露 lu⁵ 暴～;so⁴ ～水
	入声	笠 li⁵ 青箬～;sen⁶ ～儿(斗笠)
入声	上声	发 fai⁶ 开～;phei³ ～芽
	阳去	叔 ɕy⁶ 鲍～牙;ɕy⁴ ～～

二、词汇特点

1.常用词

表 8-5

普通话	邵武话	普通话	邵武话
刮风	发风 pəi³ pyuŋ¹	一会儿	个下子 kə³ xa⁵ tsə
雷阵雨	时辈雨 ɕi² pei⁵ xy³	地方	场所 xioŋ² fu³
天旱	天干 thien¹ kon¹	中间	当郎 to¹ loŋ¹
阴天	乌冻天 u¹ tuŋ⁴ thein¹	肥皂	鬼子碱 kuei³ tsəkan⁶
地震	龙反身 lyuŋ² pien¹ sin¹	牙杯	牙管 ŋa² kuon⁶
后来	打背 ta³ pei³	案板	砧片 tsen¹ phien⁴
清晨	天工 thien¹ kuŋ¹	水缸	水瓮 sei³ ɕyuŋ⁵
傍晚	黑边儿 xə⁶ pientsə	抽屉	槃厨 pon² ty²
晚上	暗头 on³ thəu⁶	苍蝇	乌米 u¹ mi¹
客厅	客厢 khai⁶ ɕioŋ¹	蜻蜓	岗岗鸡 koŋ⁴ koŋ¹ kəi¹
厨房	灶下 tsu⁴ xa⁵	蚂蚱	甲蚂 ka⁶ ma²
厕所	肥瓮间 phi² ɕyuŋ³ kien¹	蝙蝠	琵琶老鼠 pi² pa² lau³ tɕhy
阳台	平台 pin² tai²	臭虫	乌蚍 u¹ pi¹
橡子	角口 ko⁶ tai²	橘子	小柑儿 siau³ kon¹ nə
种地	打塍 ta³ ten⁶	柚子	大柑儿 tai⁵ kon¹ nə
播种	撒种 sai³ tɕyuŋ³	荷花	莲蓬花 lien² puŋ² fa¹
耘田	耘禾 vin² vəi²	杜鹃花	清明花 tshin¹ min² fa¹

续表

普通话	邵武话	普通话	邵武话
除草	打草 ta^3 thau^3	山药	药薯 io^5 ɕy^2
撒网	放网 poŋ^4 moŋ^3	男人	畲人 sa^2 niŋ^2
酿酒	拍酒 pha^6 tsəu^3	女人	阿娘 a^1 nioŋ^2
合伙	打伙 ta^3 fo^3	父亲	爷佬 ia^2 lau^3
欠债	做债 tso^5 tsai^4	母亲	娘佬 nioŋ^2 lau
讨债	问账 mən^1 tioŋ^4	伯母	姐姐 tsia^3 tsia^3
钱	龙钱 luŋ^2 tin^2	妯娌	妯娌娘 ty^2 li^3 nioŋ^2
纸币	票儿 phiau^4 ə	丈夫	老子 lau^6 tsə
毛笔	墨笔 məi^5 pi^6	岳母	丈人婆 tioŋ^3 nin^2 pho^2
砚台	砚瓦 nien^5 va^3	姐姐	姊佬 tɕi^3 lau^3
游泳	做洗 tso^4 sie^3	身躯	圆身 vən^2 ɕin^1
潜水	口汋儿 su^6 mi^6 ə	肚子	腹屎 py^6 ɕy^1
母猫	猫儿嫲 mau^6 əma^2	乳房	汁汁 tsei^6 tsei
小公鸡	猇鸡角 sau^1 kəi^1 ku^6	耳朵	聆窟 nin^3 khuei
菜鸭	草鸭 thau^3 an^6	左手	背手 pəi^5 ɕiou^3
鲤鱼	黄生 voŋ^2 sən^1	手指	手食子 ɕiou^3 ɕitsə
黑鱼	乌鳅 u^1 lou^1	患病	溃儿 kuei^5 ə
虾儿	虾公 xa^3 kuŋ^1	中暑	闭痧 pi^4 sa^1
面粉	面灰 mien^5 fei^1	发烧	有滚 iou^3 kuən^3
醋	老酒 lau^3 tsou	玩耍	搞 kau^3
黄酒	水酒 sei^3 tsou^3	聊天	打拉八 ta^3 la^3 pie
味精	味之素 vi^5 tɕi^1 su	收拾	搜拾 sau^1 ɕin
红糖	赤糖 tɕia^6 toŋ^2	扛起（锄头）	荷 xo^2
麦芽糖	生糖 saŋ^1 toŋ	清洁	伶俐 len^2 li
酱豆腐	霉豆心 məi^2 təu^5 sən^1	肮脏	溞糟 o^1 tsau^1
外衣	遮衫 tɕia^1 san^1	健康	刚健 koŋ^1 kien
内衣	瞌眠衫 kha^1 mn^2 san^1	勤劳	勤事 khin^2 sə
裤衩	水裤 sei^3 ku	节俭	做家事 tso^3 ka^1 se

续表

普通话	邵武话	普通话	邵武话
围嘴儿	铺澜夹 phu¹ lan² ka	疲劳	着累 tio⁵ loi⁵
毛线	羊毛索 ioŋ² mau² so⁶	能干	会做 xie³ tso⁴
袖子	衫袖 san¹ tou⁵	阴险	阴毒伤 in¹ tu⁵ ɕioŋ¹
背心	袿子 kua⁵ tsə	热闹	嚷 ioŋ³
雨鞋	套鞋 thau⁴ xie²	多	夥 vai³
拖鞋	邋遢鞋 la⁶ thai⁶ xie²	饿	腹糟 py⁶ tsau¹
木屐	卡啦鞋 kha⁶ la⁶ xie²	美	齐整 tɕi² tɕin²
眨眼	夹 kan⁵	味鲜	甜 tien²
打盹儿	打目瞇 ta³ mu⁴ khuən	慷慨	大量 tai⁵ lioŋ⁵

2.民俗词

表 8-6

普通话	邵武话	普通话	邵武话
春节	过年 xo⁴ nin²	演戏	做戏 tso⁴ xi⁴
元宵	上元 ɕioŋvien²	角色	青衣 thaŋ¹ i¹
舞龙灯	擎龙灯 niaŋ² lyuŋ² teŋ¹		花旦 fa¹ tan⁴
面具	面壳 min⁴ khɔ⁶		大花脸 tai⁵ fa¹ lien⁴
傩舞	跳弥勒 thiau⁶ mi² le⁶	琵琶	琵琶琴 phi² pha² khen²
	跳番司 thiau⁶ fan¹ sen¹	高跷	高骹灯 kau¹ khau¹ ten¹
	八蛮 pa⁶ man²	歌妓	荡子班 toŋ² tsəpan¹
鞭炮	炮 phau⁴	清明	清明节 thiŋ¹ miŋ² tsie⁶
端午	划船节 fa² ɕien² tsie⁶	扫墓	祭墓 tsəu¹ mio⁴
	五月节 ŋ³ vie⁵ tsie⁶	闹洞房	搞新人 kau³ sən¹ nin²
裹粽子	包粽子 pau¹ tsuŋ⁴ ŋə	单身汉	打单身 ta³ tan¹ ɕin¹
中元节	七月半 thi⁶ vie⁵ puon⁴	童养媳	细新妇 sie⁴ sən¹ phy¹
中秋	中秋节 tyuŋ¹ thəu¹ tsie⁶	老处女	老阿娘 lau⁵ a¹ nioŋ²
重九	重阳 thioŋ² ioŋ²	害喜	大腹屎 tai⁵ pi⁶ ɕy¹
放风筝	放鹞 poŋ⁴ iau⁵	病孩子	病喜 phaŋ² xi³

续表

普通话	邵武话	普通话	邵武话
年终大扫除	除尘 tha² ɕin²		病毛毛 phaŋ² mo² mo²
灶神	灶公爹 tsu⁴ kuŋ¹ tia¹	生育	养囝儿 ioŋ³ kin⁶ nə
	灶公婆 tsu⁴ kuŋ¹ phɔ²		养毛毛 ioŋ³ mo² mo²
小年	过小年 xo⁴ siau³ nin²	胎盘	胞衣 pau¹ i¹
除夕	大年 xai¹ nin²	坐月子	落月子 lo⁶ vie⁵ tsə
压岁钱	砭岁票 tsa⁶ sei⁴ phiau⁶	洗三	三朝 san¹ tsəu¹
提亲	话亲 va⁵ thən¹	满月宴	满月酒 muon³ vie² tsəu¹
娶亲	讨嫲娘 thəu³ ma³ nioŋ²	喜蛋	红卵 fon² son²
	扛嫲娘 koŋ¹ ma¹ nioŋ²	周岁	满晬 muan³ tsui
出嫁	做新人 tso⁴ sən¹ nin²	长寿	长命 thoŋ² miaŋ⁵
媒婆	媒人 mei² nin²	夭折	打短命 ta³ ton³ miaŋ⁵
订婚	过定 xo⁴ xeŋ⁵	寿面	凉粉 lioŋ² fən
择吉	送日子 suŋ⁴ i⁶ tsɿ	去世	过世 xo⁴ ɕie⁴
化妆	拉面 lai⁶ min⁴		骹食子指夭 khau¹ ɕi² tsə³ tɕi³ thien¹
礼筐	笔墕 lo² ɕiaŋ¹		溃死了 khuei¹ si³ liau
花轿	轿 khəu⁵	棺木	寿材 ɕiu⁵ thai²
新郎	新郎官 sən¹ loŋ² kuon¹	灵枢	棺材 kuon¹ thai²
	新姐夫 sən¹ tsia³ fu¹	坟墓	地 thi⁶；墓 mio⁴
新娘	新人 sən¹ nin²	下葬	落葬 lo⁵ tsoŋ⁴
伴娘	陪新人 phei² sən¹ nin²	神巫	仙姑 sien¹ ku¹
拜天地	拜堂 pai⁴ thoŋ²	道士	道士仙 thou⁵ tsəɕien¹
			斋公 tsai¹ kuŋ¹
		卦具	珓怀 kau¹ pui¹
		风水先生	地理先生 thi² li³ sien¹ sien¹

3.与闽西客话共有的词汇

表 8-7

普通话	方言词	邵武	长汀
太阳	日头	nie⁵ thau⁶	ne⁵ thɯɯ²
月亮	月光	vie⁵ kuoŋ¹	ie¹ kɔŋ¹
打雷	雷（公）响	lei²（kuŋ¹）xioŋ³	lue²（koŋ¹）ʃioŋ³
灰尘	尘灰	tin² fəi¹	tʃheŋ² hue¹
泥土	泥	nie²	ne²
稻子	禾	vəi²	vo²
玉米	包黍	pau¹ sy³	pɔ¹ siɯɯ³
荸荠	马荠	ma³ ti	ma³ tʃhi²
山药	药薯	io⁵ øy²	io⁵ ʃu²
公猪	猪公	ty¹ kuŋ¹	tʃu¹ kuŋ¹
母猪	猪嫲	ty¹ ma²	tʃu¹ ma²
甲鱼	圆鱼	vən² ŋ²	viŋ² ŋe²
蚯蚓	黄螈	vɔŋ² fien³	voŋ² tʃhiŋ³
石阶	碥	khuon⁴	khɔŋ⁴
厨房	灶下	tsu⁴ xa⁵	tsɔ⁴ ha¹
江米	糯米	no⁵ mi³	no¹ mi³
红糖	赤糖	tɕhia⁶ thɔŋ²	tʃha² thɔŋ²
白糖	白砂糖	pa⁵ sa¹ thɔŋ²	pha² ʃa² thɔŋ²
江米酒	酒娘	tsou³ nioŋ²	tsiɯɯ³ nioŋ²
蜂蜜	蜜糖	mi⁵ thɔŋ²	mi⁵ thɔŋ²
咸菜	腌菜	an¹ thə⁴	ī¹ tshue⁴
锄头	镢头	kie⁶ thəu⁶	tʃio² thəɯ²
大陶罐	鬏	phaŋ⁶	phaŋ⁵
蓑衣	蓑衣	so¹ i¹	so¹ i¹
伯父	大伯	thai⁵ pa⁶	thai⁵ pa²
哥哥	老伯	lau³ pa⁶	lɔ³ pa²
亲家母	亲母	tshən¹ mu²	tshiaŋ¹ mu³
干妈	契娘	khi⁴ nioŋ²	tʃhe⁴ nioŋ²

续表

普通话	方言词	邵武	长汀
乞丐	告花子	kua⁴ ʃatsə	kɔ⁴ fa⁴
扒手	三只手	san¹ tɕiaɕiou	saŋ¹ tʃa² ʃəɯ³
客人	人客	nin² kha	neŋ² kha²
哑巴	哑子	a³ tsə	a⁴ tsʅ³
麻子	疤子	pa¹ tsə	pa¹ tsʅ³
背部	背脊	pei⁴ tɕia⁶	pue⁴ tsia²
身躯	圆身	vən² ɕin¹	veŋ² ʃeŋ¹
腹泻	泻腹	sia⁴ py⁶	sia⁴ pu²
疼痛	疾	thɯ⁵	tshi⁵
羊角风	发猪嬷癫	pei³ ty⁶ ma⁶ tien	pue² tʃu¹ ma² tiē¹
看病	眍病	niaŋ⁴ pin⁴	niaŋ⁴ phiaŋ⁵
续弦	填房	thien² foŋ²	thiē² foŋ²
吃晚饭	食晏	ɕie⁵ on⁴	ʃi⁵ oŋ⁴
倒茶	筛茶	sai¹ tha²	sai¹ tsha²
漂亮	齐整	tɕhi² tɕin²	tshi² tʃeŋ³
干净	淋俐	len² li	leŋ³ ti⁵
肮脏	腥臊	o¹ tsau¹	o¹ tsho¹

4.与闽北话共有的词汇

表 8-8

普通话	方言词	邵武	建瓯
下雨	落雨	so⁵ xy³	lɔ⁶ xy⁴
融雪	烊雪	ioŋ² sie⁶	ioŋ³ suɛ⁵
冷	清	thən⁴	tshein³
水田	塍	ten⁶	tshaiŋ³
公路	马墿	ma³ xio⁵	ma³ tio⁴
河滩	溪州	khəi¹ tɕiou¹	khi¹ tsiu¹
水坑	水窟	sei³ khuei⁶	sy² kho⁵
端午节	五月节	ŋ³ vie⁵ tsie⁶	ŋu⁶ nyɛ⁶ tsai⁵

续表

普通话	方言词	邵武	建瓯
昨天	昨冥	tʂo⁵ maŋ²	tsia⁴ maŋ³
房子	厝	tɕhio⁴	tshiɔ⁴
屋子	房间	foŋ² kien¹	pɔŋ² kaiŋ¹
厕所	屎坑	ɕi³ khaŋ¹	si² khaŋ¹
渡口	渡头	tu³ thəu⁶	tu⁴ the³
南瓜	金瓜	kən¹ kua¹	keiŋ¹ kua¹
叶子	箬	nio⁶	niɔ²
空心菜	蕹菜	xŋ⁴ thə	ɔŋ³ tshe³
甘薯	番薯	phan¹ ɕy²	xuai¹ tsiau¹
辣椒	番椒	pan¹ tsiau¹	xuaiŋ¹ tsiau¹
公鸡	鸡角	kəi¹ ku⁶	kai¹ ku⁵
蚊子	蠓（儿）	mən² nə	mɔŋ²
乌鸦	老鸦	lau³ a¹	lɔ³ a¹
黑鱼	乌鳅	u¹ lou¹	u¹ tsiau¹
穿山甲	鲮鲤	lien² li²	leiŋ³ li⁶
田蛙	水鸡	sei³ kəi¹	sy³ kai¹
种田	打塍	ta³ ten²	ta² tshaiŋ³
播种	撒种	sai³ tɕyuŋ³	suɛ⁵ tsœyŋ²
稻草	稈	kuaŋ³	kuiŋ³
竹编晒具	簟	lia⁵	lia⁶
大木桶	楻	foŋ⁶	xuaŋ³
砻谷	砻粟	luŋ² ɕy⁶	lɔŋ³ sy⁵
饭锅	鼎	tiaŋ³	tiaŋ²
锅盖	鼎片	tiaŋ³ phien⁴	tiaŋ² phiŋ⁴
锅铲	鼎铲	tiaŋ³ ton³	tiaŋ² tshuiŋ²
脸盆	面盆	min⁴ phən²	miŋ⁴ pɔŋ²
家具	家私	ka¹ sə¹	ka¹ si¹
口水	嘇	lan³	luiŋ⁶
鼻涕	鼻水	phi⁴ sei³	phi⁴ sy²

续表

普通话	方言词	邵武	建瓯
脚	骹	khau¹	khau¹
麻风	癞	toi³	thuɛ²
模糊（视力）	瞀	mə¹	mu⁴
房东	东家	tuŋ¹ ka¹	toŋ¹ ka¹
爷爷	爹爹	ta¹ ta¹	tiɛ¹ tiɛ¹
伯父	伯伯	pa⁶ pa⁶	pa² pa⁵
儿媳	新妇	sən¹ py²	seiŋ¹ py⁵
岳父	丈人	tioŋ³ nin²	tioŋ⁴ neiŋ¹
哭	啼	thi⁵	thi³
穿着	颂	ɕyuŋ⁵	tsœyŋ⁴
休息	歇	xie⁶	xyɛ⁵
藏	囥	khoŋ⁴	khoŋ³
黑	青	thaŋ¹	tshaŋ¹
味淡	餐	tien²	tsiaŋ²
一	蜀	ɕi¹	tsi⁶

5.古语词

（1）单音词

厢 sioŋ¹　靠近侧边的房间。如：～间（厢房）、客～（客厅）。《广韵》息凉切。《史记·张苍列传》附《周昌》："吕后侧耳於东～听"，小颜曰："正寝之东西室皆号之曰～，言似箱箧之形。"字又作箱。今俗称～房。

槃 pon²　邵武称桌子为～，抽屉为～厨。《集韵》薄官切，《说文》："承盘也。"当地借指桌子，或据其形状与功用言。

料 lau⁵　大称。《集韵》怜萧切，《说文》："量也。"《史记·孔子世家》："尝为季氏吏～量平。"

瓯 au¹　杯子。如茶～（茶杯）。《集韵》乌侯切：《说文》：小盆也。"《正韵》："今谓碗深者为～。"当地用引申义。

鳜 kye⁴　鱼名，如：～鱼。《集韵》姑卫切：《玉篇》：鱼大口，细鳞，斑彩。"当地常见。

颈 kiaŋ³　脖子，邵武说"～子"[kiaŋ³ tsə]。《集韵》经郢切：《说文》：头茎也。"《释名》："～，经也。径挺而长也。"《广韵》："～在前，项在后。"

脮 tsoi 男阴。《集韵》祖回切:"《论文》:赤子阴也。"

痧 sa¹ 暑热。中暑,邵武谓"闭～"[pi⁴ sa¹]。按中医凡霍乱、中暑等急性病称～。明陈实功《外科正宗·疗疮》:"霍乱、绞肠、～及诸痰喘并用姜汤磨眼。"清王凯有《～症全书》。

癞 toi³ 恶疾,邵武称～。如:生～[saŋ¹ ti³](专指麻风)。《集韵》落盖切。《说文》:"恶疾也。"《论语·雍也》:"伯牛有疾。"注:"先儒以为～也,本作疠。"唐人改疠作癞。唐慧琳《一切经音义》四一《波罗蜜多经》三有《～病》篇。

疡 sioŋ⁶ 白脓。《集韵》余章切:"《说文》,创也。"《天官·疡医注》:"～,创痈也。"又《医师》:"凡邦之有疾病者疕,～者造焉。"

篢 lia⁵ 农家常用的一种大型竹编,圆形,浅底,有边,常用于装盛与曝晒谷物等。乡间俗写作笭。《集韵》:"良涉切:竹名。"《广韵》:"～,编竹为之。"

驮 toi⁶ 两手捧起比较重或大的东西。如:～起(拿起)。《集韵》唐何切:"《玉篇》:马负貌。"

攏 lau¹ 挖掘,如:～泥(挖泥土)。《集韵》朗刀切:"取也。"当地用作挖取,俗写为撸。

擎 khiaŋ² 举起。如:～伞(撑伞)。《集韵》渠京切:"～也。"《庄子·人间世》"～跽曲拳,人臣之礼也。"

刴 to⁵ 砍碎。如:～肉。《集韵》都唾切:"《玉篇》:斫也。"《广韵》:"斫,刴也。"

跍 khu⁵ 下蹲。如:～下(蹲下)。《集韵》～:"苦胡切:蹲貌。"声调稍异。

劏 thu⁵ 捅。如:使力～(用力捅)。《集韵》他骨切:"刺入貌。"

撋 ny⁶ 揉。如:～衣裳(揉衣服)。《集韵》奴沃切:"捻揉也。"

供 kyuŋ⁴ 喂。如:～奶(喂奶)。《集韵》～:"店用切。"《华严经》:"诸～养中,法～最重。"～者～养义,喂养亦～养之引申。

劳 kioŋ⁴ 勉力,如:～起(挣扎起来)。《集韵》巨两切。《说文》:"迫也。"《广韵》:"追也,勉力也。"

纽 tien⁴ 缝。如:～被儿(缝被子)。《集韵》直苋切。《乐府诗集》三十九《古燕歌行》之下:"故衣谁当补?新衣谁当绽?赖得贤主人,览取为我～。"

绗 xoŋ² 　用针粗缝，多用以固定衣被里层之棉絮，或于拟细缝前把衣物用针线先联结起来。《广韵》下更切："《玉篇》:缝绽也。"

蕴 vən⁵ 　藏放。如:～在兜里:（放在口袋里）。《集韵》於问切:"积也。"《左传·昭公十年》:"～利生孽,姑使无～乎?"

沤 au⁴ 　浸泡。如:沤田（溶田）。《集韵》於候切:"《说文》久渍也。"《诗·陈风·东门之池》:"东门之池,可以～麻。"《疏》:"楚人曰～,齐人曰～,……然则～是渐渍之名。"

渍 tsʅ⁴ 　沾,渗透。如:～湿（浸湿）。《集韵》疾智切。《考工记·钟氏》:"钟氏染羽,淳而～之。"又《礼·内则》:"～取牛肉,必新杀者。"

啖 tan⁵ 　尝一尝。如:～～（尝一下）。《集韵》徒览切:"《说文》:噍～也。"《前汉·王志传》:"吉妇取枣以～吉。"

刘 lau¹ 　挖。如:～泥（挖泥土）。《集韵》郎候切:"《玉篇》:穿也。"

涿 tui⁵ 　滴。如:～水（滴水）。《集韵》竹角切:"《说文》:流下滴也。"

搦 na⁵ 　捕捉。如:～鱼（捕鱼）。《集韵》昵格切。《说文》:"按也。"《广韵》:"提～也。"《钱俶小词》:"金凤欲费遭揶～"。

搡 suŋ³ 　推搡,如:"～开"（推开）。《集韵》损动切:"推也。"

何(荷)xo² 　扛在肩上。如:"～起镢头"（扛起锄头）。《集韵》寒歌切:"《说文》:儋也。徐铉曰:儋～,即负～也。"后世作荷。

�;su⁵ 　吮。如:"～奶"（吸奶）。《集韵》输玉切:"吸也,吮也。"

囥 hoŋ⁵ 　藏。如:"伞～橀厨里"（雨伞放抽屉里）。《集韵》:"口浪切。藏也。"

让 nioŋ⁵ 　要求。如:"小满～满芒种不管。"意即小满必须灌足水,到芒种就不愁禾苗生长了。《集韵》人样切:"《说文》相责让也。《小尔雅》诘责以辞谓之～。"当地指要求,义有引申。

夥 vai³ 　多。如:"很多"说"真～"。《集韵》户果切:"《说文》:齐谓多为～。"

儑 ŋai⁶ 　差,劣。如:"差劲"说"真～"。《集韵》邡合切:"～～,著(着)事也。"

赤 tɕhia⁶ 　朱红色。如:"布色～"（布色大红）。《集韵》昌石切:"《玉篇》:朱色也。"

（2）复音词

上元 ɕioŋ⁵ vien³ 　元宵节。即农历正月十五日。白居易《六贴》四:"《旧唐书·中宗纪》景龙四年:丙寅～夜,帝与皇后微行观灯。"

青果 taŋ¹kuo³　鲜橄榄。李时珍《本草纲目》三十一《果三·橄榄》。宋苏轼《分类东坡诗》十《橄榄》:"纷纷青子落红盐,正味森森苦且严。"史绳祖《学斋占毕——诗人咏物》:"盖凡果之生也必青,及熟也,必变色……唯有橄榄,虽熟亦青,故谓之青子。"

夫家 fu¹ka¹　婆家。《汉书》三六《楚元王传》附《刘向》:"妇人内～～,外父母家,此亦非皇太后之福也。"此"夫家"即婆家。

姑娘 ku¹nioŋ²　姑母,即父亲的姐姐,邵武称"～～"。《元曲选》关汉卿《玉镜台》:"小官性温名峤,字太真,官拜翰林学士。小官别无亲眷,上有一个～～,年老寡居,近日娶来京师居住。"其"姑娘"应指姑母。

姑夫 ku¹fu¹　姑母的丈夫,或妻子对丈夫的姐夫或妹夫的称呼。唐赵璘《因话录·范阳卢仲元》:"李使婢传语曰:新妇有哀迫之事,须面见～～。"

丈人 tioŋ³nin²　岳父。《三国志·蜀先主传》:"献帝舅车骑将军董承辞帝,衣带中密诏。"注:"董承,汉灵帝母董太后之侄,於献帝为～～,盖古无～～之名,故谓之舅也。"

胞衣 pau¹i¹　胎盘,胎衣。《南齐书·王敬则传》:"母为女巫,生敬则而～～紫色。"李时珍《本草纲目》五二《人胞》:"人胞,包人如衣,故曰～～。方家讳之,别立诸名焉。"

砚瓦 nie⁵va³　邵武指砚台,唐以前砚台多用瓦砚,后来虽通用石砚,犹称为～～。古时砚也作"研"。唐贯休《禅月集》八有《～～》诗,诗中有"应念研磨苦,无为瓦碟看"句。

学堂 xo²tuŋ²　学校。《北齐书·权会传》:"会方处～～讲说,忽有旋风瞥然,吹雪入户。"邵武口语同。

盘缠 phon²thin²　旅费。如:"出门无～～"(出门没旅费)。《古今戏剧》元代张国宾《罗李郎大闹相国寺》二:"我往京师去无有～～,怎么是好?"此～～即旅费。

荷包 xo²pau¹　指随身佩戴或缀在衣袍上的小口袋,以为盛物之用。邵武多指衣袋。《元明杂剧》中《利支飞刀对箭》:"……著我慌忙下的马,～～里取出针和线,我使双线缝个住,上的马去又征战。"

龙钱 luŋ²tin²　钱。如赚～～(赚钱)。按汉武帝时曾铸龙币,属白金三品之一,时议以天用莫如龙,地用莫如马,人用莫如龟,因杂铸银锡以造币,分三品,其一重八两,圆形,其文龙,名曰"白撰",直三千,故名"龙币"。(参见《汉书·食货志》下)邵武口语称钱币为"龙钱",实即"龙币"转称。

6.地名词

排 phai² 当地指坡地,故坊间又俗写为𡎺,音义不异。邵武为山城,坡地多,故坊间多以排为地名。如:拿口有～下,上横～,樟树～、～楼、神仙～等多处。和平镇有竹林～、杨家～,水北乡有将军～、竹山～等,屯上乡有林树～,沿山乡有范家～、～头岭、张家～、下小～等。其他各处尚有不少,此不赘列。按《集韵》寘韵下有陂,音彼义切,义"倾也"。引《易》"无平不陂"。与邵武地名用字"排"音义同,或为本字。

塅 thon³ 邵武指成片水田,当地也常用为地名。如拿口镇有后门～,和平镇有杏龙～,水北乡有聂家～、～上、大保～,屯上乡有杨家～,沿山乡有田～,大竹乡有洋公～,等。其他乡镇还有一些。

坊 foŋ¹ 旧时乃行政村单位,后世沿用之。此类地名当地多见。如:拿口镇有朱～、～前、登家～、山～等,桂林乡有全林～、扬名～、王家～,和平镇有官～,城郊乡有白泥～、高基～、张家～,水北乡有李家～、新～,大竹乡有魏家～,沿山乡有陈家～等。

家 ka¹ 闽西北民间既指住家,还有住宅、聚居地义,与大部分闽语片之"厝""宅"相当。当地民间常与姓氏结合为"某家"或"某家×",以为聚落名称。如:水北乡之周～、谢～、张家、傅～、饶～、杨～、童～、徐～、李～、丁家等;此外,由"某家"并附以山水地理方位、行政辖属之地名,如何～岭、黄～湾、饶～边、王～田、余～楼、李～庄、李～都等,还有不少。

垄 luŋ² 原指田中高处。《史记·陈涉世家》:"辍耕而之陇上。"《集韵》垄鲁勇切,又卢东切,义同。邵武一带多山地田垄,以垄为地名之处甚多。如:水北乡有早木～,和平镇有大～、杉树～、詹家～;拿口镇有梅子～、庙许～、～坑厂、浦～、海～底、～坑厂、白石～、大际～等;屯上乡有洪源～,大竹乡有红～、马洲～。

窠 khu¹ 本义为巢穴。大量用为地名,如:水北乡有泉水～、月家～、索家～等,和平镇有朱家～、长～、下西～等,沿山乡有黄源～、芦～、黄家～等,城郊乡则有王源～、大～、下源～等。

拿 na¹ 当地口语有"水田"义,或为古越语词残留。邵武山区多水田,故"拿"也用为地名。如:拿口镇有～口、～上、～下等村名,张厝乡则有上～坑、后～坑等地名。

崠 tuŋ¹ 《集韵》都笼切:"山脊也。"民间用为地名,常写为栋。如:杉岭山脉有牛背～,其主要支脉有北山～、奇～、陈坑～,等等。

隘 ai⁴ 《集韵》乌懈切:"《左传》僖公二十二年:古之为军也,不以阻～。"《玉篇》:"急也,陕也。"今邵武带"隘"的地名有武夷山脉的茶花～、叶竹～,杉岭山脉一带有小～山等。

坳 au¹ 《集韵》於交切:"洼下也。"又於教切,义同。邵武境内武夷山脉地名有黄树～,杉岭山脉有张戈～、牛～山;杉岭主要支脉有隔子～、带子～、红树～、虎山～,等等。

岭 lian³ 《集韵》里郢切:"《说文》:山道也。"邵武多崇山峻岭,带"岭"的地名自然不少。如:北水乡有杨梅～、～下,拿口镇有寒梅～,和平镇有马～、吴家～、望州～、何家～,吴家塘乡有行～、王～头,桂林乡有上百～、下百～,等等。

圩 xy¹ 系"墟"之俗写。原指农村集市。邵武一带也有用为地名的,如:和平镇之旧～街、坪～,吴家塘乡之～坊、杨家～,等,殆是旧时农村集市之所。

漈 tsi⁴ 《集韵》子例切:"水涯也。"民间俗称瀑布为"～",常作地名使用。如:邵武沿山乡有下王～、大王～、土～。有些乡镇,把～写作际,如:拿口镇之大炉～、东坑～、九～、大～垄、南～,城郊乡之三～、～上,屯上乡之张家～,水北乡之永～,卫门乡之～上;或写作"磜",如:大竹乡之～下、上官～、下官～等等。

莆 phu² 莆田,闽人简称为莆。邵武一带自抗战始,便有一些沿海一带学校、部队、机关、商号等内迁,其中以莆田与福州地区外来人口相对较多,至今县内的拿口、卫闽、洪墩等地尚有一些此类聚居点,当地地名带"～"字的便保留不少。如拿口镇有～南、～进,昭阳街道有～常,通泰街道有～春,城郊乡有～坪、～光一队、～光二队、～明、～兴,水北街道则有～田、～阳等,均莆田籍居民聚居点。

窑 iau¹ 邵武山区,常年有不少外地人来此从事烧制砖瓦等手工业生产,因而村野多建有烧制砖瓦的土～。久而久之,"～"字便成为地名用字。如水北街道有～北,水北乡有～上,屯上乡有～渠,等等。

三、语法特点

1.名词

A.邵武话名词最常见的词尾为"子[tsə³]、头[thau⁶]、儿[ə²]"。它们作词尾时,主要作为小称形式,一般要读轻声,其作用与普通话名词词尾"子、头、儿"大体相当,通常用以表示细小喜爱或厌恶等意思。如:手食子(手指)、馒头(馍馍)、钻儿(锥子);后生子(年轻人)、妹儿(妹妹)、契团子(干儿子);绊子(口吃者)、告花子(乞丐)、装娇儿(撒娇)。

有时,此类词尾已完全虚化,不表示任何意义。如:老子(丈夫)、热头(太阳)、老板儿(经理)。

词尾"头"有时还与名词结合,表示物体的部位或名词的方位,如:针头(针尖儿)、前头(前面),或表示时间的起始,如年头(年初)、月头(月初)。

词尾"儿"还往往置动词或动词性短语后表示动作的完成。如:颂儿(穿上了)、学儿书(读完书)、食完儿(吃好了),等等。

B.词尾"佬[lau³]",一般可加在不同性别的普通称谓名词(一般为成年人)之后,含有亲切、敬重或轻蔑的意味。如:爷佬(父亲)、娘佬(母亲)、广东佬(广东人),等。

C.词尾"公[kuŋ¹]、嫲[ma²]"置于动物名词后,表示动物的性别。如:猪公(公猪)、鸭公(公鸭)、鸡嫲(母鸡)、鹅嫲(母鸭)等。

2.动词

(1)部分单音动词可以重叠,重叠后第二个音节读轻声。这种重叠式能表示随便、短暂或尝试的意思。如:行行[xaŋ² xaŋ](走一走)、爬爬[pa² pa](随便爬爬)。

(2)动词后加轻声词尾"到来"[tauli]表示动作正在进行,这里"到来"[tauli]相当于普通话时态助词"着"。如:行到来[xaŋ² tauli](走着)、洗到来[sie³ tauli](洗着)、吹到来[tei¹ tauli](吹着)。

(3)动词后加词尾"度儿"[tho⁵ə],表示动作曾经历过。这里的"度儿"[tho⁵ə]相当于普通话的时态动词"过"。如:食度儿[ɕie⁵ tho²ə](吃过了)、供度儿[kyuŋ¹ tho⁵ə](喂过了)、活度儿[va⁵ tho⁵ə](说过了)

3.形容词

(1)单音形容词重叠,形式是 A→AA。重叠后加"的",一般表示程度的减弱。邵武话单音形容词重叠也是 AA 式,重叠后可加轻声助词"个"[kəi],表示程度的减弱。如:酸酸个[son¹ son¹ kəi](酸酸的)、乾乾个[kon¹ kon¹ kəi](乾乾的)、肥肥个[pi² pi² kəi](胖胖的)。

(2)双音形容词重叠式

A.AABB 式 邵武话双音形容词重叠与普通话相同,都有 AABB 式。

重叠后都表示程度的加强。如:快活—快快活活;平安—平平安安。

B.嵌入式　除双叠式外,邵武话双音形容词还可以在前后两个音节间嵌入诸如"里[li²]"、"里嫲[li³ma²]"、"里骨[li²kuei⁶]"之类的附加成分,表示形容词程度的加强。这与普通话双音形容词的嵌入式(诸如糊涂—糊里糊涂,啰唆—啰里巴唆)等情形相似。如:昏沉—昏里昏沉(昏昏沉沉)、瓜赤—瓜里嫲赤(殷红殷虹)、鼓园—鼓里骨圆(圆滚滚)

4.代词

(1)人称代词

邵武话人称代词单数是:"伉"[xaŋ³](我)、"偩"[xien³](你)、"伅"[xu³](他);其复数是在单数之后加"多"[tai¹],如:"伉多"[xaŋ³tai¹](我们)、"偩多"[xien³tai¹](你们)、"伅多"[xu³tai¹](他们)以及"俺多"[ien¹tai¹](咱们)。

(2)指示代词

邵武话常用的指示代词,主要为近指"将"[tsioŋ⁶](这)与远指"吭"[oŋ⁶](那)等的系列对应,如:"将儿"[tɕioŋ⁶ŋə](这儿)、"吭儿"[oŋ⁶ŋə](那儿),"将蜀个"[tɕioŋ⁶ɕikəi](这个)、"吭蜀个"[oŋ⁶ɕikəi](那个),"将样"[tɕioŋ⁶ioŋ](这样)、"吭样"[oŋ⁶ioŋ](那样),"将多"[tsioŋ⁶tai¹](这些)、"吭多"[oŋ⁶tai¹](那些)。

(3)疑问代词

邵武话疑问代词,问人物,有"啥个人"[ɕia⁶kəinin](什么人)、"侬蜀个"[noŋ²ɕikəi](哪一个);问事物,有"啥个"[ɕia⁶kəi](什么);问地点,有"侬子"[noŋ²tsə](哪里)、"啥个场所"[ɕia⁶kətioŋ²fu²](那个地方);问时间,有"啥个时间"[ɕia⁶kəiɕi²kan¹](什么时候);问数量,有"几多"[ki³tai¹](多少);问方式,有"呢地"[ni¹ti](怎样)、"做啥个"[tso⁴ɕia⁶kəi](做什么),等等。

5.数量词

(1)数词"一"的表示法

A."一"作序数,与普通话用法一样,但读为[i⁶]。如:第一,二十一,等等。

B."一"作量数,则用法有所变化:如果量词是"个"[kəi⁴],则"一"变为"蜀"[ɕi²],如闽语相同;如果量词不是"个"[kəi⁴],则"一"变为个[kəi⁴]。如:蜀个人客(一个客人)、蜀个李儿(一个李子)、蜀个粟仓(一个谷仓);个把刀(一把刀)、个行猪(一口猪)、个套衣裳(一套衣服),个百十条船(一百十艘船);食个碗饭(吃一碗饭),打个下(打一下),等等。

C.约数,一般在数词前加"头"[thau⁶],或在数词后加"把子"[pa¹tsə]表示。如:头五个(四五个)、头十斤(十几斤)、万把字(一万左右)、两把子(一两左右）。

D.微量，则用"比比子"[pi⁵ pi⁵ tsə]等表示，如：籴比比子米（买一点米）。与"比比子"[pi⁵ pi⁵ tsə]意义用法相同的，还有"□□子"[maŋ⁵ maŋ⁵ tsə]、"□□子"[sən⁵ sən⁵ tsə]、"□□子"[nən⁵ nən⁵ tsə]、"个仑子"[kəi⁴ lən⁴ tsə]等几个。

（2）特有的量词

邵武方言量词，与普通话不同的不少，如：个行烟（一支烟）、个管笔（一支笔）、个行猪（一口猪）、个丛树（一棵树）、个铺席（一张席子）、个栋厝（一座房屋），等等。其中量词"行"[xaŋ²]使用范围较广，除以上举例外，还有"个行鸭（一只鸭子）、个行布（一匹布）、个行香蕉（一条香蕉）"；等等。

6.副词

表时间，常见的副词有"刚刚"[kaŋ⁴ kaŋ⁴]（刚才）、将个下[tɕioŋ⁶ kəi⁴ xa⁵]（现在）、登刻[ten¹ khə⁶]（立刻）、忽时间[fei⁶ ɕi² kan¹]（忽然）等。如："刚刚去度"（刚才去过）"将个下就坐火车"（现在就坐火车）、"登刻上课学书"（立即上课读书）、"忽时间泻腹"（忽然拉肚子），等等。

表范围，常见的副词有"呢"[ni⁵]（仅、只）、做佮下[tso⁴ ka⁵ xa⁵]（统统、总共）、佮[ka⁵]（全部，都）等，如："呢[ni⁵]有几斤"（只有几斤）、"做佮下十五块"（总共十五块）、"全班佮[ka⁵]来"（全班都来）。

表程度，常见的副词有"顶[tin³]（最）、当真[toŋ⁴ tɕin¹]（确实，实在）等"，如"妹儿顶勤使"（妹妹最勤劳）、"苹果当真好食"（苹果实在好吃）。

表否定，常见的副词有怀[ŋ⁵]（不）、毛[mau⁵]（不，没有）、毿[mai²]（别，不要），等等。如："学怀像"（学不像）、"毛着厝"（不在家）、"毛学书"（不读书），"爷佬去，娘佬毿去"（父亲去，母亲不要去）。

第三节　闽西北赣语内部比较

一、语音异同

1.共同特点

（1）声母

A.普通话部分声母读不送气（中古全浊音声母仄声），闽赣方言多读送气。如：步、坐、旧等字。邵武、建宁分别读 phu⁶、thoi³、khəu⁶ 与 phu⁶、 thuai⁶、khy⁶；将乐、明溪分别读 phu⁶、tʂhuæ⁷、khy⁶ 与 phu⁶、tʂhue³、khiu⁶。

B.普通话的 f 声母(中古非敷奉)和部分 x(ɕ)声母(中古晓匣)合口字,闽赣方言读 f。如"粉,花"等字。邵武、建宁分别读 fən³、fa¹，fun³、fa¹；将乐、明溪分别读 fi³、fa¹，fɛŋ³、fo¹。

C.普通话部分零声母字(中古微影匣云以)闽赣方言读 v。如：昧、威、王等等。邵武、建宁分别读 vei⁶、vei¹、voŋ²，vi⁶、ui¹、uoŋ²；将乐、明溪分别读 vi⁶、vi¹、voŋ²，vi⁶、vi¹、voŋ²。

D.普通话部分 f、ø 声母(中古非敷奉微)，闽赣方言读 p、ph、m。如"分、浮、尾"等字。邵武、泰宁分别读 pən¹、phy²、mei³，pən¹、phy²、moi³；将乐、明溪分别读 phɛ、phau²、mɛ̃⁶，pien¹、phau²、mø³。

E.普通话部分 l 声母(中古来母)，闽赣方言读擦音 s、ɕ 或 ʃ。如"露、篮、力"等字，邵武、泰宁分别读 so⁵、san⁷、sə⁶，so⁵、saŋ⁷、soi³；将乐、明溪分别读 ʃo⁵、ʃaŋ⁷、ʃa⁷，sue⁷、saŋ⁷、sa⁶。

(2)韵母

A.普通话的韵母 an、ian(中古咸山一、二等)读音有别，闽赣方言也不混一。如"寒、闲、柑、监"等字。邵武、泰宁分别读 xon²、xien²、kon¹、kan¹ 与 xuan²、xan、koŋ、kaŋ¹；将乐、明溪则分别读 fɛ̃²、xɛ̃²、kuɛ̃¹、kaŋ¹ 与 fuõ²、xaŋ²、koŋ¹、kaŋ。

B.普通话部分 aŋ、iŋ 韵母，闽赣方言主元音为 a。如"名、生、青"等字。邵武、泰宁分别读 miaŋ²、saŋ¹、thaŋ¹，miaŋ⁵、saŋ¹、thiaŋ¹；将乐、明溪分别读 miaŋ⁷、ʃã¹、tʂhiaŋ¹；miaŋ⁷、saŋ¹、tʂhaŋ¹。

C.普通话部分细音韵母(中古四等韵)，闽赣方言多读洪音。如"溪、定"等字。邵武、泰宁分别读 khɛi¹、thɛn⁶，khoi¹、hon⁶；将乐、明溪分别读 khe¹、thɛ̃⁶，khe¹、thɛŋ⁶。

D.除个别点(如建宁)外，多数点入声韵尾脱落，转化为开尾韵。如：

表 8-9

例字	邵武	泰宁	(建宁)	将乐	明溪
鸭	an⁶	a³	ap⁷	ɔ⁷	a³
雪	sie⁶	sø³	sie⁷	syø³	sø³
杂	thon⁶	tha¹	thap⁸	tʂho³	tsa⁷
麦	ma⁵	ma¹	mak⁸	ma⁶	mu⁶

2 语音差异

(1)声母

A.普通话部分 th 声母(中古透定),邵武片大多读 x(h),将乐片则多读 th。如"花、糖"等字。邵武、泰宁分别读 xai、hoŋ⁴,hai¹、hoŋ²;将乐、明溪分别读 thæ¹、thɔ̃⁷,thue¹、thoŋ²。

B.普通话 n、l 声母(中古泥来),邵武片读音有别,将乐片则洪音不分细音分。如"南、蓝"两字,邵武、泰宁分别读 naŋ²、laŋ²,将乐、明溪则一律混读 laŋ²;"女、吕"两字,邵武、泰宁分别读 ny³、ly³,将乐、明溪分别读 ny³、ly³。

C.普通话部分 ts、tʂ、tʂh 声母(中古清从、初、昌),邵武片读送气塞音,将乐片多读送气塞擦音。如"葱、窗、出"等字,邵武、泰宁分别读 thuŋ¹、thoŋ¹、thei⁷,thuŋ¹、tʃhoŋ¹、tʃhy³,将乐、明溪则分别读 tshɤŋ¹、tʃʰɔŋ¹、tʃhy³、tshɤŋ¹、tshoŋ¹、tshø³。

D.普通话部分零声母 ø 和 ʐ 声母(中古疑、日),邵武片大多读 n,将乐片则普遍读 ŋ。如"银、人"等字,邵武、泰宁读音全同,都是 ni²;而将乐、明溪,均别读为 ŋi²、ŋɛŋ²。

(2)韵母

A.将乐片大都有 ɿ 韵,邵武片则主要见于泰宁、邵武,建宁没有 ɿ。如:"子、次、丝"等字。邵武、泰宁、建宁分别读 tsə³、tshə³、sɿ¹,tsoi³、sɿ⁵、sɿ¹,tsə³、thə⁵、si¹,将乐、明溪则要分别读 tsɿ³、sɿ⁵、si¹、tsɿ³、tshɿ⁵、sɿ¹。

B.普通话鼻音韵尾为-n、-ŋ 两套,闽赣方言俱各不同。如:"盐、言、郎"等字,邵武、泰宁读音相同,均为 ien²、nien²、loŋ²,建宁读 iam²、ŋien²、iɔŋ²;将乐、明溪则分别读 iɛ²、ŋiɛ²、lɔŋ²,ien²、ien²、loŋ²。

(3)声调

A.古全浊上声归入今声调情况不一。如:"社、抱"等字,邵武、泰宁分别读宿 ɕia³、thioŋ³,ɕia⁶、hioŋ¹;将乐、明溪分别读 ʃa³、thiɔŋ³、sa³、thioŋ³。

B.古入声调归入今声调,情况不一。各地保留入声调的情况是:泰宁无,邵武、明溪一个,建宁、将乐两个。例如:"雪、麦"等片,泰宁分别读 sø³、ma¹;"敌、铁"等字,邵武、明溪分别读 ti⁸、thie⁸、ti⁸、the⁸;"窟、术"等字,建宁、将乐分别读 khut⁷、muk⁸;khu⁷、mu⁸。

二、词汇异同

1.单音词

表 8-10

词目	邵武	泰宁	将乐	明溪
道路	垟 xyo⁶	垟 hø⁶	垟 thio⁶	路 lu⁶
泥土	泥 nie²	泥 nɛ²	泥 læ²	泥 la²
坟墓	墓 myo⁶	地 hoi⁶	地 thei⁵	地 the⁶
稻子	禾 vei²	禾 uai²	禾 uæ²	禾 vue²
稻草	秆 kon³	秆 kuan³	秆 kuɛ̃³	秆 kuõ³
浮萍	藻 phiau⁷	藻 phiɛu⁵	藻 phiau⁷	藻 phiau⁷
猪	猪 ty¹	猪 ty¹	豨 khui³	猪 ty¹
稀饭	粥 tɕy⁷	糜 moi⁵	糜 me⁷	糜 mø⁷
桌子	槃 phon²	槃 phuan²	桌 tʃo⁷	桌 tʃə⁷
绳子	索 so⁷	索 so³	索 so³	索 ʃɤ³
玩儿	搞 kau³	嬉 xui¹	嬉 fei¹	嬉 khø¹
盛（饭）	装 toŋ¹	贮 tu³	贮 tu³	装 toŋ¹
看	望 moŋ⁶	睅 niaŋ⁵	睅 ȵiaŋ⁵	睅 iaŋ⁵
蹲	踞 khu⁶	踞 ku⁵	踞 ku⁵	仆 phɤ⁷
喂（饭）	供 kyuŋ¹	供 koŋ¹	供 kiuŋ¹	供 kiɤŋ¹
干	干 kon¹	焦 tshau¹	焦 tshau¹	焦 tshau³
多	夥 vai³	夥 uai³	多 to¹	多 tɤ¹
瘦	癏 sei¹	癏 sei⁵	瘦 seu⁵	癏 sue¹
丑	丑 tɕhieu³	惨 tshan³	欠 khiɛ̃⁵	怯 kha⁷
我	伲 xaŋ³	伲 xaŋ³	我 ŋæ³	我 vue³
你	偾 xien³	你 ŋ³	你 le³	你 le³
他	伊 xu³	伊 xy³	渠 ki³	渠 khø³

2.多音词

表 8-11

词目	邵武	泰宁	将乐	明溪
刮风	发风 phɛi³ pyun¹	发风 phua³ pyuŋ¹	起风 khi³ piuŋ¹	起风 khi³ fɤŋ¹
热水	滚水 kuən³ sei³	滚水 kun³ sui³	烧水 tʃhau¹ ʃy³	烧水 tʃhau¹ ʃue³
地方	场所 xioŋ² fu³	地方 xi⁶ xuoŋ¹	停场 thɛ̃² thioŋ²	停场 thi⁶ foŋ¹
猪圈	猪栏 ty¹ lan²	猪栏 ty¹ lan²	豨巢 khui³ tʃheu²	猪巢 ty¹ tshay²
窗户	橛儿 khien⁷ nə	窗儿 tʃhon¹ lɛ	光窗 koŋ¹ tʃhoŋ¹	光窗 kuo¹ thiɤŋ¹
玉米	包黍 pau¹ sy	包黍 pau¹ sio³	包黍 pau¹ syo³	荷包黍 hɤ² pau¹ siu³
西红柿	番茄儿 fan¹ khyo² ə	洋番椒 ioŋ² xuan¹ tsiɛu¹	番柿 fɛ̃¹ khi⁷	洋茄 ioŋ² khiɤ²
丝瓜	天罗 thien¹ lo²	絮瓜 tho⁵ kua¹	丛罗 tshɤŋ² lo²	明瓜 maŋ² ko¹
橘子	柑儿 koŋ¹ ŋə	柑 koŋ¹ lɛ	柑子 koŋ¹ tsɿ	珠柑 tsy¹ koŋ¹
蚯蚓	黄蜒 voŋ² fien³	河蜒 ko² khon³	河蜒 xo² ʃẽ³	胡芦蜒 fu³ lu² khieŋ³
鳖	水鸡 sei³ kɛi¹	盘鱼 puan² nø²	塘鱼 thoŋ² ŋue²	水鸡 ʃue³ ke¹
公狗	狗公 kɛu³ kuŋ¹	狗牯 kei³ ku³	狗公 xɤu³ kɤŋ¹	狗牯 kay³ ku³
抽屉	槃厨 phon² thy²	抽儿 hiu¹ lɛ	厨桌 thy² tʃo⁷	厨腹 thay² pu⁷
信封	信壳 sin⁵ kho⁷	信套 sən⁵ thau⁵	信套 sī⁵ thau⁵	信筒 sɛŋ⁵ thɤŋ²
弟弟	弟儿 thi³ ə	弟哩 he⁶ lɛ	老弟 lau³ thie³	老弟 lau³ the³
妹妹	妹儿 mei⁵ ə	妹哩 mui⁵ lɛ	老妹 lau³ me⁵	老妹 lau³ mø⁵
丈夫	老子 lau⁷ tsə	公哩 kuŋ¹ lɛ	老公 lau³ kɤŋ¹	老公 lau³³ kɤŋ¹
眼泪	目珠水 mu⁷ tøy¹ sei³	目水 mu⁵ sui³	目汁 mu⁸ tʃi³	目水 mu⁷ tʃ¹³
怀孕	有娠 iəu³ ɕin¹	大娠 hai⁵ sin¹	有团 iu³ kiɛ̃³	有团 iu³ kien³
洗澡	做洗 tso⁵ sie³	洗浴 se³ io¹	洗浴 sai³ yo⁶	洗汤 sa³ thoŋ¹
中暑	发痧 pi⁵ sa¹	起痧 khoi³ sa¹	有痧 iu³ ʃa¹	成痧 saŋ² so¹
出嫁	做新人 tso⁵ sin¹ nin²	归亲 kui¹ thən¹	做新人 tso⁵ sī¹ ŋī¹	做新人 tso⁵ sɛŋ¹ ŋɛŋ²

三、语法异同

1.表示动物性别,邵武片常在动物名称后加"公"[kuŋ¹]表示雄性,加"嫲"[ma²]表示雌性,例如,猪公[ty¹kuŋ¹](公猪)、猪嫲[ty¹ma²](母猪);而将乐片则在动物名称后加"牯"[ku⁶]表示雄性,表示雌性也同样加"嫲"[ma²],如:"牛牯"(公牛)、"牛嫲"(母牛)。

2.名词后缀,邵武片常用轻声地"儿"[ə]、"子"[tsə]表示,如:蜂儿[phiuŋ¹ŋə]、索子[so⁶tsə](绳索),并带有指小表爱作用;将乐一般用"仔"[tsɿ³],如:牛仔[ny²tsɿ¹](小牛)、鸟仔[tiu⁶tsɿ³](小鸟)。表示人,邵武常用的后缀为"佬"[lau³],如:"爷佬"(父亲)、"许爷佬"(后爹)等;或用"团"[kiɛ⁶],如:"契团"[khi⁴kiɛ⁶](干儿子)、"白面团"[pha⁵miɛ⁴kiɛ⁶](未婚男)。

3.人称代词单数,邵武是"优"[xaŋ³](我)、"偩"[xien³]、"伆"[xu³],复数为"优多"[xaŋ³tai]、"偩多"[xien³tai](你们)、"伆多"[xu³tai],将乐则是我[ŋai³]、你[le³]、渠[ki³]与我多[ŋai³ta¹](我们)、你多[le³ta¹](你们)、渠多[ki³ta¹](她们)。

疑问代词与指示代词,两片有如下差异:

表 8-12

	谁	什么	哪里	怎样	多少
邵武	侬蜀个 noŋ¹ɕikə 啥个人 ɕia⁶kəinin	啥个 ɕiakə	侬子 noŋ¹tsə	呢地 ni⁶ti	几多 ki³tai
将乐	奚俙 i²ʃa²	甚里 ʃuŋ²li⁴	哪样 loŋ²	吐子 loŋ⁵tsi⁵	几多 kuæ³tæ¹

表 8-13

	这里	那里	这样	那样
邵武	将儿 tɕioŋ⁵ŋə	口儿 oŋ⁶ŋə	将样 tɕioŋ⁶ɕioŋ¹	口样 oŋ⁶ɕioŋ¹
将乐	者际 tʃa³tsa⁴	兀你 va³tsi⁴	者样子 tʃaŋ³tsi⁵	兀样子 va³tsi⁵

4.数词"一"与量词结合表示数量时,闽西北赣语多把"一"改说为"个",如邵武语"个只鸡"(一只鸡)、"个行猪"(一口猪)、"个只手"(一只手),其中"个"读[kai⁴];将乐用法近似,如:"个畲"(一个人)、"个但"(一担或一石)、"个栋厝"(一座房子)等,其中"个"读[kæ⁴]。

5.普通表示动作行为,正在进行、已经完成或曾经发生过,常用时态助词"着、了、过"表示。闽西北赣语用法不同。如:邵武话中,通常是在动词后加"到来"[tau⁴li²]表示动作正在进行,如"拿到来"(拿着);或动词后加"儿"[ə]表示动作完成,如"去儿"(去了);或动词后加"度儿"[tho⁵ə]表示经历过某一动作,如"写度儿"(写过)。而在将乐话中,普通话的助词"着、了、过"则分别用"地"[thi⁵]、"掉"[thau⁴]、"哩"[li²]等表示。如:"徛地吃"(站着吃)、"食掉饭再去"(吃了饭再走)、"当哩兵"(当过兵),等等。

6.部分副词邵武片与将乐片也不尽相同。例如,普通话副词"没有"用来表示否定,如"没有去",邵武说"毛[mau⁵]去",将乐则说"唔曾[ŋ⁵ŋaŋ²]去";普通话说否定副词"不能、不可以"表示"不允许",如"不能打人",邵武说"毛□[mau⁵tɕy⁶]拍人",将乐则说"唔敢[ŋ⁵kɔŋ³]拍人"。普通话时间副词"刚、刚刚",如"刚回来",邵武话说"刚刚[kaŋ⁴kaŋ⁴]归来",将乐话说"者个下[tʃa³ka²]归来"。

7.部分介词邵武与将乐片用法也不无差异。如:普通话处置介词"把",邵武话说"拿"[na²],将乐话说"拾"[kha⁵]。普通话"把这支笔给你",邵武话说"拿这管笔得傊",将乐则说"拾者株笔得你";普通话处所介词"在",邵武话说"□"[thu³],将乐话说"在"[tshai³]。如"弟弟在家玩儿",邵武说"弟儿□[thu³]厝下搞",将乐则说"老弟在厝下嬉"。普通话表示处所或方向的介词"从",邵武说"打"[ta³],将乐说"行"[xaŋ²]。如"他从福州来",邵武话说"渠打福州来",将乐话说"渠行福州来"。

8.特殊句式比较。

比较句,邵武与将乐在表达上略有不同。邵武话常见句式是"猫毛有狗大"(猫没狗大)、"牛毛有马走得快"(牛不如马跑得快);将乐话常见句式是"你比渠唔上"(你比他比不上)、"你冒比偃大几晬"(你不比我大几岁)、"牛走唔赢马"(牛走不过马),等等。

反复问句,闽西北赣语内部一般都能用肯定加否定句式表达,而具体说法也很不一致。如邵武话常见的句式是"傊食饭没食饭"(你吃饭没吃饭)、"傊食怀[ŋ⁵]食饭"(你吃不吃饭)、"傊食饭怀[ŋ⁵]食"(你吃饭不吃)、"傊让食饭怀[ŋ⁵]让?"(你要吃饭要不要);而将乐话常见句式是"你食茶还是唔[ŋ⁵]食"(你喝茶还是不喝)、"得你钱样唔样[ɔŋ⁵ŋ⁵iɔŋ⁵]"(给你钱要不要)。

第四节 邵武话篇章语料

一、冬至谚语

1.冬至响雷公,开春像寒冬 tuŋ¹ tɕi⁴ ɕioŋ³ lei² kuŋ¹, khai¹ tɕhin¹ tʃhioŋ³ xoŋ² tuŋ¹

2.冬至无霜雪,冻着正二月(着:在)tuŋ¹ tɕi⁴ vu² soŋ¹ sie⁶, tuŋ⁴ thu⁵ tɕiaŋ¹ ni³ vie⁵

3.冬至日头出,过年冻死牛 tuŋ¹ tɕi⁴ nie⁵ thau² thei⁶, xo⁵ nin² tuŋ⁴ si³ ny¹

4.冬至晴,过年烂泥坪 tuŋ¹ tɕi⁴ thaŋ², xo⁵ nin² lan⁵ nie² phiaŋ²

5.冬至落雨,白日晴 tuŋ¹ tɕi⁴ lo⁵ xy³, pə⁶ ni⁵ thaŋ²

6.冬至光,明年大雨满山冈 tuŋ¹ tɕi⁴ kuoŋ¹, man² nin² xai⁵ sei³ muan³ son¹ koŋ¹

7.冬至晴,明年大水不上坎 tuŋ¹ tɕi⁴ on⁴, man² nin² xai⁵ sei³ ŋ⁵ ɕioŋ⁵ khon⁵

二、谜语打一字

个点个横长① kəi⁴ tien³ kəi⁴ xuaŋ² thoŋ²
楼阶架上梁② ləu² ko¹ ka¹ ɕioŋ¹ lioŋ²
大口食小口③ thai⁵ khəu³ ɕie⁵ siau³ khau³
小口毛走场④ siau³ khəu³ mau² tsu³ ɕioŋ²
(谜底:高)

三、民歌一首

松树开花球结球 thyuŋ² ɕy⁴ khai¹ fa¹ khəu² kie⁶ khəu²
公婆相打莫记仇⑤ kuŋ¹ phə² sioŋ¹ ta³ mei³ ki⁴ tɕhiu²

---

① 个:一。
② 楼阶:楼梯。
③ 食:吃。
④ 毛:无;走场:去处。
⑤ 公婆:夫妇。

日上相打上了街① ni⁵ ɕioŋ⁵ sioŋ¹ ta³ ɕioŋ⁵ ləukie¹

暗后瞌眠共枕头② on⁴ xəu⁵ kha⁶ mən² khioŋ⁵ tɕin³ thəu²

四、民间故事传说

saŋ¹ kəi⁴ tsia³ fu¹

1. 三 个 姐 夫③

saŋ¹ kəi⁴ tsia³ fu¹ thu³ tioŋ³ nin² kuŋ¹ tɕhio⁴ ti³ ɕie⁵ phən⁵ , ɕie⁵ fa¹ sen⁵ mi¹.

三 个 姐 夫 仝 丈 人 公 厝 里 食 饭④，食 花 生 米⑤。

thai⁵ tsia³ fu¹ sə³ thy⁶ tɕia⁶ khien² , va⁵ : "li² o！xaŋ³ ɕi³ soŋ¹ lioŋ² thioŋ³ tɕy¹ !"thi⁶

大 姐 夫 使 箸 隻 钳⑥，话⑦："来呦！伉 是 双 龙 抢 珠⑧!"第

ni⁵ kəi⁴ tsia³ fu¹ se³ ŋ³ kəi⁴ ɕiu³ ɕi tsə tsa⁴ , va⁵ : "xaŋ³ tsiu⁵ ŋ³ fu³ xa⁴ son¹ !"thi⁶ saŋ¹

二 个 姐 夫 使 五 个 手 食 子 抓⑨，话："伉 就 五 虎 下 山!"第 三

kəi⁴ tsia³ fu¹ na¹ tɕin³ phən² fa¹ sen¹ mi³ tshien² phu⁵ tau⁴ kui¹ thi⁵ ka¹ von³ nə thi³ ,

个 姐 夫 将 整 盘 花 生 米 全 部 倒 归 自 家 碗 儿 里，

va⁵ : "oŋ⁶ xaŋ³ tsiu⁵ thien¹ fan¹ thi⁵ fu⁶ lo!"

话："那 伉 就 天 翻 地 覆 了!⑩"

si⁴ vie⁵ tshu¹ pie⁶ ny² saŋ¹ ni⁵

2. 四 月 初 八 牛 生 日

ku³ ɕi² xau² , fan² kan¹ nin² fuŋ¹ i¹ tsy² ɕie⁵ , tshiŋ¹ xien² te xən³ ; tie⁶ thien¹

古 时 候，凡 间 人 丰 衣 足 食，清 闲 得 很；得 天

thiŋ² ɕi⁶ tie, tsiu⁵ tɕi³ phai⁴ ny² mo² voŋ² xa⁵ fan² tɕyuŋ⁴ thau³ , kau¹ thai⁵ va⁵ :

庭 识 得⑪，就 指 派 牛 魔 王 下 凡 种 草，交 代 话⑫：

---

① 日上：白天；相打：打架。

② 暗后：夜间；瞌眠：睡觉。

③ 姐夫：此指女婿。

④ 仝：在；丈人公：岳父，丈人。厝里：家中；食饭：吃饭。

⑤ 花生米：花生仁。

⑥ 使：用；箸隻：筷子；钳：夹，动词。

⑦ 话：说，动词。

⑧ 伉：我，俗字。

⑨ 手食子：手指。

⑩ 倒归：倒回；自家：自己。

⑪ 得：被，让；识得：知悉。

⑫ 话：说。

"saŋ¹ phu⁵ kəi⁴ tɕia⁴."ny² mo² voŋ² kəi⁴ to⁴ lə，tɕiu⁵ "san¹ phu⁵ kəi⁴ na⁵." kie⁶ kuo³
　"三　步　个　隻①."牛　魔　王　记　错　了，就　"三　步　个　搦②." 结　果
niuŋ⁵ fan² kan¹ nin² thy² thau³ kan⁴ ɕi¹ kəi⁴ mau² vien². tɕiu⁵ tsu³ tau⁴ thien¹ thiŋ²
　让　凡　间　人　锄　草　干　蜀　个　无　完③. 就　走　到　天　庭
kau⁴ tshoŋ⁵．thien² thiŋ² iu⁵ tɕi³ phai⁴ ny² mo² voŋ² xa² fan² ɕie⁵ thau³、thai¹ lie²．ny²
　告　状.　天　庭　又　指　派　牛　魔　王　下　凡　食　草④、拖　犁．牛
mo² voŋ² ŋ⁵ khən³ xa⁵ fan²，thien¹ thiŋ² tɕiu⁵ na² xu³ suŋ⁴ xa⁵ fan² kan¹，kie⁶ kuo³
　魔　王　唔　肯　下　凡⑤，天　庭　就　拿　伫　搋　下　凡　间⑥，结　果
xu³ tan³ xa⁵　li²，tan³ lo⁶ le men² ŋa²．mau² men² ŋa²，thau³ ɕie⁵ ŋ³ pau⁵，thien¹
　伫　□　下　来⑦，□　落　了　门　牙．无　门　牙，草　食　唔　饱，天
thiŋ² iu⁵ suŋ⁴ xu³ ɕi⁵ kəi⁴ "pa⁶ ie⁵ tu³"，ɕie⁵ kəi⁴ tsei³ tau⁴ kəi⁴ tsei³，tɕioŋ⁶ ioŋ⁵ tɕiu⁵
　庭　又　送　伫　蜀　个　"百　叶　肚⑧"，食　个　嘴　倒　个　嘴⑨，这　样　就
xie³ ɕie⁵ pau³　ə．in³ ui⁵ ny² ɕi⁵ si⁴ vie⁵ tshu¹ pie⁶ thioŋ² thien¹ ɕioŋ⁵ xa⁵ fan² kəi⁴，su³
　会　食　饱　了．因　为　牛　是　四　月　初　八　从　天　上　下　凡　个⑩，所
i³ tɕiu⁵ na² tsioŋ³ kəi⁴ kuŋ¹ tso⁵ ui² ny² kəisaŋ¹ ni⁵，tsioŋ³ kəi⁴ kuŋ¹ nyuŋ⁵ sə³ tha² iu²
　以　就　拿　这　个　工　做　为　牛　个　生　日⑪，这　个　工　让　使　茶　油
pen⁵ thi² tie⁶ ny² ɕie⁵
　拌　糙　得　牛　食⑫。

参考文献:

　1.福建省方言调查指导组.福建汉语方言概况(讨论稿)[M].厦门:厦门大学出版社,

---

　①　三步个隻:指距三步就下一粒种子。个隻:一颗,一粒。
　②　三步一搦:即没三步就下一把种子。搦:抓(一把)。
　③　干蜀个没完:干个没完没了。蜀:一,数词。
　④　食草:吃草。食:吃。
　⑤　唔:不。
　⑥　拿:把;伫:它;搋:推。
　⑦　□[tan³]:跌,动词。
　⑧　蜀个:一个。百叶肚,即牛白叶。
　⑨　食个嘴倒蜀嘴:吃一口倒回一口。指牛吃草的反刍动作。个:一。
　⑩　个:的。
　⑪　这个工:这一天;个:数词"一"。
　⑫　让:要;使:用;茶油拌糙:茶油调糙粑;得牛食:给牛吃。

1963.

2.黄典诚.福建省志方言志[M].北京:方志出版社,1998:340－382.

3.李如龙.福建县市方言志 12 种[M].福州:福建教育出版社,2001:323－430.

4.邵武市方志编委会.邵武市志方言志[M].北京:群众出版社,1993:1153－1204.

5.陈章太、李如龙.闽语研究[M].北京:语文出版社,1991.

6.将乐县方志编委会.将乐县志[M].北京:方志出版社,1998:47－74,892－937.

第九章
福建特殊土语^①

第一节　尤溪和大田的混合式土语

　　尤溪与大田两县,地处戴云山区腹地纵深地带,属于福建省五大闽语区(闽东、闽南、莆田、闽中、闽北)过渡地域。历史上这两县在行政区域上与上述大方言区管辖范围互有交叉,因而两县内部都有多种面目迥异难以沟通的土语,呈现出"五里不同音,十里不同调"的典型特征。以尤溪县为例,县境东接闽清、永泰,北交南平,西连沙县、三明,南靠大田、德北,四邻方言交渗,境内方言也多彩多姿,竟然出现城关话、池田话、洋中话、汤川话、中仙话、街西话、西滨话和双贵山话等 8 种土语。上述土语有一个共同特色,就是与哪个方言区邻近,便带上其方言特点。虽然其中多个土语可勉强归入某个闽语片区,而其特征却不明显。不属于闽语的汤川话虽是客话方言岛,却受闽语很深影响;双贵山话虽属于畲话却带有浓厚客话成分,同样具有混合色彩。下文我们分别对这两县代表点方言作点介绍。

　　一、尤溪(城关)话简介

　　1.语音
　　(1)声韵调系统
　　A.声母表
　　p 帮丰　ph 破皮　m 明雾
　　t 刀铜　th 贪头　n 男女　l 绿林

---

　　① 本章的"福建特殊土语",除长乐琴江话作者是亲自调查所得外,其余所列尤溪、大田、浦城三处土语与南平土官话资料系根据黄典诚、陈章太、李如龙等先生的文献资料(具体见本章参考文献所列)整理而成,谨此致谢。

ʦ 左庄　ʦh 村菜　　　　　　s 三诗　ɕ 扇社

k 九居　kh 起客　ŋ 五疑　x 云好　　　　　ø 万旱

B.韵母表

ɿ 死资	i 衣买	u 乌旧	y 书虚
a 白马	o 左辣	e 拔地	ø 主袋
ɣ 婆桌	ia 车低	io 都烧	ie 失室
iu 休抽	ua 瓜阔	uo 北出	ue 皮月
ui 水肥	yo 局绝	yø 石朱	ai 哀雷
au 九交	iau 超猫	uai 歪培	ŋ̍ 糠团
iŋ 新星	aŋ 安限	oŋ 黄江	ɣŋ 公年
ioŋ 羊张	ieŋ 专用	uaŋ 万恋	uoŋ 王望
uɣŋ 文运	ĩ 扇肩	ũ 门潘	ã 争病
ẽ 缠慢	ø̃ 件院	iã 迎兄	iũ 箱帐
uã 横	uẽ 县犬	yø̃ 穿砖	

C.声调表

表 9-1

调类	①阴平	②阳平	③上声	④阴去	⑤阳去	⑥入声
调值	33	12	55	53	31	24
例字	清风	阳雷	海水	志气	大队	得失

(2)语音特点

A.尤溪话除 ɕ 声母外,其他 15 个声母与闽东完全相同。

B.尤溪话韵母四呼俱全,鼻音韵尾一律合并为-ŋ,塞音韵尾仅有一个-ʔ,这也与闽东相同。

C.尤溪话中擦音声母有 ɕ,韵母中有 ɿ 韵,殆受客话影响;韵母中含鼻化韵,则与沙县、三元的闽中话,以及德化县的闽南话相近。

D.尤溪话仅 6 个调,入声仅阴入一个调(阳入已并入阴平),这点与闽中方言接近。

2.词汇

(1)有些词汇与闽东相近

表 9-2

词目	尤溪	福州	词目	尤溪	福州
冬节(冬至)	tɤŋ¹ tsi⁶	tøyŋ¹ tsai⁶	索面(线面)	so⁴ me⁵	so⁶ miɛŋ⁵
犬(狗)	kuē¹	khɛŋ³	喙舌(舌头)	tshui⁴ ɕi¹	tshui⁴ liɛʔ⁷
猴蚓(蚯蚓)	kau² xɤŋ³	kau² uŋ³	喙皮(嘴唇)	tshui⁴ phue²	tshui⁴ phui²
拉鲤(穿山甲)	la¹ le³	la² li³	纸鹞(风筝)	tsia³ iu⁵	tsai³ ieu⁵
番柿	xuē¹ khi⁵	huaŋ¹ khɛi⁵	豉油(酱油)	ɕi⁵ iu²	sie⁵ iu²
胰皂(肥皂)	i² tso⁵	i² tso⁵	食冥(吃晚饭)	ɕia¹ ma²	sie⁷ maŋ²
头牲(牲畜)	thau² sā¹	thau² saŋ¹	垾(路)	tø⁵	tuɔ⁵
老妈(妻子)	lau⁵ ma³	lau⁵ ma³	鼻(嗅)	phə⁵	pɛi⁵
衣裳(衣服)	i¹ ɕioŋ²	i¹ suoŋ²	过依(传染)	kɤ⁴ nɤŋ²	kuɔ⁴ nøyŋ²
食茶(喝茶)	ɕia¹ ta²	sie⁷ ta²	即久(这时)	tsiʔ⁶ ku²	tsiʔ⁶ ku³
清(寒冷)	tshiŋ⁴	tsheiŋ⁴			

（2）有些词汇则与闽南话相同

表 9-3

词目	尤溪	厦门	词目	尤溪	厦门
阿妈(祖母)	a¹ ma³	a¹ mā³	亲情(亲戚)	tshiŋ¹ tsiā²	tshiŋ¹ tsiā²
昨日(昨天)	so¹ nie¹	tsa⁷ lit⁷	喙齿(牙齿)	tshui⁴ khi³	tshui⁴ khi³
蠓(蚊子)	mɤŋ³	baŋ³	揆(寻找)	tshyø⁴	tshue⁵
鸡健	ki¹ nū⁴	kue¹ nuā⁵	饲(喂养)	tshi⁴	tshi⁴
糜(稀饭)	mue²	be²	絚(紧)	iŋ²	an²
乌糖(红糖)	u¹ thoŋ²	ɔ¹ thŋ²	澹(湿)	taŋ²	tam²
狭(窄)	a¹	ueʔ⁷	了(结束)	liau³	liau³
□(菜老)	kua¹	kua¹	跍	khu²	khu²
细(小)	si⁴	sue⁴			

（3）有些词汇为当地特有

表 9-4

词目	尤溪话	词目	尤溪话
结冰	落青凝 lɤ¹ tshā¹ ŋiŋ²	外婆	阿妈哥 a¹ mā⁶ kɤ¹
红霞	红赤霞 ɤŋ² tshia⁶ xa²	姐姐	阿□ a¹ to¹
暖和	烧暖 sio¹ nū³	羊癫痫	发散 xou⁵ sū⁶
霰	米筛雪 me¹ thai¹ si²	打喷嚏	喷菜 phɤŋ⁴ tshai⁴
墙壁	壁拱 pia² kɤŋ²	吵架	相干 soŋ¹ kaŋ⁴
翻土	打膥 ta³ tshiŋ²	拿	骑 khia²
上肥	压粪 ta⁶ pɤŋ⁴	口吃	结垢 kie⁶ kau³
台阶	岑级 ŋiŋ² kha⁶	干净	白 pa¹
学校	书学 tsy¹ o¹	快速	烈 lia⁴
夜壶	尿龟 nio⁵ kui¹	丢脸	漏相 lau⁴ sū⁴
种猪	猪豭 tui¹ ka¹	自己	家自 ka¹ tse⁵
壁虎	壁鼠 pia⁶ tshy³		

3.特殊句式举例

我泡（phau⁴）你平平去。（我跟你一起去）

天这个（tsie² kɤ⁵）热,快去。（天这么热,快去）

也固唔入传着讲何若久长。（还不知道要说多久）

羁（kie¹）许本书骑乞我。（把那本书给我）

你孰呢（sū¹ ŋe¹）晓得。（你怎么知道）

钱给（ka⁶）偷去了。（钱被偷）

伊敢是十五岁。（他大概十五岁）

二、大田（城关）话简介

1.语音

（1）声韵调系统

A.声母表

p 帮比　ph 拼皮　b 万舞　（m)糜慢

t 通铜　th 推虫　l 了绿　（n)粮娘

ʦ 庄子　ʦh 参村　z 日如　　　　　s 思三

k 固旧　kh 去区　g 五　　(ŋ) 雅我　h 鱼饵　ø 鸭

B.韵母表

i 去知　　　　u 周步　　　　a 家车　　　　ɤ 刀租

ɔ 包九　　　　e 坐体　　　　ɛ 眉界　　　　ia 写架

iɤ 烧　　　　iɔ 超标　　　　iu 抽尤　　　　ua 画纸

ue 月外　　　　ui 归雷　　　　ŋ 汤床　　　　iŋ 想边

uŋ 门软　　　　aŋ 放等　　　　eŋ 沉咏　　　　oŋ 穷堂

iaŋ 免权　　　　ioŋ 强雄　　　　uaŋ 关还　　　　ueŋ 芬君

ã 止敢　　　　ɔ̃ 我毛　　　　ɛ̃ 会爱　　　　iã 请兄

uã 麻单　　　　aʔ 北岳　　　　oʔ 托福　　　　eʔ 得益

iaʔ 夹摘　　　　ioʔ 急剧　　　　uaʔ 发拨

C.声调表

表 9-5

调类	①阴平	②阳平	③阴上	④阳上	⑤去声	⑥阴入	⑦阳入
调值	33	24	53	55	31	3	5
例字	风车	穷人	海水	坐蚁	菜豆	出血	箸直

(2)语音特点

A.大田话声母有浊音 b、l、g 及其变体 m、n、ŋ(遇鼻化韵时出现),疑母读 h,韵母中又出现鼻化韵;声调方面有 7 个,且平、上、入分阴阳,去声不分阴阳,正是泉属闽南方言特点。因其地域东连德化,南邻永春,西南连漳平,受闽南话影响至深。因城关更近德化,故语音最像德化闽南话。

B.大田话中鼻化尾韵与塞音尾韵仅有-ŋ、-ʔ 一套,此一特点是受福州话为代表的闽东方言以及以永安话为代表的闽中方言影响所致。因为大田县城北面主要受闽东方言的闽清、永泰土语影响,西面与永安、三明、沙县接连,其具混合特征便在情理之中。

2.词汇

(1)部分词语与闽南相同

表 9-6

普通话	方言	大田话	厦门话
银河	河溪	hɤ² khe¹	ho² khue¹
下雨	落雨	lɛ¹ hu⁴	loʔ⁷ hɔ⁵
下雾	罩雾	tɔ⁵ lu¹	ta⁴ bu⁵
天旱	苦旱	khoŋ³ haŋ⁴	khɔ³ huã⁵
时候	时节	si² tseʔ⁶	si² tsueʔ⁶
以后	了后	liɔ³ ɔ⁴	liau³ au⁵
去年	旧年	ku⁵ liŋ²	ku⁵ nĩ²
街上	街路	ke¹ lu¹	kue¹ lɔ⁵
地方	所在	su³ tse⁴	so³ tsai⁵
火柴	番仔火	huaŋ¹ āhue³	huan³ a³ he³
手电	电火	tian⁵ hue³	tian⁵ he³
蚊帐	蠓帐	baŋ³ tiŋ⁴	baŋ³ ta⁴
剪刀	铰剪	ka¹ tsaŋ³	ka¹ tsian³
别针	禀针	peŋ³ tseŋ¹	pin³ tsiam¹
养鸡	饲鸡	tshi⁴ ki¹	tshi⁴ kue¹
公鸡	鸡公	ki¹ kaŋ¹	kue¹ kaŋ¹
苍蝇	胡蝇	hu² seŋ²	hɔ² siŋ²
鸟儿	爪仔	tsia³ ã	tsiau³ a³
蝴蝶	尾蝶	bu³ iaʔ⁷	be³ iaʔ⁷
花生	塗豆	thu² tɔ⁵	thɔ² tau⁵
香蕉	弓蕉	kiŋ¹ tsiɤ¹	kiŋ¹ tsio¹
玉米	番黍	huaŋ¹ se³	huan¹ sue³
豌豆	荷兰豆	hue² laŋ² tɔ⁵	ho² lan² tau⁵
孩子	囝仔	keŋ³ ã	gin³ a
妯娌	同姒仔	taŋ² sɛ⁵ ã	taŋ² sai⁴ a³
头颅	头壳	thɔ² khaʔ⁶	thau² khak⁶
额头	头额	thɔ² hiaʔ⁷	thau² hia?⁷
眉毛	目眉	baʔ⁷ be²	bak⁷ bai²

续表

普通话	方言	大田话	厦门话
牙齿	喙齿	tshi³ khi³	tshui⁴ khi³
头发	头毛	thɔ² buŋ²	thau² mŋ²
屁股	骹川	kha¹ tshuŋ⁷	kha¹ tshŋ¹
男阴	卵鸟	laŋ⁵ tsiɔ³	lan⁵ tsiau³
娶（妻子）	掣	tshua¹	tshua⁴
香烟	薰支	hueŋ¹ ki¹	hun¹ ki¹
线面	面线	biŋ³ suā	bin⁵ suā⁴
举、抬	揭	kiaʔ⁷	kiaʔ⁷
猜	约	iɤ⁶	ioʔ⁶
认识	相八	siɤ¹ paʔ⁶	sā¹ paʔ⁶
想念	数念	sɤ¹ liŋ²	siau⁴ liam⁵
香	芳	phaŋ¹	phaŋ¹

（2）部分词语与闽东相同

表 9-7

普通话	方言	大田话	福州话
星星	天星	thiŋ¹ tshā¹	thieŋ¹ niŋ¹
刮风	起风	khi³ hoŋ¹	khi³ uŋ¹
河边	溪墘	khe¹ keŋ²	khɛ¹ kieŋ²
凳子	椅头	i³ thɔ²	ie³ lau²
床铺	眠床	biŋ² tshŋ²	miŋ² tshouŋ²
手纸	粗纸	tshu¹ tsua³	tshu¹ tsai³
公牛	牛港	ŋu² kaŋ³	ŋu² køyŋ³
哑巴	病哑	pā⁵ a³	paŋ⁵ ŋa³
聋子	耳聋	heŋ⁴ laŋ²	ŋi⁵ løyŋ²
娘家	外家	ia³ ka¹	ŋie⁵ a¹
今天	今旦	ke¹ nā⁴	kiŋ¹ naŋ⁴
明天	明旦	beŋ² nā⁵	mieŋ² naŋ⁴

续表

普通话	方言	大田话	福州话
天亮	天光	thiŋ¹ kŋ¹	thien¹ kuoŋ¹
柴刀	柴镖	tsha² keʔ⁶	tsha² aiʔ⁶
牲畜	头牲	thɔ² sã¹	thau¹ laŋ¹
撒网	抛网	pha¹ baŋ⁴	pha¹ mɔyŋ⁵
鼻孔	鼻空	phi⁵ khaŋ¹	phi¹ øyŋ¹
兔唇	缺喙	khi⁵ tshi⁴	khieʔ⁶ tshuoi⁴
酒窝	酒窟	tsiu³ khoʔ⁶	tsiu³ khauʔ⁶
洗澡	洗身	se³ seŋ¹	se³ liŋ¹

(3)部分词语与闽中相同

表 9-8

普通话	方言	大田	永安
冷	寒	kuaŋ²	kum²
晴天	天晴	thiŋ¹ tsā²	thein¹ tshõ²
发大水	做大水	tsɣ⁵ tua⁵ tsi³	tsau⁵ tɔ⁵ ʃyi³
小丘	塗墩	thu² tueŋ¹	thɔu² tuã¹
元宵	上元	saŋ⁵ gan²	ʃiam⁴ gyeiŋ²
七月初七	七夕	tsheʔ⁶ seʔ⁷	tshi⁶ si⁶
猪窝	豨橱	khi³ tiu²	khyi³ ty²
厨房	鼎间	tiã¹ kaŋ¹	tiõ³ kĩ¹
煤油	番仔油	huaŋ¹ ãi u²	hum¹ tsã³ iau²
茶杯	茶瓯	ta² ɣ¹	tsɔ² ø¹
瓶子	礶(仔)	kuaŋ⁵(ā)	kum⁵(tsā³)
肥皂	(番仔)蜡	la⁴	(hum¹ tsā³)lɔ⁴
锅刷	饭笓	puŋ⁵ tshiŋ³	pum⁵ tshĩ³
稻子	禾	bue²	ue²
蜜蜂	糖蜂	thŋ² phaŋ¹	thɔm² phaŋ¹
南瓜	番瓠	huaŋ¹ pu²	hum¹ pu²

续表

普通话	方言	大田	永安
黄瓜	刺瓜	tshi⁵ kua¹	ʃia⁴ kuo¹
小贩	贩仔	huaŋ⁵ ā	hum⁵ tsā³
弟弟	老弟	lo³ ti⁴	lau³ te⁴
妹妹	老妹	lo³ buŋ⁵	lau³ bue⁵
女婿	婿郎	sɛ⁵ lŋ²	sa⁵ lɔm²
嘴巴	嘴老	tsi⁵ lɤ³	tse⁵ lau³
眼泪	目汁	baʔ⁷ tsiaʔ⁶	bu⁴ tsŋ⁶
玩耍	嬉	hiɤ⁵	khy¹

（4）部分词语为本地特有

表 9-9

词目	大田话	词目	大田话
旋风	羊角风 ziŋ² kaʔ⁶ hoŋ¹	闪电	掣北神 tshuaʔ⁶ paʔ⁶ siŋ²
灰尘	飏生 ioŋ² taŋ²	旱地	涸坪 kɤ⁵ pā³
河滩	溪坂 khe¹ puā³	山头	苍头 luɛŋ² thɔ²
墓穴	墓孔 bu⁵ khoŋ³	年纪	岁只 hue⁵ tsi³
除夕	二九暗 li¹ ke³ aŋ⁵	通宵	蜀暝遘光 tse²⁷ mā² kɔ⁵ kŋ¹
外边	从皮 tsoŋ² phue²	拐弯儿	转曲角 tŋ³ khoʔ⁶ kaʔ⁶
天井	下埕 a⁴ tiā²	海碗	海龙盆 hai³ loŋ² phuɛŋ²
锅铲	铁甲 thi⁵ kaʔ⁶	牙刷	齿洗 khi³ se³
扬场	风粟 hoŋ¹ tshoʔ⁶	阉猪	割豨 kuaʔ⁶ hui¹
母猪	豨母 hui¹ bɤ³	老鹰	猩婆 iaŋ² pɤ²
雷阵雨	雷公雨 lui² koŋ¹ hu⁴	阴冷	乌黑寒 u¹ ɔ³ kuaŋ²
蟑螂	油䖤 iu² tsuaʔ⁷	螳螂	虎牯 hu³ ku¹
河蟹	路蟹 lɔ⁵ he³	泥鳅	鱼鳅 hi² tshiu¹
橘子	红柑 aŋ² kaŋ¹	小女孩	阿使仔 a¹ sɛ³ ā
奶妈	养娘 ziŋ³ zeŋ²	泥水匠	流水 liu² si³
扒手	老仔 lo³ kiā³	舅舅	舅翁 ku⁴ aŋ¹

续表

词目	大田话	词目	大田话
脸	隔沟 ke⁵ kɔ¹	奶水	奶饮 nɛ¹ aŋ²
周岁	晬节 tsɤ⁴ tsue⁵	生病	痞嬉 phe³ hiɤ⁵
疟疾	背寒 pue⁵ kuā²	扫墓	破墓 phua⁵ bu¹
虾皮	白虾 paʔ⁵ ha²	蛋黄	卵心 luŋ⁴ seŋ¹
□	背、负 ia⁴		

第二节　浦城吴语

浦城县地处全省最北端,古代曾为侯官县(今闽侯县)北乡地。东汉建安十二年(207)建汉兴县,又两度辖于建安(今建瓯市)。至唐天宝元年(742)始定名至今。目前属南平地区。全县设 1 镇 16 乡,面积 3399 平方公里,为福建第四大县。该县四周环山,由北向南倾斜,北部仙阳到枫岭一带为低山丘陵,有武夷山和仙霞岭在此衔接,其枫岭关与二渡关山隘乃古今交通要道,浙江省衢州的江山、遂昌、龙泉以及江西广丰等县吴语西南片人主要经此来到福建,也是北方南下汉人入闽必经之路。其入闽时间多数在明清以来几百年中战乱平息之后。目前县内中部和北部计 12 个乡镇通行吴语,以县城南浦镇为代表;南部石陂等 5 个乡镇则通行与建瓯水吉片口音近似的闽北话。此外,境内还有些人口不多的客家话、闽南话、赣语点等小土语或小方言岛。本节主要简介以县城南浦话为代表的浦城吴语。

一、语音

1.声韵调

(1)声母

p 备皮　　ph 匹披　　m 米　　　f 飞肥

t 笛地　　th 剔踢　　n 挪纳　　　　　　l 拉答

ts 资辞　　tsh 此次　　　　　s 司丝

tɕ 之追　　tɕh 车吹　　　　　ɕ 殊西

k 归鸡　　kh 汽卡　　ŋ 芽宜　　x 辉夏　　　　　ø 移儿

（2）韵母

①元音韵

ɿ 四子	i 诗机	u 腹胡	y 须威
e 妹去	a 他霞	iu 丢休	ie 批爹
ia 爷者	aɛ 麦派	ue 雷灰	ua 要夸
uo 多呼	ye 区书	ya 悦越	ao 猫欧
ou 都熟	iao 消愉	uaɛ 怀践	

②鼻音尾韵及鼻化韵

ŋ 翁红	iuŋ 宫牛	əuŋ 通冬	ãi 单暗
ẽi 冰灯	āu 帮当	iãi 边贤	iẽi 金兴
iāu 良娘	uāi 端安	uẽi 孙吞	yãi 权完
yẽi 军云			

（3）声调

表 9-10

调类	①阴平	②阳平	③阴上	④阳上	⑤阴去	⑥阳去	⑦入声
调值	35	213	44	54	423	21	32
例字	巴梯	爬回	打火	社谈	进秀	厚电	拍雀

2.语音特点

（1）声母

A.普通话部分送气声母浦城读不送气,如:婆 puo²、锤 tɕy²、跪 ky⁴。

B.普通话 f 声母字,浦城也读 f;部分普通话声母 m 或零声母,当地也读 f。如:服 fu⁷、发 fa⁷、浮 fiao²、缚 fao⁷、符 fuo²,米咪 fi⁶、雾务 fuo⁶、勿物 fuo⁷、亡 fāu²、万 fāi⁴、微 fi²。

C.部分普通话卷舌音声母(古知组),浦城读 ts、tsh 或 tɕ、tɕh。如:知 tɕi¹、驰迟 tɕi、追 tɕy¹、锤 tɕy²、猪 tɕie¹、沉 tsēi²、中 tsouŋ¹。

D.部分普通话 t 声母,浦城读 l。如:滴嫡 li⁷、爹低 lie¹、答搭 la⁷、多 la¹、戴 la⁵、都 lou¹、堵 luo³。

E.普通话部分零声母(中古疑母),浦城读 ŋ。如:宜 ŋi²、鱼 ŋe²、艾 ŋue⁶。

F.普通话部分 tɕ、tɕh、ɕ(中古见系二等),浦城读 k、kh、x。如:佳家 ka¹、溪 khie¹、霞 xa²。

（2）韵母

A.普通话部分卷舌音韵母 ʅ（止开三，知章组），浦城读 i。如：支脂之 tɕi¹。

B.普通话部分 ei 韵母（止合三微韵），浦城读 i。如：飞 fi¹、匪 fi³、肥 fi²。

C.普通话部分韵母带韵尾-i（古蟹摄），浦城读开尾韵。如：杯 pe¹、胚 phe¹、妹 me⁶、对 tue⁶、推 thue¹、该 kue¹、开 khue¹、回 hue¹。

D.普通话部分 ɤ 韵（果开一歌，见组），浦城读 ua，如：歌 kua¹、可 khua³、鹅 ŋua²。

E.普通话部分 u 韵（遇合一模韵），浦城读 uo，如：度 tuo⁶、兔 thuo⁵、祖 tsuo³、苏 suo¹、姑 kuo¹、呼 xuo¹，等。

F.普通话部分 ou 韵，浦城读 ao。如：钩 kao¹、扣 khao⁵、偶 ŋao³、猴 xao²。

G.普通话大多数鼻音尾韵（古深、山、臻、宕、江、曾、梗摄，通摄在外）浦城读鼻化韵。如：森 sēi¹、班 pāi¹、神 sēi²、窗 tshāu、承 sēi²、蛏 thēi¹。

二、词汇

1.本方言常用词举例

表 9-11

普通话	浦城话	普通话	浦城话
白天	日里 ŋie⁷ li⁴	唾液	涎水 sāi⁴ ɕy³
晚上	晚里 uāi⁴ li³	痱子	热痱 mie⁷ fie⁵
稻谷	谷 ku⁷	邻居	邻乡 lēi² ɕiāu¹
丝瓜	甜萝 thiāi² luo²	亲戚	亲眷 tshēi¹ kyāi⁵
鸟儿	雕子 liao¹ tɕi³	婆婆	家娘 ka¹ ŋiāu²
蚯蚓	巷蜒 xao⁴ xuāi³	妹夫	妹倩 me⁶ tɕhiāi⁵
苍蝇	粗蝇 tshuo¹ iēi²	妻子	老婆 lao⁴ phuo²
蚊子	蚊虫 mēi² thouŋ²	伯父	伯爷 pa⁶ ia²
台阶	步阶 puo⁶ kie¹	父亲	伯 pa¹
窗户	窗槛 tshāu¹ khāi³	伯母	娘娘 ŋiāu² ŋiāu²
厕所	茅司 mao² sʅ¹	祖父	公大 louŋ³ ta⁶
厨房	灶间 tsao⁴ tiao¹	祖母	大大 ta⁶ ta⁶
铁锅	铐铆 khao⁷ mao⁷	吃饭	喈饭 lie⁷ fai⁶

续表

普通话	浦城话	普通话	浦城话
锅盖	板紧 pāi³ kēi³	嗅	芳 phouŋ¹
肥皂	洋胰 iāu² i²	蹲	□iu⁵
斗笠	箬笠 ŋiao⁴ le⁷	穿着	着 tɕiao⁷
袖子	手袖 ɕiu³ ɕiu⁵	要	乐 ŋao⁵
鼻子	鼻头 phi⁶ tiao²	热闹	闹 nao⁶
脖子	脰胫 tuo⁵ kiēi³	一会儿	个下子 ka⁵ xa⁴ tɕi³
油条	油大肠 iu² ta⁶ tsāu⁶	我们	阿拉 ŋ⁴ la⁴
东西	□khiu³	你们	侬拉 nouŋ² la⁴
味精	味之素 fi⁶ tɕi¹ suo⁵	他们	渠拉 ke⁴ na⁴
胳膊	手膀 ɕiu³ pāu³	谁	其侬 sēi² nouŋ²

2.与闽语共有的语词

表 9-12

词目	方言	浦城话
房子	厝	tɕhye⁵
门槛	门隊	mēi² tsuēi⁴
树叶	树箬	ɕy⁶ ŋiao⁷
梭子蟹	蟢	tɕhie⁷
筷子	箸	tɕie⁶
绳子	索	suo⁷
脸盆	面桶	miāi⁵ touŋ³
剪刀	铰剪	kao¹ tɕiāi³
米汤	饭饮	fāi⁵ iēi³
儿子	囝	kiāi³
儿媳	新妇	sēi¹ fuo⁴
脚(含腿)	骹	khao¹
萝卜	菜头	tsha⁵ tiao²
空心菜	蕹菜	xuoŋ² tsha⁵
眼睛	目珠	mouŋ⁷ tɕye¹

续表

词目	方言	浦城话
发霉	生殕	sāi¹ phuo³
站立	徛	kue⁴
拿	驮	tuo²
脱（衣服）	褪	thuēi⁵
看	觑	tshu⁷
下蛋	生卵	sāi¹ luēi⁴
捕鱼	搦鱼	na⁷ ŋe²
藏	囥	khāu⁵
短	倸	lue³

第三节　北方方言岛

一、南平"土官话"

1.来源与分布

南平市位于福建中部偏北,为闽江上游的建溪、富屯溪和沙溪交汇处。其地理上依山面水,史称"八闽咽喉",形势险要,这里自来是闽江上中游水上交通中心,又是鹰厦铁路与南福铁路交接点,因此成为福建省与内陆各省市经济贸易交通的重要转运站。全市面积2654平方公里。

南平设县远在东汉建安元年(196),迄今已达1800余年。后曾更名延平、龙津和剑浦,至1302年(元大德六年)复称今名。1975年城区设市,1985年县市合并。下辖末舟镇及16个乡镇。据《南平市志》(1994),南平市目前通行一种名称"土官话"的北方方言,而不是以建瓯为代表的闽北方言,究其原因,或与历史上多次北方军事或其他移民相关。史载东汉贺齐部队、唐末黄巢部队、南宋民族英雄文天祥部队及南迁入闽的宋朝皇族、明朝时镇压邓茂七起义的京营兵和清代镇压太平军的左宗棠部队均曾在此安营扎寨,其部队入闽后又多在此滞留居住,与当地居民混居共处开发生产,从而成为市内居民组成人员。这也许正是当地土官话的来源及发展。其中南宋以后的几次移民应是土官话形成的关键因素。

南平土官话主要分布市区、西芹镇政府所在地，以及东坑镇后谷、横上、大陇、玉地、葛岭、岭下桥、后岭下、上洋、下洋，南山乡的吉溪，大横镇区及洪溪、常坑村等。由于抗战时期沿海城市沦陷，以及新中国成立后鹰厦、南福铁路等现代建设，外地尤其闽东移民纷至沓来，市内还流行福州话和普通话，土官话处于萎缩状态。

2.语言特点

(1)语音

A.声韵调系统

a.声母表

南平"土官话"共有 17 个声母：

p 波鼻	ph 坡披	m 摸马
t 丁达	th 梯头	l 罗妮
ts 酒猪	tsh 雌昌	s 丝手
k 个归	kh 科空	ŋ 我呆　x 呼好　ø 以如

b.韵母表

南平土官话共有 31 个韵母：

元音韵

ɿ 资字	i 衣低	u 夫都	y 雨鱼
a 巴打	e 这蛇	ɤ 二者	o 过火
ia 牙虾	iu 就丢	ie 野马	ua 瓜耍
ye 靴瘸	ai 海该	au 刀高	eu 某
iau 交刁	uai 乖快	uoi 魁对	

鼻音尾韵

iŋ 青丁	æŋ 甘看	ieŋ 天仙	iæŋ 响姜
iouŋ 穷共	uiŋ 军云	ueiŋ 春困	uoŋ 欢端
yeŋ 川转	yæŋ 庄广	eiŋ 能根	ouŋ 蒙龙

塞音尾韵

iʔ 必气	uʔ 不速	yʔ 出律	aʔ 八抹
eʔ 血切	ɤʔ 北色	oʔ 角索	iuʔ 牛手
iaʔ 甲瞎	ieʔ 叶页	uaʔ 刷括	yeʔ 绝月
yoʔ			

c.声调表

南平"土官话"共有 5 个声调：

表 9-13

调类	①阴平	②阳平	③上声	④去声	⑤入声
调值	33	21	323	45	3
例字	播杯	浮跑	讨展	跳臼	特出

B.连读变调

南平"土官话"连读变调比较简单，其中两字组连读变调规则是：

上声＋舒促各调→42＋不变　　如：小子 siau^{323} tsʅ^{323}→siau^{42} tsʅ^{323}

去声＋非去声调→42＋不变　　如：掉崽 tiau^{45} tsai^{323}→tiau^{42} tsai^{323}

去声＋去声→55＋不变　　　　如：焖饭 mein^{45} xyæŋ^{45}→mein^{55} xyæŋ^{45}

C.南平"土官话"语音特点

a.大体上保留了北京音的一些特点，如：古全浊声母字平声送气、仄声不送气（如：排 phai^2、坐 tso^4）；古知庄章声母大多读塞擦音（如：追 tsuoi^1、争 tsein^1、真 tsin^1），北京音 x 声母（古匣母），南平读同 x（如：浑 xyeŋ^2、红 xouŋ^2）；北京音部分零声母（疑、影、云、以母），南平也读同零声母（如：瓦 ua^3、鸦 ia^1、雨 y^3、移 i^2）、北京音部分韵母读 ʅ（古止开三精组），南平也读 ʅ（如：资 tsʅ^1、次 tshʅ^4、私 sʅ^1）。

b.南平话因受闽方言影响，也部分地表现闽语语音的一些特点：如北京音部分 f 声母（古非组），南平不读 f 而读为 ph（如：浮 pheu^2、否 pheu^3、麸 phu^1）；北京音部分卷舌音声母（tʂ、tʂh、ʂ）（古庄章组），南平读平舌音（ts、tsh、s），（如：邹 tseu^1、愁 tsheu^2、瘦 seu^4、周 tsiu^1、春 tshuin^1、神 sein^2）。南平话辅音韵尾仅-ŋ—ʔ 一套，与福州话相同（如：音＝因＝英，都读 iŋ^1，立＝栗＝力，都读 liʔ^5）。

c.北京音声母 n、l 能分，闽语中福州自由变读，闽南混读为 l，其他各地能分，南平话则有 l 无 n。如：能 nei^2、拈 lien^1；一些闽语读 ŋ 声母（古疑母），南平也读 l（如：牛 liu^2、宜 li^2）。

（2）词汇

A."土官话"特有的

表 9-14

普通话	土官话	普通话	土官话
女人	婆娘 pho² liæŋ²	男孩	小子 siau³ tsɿ³
女孩儿	女子崽 ly³ tsɿ³ tsai³	童养媳	媳妇崽 sɿʔ³ xo⁴ tsai³
妓女	土婊 thu³ piau³	父亲(背称)	老子 lau³ tsɿ³
母亲	阿娘 a¹ liæŋ²	尼姑	斋婆 tsai¹ pho²
歌女	唐班 thæŋ² pæŋ¹	冰雹	龙虱 luoŋ¹ sɛʔ⁵
现在	才正 tshai² tsɿ³	拂晓	开河口 khai¹ xo² kheu³
中午	扫午 sau⁴ u³	台阶	坎层 khæ³ tsheiŋ²
公猪	猪郎 tsy¹ læŋ²	母猪	猪婆 tsy¹ pho²
母鸡	鸡婆 ki¹ pho²	八哥	八八 paʔ⁵ paʔ⁵
蝙蝠	皺老鼠 ieŋ² lau³ tshy³	壁虎	壁公蛇 piʔ⁵ kouŋ¹ sɛ²
蟑螂	黄蠤 yæŋ² tsaʔ⁵	蜗牛	蜓蚰 iæŋ² ieu²
怀孕	有崽了 iu³ tsai³ lɤʔ⁵	流产	掉崽 tiau⁴ tsai³
丝瓜	孟瓜 mouŋ⁴ kua¹	红薯(剥皮)	瓜瓜 kua¹ kua¹
锅铲	锅锹 ko¹ tshiau¹	厕所	茅司 mau² sɿ¹

B.与普通话近似的

表 9-15

月亮	yeʔ⁵ liæŋ⁴	眼睛	iæŋ³ tsiŋ¹
坟	xueiŋ²	舌头	sɛʔ⁵ theu²
泥	li²	耳朵	ɤ⁴ to³
旷野	khueiŋ³ ie³	屁股	phi⁴ ku³
锅盖	ko³ kai⁴	老婆	lau³ pho²
桌子	tsoʔ³ tsɿ³	儿子	ɤ² tsɿ³
筷子	khuai⁴ tsɿ³	妞(姑娘)	liu³
脸盆	lieŋ³ pheiŋ²	焖饭	meiŋ⁴ xyæŋ⁴
衬衫	tsheiŋ⁴ siaŋ³	豆干	teu⁴ kæŋ¹
雨鞋	y³ xai³	束修(学费)	suʔ³ siu¹
脚	kyoʔ³	干净	kæŋ¹ tsiŋ⁴

C.与闽北、闽东相同的

表 9-16

日头（太阳）	i?⁵ theu²	胰皂（肥皂）	i² tsau⁴
天河（银河）	thien¹ xo²	炮仗（鞭炮）	phau⁴ tsiæŋ³
天星（星星）	thien¹ siŋ¹	草蜢（蝗虫）	tshau³ mouŋ³
风台（台风）	xouŋ¹ thai²	蟛（梭子蟹）	tshe?⁵
灶前（厨房）	tsau⁴ tshien²	潭虱（乌鱼）	thæ¹ sɤ⁵
廊墘（走廊边）	læŋ² xien²	藻（浮萍）	phiau²
猪栏（猪圈）	tsy¹ læŋ²	肥母（酵母）	xui² mu³
麻竹（毛竹）	ma² ty²	衣裳（衣服）	i² siæŋ³
弄弄（巷子）	luoŋ⁴ luoŋ⁴	酒库（酿酒作坊）	tsiu³ khu⁴
饭甑（蒸笼）	xyæŋ⁴ tsein⁴	砚瓦（砚台）	mien¹ ua³
衣裳车（缝纫机）	i¹ siæŋ² tshe¹	纸鹞（风筝）	tsi³ iau⁴
山东粉（粉丝）	siæŋ¹ touŋ¹ xuein³	高脚（高跷）	kau¹ kyo?⁵

（3）语法

南平土官话在语法上与北京话近似，语法方面仍保留不少北京话特点（如：量词"一朵花"、"一本书"等）。但也有受闽方言影响的成分，如北京话"一辆车"、"一服药"等，南平话说"一架车"、"一帖药"。句法方面，如北京话"看戏去"、"给他钱"、"把书给我"、"两个一样多"等，南平说成"去看戏"、"拿钱他"、"把书拿得我"、"两个平平多"，等等，则来源并不单一。

二、长乐琴江话

1.历史来源

福州地区的长乐航城镇（旧称洋屿）约 7 里处的乌龙江边有一琴江村。该村地处福州市马尾镇和亭江镇对岸，闽江、乌龙江和琴江三条河流交汇的"三江口"。历史上曾是福建省守护门户的重要军事驻防营地之一。这里曾是福建省唯一的满族村，1981 年 1 月由长乐县政府调查、莆田地区批准从洋屿分出，实行民族自治，正式成立琴江满族大队。"文革"后始称琴江村。这里口头交际说一种近似北方官话的方言，当地人称"土官话"或"京都话"。据清乾隆镇闽将军新柱修《福州驻防志》，民国十一年（1923）刊，村民黄曾成著《琴江志》，参照当地族谱记载，琴江满人祖先原来基本来自东北辽宁省长白山延边裔支朝阳、和龙、安图、汪清、珲春等县。康熙十三年（1674），福建耿精忠与吴三桂、尚之信等发动"三藩之乱"，康亲王杰书率征南将军赖塔等人入闽平叛。嗣后，清廷旗兵便驻防福州。不久，又由这些老旗兵2000名（即正黄、正红、正蓝、正白之正四旗）加上镶黄、镶红、镶蓝、镶白等新四旗，编成八旗，属镇闽将军管辖。雍正六年（1728），清帝以"尔等旗人宜知水务"之旨，谕大将军阿常阿与总督高某返闽会舟索流，勘察地形，于琴江村设立水师防务据点；同年，驻榕将军蔡某又为巩固清朝海防、疏请设立三江口旗营，并经朝廷批准，在琴江盖造衙署兵房、设置围墙；雍正七年（1729），又从驻防福州的老四旗中挑选精壮500名，驻扎琴江，建立琴江水师旗营，巡视海面。后来，这些满人便在琴江长住下来，迄今已有280多年。

驻防琴江的满人，均系清廷嫡系旗营，因当时民族歧视和民族压迫，加上风习之异，多不与当地汉人接触，甚至连通婚都限制在满人之中。辛亥革命后推翻了清朝统治，加上福州两度在日战中沦陷，满人多流离外徙。及至民初，村中原有701户，4800余人，至1947年便外徙300余户。日寇投降后，有些人又随国民党赴台，多达127户。新中国成立后，政府实行民族平等，满人与长乐汉人渐有往来，通婚、交易，人口逐渐增加。目前村中人口应近千人左右。如今当地满人能说土官话，也会说长乐福州话和普通话。

2.语言特点①

(1)语音

A.声韵调系统

a.声母表

琴江话共有21个声母(含零声韵)

p巴笨	ph坡平	m妈木	f夫风	v文威
t打达	th他挑	n拿怒		l拉落
ʦ渣字	ʦh粗才		s思山	z日热
ʨ姐机	ʨh且器		ɕ许虾	
k瓜街	kh看去	ŋ安袄	x花胡	ø央愿

b.韵母表

琴江话共有32个韵母。

元音韵

ɿ 子死	i 低急	u 姑伏	y 取追
a 巴杀	e 飞妹	ə 白热	ia 家甲
ie 姐别	ua 瓜华	uo 多夺	ye 雪绝
yo 学觉	ae 开采	au 刀好	eu 抽头
iau 标叫	ieu 牛休	uae 快衰	uei 推回

鼻音尾韵

iŋ 平斤	yŋ 君匀	aŋ 章让	iaŋ 娘腔
ieŋ 天年	uaŋ 光团	ueŋ 昏困	yeŋ 吞运
eiŋ 神升	ouŋ 东风	iouŋ 雍容	ueiŋ 滚魂

c.声调表

表 9-17

调类	①阴平	②阳平	③上声	④去声
调值	33	53	55	21
例字	悲白	爬婆	打鸟	六豆

B.连读变调

琴江话两字组连读,前音节发生变调,后音节不变。其变调规则是:

a.前字阴平,后字阴平或去声,变为上声。如:

公安 kouŋ¹ ŋaŋ¹→kouŋ³ ŋaŋ¹　　工地 kouŋ¹ ti⁴→kouŋ³ ti⁴

b.前字阳平,后字阳平,前字变为上声;后字上声,前字变为去声。如:

茶壶 ʦha² xu²→ʦha³ xu²　　年底 nieŋ² ti³→nieŋ⁴ ti³

c.前字上声,后字也是上声,前字变为去声。如:

海水 xae³ sy³→xae⁴ sy³

d.前字去声,后字也是去声,前字变 35.如:

信套(信封)siŋ⁴ thau⁴→siŋ³⁵ thau⁴

C.语音特点

a.普通话部分零声母(古微、影、云、以、疑母),琴江话读 v 或 ŋ。如:

表 9-18

例字	温	碗	外	文	问	舀	祅	哀	恩	傲
琴江话	veiŋ¹	vaŋ³	vae⁴	veiŋ²	veiŋ⁴	vau³	ŋau³	ŋae¹	ŋeiŋ¹	ŋau⁴
普通话	wən¹	wan³	wai⁴	wən²	wən⁴	yao³	au³	ai¹	ən¹	au⁴

b.普通话部分卷舌声母 ʦ̺、ʦ̺h、ʂ̺,琴江话开合口韵前读平舌音 ʦ、ʦh、s,在

撮口韵前读舌面音 tɕ、tɕh、ɕ,如:

表 9-19

例字	遮	诈	抽	超	沉	山	双	追	裙	欣
琴江话	tsə¹	tsa⁴	tsheu¹	tshau¹	tshein²	san¹	suaŋ¹	tɕy¹	tɕhyŋ²	ɕyŋ¹
普通话	tʂə¹	tʂa⁴	tʂhou¹	tʂhau¹	tʂhən²	ʂan¹	ʂuaŋ¹	tʂui	tɕhyn²	ɕin¹

c.普通话声母 ʐ,琴江话多读 z。如:

表 9-20

例字	惹	日	辱	柔	然	忍
琴江话	zə³	zɿ²	zu²	zeu³	zaŋ²	zein³
普通话	ʐə³	ʐɿ⁴	ʐu³	ʐou²	ʐan²	ʐən³

d.普通话卷舌元音韵母 ʅ,琴江话读为 ɿ。如:

表 9-21

例字	知	止	耻	痴	事	仕
琴江话	tsɿ¹	tsɿ³	tshɿ³	tshɿ¹	sɿ⁴	sɿ³
普通话	tʂʅ¹	tʂʅ³	tʂʅ³	tʂʅ¹	ʂʅ⁴	ʂʅ⁴

e.普通话部分鼻音尾韵收-n,琴江一律收 ŋ(与福州音相同):

表 9-22

例字	凡	览	端	年	昆	林	分	滚	吞
琴江话	fan²	laŋ³	tuaŋ¹	nieŋ²	khueŋ¹	liŋ²	feiŋ¹	kueiŋ³	thyeŋ¹
普通话	fan²	lan³	tuan¹	nian	khun¹	lin²	fən¹	kun³	thun¹

　　f.普通话中古入声字分别派入阴平、阳平、上声、去声,琴江话多读阳平。

　　如:"黑滴",普通话读阴平;博达,普通话读阳平;北曲,普通话读上声,但在琴江话中它们一律读去声。

　　(2)词汇

　　琴江满人虽离开本土已 280 年,其口语中虽然还保留不少北方方言特色,同时也吸收了一些普通话成分,并就近吸收了当地长乐福州话的一些说法。这在词汇中也有所反映。

　　A.与普通话说法相同的

表 9-23

月亮	ye² lian⁴	上午	san⁴ u³
下雨	ɕia⁴ y³	半夜	pan⁴ ie⁴
灰尘	xui¹ tshein²	嘴巴	tɕy³ pa¹
被窝	pe⁴ uo¹	肚脐眼	tu⁴ tshi² ien³
灯笼	tein¹ lou ŋ³	眼睛	ien³ tɕin¹
开水	khai¹ ɕy³	拿	na²
丫头	ia¹ theu²	喝茶	xuo² tsha²
丈人	tsan⁴ zein²	打扮	ta³ pan⁴
姥姥	lau³ lau³	挣钱	tsein⁴ tɕhien²
老人家	lau³ zein² tɕia¹	洗三	ɕi³ san¹
八哥	pa² kuo¹	虱子	sə² tsʅ

B.保留北方口语词说法的

表 9-24

妞孩	niu¹ xae²（女孩子）	骟猪	san⁵ tsu¹（阉猪）
破崽	phuo⁵ tsae³（坏蛋）	捞鱼	lau¹ y²（打鱼）
楼坎	leu² khan³（楼梯）	海白菜	xae³ pə² tshae⁴（白菜）
茅司坑	mau² sʅ¹ khan¹（厕所）	老根烧	lau³ kein¹ sau¹（红薯酒）
中中间	tsoun¹ tsoun¹ tɕien¹（最中间）	番崽老根	fan¹ tsae³ lau³ kein¹（马铃薯）
走马台	tseu³ ma³ tae²（走廊）	病小孩	pin⁴ siau³ xae²（害喜）
窝老鹰	uo¹ lau³ in¹（老鹰）	走尿	tseu³ niau⁴（小便失禁）
金乌龟	tɕin¹ u¹ kui¹（金龟子）	回灵	xui² lin²（完丧返回）
猫儿头	mau¹ ətheu²（猫头鹰）	尺	tshʅ²（菜畦）
曲蟺	tshy² san¹（蚯蚓）	边子	pien¹ tsʅ²（边沿）
耗子	xau⁴ tsʅ（老鼠）	才先	tshae² ɕien¹（先前）
蚂蚱	ma² tsa⁴（蝗虫）	今儿个	tɕien² əkɤ⁴（今天）
明儿个	mie² əkɤ⁴（明天）		

C.与长乐福州话说法相同的

表 9-25

太阳	日头 zi² theu²	老头儿	老货 lau³ xuo⁴（贬）
台风	风台 fouŋ¹ thae¹	叔侄	家叔孙 tɕia¹ su² ɕyŋ¹
地震	地牛转肩 ti⁴ niu² tsuaŋ³ tɕien¹	恶鬼	五帝 u³ ti⁴
母牛	牛母 niu² mu³	浮尸	水马 ɕy³ ma³
半大鸡	鸡豚 tɕi¹ thouŋ²	狐仙	仙爷 ɕien¹ ie²
蛇	老蛇 lau³ sə²	鬼迷心窍	患鬼 faŋ⁴ kui³
干丁香鱼	鱼鲔 y² khau⁴	老主顾	铺家 phu¹ tɕia¹
泥鳅	胡鳅 xu² liu¹	受贿	吃私 tshʅ² sʅ¹
鲇鱼	潭虱 thaŋ² sə²	称星	称花 tshein⁴ xua¹
柚子	枹 phau¹	合并	圆 ieŋ²
冬瓜	广瓜 kuaŋ³ kua¹	傻瓜	戆 ŋauŋ⁵
西红柿	番柿 faŋ¹ sʅ⁴	阴险	伏毒 xu² tu²
上海青	花瓶菜 xua¹ phiŋ² tshae⁴	五分钟	一个字 i² kətsʅ⁴
单身汉	单身哥 taŋ¹ sein¹ kuo¹		

参考文献：

①福建省汉语方言调查指导组.福建汉语方言概况（讨论稿）[M].厦门：厦门大学出版社,1963:33－367.

②黄典诚.福建省志·方言志[M].北京：方志出版社,1998:383－400,401－417,418－443.

③陈章太、李如龙.闽语研究[M].北京：语文出版社,1991:266－340,392－420,472－483.

④李如龙等.福建双方言研究[M].香港：汉学出版社,1995:173－209.

⑤李如龙.福建县市方言志12种[M].福州：福建教育出版社,2001:500－539.

第十章
闽台少数民族语言

第一节　福建畲话

一、历史来源与分布

据学者研究,国内畲族有两大部分:一是生活在广东莲花山与罗浮山一带的惠东、海丰、博罗、增城四县,自称"活聂"的畲民,他们说一种苗瑶语族的苗语,近似于瑶族布努语的炯奈方言。^① 总人口仅5000人左右;而广大散布于闽、浙、赣、徽等省以及粤东凤凰山区的潮州、丰顺等地,占全国畲族总人口99％以上的畲族,则是说一种与客家话部分近似的方言,我们称之为"畲话"。福建畲民说的便是这种方言。

关于畲族族源问题,史书未有明载。目前学术界流行的看法是:畲族源于湖南长沙的武陵蛮。由于自然环境与社会压力,公元7世纪初之前已经流布于闽、粤、赣等省山区的交界地区,过着刀耕火种的生活。今日霞浦崇儒畲族中《蓝氏得姓源流总图》中确有其祖上盘瓠王原居"长沙会稽山七弦洞,即今长沙武陵",死后"赐葬"于广东凤凰山的记载。^② 各地畲族民众普遍流行的《高皇歌》、民间宗谱及口碑也普遍认同其祖居地为潮州凤凰山。而畲族妇女头上所扎的"凤凰冠",据说就是对祖居地纪念的一种形式。初唐时代,因陈政、陈元光奉朝廷之命到泉潮之间平息畲民首领蓝奉高等的"蛮獠啸乱",畲民便纷纷离开闽南、潮州,四处逃难,或往汀州、赣南,或者躲进深山老林,深居简出,栖身深山崖洞,烧畲垦殖,故被人称为"洞蛮"。五代之时王审知入闽,不少畲民为避战乱,又陆续从潮汕、泉南和汀州一带迁往闽东。

---

① 毛宗武等.畲语简志[M].北京:民族出版社,1982.
② 陈国强等.崇儒乡畲族[M].福州:福建人民出版社,1993:13.

崇儒畲族谱牒中因有"唐光启二年（886），盘、蓝、雷、钟、李有三百六十余丁
口随王审知为乡（向）导官，由海来闽，至连江马鼻登岸。时徙罗源大坝头居
焉。盘玉碧一船，被风漂流，不知去向，故盘姓于今无传"①的记载。至于迁
徙与定居的过程，福安畲族的古畲歌中则有"宁德神鲍福安生，下南兴化越
鲍棚。鲍藤跟到连江县，罗源县头有仔生"的唱词，点明了"下南（闽南）、兴
化（莆仙）、连江、罗源、宁德、福安"这几处关键地名，均与今日畲族分布地点
相合。当然畲民北上地点，远的到达江西、浙江，甚至到达安徽，其时间则前
后不一，如浙南景宁畲族自治县，畲民入迁也早在 1200 年前后，这是畲民循
水路迁徙闽东的最初记载。此外，唐末，又有一支闽侯雪峰畲民蓝文卿之子
文田携家眷迁往古田富达，据说这是畲民陆路迁往闽东的最早一支。

　　明清时期，因种苎和种菁业兴起，以及清代收复台湾后，沿海开放，畲民
迁往闽东者益臻繁多②，且逐渐形成"大分散小聚居"的分布格局，因此全国
尤其南方一些省份便出现了为数不少的畲族聚居村，而其中又以闽东一地
的畲族人口为最多。

　　而关于畲话的系属，学者有不同意见。如黄家教、李新魁（1963）认为，
畲话接近潮州方言，但与汉语方言并不完全合一；"畲族人民的本族语言可
能在很早的年代（至少是宋元时代）便开始向汉语靠拢"，并不断"消磨"掉其
自身的特点。现在的畲话和汉语十分接近，这是畲话长期汉化的结果，但它
还保存着一些自身的特点；罗美珍（1980）和毛宗武、蒙朝吉（1982）等则认
为，畲话是客家话或客家话的一种变体；傅根清（2001）、郑张尚芳（2001）等
则视畲话为与客家话对立的一种汉语方言。邓晓华与游文良等人则立足于
从族群互动和地域文化传统相结合的角度审视畲族及畲话的文化特质。他
们根据当代畲话中所见某些苗瑶语、壮侗语说法，与大量客家话成分，以及
当地闽语、吴语的某些特征，认为"其语言底层是壮侗语和苗瑶语，深层结构
是客家话，表层结构则是当地闽语或吴语方言。三种语言成分在不同的历
史层面上互动激荡而形成现代畲话……这与畲族的'多元一体'的文化特征
相符合"（邓晓华，1999）。这种说法目前在语言学界比较流行。游文良的《畲
族语言》（2006）对当代畲话中的语言层次作了比较细致的考证，可供参考。

　　畲族原先有自己的语言（苗瑶语），但未制定本民族的文字。唐朝末年，
由于大批客家先民从赣北徙往赣南、闽西以及粤东边界，与畲民长期混居杂

　　① 陈国强等.崇儒乡畲族［M］.福州：福建人民出版社，1993：13.
　　② 雷维善.多彩畲族［M］.宁德：宁德市民族与宗教事务局（内部刊物），2010：5.

处,又历经宋元明清数百年时间的族群互动,包括共同生产劳动、通婚、贸易和生活往来,逐渐磨合,拥有技术、文化和人口等多方面优势的客家先民对畲族先民产生了广泛而深刻影响,其中语言也成为一个重要方面。因此,当今各地畲话几乎都通行一种受客家方言严重渗透的口语。如闽东宁德畲话说稻苗为"禾"[uo²]、山为"岭"[liaŋ¹]、大厅为"厅厦"[thaŋ¹hɔ⁴]等,便是从客语吸收的。而各地畲族迁往新居住地后,往往也吸收了一些新住居点的汉语方言,如宁德畲话,芋头说"芋卵"[hu⁴lɔn³]、南瓜说"金匏"[kim¹pu²]、糟腌菜说"糟菜"[tsau¹tsho¹],便是从宁德话中吸收的。而宁德畲话说肉为"□"[piʔ⁵]、买、卖为"□"[uon⁴]、柚子为"□"[phøŋ⁴]等,才是自身所固有的。因此,各地畲话及其方言之中应该都包含有畲话、客语以及移居地汉语方言这三类不同语言成分,使其语言层面显得比较复杂而歧异。但前两类成分一致性较多,后一种成分则因地而异。至于畲话中含古壮侗语成分,这是古代畲民与古闽越人早期接触交流的结果。

福建畲族大约 36 万人,畲话分布地域有三片:

1.闽东片

散布于闽东方言区,约 18.4 万人,为全省畲族人口最多的畲话片区。分布在闽东南片的福州(北峰)、连江、古田、屏南、罗源、闽清、永泰等县市,北片的福安、宁德、霞浦、福鼎以及周宁、寿宁、柘荣等县市的部分乡镇。该片畲话普遍受当地闽东汉语影响。如:口语词中的"日头"(太阳)、"月"(月亮)、"自家"(自己)等说法与闽东方言如出一辙。语音之中,有较多存古成分,如:福安、连江、福州、罗源等畲话保留边擦音声母 ɬ,霞浦、宁德等声母保留齿间音 θ;韵母之中,福安、宁德、福鼎等地畲话保留有 m、n、ŋ—p、t、ʔ辅音韵尾,等等。

2.闽南片

散布于泉州(鲤城)、安溪、德化、永春、华安、龙岩、漳平等地,约 1.2 万人。受闽南方言影响严重。因此,当地畲话韵母系统中保留有 m、n、ŋ—p、t、ʔ辅音韵尾。词汇、语法同样带有闽南方言成分。如口语词中的"金瓜(南瓜)、擎屎星(流星)、衫(衣服)、头毛(头发)"等,说法与闽南话相同。

3.闽北、闽中片

闽北与闽中畲民居住分散,受各地汉语方言影响,差异较大。其中散布在闽北东片的畲话,受到境内的政和、松溪、建瓯、南平、浦城等地闽北汉语方言影响较深;分布闽西北的畲话受境内邵武、光泽、顺昌等方言影响较大,而三明、永安、沙县、宁化的畲话则受闽中方言影响较大。

二、宁德畲话简介

福建畲话以宁德地区为中心。下文介绍畲话特点,以宁德畲话为主要对象①。

1.语音特点

(1)宁德畲话的声韵调

A.声母

宁德畲话共 15 个声母:

p 风布　ph 披鹏　m 毛米

t 都肚　th 柱天　n 年男　l 龙冷

ts 昼做　tsh 赤屎　　　　　　　s 星虱

k 今街　kh 桥气　ŋ 日梧　　　h 花坑　ø 云热

[说明]

声母 ts、tsh、s 只与开口呼、合口呼韵母拼合,遇齐齿呼、撮口呼韵母,ts、tsh、s 舌位前移,发成 tɕ、thɕ、ɕ,但因与 ts、tsh、s 互补而不对立,仍记作 ts、tsh、s。

B.韵母

宁德畲话共 74 个韵母:

①元音韵

a 阿鸦	e 祭荠	ø 梳疏	ɔ 婆嫲
o 果劳	i 衣起	u 乌肚	y 猪箸
ai 台太	ei 鸡	oi 梯来	au 草鸟
eu 头	ou 灶扫	ia 外蛇	iu 焦久
ua 花瓜	uo 过吼	ui 开陪	ieu 浮旧
uai 怪我			

②鼻音尾韵

am 三衫	em 垫	ɔm 三簪	im 金今
iam 店	an 山饭	en 间面	øn 缘软
ɔn 村孙	in 扇人	un 分文	yn 春熏
ian 还仙	uan 盘官	uon 圆碗	ŋ 五吰

① 本章记录的畲话是宁德市金涵村畲民口语,发音合作人是蓝永泉、钟章盛、钟奶盛、蓝红呀等,特此致谢。

aŋ 坑星	eŋ 登甑	øŋ 砖专	ɔŋ 江捧
iŋ 平尘	uŋ 公冬	yŋ 风龙	iaŋ 鼎饼
uaŋ 横挽	uoŋ 王黄	yøŋ 姜良	

③塞音尾韵

ap 沓	ep 叶	ɔp 合	ip 十
iap 碟	at 节	et 虱	øt 月
ɔt 割	it 一	ut 窟	yt 出
iat 热	uat 划	uot 绝	aʔ 白
eʔ 得	øʔ 北	oʔ 矽	iʔ 日
uʔ 木福	yʔ	iaʔ 赤	uaʔ
uoʔ 镬	yøʔ		

[说明]

①韵母 e 发音时开口度稍大,实际音值近 ε。如:第[te⁴]

②韵母 eu 中的 e 发音开口度小,接近于 I。如:头[heu²]

③韵母 iam 和 ian 中的韵腹 a 因受介音 i 和韵尾 m/n 影响,发音时舌位略高,接近于 ε。如:店 tiam⁴;眼 ŋian³。

C.声调

宁德畲话的声调

表 10-1

调类	①阴平	②阳平	③上声	④去声	⑤阴入	⑥阳入
调值	44	22	35	21	5	2
例字	天马	头日	井卵	大旧	尺铁	麦十

[说明]

(1)阳平调与去声调调值近似,但仍有区别。如:头 theu²² ≠ 豆 theu²¹。

(2)上声调调值 35,连读时若为第一音节,则变为高平调 55.如:老虎 lou³⁵＋hu³⁵→lou⁵⁵ hu³⁵。

2.词汇特点

(1)常用词

表 10-2

普通话	宁德畲话	普通话	宁德畲话
星星	星 saŋ¹	隔扇房	扇寮 sin³ lau²

续表

普通话	宁德畲话	普通话	宁德畲话
红霞	赤霞 tshiaʔ⁵ hɔ²	草棚	草寮 tshau⁵⁵ lau²
台风	风灾 pyŋ¹ tshai¹	多层楼	平台寮 piŋ² tai² lau²
雾	云露 un² lu¹	厨房	砖窟 tsyøŋ² khɔʔ⁵
小雨	水濛 tshy⁵⁵ mɔŋ²	厕所	屎楻头 tshi⁵⁵ uŋ² leu²
下雨	落水 lɔʔ² tshy³	拔秧	挽秧 muan⁵⁵ yøŋ¹
山顶	岗头 kɔŋ¹ theu²	插秧	播田 pu¹ than²
溪	坑江 haŋ¹ ŋɔŋ¹	谷穗	谷头 kuʔ⁵ neu³
灰尘	乌尘 u¹ niŋ²	丝瓜	南子 nam² tsi⁴
坟墓	墓坟 mu¹ hun²	生姜	姜娘 kyøŋ¹ nyøŋ²
今天	今晡 kim¹ mu¹	南瓜	金瓠 kim¹ phiu²
昨天	昨晡 thɔm¹ mu¹	香蕉	蕉果 tsiu¹ ko⁴
盖屋	起寮 hi³ lau²	男孩	夫郎子 hu¹ laŋ² tsoi³
楼梯	寮梯 lau² thoi¹	女孩	夫女仔 pu¹ ŋi⁵⁵ tsoi³
母猪	猪娘 tsy¹ nyøŋ²	小孩	个连仔 saŋ¹ tsoi³
野兽	山兽 san¹ siu¹	祖父	公白 kuŋ¹ phaʔ²
猫头鹰	咕咚鸟 ku⁴⁴ luŋ¹ tau³	舅父	外舅 ŋia⁵⁵ khiu⁴
乌鸦	鸦鹊 a¹ tsia⁵	舅母	外嫲 ŋia⁵⁵ mɔ²
猴子	白猴 phaʔ² kau²	岳父	大公 tai¹ kuŋ¹
麻雀	黄鸡 uoŋ² piei⁵	岳母	大婆 tai¹ phɔ²
雉鸟	山鸡 san¹ kei¹	姨妈	外姨 ŋia⁵⁵ i²²
野兔	山兔 san¹ thu²	众人	侪人 tsi² ŋin²
蚯蚓	蛇蚓 tshia² yøŋ³	舌头	嘴舌 tsoi¹ tshet²
虱子	虱娘 set⁵ ŋyøŋ²	肚子	肚屎 tu⁵⁵ tshi³
苍蝇	饭蚊 phan⁴ mun²	寻找	捞 lo¹
开裆裤	拉屎裤 laʔ² tshi³ hu³	抱	捧 phɔŋ²
锅盖	揹鼎 khun³ tiaŋ³	拉、扯	擒 khim²
砧板	斫板 tɔʔ⁵ phen³	采、摘	挽 muaŋ³
筷子	饭箸 phan⁴ tshy²	哭、泣	叫 keu¹

续表

普通话	宁德畲话	普通话	宁德畲话
茶筒	tsho² tuŋ²	宰杀	戮 lɔʔ²
白米饭	phaʔ² mi⁵⁵ phan⁴	看	睇 thai³
乌米饭	u¹ mi⁵⁵ phan⁴	来得及	会迢 hai¹ toi⁴
炊粉	番络条 han¹ lɔ² thiau²	来不及	艙迢 hai¹ toi⁴
茅粽	mau¹ tsɔŋ⁴	红	赤 tshiaʔ²
赤酒	tshiaʔ² tsiu³	肮脏	麻渣 ma² tsa²
番薯酒	han¹ tshy² tsiu³	害怕	吓 haʔ⁵
		左边	细边 sai¹ pan¹
		多久	几久 ki⁵⁵ kiu³
		上面	面头 mun¹ theu²

（2）民俗词

表 10-3

普通话	宁德畲话	普通话	宁德畲话
正月初一	开大门 hui¹ thoi⁴ mun²	梳妆	上妆 syøŋ⁴ tsɔŋ¹
新年茶	吃茶 tshiʔ² tsho²	盘龙髻	phuan² lyŋ² ke⁴
土地生日	（二月二）ŋ¹⁴ ŋøt² ŋi⁴	金簪	kim¹ tsɔm¹
祭祖日	三月三 sɔm¹ ŋøt² sɔm¹	银簪	ŋyn² tsɔm¹
清明节	tshyʔ⁵ miŋ² tsa⁵	铜簪	thuŋ² tsɔm¹
牛节	（四月八）ŋ³ tsaʔ⁵	嫁妆	陪嫁 pui² ko¹
端午节	五月节 ŋ⁵⁵ ŋøt² tsaʔ⁵	花轿	樵轿 tsho² khiu⁴
分龙节	（夏至后首个辰日）pun¹ lyŋ² tsaʔ⁵	新郎	新郎官 sin¹ lɔŋ² kuan¹
中秋送礼	送中秋 suŋ¹ tuŋ¹ siu¹	新娘	新妇女 sin¹ phiu⁴ ŋy³
重阳节	九月九 kiu³ ŋøt² kiu³	新房	新妇间 sin¹ phiu⁴ ken¹
登高	teŋ¹ ko¹	哭嫁	叫嫁 kiu¹ ko⁴
立冬进补	食补 tshiʔ² pu³	男方代表	做亲家伯 tso³ tshin¹ ko¹ paʔ
冬节圆	tuŋ¹ tsaʔ⁵ uon²	伴娘	大姊 thoi² tsi³
食米饺	tshiʔ² mi⁵⁵ kiu³	女方代表	亲家姑 tshin¹ ko¹ ku¹

续表

普通话	宁德畲话	普通话	宁德畲话
灶神爷	灶君 tsou^{55} tsin^1	讨喜钱	捞喜钱 lo^1 hi^{55} tshan^2
女灶神	灶婆 tsou^{55} phɔ^2	喜茶	甜茶 tham^1 tsho^2
祭灶糖	tse^3 tsou^1 thɔŋ^2	九节茶	kiu^{55} tsaʔ^5 tsho^2
祭灶酒	tse^3 tsou^1 tsiu^3	婚宴	新郎酒 sin^1 lɔŋ^2 tsiu^3
娶妻	捞女人 lo^1 ny^{55} ŋin^2	闹洞房	捞被卵 lo^1 phi^4 lon^3
出嫁	出门 tshyʔ^5 mun^2	入赘	分人做仔 pun^1 ŋin^2 tso^1 tsu^3
相亲	睇寮 thai^3 lau^2	童养媳	新妇仔 sin^1 phiu^1 tsui^3
对歌	唱歌 tshyøŋ^4 ko^1	姑换嫂	对调 tui^2 tau^4
八字	paʔ^5 tsi^4	分娩	养仔 yøŋ^{55} tsui^3
媒人	mui^2 ŋin^2	接生	洗仔 sai^{55} tsui^3
订婚	tiŋ^{55} hun	坐月子	做月仔 tso^4 ŋøt^2 tsui^3
合婚	hop^2 hun^1	做三朝	做三旦 tso^4 sam^1 tan^3
送礼	suŋ^4 li^4	满月酒	man^3 ŋøt^2 tsiu^3
礼担	盘担 phuan^2 ton^1	去世	过世 ku^1 tshe^1
送茶饼	suŋ^4 tsha^2 piaŋ^3	道士	王师 ŋɔŋ^2 sai^1
剃初发	剃□卵 thai^{55} khiu^1 lon^3	做功德	做王师 tso^4 ŋɔŋ^2 sai^1
做周岁	做晬 tso^{55} tsui^3	灵柩	棺材 kuon^1 tshui^2
抓周	摸晬 ma^1 tsui^3	抬棺材	扛棺 kɔŋ^1 kuon^1
压岁钱	taʔ^5 soi^{44} tshan^2	下葬	出葬 tshyʔ^5 tsɔŋ^4
成人（十六岁）	做大人 tso^4 tho^4 ŋin^2	孝衫	绉衫 tsho^{55} san^1
生日宴	做生日 tso^4 saŋ^1 ŋiʔ^5	纸钱	手纸 tshiu^3 tsi^3
祝寿	做寿 tso^4 tshiu^4	坟墓	墓坟 mu^1 hun^2
吃寿面	吃面 tshiʔ^5 min^4	祭墓	扫墓 sou^1 mu^3
寿礼	红包 huŋ^2 pau^1	风水	huŋ^1 tshy^3
		祖灵	神主牌 sen^2 tsy^3 phai^2
		筊杯	kau^1 pui^1
		圣杯	saŋ^1 pui^1

（3）与客话相同的词语

表 10-4

普通话	宁德畲话	普通话	宁德畲话
石头	石牯 sia$ʔ^2$ ku^3	公猪	猪牯 tsy^1 ku^3
山岭	岭 lian^1	公鸡	鸡公 kei^1 kun^1
田埂	田塍 than^2 syn^2	小鸡	鸡仔 kei^1 tsoi^3
今天	今晡 kim^1 mu^1	身体	完身 uon^1 sin^1
上午	上昼 syøn^4 tsiu^1	头发	头毛 theu^2 mou^2
下午	下昼 hɔ^4 tsiu^1	足	脚 kyø$ʔ^5$
晚上	暗晡 am^1 mu^1	肚子	肚屎 tu^3 tshi^3
屋顶	栋 ton^4	屁股	屎窟 tshi^{55} khut^5
厅堂	厅厦 than^1 hɔ^4	泥土	泥 nai^2
饭锅	镬 uo$ʔ^2$	耘草	薅草 hau^1 tshou^3
饭桶	饭甂 phan^4 tsen^4	收割	割禾 kɔt^5 uo^2
甘薯	番薯 huan^1 tshy^2	采摘	挽 muan^3
空心菜	蕹菜 in^1 tshoi^4	曝晒（日头）	晒 sai^1
葫芦	匏 phiu^2	烘、烤	炙 tsia$ʔ^5$
糍粑	粄 puan^3	走	行 han^2
望见	睚 nian^1	藏	囥 khɔn^1
驮、挑	揢 khia^4	踮	跈 nam^3
叠	沓 thap^2	知道	晓得 hau^1 te$ʔ^2$
要	爱 oi^1	肥胖	壮 tsɔn^4
不要	唔爱 ŋ^4 oi^1	干燥	焦 tsau^1
给	分 pun^1	他（她）	渠 ky^1
吹	嗌 phun^2	多久	几多 ki^1 to^1
蘸	揾 un^1		
砍、切	斫 to$ʔ^5$		

（4）与闽东汉语方言相同的词语

表 10-5

普通话	宁德畲话	普通话	宁德畲话
太阳	日头 ŋit² theu²	龙眼	宝圆 po³ uon²
月亮	月 ŋøt²	荸荠	母荠 mo¹ le²
雷	雷公 lai² kuŋ¹	抱窝	赖鹏 lai⁴ phiu⁴
发大水	做大水 tso¹ thoi⁴ tshy³	乌鸦	老鸦 lou⁵⁵ a¹
夏天	热天 iat² than¹	臭虫	木虱 mu²² set⁵
晴天	天晴 than¹ tshaŋ²	蚂蚁	黄蚁 uoŋ² ŋi³
下山	落山 lɔʔ² san¹	纽扣	扣 kheu³
垃圾	落屑 lɔʔ² sɔʔ⁵	短裤	裤褌 hu¹ tun²
刨刀	推刀 thoi¹ tɔ¹	梳子	头梳 theu² sø¹
蓑衣	棕蓑 tsuŋ¹ sui¹	发髻	髻 ke⁴
刨薯刀	番薯礤 han¹ tshy² tshiaʔ⁵	吃早饭	食饭 tshiʔ² phan⁴
凳子	凳 teŋ¹	吃午饭	食昼 tshiʔ² tsiu¹
杯子	瓯 ou⁴	吃晚饭	食暝 tshiʔ² maŋ²
开水	沸水 pui¹ tshy³	鸡蛋	鸡卵 kei¹ lɔn⁴
稗草	稗 phe¹	番薯丝	番薯米 han¹ sy² mi¹
芋头	芋卵 hu⁴ lɔn³	米粉	粉干 hun⁵⁵ kon¹
南瓜	金瓠 kim¹ pu²	弟媳妇	弟新妇 thai⁴ sin¹ phiu⁴
葫芦瓜	白瓠 phaʔ² pu²	姐夫	姊夫 tsi⁵⁵ tsyøŋ⁴
笋	笋干 sun⁵⁵ kon¹	儿媳	新妇 sin¹ phiu⁴
糟腌菜	糟菜 tsau¹ tsho¹	曾孙	橄榄孙 kɔ⁵⁵ lɔm³ sun¹
米饭	乌饭 u¹ maŋ²	吃（喝）	食 tshiʔ²
粽	茅粽 mau² tsɔŋ⁴	喝（大口）	啜 tshet⁵
咸鱼	咸鱼 ham² ŋy²	解开	敨 theu³
茶子油	茶油 tsho² iu²	站立	徛 khi¹
水产品	臭膻 tshiu¹ san¹	捆、绑	缚 puʔ²
腌萝卜	萝卜桔 lo² puʔ² kiʔ⁵	挖	掘 kut²

续表

普通话	宁德畲话	普通话	宁德畲话
虾皮	虾苗 ho² miu¹	陡峭	崎 khi¹
曲酒	白酒 phaʔ² tsiu³	干净	清气 tshiŋ¹ khi¹
发糕	炊糕 tshui¹ kuo¹	上面	面头 men¹ theu²
切面	面 men⁴	前面	面前 men¹ sen²
腌菜	咸菜 ham² tshui¹	自己	自家 tsi⁴ kɔ¹
祖父	翁 ɔŋ¹	什么	甚乇 tshi¹ nɔʔ⁵
祖母	阿婆 a² po²		
父亲	阿爹 a² tia¹		
母亲	阿奶 a² ne¹		
伯父	阿伯 a² paʔ⁵		

（5）畲话词或畲汉合璧词

表 10-6

普通话	宁德畲话	普通话	宁德畲话
溪水	坑□haŋ¹ ŋɔŋ²	脑袋	□脑 thiŋ² nɔ⁴
昨天	□晡 thɔm⁴ mu¹	眼睛	眼□ŋi³ khiʔ²
台阶	路□lu⁴ khɔʔ⁵	抓	□ia³
厨房	砖□tsyøŋ¹ kɔ⁴	物品（东西）	乇 nɔʔ⁵
柚子	□phøŋ⁴	买、卖	□uon⁴
蜈蚣	□khiu¹	里面	□□ŋi⁴ noi³
布	□phan³	外头	□□thaŋ⁴ mou³
春臼	□□hɔn¹ phun⁴	这	□kuai³
腊肉	□干 piʔ⁵ kon¹	那	□ŋi³
肉粽	□粽 piʔ⁵ tsɔŋ⁴	和、跟	龚 nuŋ¹

3.语法特点

（1）词法

A.名词

宁德畲话名词常用牯［ku³］、娘［ŋyøŋ²］和"仔"［tsoi³］为后缀。其用法是：

a.牯［ku³］用以表示动物中的雄性。如：公牛说"牛牯"，公羊说"羊牯"，公猪说"猪牯"，等等。

b.娘［ŋyøŋ²］则表示动物中的雌性。如：母牛、母羊、母猪可分别说"牛娘"、"羊娘"、"猪娘"。

c.仔［tsoi³］表示人和事物的小称。如：小孩说"细仔"，男孩说"夫郎仔"，女孩说"晡女仔"；动物，小牛说"牛仔"，小羊说"羊仔"，小猪说"猪仔"。普通的小物事，也可以用"仔"表示，如"刀仔"（小刀）、"鸡仔"（小鸡）。但"仔"有时指较小的事物，其虚化程度较深，甚至成为名词的标志。如："燕仔"（燕子）、"蚊仔"（蚊子）、"蜂仔"（蜜蜂）、"辫仔"（辫子）。

B.动词

a.单音动词重叠，可表示动作的短暂。如："睇睇"，指"看看"；"挂挂"指"挂一挂"。与普通话无别。

b.助动词

表示能愿的助动词，一般采用下列语词表示：

爱［oi¹］，指"要"。如："我爱去"（我要去）。

着［tshyøʔ⁶］，必须。如："暗晡头着来"（晚上必须来）。

会［hai¹］，能，会。如："会食会行，无吓"（会吃会走，不怕）。

C.形容词

部分单音形容词，带重叠式后缀可表示形容词的状态。如：人瘦，说"瘦 kiaʔ⁵kiaʔ⁵"；味苦，说"苦 liu¹liu¹"；色白，说"白 liaʔ⁵liaʔ⁵"。

D.代词

人称代词，单数有"我［ŋuai¹］（我）、你［ŋi¹］（你）、渠［ki¹］"，声调均阴平。其复数，则是在其单数后加"人"［ŋin²］表示，如"我人"（我们）、"你人"（你们）和"渠人"（他们）。

指示代词，近指为"kuai³"（这，这里），远指为"ŋi³"（那、那里）；"kuai⁵⁵neʔ"（这样）、"ŋi⁵⁵neʔ⁵"（那样）；"kuai⁵⁵ni¹"（这些）、"ŋi⁵⁵ni¹"（那些）。

疑问代词，则有"什乇人"［tshioʔ⁵nɔʔ⁵ŋin²］（谁）、"什乇"［tshi¹nɔʔ⁵］（什么）、□［nam⁵］（哪里）、"□式"［ken⁵⁵neʔ⁵］（怎么样）、几多［ki³to¹］（多少），等等。

E.量词

宁德畲话某些量词较为特殊，如：条状物体，多用"行"［haŋ²］作单位。如："一行蛇"（一条蛇）、"一行线"（一条线）、"一行凳"（一把凳子）。他如"一桝花"(一朵花)，则说法同闽东汉语方言。

F.虚词

a.特有副词

□[mou⁴]（没）。如："□[mou⁴]日[mou⁴]夜"（没日没夜）。

徛[mai¹]（不会）。如："渠徛洗衫"（他不会洗衣服）。

唔爱[ŋ⁴oi¹]（不要）。如："你唔爱来广州"（你不要来广州）。

唔[ŋ⁴]（不）。如："我唔去"（我不去）。

唔使[ŋ⁴soi³]（不用、不必）。如："有钱使，唔使寄"（有钱花，不用寄）。

勼[khiu⁴]（在）。如："渠勼我寮食茶"（他在我家喝茶）。

做阵[tso¹tiŋ]。一块儿。如："我们两个人做阵去"（我们两个一块儿去）。

故[ku¹]（还、尚且）。如："镬内故有饭"（锅里还有饭）。

恰[khaʔ⁵]（太、过于）如："饭煮恰多了"（饭煮太多了）。

□[kuai³]（很）。如："□[kuai⁵⁵]头鸭野大"（这只鸭子很大）。

b.特殊连词和助词

龚[nuŋ¹]："我龚你做阵去"（我和你一起去）。

其[ki²]（的）。如："你其鞋大"（你的鞋太大）。

（2）特殊句式举例：

A.被动句　用被动词"分"[pun¹]表示。如："书分人□[khoŋ⁴]去"（书被人拿去了）。

B.处置句　用介词"帮"[poŋ¹]表示。如："你帮猪戮了"（你把猪宰了）。

C.反复句　用"V＋故是＋V"句式表示。如："你食饭故是食面"（你吃饭还是吃面条）。另有一种形式是"V＋故是＋唔＋V"。如："渠去故是唔去"（他去还是不去）。

三、宁德畲话篇章语料

1.畲家歌言选①

（1）对歌

题目：对面有缘歌 tui¹men⁴iu¹øn²ko⁴

女唱：

————————

① 歌言：指畲族民歌或指其歌词。

对面唱歌对面回 tui¹ men¹ tɕhyøŋ¹ ko⁴ tui¹ men¹ hui¹

对面唱歌亮过来① tui¹ men¹ tɕhyøŋ¹ ko⁴ lɔŋ³ kuo² loi²

有缘故唱有缘歌② iu¹ øn² ku⁵⁵ tɕhyøŋ¹ iu¹ øn² ko⁴

有缘成双结头对③ iu¹ øn² tɕhiaŋ² suŋ¹ ket⁵ theu² tui¹

男唱：

对面唱歌对面还 tui¹ men¹ tɕhyøŋ¹ ko⁴ tui¹ men¹ ian²

对面唱歌亮过行 tui¹ men¹ tɕhyøŋ¹ ko⁴ lɔŋ³ kuo² haŋ²

有缘故唱有缘歌 iu¹ øn² ku⁵⁵ tɕhyøŋ¹ iu¹ øn² ko²

有缘成双结同年 iu¹ øn² tɕhiaŋ² suŋ¹ ket⁵ thuŋ² nan²

男唱：

对面唱歌对面回 tui¹ men¹ tɕhyøŋ¹ ko² tui¹ men¹ hui¹

对面唱歌亮过来 tui¹ men¹ tɕhyøŋ¹ ko⁴ lɔŋ³ kuo² loi²

对面又唱有缘歌 tui¹ men¹ iu⁴ tɕhyøŋ¹ u¹ øn² ko²

有缘千里擒过来④ iu¹ øn² tɕhan¹ li³ tɕhim² kuo¹ loi²

女唱：

对面唱歌对面还 tui¹ men¹ tɕhyøŋ¹ ko² tui¹ men¹ ian²

对面唱歌亮过行⑤ tui¹ men¹ tɕhyøŋ¹ ko⁴ lɔŋ³ kuo² haŋ²

对面故唱有缘歌 tui¹ men¹ ku⁵⁵ tɕhyøŋ¹ iu¹ øn² ko²

有缘千里擒过行 iu¹ øn² tɕhan¹ li³ tɕhim² kuo¹ haŋ²

（2）起寮歌⑥ hi³ lau² ko²

地姓东，万力造地人来问；⑦thi⁴ saŋ¹ tuŋ¹，uan⁴ liʔ⁵ tso⁴ thi⁴ ŋin² loi² mon¹

犁龙风水郎迁着⑧，后来出的好子孙。 lai² lyŋ² huŋ¹ tɕhy³ lɔŋ² tɕhian¹ tɕhyøʔ⁶，heu⁴ loi² tɕhyʔ⁵ teʔ⁵ hou³ tsø³ son²

———————

① 亮过来：传过来。亮，传响。

② 故：还、尚。

③ 结头对：结成对。

④ 擒：奔赴。擒，借音字，本字不明。

⑤ 亮过行：义同"亮过行"。

⑥ 起寮：盖房子。寮，畲话指房屋、家。

⑦ 万力：畲族民间传说中的造地英雄。

⑧ 犁龙风水：风水师所谓的"风水宝地"。郎：畲族一般指男人。

罗经姓盘盘福贵，①几多人双前后随；②lo² keŋ¹ saŋ¹ phuan² phuan² huʔ⁵ kui³，ki¹ to¹ ŋin² suŋ¹ tsin² heu⁴ sui²

罗经圆圆格子五，格个寮地娘福贵。③ lo² keŋ¹ in² in² koʔ² tsu³ ŋ³，koʔ⁵ kuai¹ lau² thi⁴ ŋvøŋ² huʔ⁵ kui¹。

木姓章，鲁班师父做寮梁④ muʔ⁶ saŋ¹ tsɔŋ¹，lu² pan¹ sau¹ hu⁴ tso¹ lau² lyøŋ²

又起大寮好食酒⑤，三层寮上好息凉⑥ iu⁴ hi³ thoi⁴ lau² hou³ tshiʔ⁶ tsiu³，sam¹ tseŋ² lau² tshyøŋ² hou³ siʔ⁶ lyøŋ²

寮姓彭，鲁班师父做楼桁⑦ lau² saŋ¹ phaŋ²，lu² pan¹ sau¹ hu⁴ tso¹ lau² an²

又起大寮好食酒，三层寮上好做衫 iu⁴ hi³ thoi⁴ lau² hou³ tshiʔ⁶ tsiu³，sam¹ tseŋ² lau² tshyøŋ² hou³ tso¹ sam¹

子午两字在桌中，旗杆六算二四蓬⑧ tsu⁵⁵ ŋ³ yøŋ³ tshi⁴ tsoi⁴ toʔ⁶ tɔŋ¹，ki² kan¹ lyʔ⁶ son³ ŋi⁴ si⁵⁵ huŋ²

寮坪挖了就定想，暗晡扶扇就上梁⑨ lau² phiaŋ² ua¹ lau³ tsiu⁴ tiŋ² sɔŋ³，am¹ pu¹ phuo² sin³ tsiu⁴ tshyøŋ¹ lyøŋ²

子午两字在桌旁，旗杆六算二四行 tsu⁵⁵ ŋ³ yøŋ³ tshi⁴ tsoi⁴ toʔ⁶ tɔŋ¹，ki² kan¹ lyʔ⁶ son³ ŋi⁴ si⁵⁵ haŋ²

寮坪挖了就定想，暗晡扶扇就上桁 lau² phiaŋ² ua¹ lau³ tsiu⁴ tiŋ² sɔŋ³，am¹ pu¹ phuo² sin³ tsiu⁴ tshyøŋ¹ an¹

落颔杉树拔长长⑩，好好拣行做寮梁⑪ loʔ² hɔm² som¹ tshy⁴ pet² tshyøŋ² tshyøŋ²，hou⁵⁵ hou³ ken³ haŋ² tso¹ lau² lyøŋ²

桌姓云，万力造桌人来问 toʔ⁶ saŋ⁵⁵ on¹，uan⁴ liʔ⁶ tso¹ toʔ⁶ ŋin² loi² mon¹

---

① 罗经：勘测地理走向的仪器，风水师常用器具。
② 几多：多少；人双：指成双成对的人。
③ 寮地：宅基地。娘：畲族指妇女。
④ 寮梁：屋梁。
⑤ 食酒：举办酒席。
⑥ 息凉：歇息，乘凉。
⑦ 桁：屋橼。
⑧ 蓬：排。二四蓬，即二十四排。
⑨ 暗晡：晚上；扶：扶持，竖立。扇：闽东一带一个房间称一扇。扶扇，指建起一个个房间。
⑩ 落颔：借指谷底，全句指处于谷底的杉树长得特别高大。
⑪ 拣行：拣一根（杉木）。拣：挑选。寮梁：屋梁。

两边又造人客位①，桌上食酒讲斯文 yøŋ⁴ pan¹ iu⁴ tso⁴ ŋin² haʔ⁵ ui⁴ , toʔ⁶ tshyøŋ⁴ tshiʔ⁶ tsiu³ koŋ³ su¹ uon²

柴姓林，柴是青山多人擒② tshai² saŋ¹ lim² , tshai² tshi⁴ tshiŋ¹ san¹ to¹ ŋin² khim²

柴是青山千年在，渠奴天地同心人③ tshai² tshi⁴ tshiŋ¹ san¹ tshan¹ nan² tsoi⁴ , ki¹ nu³ than¹ thi⁴ toŋ² sim¹ ŋin²

竹姓球，做篮做篓生清秀④ tsyʔ⁶ saŋ¹ kiu¹ , tso¹ lom² tso¹ loi³ saŋ¹ tshiŋ¹ siu²

做篮做篓分人使⑤，藤若劈断藤尾摇⑥ tso¹ lom² tso¹ loi³ pun¹ ŋin² sø³ , thiŋ¹ naʔ⁶ pheʔ⁵ thon¹ thiŋ² mui⁵⁵ iu¹

水姓漂，若条坑水流无淹⑦ tshy³ saŋ¹ phiu¹ , naʔ⁶ thau² haŋ¹ tshy³ liu² mo² im²

盘古仙人造水路，格落平洋几万人⑧ phan² ku³ sian¹ ŋin² tso⁴ tshy³ lu⁴ , koʔ⁵ loʔ² phiaŋ² yøŋ² ki¹ uan⁴ ŋin²

风姓曹，片片树叶吼嘈嘈⑨ pyŋ¹ saŋ¹ tso² , phan¹ phan¹ tshy⁴ iep² uo³ tso² tso²

盘古仙人管风路，吹凉平洋几万家 phan² ku³ sian¹ ŋin² kuon³ pyŋ¹ lu⁴ , tshø¹ lyøŋ² phiaŋ² yøŋ² ki¹ uan² ko¹

2.笑话一则

题目:山哈女人会买毛⑩ san¹ haʔ⁶ ŋy³ ŋin² hai¹ uon⁴ nɔ⁵

从前,有一个山哈女人跳洋下店,去买毛⑪。 tsuŋ² san² , ho¹ it⁵ kuai¹ san¹ haʔ⁵ ny⁵⁵ ŋin² thiu¹ yøŋ² hɔ⁴ tiam¹ hi³ uon² nɔ⁵ .女人讲:"师父,我一钱买线。"ny⁵⁵ ŋin² koŋ³ : "sau¹ hu⁴ , ŋuai¹ it⁵ tshan² uon² san¹ ."

————————

① 人客:客人。

② 擒:借音字,义奔赴。

③ 渠:他;奴:借音字,义共、和、同。

④ 篓小竹篓,颈细腹圆大。

⑤ 分人使:给人用。分,给。

⑥ 摇:摇动。

⑦ 若条:多少条。若:多少。流:流淌。无淹:不至于淹没哪个地方。指水流循河道流淌。

⑧ 平洋:平原。

⑨ 吼嘈嘈:风吹树叶发出的响声。吼,叫。

⑩ 山哈:畲客,畲族人。

⑪ 跳:跑。此指前往。毛:俗字,东西。

店主忖①："这个女人真有味②，一钱爱买我山③。" tiam¹ tsy³ tshon²："kuai² kuai¹ ny⁵⁵ ŋin² tsin¹ ho¹ mi⁴，it⁵ tshan² oi¹ uon² ŋuai² san¹。"

女人又讲："一钱买醋，故有一钱买面。④" ny⁵⁵ in² iu⁴ koŋ³："it⁵ tshan² uon² tshu¹，ku¹ ho¹ it⁵ tshan² uon² men⁴"。

店主气起来，讲："你一钱爱买我山，tiam¹ tsy³ khe³ tshi⁵⁵ loi²，koŋ³："ŋi³ it⁵ tshan² oi⁴ uon² ŋuai¹ san¹，

一钱爱买我厝⑤，故有一钱爱买我命⑥，it⁵ tshan² oi¹ uon² ŋuai¹ tshu³，ku¹ ho¹ it⁵ tshan² oi¹ uon² ŋuai¹ miaŋ⁴，

我故尽毛都无了！⑦" ŋuai¹ ku¹ tsin⁴ no?⁵ tu¹ mo² lo！"

第二节　台湾"原住民族"语言

一、历史来源与分布

1.台湾的少数民族，现称"原住民族"，说的是一种南岛语。其人口约 43万；占岛内人口总数的 1.9％。以往学者按地理学标准，将"原住民"分为"平埔族"和"高山族"。其所操的南岛语原有 20 来种，由于长期与平原汉人接触并多汉化，今平埔族语言大多消失，而高山族语言也处于萎缩之中。据台湾"原住民"委员会认定，目前岛内原民语言尚有 14 类。

台湾"原住民"语言是怎么来的？ 一种观点认为，南岛语族分布地域广泛：它东起南美洲西部外海的复活岛，西抵非洲东南部的马达加斯加，南抵新西兰，北至台湾岛。在其所横跨的太平洋和印度洋的广袤空间之中，唯岛内的南岛语品类至为复杂，不属于单一语群，且又包涵最为丰富的存古成分，因而极有可能是南岛语的发源地或所谓"原乡"；世界各地的南岛语可能

---

① 忖：思量，想。

② 有味：有趣儿，有意思。

③ 爱：要，欲；山，畲话的"线"与宁德汉语方言的"山"同音，故店主以为买"山"。

④ 故：还。

⑤ 厝：房屋。宁德闽语说房屋为"厝"，与当地畲话的"醋"音近，故店主以为买"厝"。

⑥ 宁德闽语说"命"与当地畲话的"面"（面条）音近，故店主以为买"命"。

⑦ 尽毛：所有东西；无：没有。

都是由台湾移民播迁的。另者,考古学界指出,公元前 4000 年左右,台湾与大陆尤其东南沿海一带属于同一个考古文化圈,此种文化又与岛内"原住民"文化一脉相承,息息相关,从中显示了南岛语族来自大陆东南沿海的极大可能。去年台湾学者在闽江口流域的马祖岛发现了"亮岛人"的考古成果,为此一推测提供了又一有力佐证,只是大陆东南沿海目前尚未发现语言实例而已。

2.台湾的南岛语分布范围,北起台北乌来乡,一直绵延至屏东县牡丹乡之雪山山脉和中央山脉这些丘陵地带,整体上呈连贯性分布。其中葛玛兰语、阿美语和卑南语则分列于花东沿海山脉两侧,与闽南语、客家话混杂。其次在兰屿则为达悟语通行地。其中各个南岛语的具体分布情况是:

(1)泰雅语(Atayal)　分布台北县乌来乡,宜兰县大同乡、南澳乡,新竹县尖石乡、五峰乡、苗栗县南庄乡、泰安乡,台中县和平乡,南投县仁爱乡。内有赛考利克方言与泽敖利方言之分。

(2)赛夏语(Saisyat)　分布新竹县五峰乡(花园、大隘 2 村),苗栗县南庄乡(东河村;南江村、蓬莱村之一部分,与客家人混居),内含大隘与东河两种方言。

(3)赛德克语(Scedik)　分布南投县仁爱乡,花莲县秀林乡、万荣乡以及卓溪乡(北部);内含太鲁阁、南丰与互助、春阳三种方言。

(4)布农语(Bunun)　分布南投县仁义乡、仁爱乡(万丰村、法治村、中正村),高雄县桃源、三民乡,花莲县万荣乡(马远村)、卓溪乡,台东县之海瑞、延平等乡。内分北部、中部和南部三种方言。

(5)邹语(NorthernTsou)　邹语分北邹语和南邹语。北邹语分布在嘉义县阿里山乡(来吉村);南邹语分布高雄县那马夏乡、桃源乡。现邹语总人口仅 6000 余人,多以方言岛形式存在。

(6)鲁凯语(Rukai)　鲁凯语分布高雄县桃源乡、茂林乡,屏东县雾台乡及三地门乡之部分村落,台东县之东兴乡。

(7)排湾语(Paiwan)　分布屏东县山地乡(除雾台乡外),屏东县之山地乡、台东县南部之山地乡。

(8)阿美语(Amis)　分布花莲和台东两县,为花东沿海山脉两侧的强势语言。其内部方言歧异最大,一般认为可分为:北部阿美含南势方言和 Tavalong-Vataan(马太安)方言,中部阿美语有海岸群方言和秀姑峦群方言,南部则有卑南群方言、Sakizya 等数种方言。其中北部方言分歧较大。

（9）卑南语（Puyuma） 分布台东市卑南乡，含南王、七村两种方言。其中卑南乡利嘉村较集中。

（10）邵语（Thao） 分布南投县水里乡和鱼池乡。但年轻人多不会说。

（11）达悟语（或雅美语）（Yami） 分布兰屿上的 6 个村落，内部语言较统一。

（12）鲁凯语（Rukai） 分布屏东县雾台乡，高雄县茂林乡和台东县之卑南乡。

（13）噶玛兰语（Kavalan） 分布花莲县丰滨乡（新社村）、台东县滨乡（梓厚村），能说者仅 100 人左右。

（14）巴宰语（Pazeh） 又作巴则海语，分布苗栗县鲤鱼潭乡，台中县丰源乡，南投县埔里乡。

上述南岛语言，有人认为邹语可分为南邹语与北邹语，理由是语言差异较大（洪惟仁，2013）。"原住民"委员会则把南北邹语分开，算两种语言，但不包括巴宰语；其次又从阿美语中分出撒奇莱亚语（Sakizaya），也是 14 种。不过南岛语专家李壬癸教授认为，撒奇莱亚语属阿美语中最保守的方言土语，不是一种独立语言。

台湾岛内的"原住民"语言，由于历史原因，流失与濒危现象颇为严重。据学者研究，南岛语言曾遍布台湾全岛，从平原到山区到处都有，语言的总数约有 20 多种，其中一半为平埔族语言，另一半为高山族语言。自明末清初以后，台湾岛内尤其居住平原一带的"原住民"逐步融入汉人族群，年深日久，便逐步接受了汉族语言文化。到 21 世纪初，平埔族语言只剩下噶玛兰语（东部）和巴宰语、邵语（西部平原内陆一带）。如果连原已丢失的合计在内，则平埔族语言自北至南应有 Kavalan、Basay、Taokas、Papora、Babuza、Hoanya、Pazih、Thao、Siraya9 种；此外，还有人所罕闻的 Kulon、Qauqaut、Taivuan、Makatau 等 3 种。[①]

台湾的南岛语系属上应归于印度尼西亚语族，若依其内部语言特点则又可分为三大语群。它们是：

泰雅语群：包括泰雅语、赛德克语。

邹语群：包括邹语、卡那卡富语和沙阿鲁阿语。

---

① 据洪惟仁调查，宜兰县南澳乡的花澳、东岳、金洋村（博爱巷）和大同乡的寒溪村，另有一种赛德克陶赛族语、泰雅语与日语混杂的日语客里讴，这是日据时期遗留的产物。

排湾语群:包括排湾语、布农语、阿美语、卑南语、赛夏语、鲁凯语、邹语、巴宰语、噶玛兰语。

达悟语(或雅美语)则与菲律宾巴丹岛上的印度尼西亚语族的巴丹语支极为接近,应属于同一语支。

二、语言特点

南岛语言属黏着语。其语音、词汇和语法方面与汉语及其方言(如闽语、客语等)多有差异。以下分别从语音、词汇和语法等层面加以说明。

1.语音方面

(1)南岛语一般没有声调,但都有重音。与汉语及其方言有声调不同。

(2)南岛语属于多音节语言,与闽方言、客方言这类含有大量单音节词的方言也有较大差别。

(3)南岛语大部分只有 4 个元音:i、u、ə、a 也有部分复元音(如 ai、au 等)。

(4)南岛语中的辅音,在发音部位、发音方法上大多与汉语方言近似。

下举台湾新北市乌来乡泰雅语为例说明[①]。

泰雅语语音系统

a.辅音

泰雅语辅音共 19 个

p b m w t r n l c s z j k g ŋ x ɬ h ʔ

[说明]

浊塞音 b、g 往往变读为 β、ɣ。边音 l 置音节末了时发生鼻化。b、r、c 3 个辅音不能出现在音节开头和末尾。c、s、z 与元音 i 拼合时产生腭化。

b.元音

泰雅语共有 6 个元音

i u a ə e o

[说明]

元音 o 不能出现音节开头。

下面依次列举例词说明泰雅语中的辅音与元音:

表 10-7

① 本节所列台湾新北乌来乡泰雅语资料基本是笔者向乌来博物馆工作人员王进发和陈进财二位先生调查所得。同时也参考了一些有关文献资料(见 363 页),在此一并致谢。

辅音	语词	词义	辅音	语词	词义
p	piah	糖果	s	stlahu	佩服、赞美
b	bahaw	上面	z	zik	下面
m	mkrakis	少女	j	jaja	妈妈
w	wajluŋ	鸡	k	kawtlakis	小米酒
t	trakis	小米	g	ga	吗、呢
r	raluʔ	名字	ŋ	ŋasan	竹楼
n	nanuwan	什么	x	xuil	狗
l	liŋas	瘦小	q	qalaŋ	部落
c	caŋijaʔ	耳朵	h	hekil	年糕
			ʔ	ʔulaqiʔ	小孩

表 10-8

元音	语词	词义
i	iro	颜色
u	utux	鬼、神灵
a	aja	妈（匿称）
e	tenux	大
ə	səpəliq	泻
o	kokuʔ	手杖

2.词汇方面

（1）词的构成

A.单纯词

如：ŋasal 家，yaki 祖母，laqi 小孩，bes 同伴，loziq 眼睛，huzil 狗，uiai 饥饿，hoqil 死，balaj 真正。

B.合成词

a.附加式合成词

前缀＋词根式。如：ŋasal 是"房子"，加前缀 mə 后，mə-ŋasal，义为"盖房子"；lukus 是"衣裳"，加前缀 mə 后 mə-lukus 是"穿衣"。又如 behuj 是"风"，加前缀 sə 后 sə-behuj 是刮风。

词根插入中缀式。如：qaniq 是"吃"，加中缀 ən 后，q-ən-aniq 表示"食物"。

词根＋后缀式。如：ʔabiʔ 是睡觉，加后缀 an 后，ʔabiʔ-an 表示"床铺"。

词根部分音素重叠。如：bahoq 是"洗"，音节开首辅音 b 重叠后加 ə，成为 bə-bahoq，表示"洗衣用具"。

b. 复合式合成词。如：sepuŋ 是数量，rijax 是时间，而 sepuŋrijax 是钟表；səkaʔ 是放射，ʔuwagi 是太阳，səkaʔʔuwaqiʔ 为"中午"。

（2）常用词举例

表 10-9

太阳	wagi	水稻	pagaj
月亮	bjaciŋ	玉米	qitun
星星	bingah	红薯	ŋahiʔ
风	behuj	小米	tərakis
云、雾	juluŋ	稻米	pagaj
下雨	mqualax	甘蔗	bilus
下霜	xlatej	山苏	ratan
下雪	tlaka	山苦瓜	minkahun
闪电	məsərawiʔ		hlahui
温泉	kilu	马告（山胡椒）	maku
山	rgjax	达那（山柠檬）	tana
瀑布	kaki	哇沙米（山芥菜）	wasami
道路	tuki	李子	kaw
对岸	sjat	柳丁	mikan
天空	kajal	菠萝	luhi
河谷	goŋ	番石榴	bwanʔ
彩虹	hongu utux	橘子	jutaq
今天	soni	柚子	javun
明天	suhan	桃子	bukil
昨天	hira	树	qəhoniq
清晨	mziboq	竹子	rumaʔ
中午	qəlian	草	keʔman

续表

夜晚	həŋan	花	həpah
河水	liʔuŋ	颈饰	xmugun
泥土	ʔuraw	耳环	mapu kin krahuk
田地	qəmajah	鞋	kuʦuʔ
水	qəsiiaʔ	帽子	qəbubuʔ
麂	pala	桌子	hanraj
飞鼠	japit	椅子	thekan tman
山猪	bzjok	竹椅	ruma heikan
	hlalwo	扇子	tgtap
山羊	mit	雨伞	ruku
老鼠	qoliʔ	绳子	wasil
山猫	tngjaw	锄头	karok
山羌	para	谷篓	gonju
熊	qsinuw	弓	bələqij
鹿	pala	竹箭	saitei
猪	bzyok	矛	lalok honiak
牛	kacing	斗笠	ʦia i
狗	jungaj	蓑衣	giri
马	rma	鱼笱	skuju
猫	giaw	牛角号	guqij
猴子	juŋaj	木船	sakaw honiak
松鼠	giku	织布机	kongu
臭鼬	hozin	布料	qaliq
溪鱼	quleh	舂臼	luhun
溪虾	bonun	舂杵	hsiu
穿山甲	qom	铳	patus
鸡	ŋataʔ	刀	lalaw
鸭	rəquʔ	斧头	patut
蛋	baziŋ	簸箕	bəlukuw

续表

螃蟹	kəhəkagaŋ	头	bətunux
青蛙	qəpatuŋ	脑髓	tunux
床铺	sakaw	额头	lihuj
籐床	wahi sakaw	头发	snonux
衣柜	tansu	脸	lkes
草席	lupi	眼睛	loziq
饭锅	kluban	眉毛	bukil loziq
汤匙	sapeh	鼻子	guhuw
衣服	lukus	耳朵	papak
腰裙	mapu	嘴巴	nəquʔaq
皮带	habuk	牙齿	ʔənux
纸	ləbal	胡子	ŋurus
笔	inpit	喉咙	qoxnuʔ
书	biru	脖子	gljuŋ
饭	kilama	肚子	həhuʔ
年糕(蒸)	hekil	脊背	suruw
糖果	pjah	乳房	bubuʔ
麻糍	hekin sumen	手	qəbaʔ
小米酒	kawtl kis	脚	kakaj(含腿)
糯米酒	kuaw pagai	身体	hi
咸鱼	tememien kune	男阴	ʔutas
烤肉	smunin	女阴	pipiʔ
小米粽	krakis	屁股	qətsiʔan
竹筒饭	hekin mami	口水	halus
茶	ʔahaw	屎	qutsiʔ
草寮	tata	尿	həmoq
竹楼	gasal	姑姨	jata
吃饭间	niqan	兄、姐	qəsujan
厨房	pujan	弟妹	səsuweʔ

续表

厅堂	hzjan	儿子	laqiʔ
卧室	ban evin	风俗	gaga
洗澡间	minia	找对象	kagiʔ lekan
窗户	tubuŋ	财礼（红帖）	talai
门	qəqəluʔ	成亲（进教会）	kekoŋ kiukai
村落	galaŋ		tsemien
小桥	hoŋuʔ	木轿	leiken
作坊	pintsiakan	背老婆（上轿）	qelin
家	gasal	男傧相	nikwi
学堂	qwasan	女傧相	gelin
人	səquliq	退婚	liken
部落	qalag	亲生	lakeʔ malei
男人	məlikuj（含男生）	年龄	kawas
女人	məʔ kəneril	名字	lalu
老人	bənəkis	吃奶	mania vavu
小孩	laqiʔ	去世	hoqil
年轻人	mərkjas	尸首	xokenh kni
少女	məkrakis	棺材	kuluk
客人	txoukik	埋葬	məbun
伙伴	bes	坟墓	mukun
好人	blas skolek	巫婆	honiq
坏人	iake solek	祖灵	ʔutux
朋友	ragiʔ	猪头	mg
疯子	nekun	运气	plak udu
傻瓜	ŋutshiek	魔鬼	ʔutux
小气鬼	tvigan	祠堂	mia
祖父	watas	信教	senalen putux
祖母	yaki	行走	mhkaŋi
奶奶	babu	巡视	mlaw

续表

祖宗	mərəbuw	比赛	mspug
父亲	jaba	散步	thohuwaj
母亲	jaja	生过病	minbuʔ
纹面	patas	疼爱	sgalu
"国语"	keʔ nathelu	喜欢、爱	sojan
泰雅语	keʔna taj	再见	sgagaj
台湾语	keʔnakmuka	谢谢	mhuwaj
吃饭	maniq niami	游泳	lŋiq
睡觉	mʔabiʔ	唱歌	quʔas
说话	kmal	跳舞	təgəlaw
看见	mita ku	玩耍	tsisal
听见	muŋ	害怕	guŋuʔ
做事	tsjux	飞翔	lakaʔ
睁眼	balaj	得知	haq
呼唤	splawa	高	ʔuwaŋiq
出游	lomosaj	低	rəroq
抬头	lmeliq	大	tenux
煮饭	hmapuj mami	小	tsipoq
洗衣	mahoq lukis	长	qəlojux
洗澡	pima	短	lətuŋ
游戏	mutsi	红	mtalah
玩笑	phejapas	黑	maki
种稻	mia krakis	白	pələquji
播种	muja	蓝、绿	tasiq
收割	hmihui ŋahi	好	lokas
抓捕	kmok	坏	ʔijaqeh
捉鱼	kmzj	强壮	lokah
狩猎	qmalup	瘦小	liŋas
射杀	muʔ	下面	lija

续表

织布	tminun	中间	səbo
上学	masaʔ	旁边	səkezij
读书	lmpuw	里头	qəsahul
站立	t tuliq	外头	nux
美丽	betunux	上面	babaw
鲜艳	mrimuj	一	qutux
漂亮	kinbe	二	saziŋ
匀称	mrijun	百	kəhəhu
快乐	mqas	五	mag
骄傲	mtksjaw	十	məpu³

(3)闽南话借词

表 10-10

面桶(脸盆)	bintaŋ	师父	sehuʔ
先生	sənsij	头家(老板)	təhokiʔ
客家人	kəhilaŋ	菜脯	tshaipo
乞食(乞丐)	kisit	日本	gipun

(4)日语借词

表 10-11

结婚	kekoŋ	士兵	hitaj
学习、研究	kenkiw	勇气	ʔijuki
教堂	kijokaj	恶鬼	ʔakumaʔ
大海	ʔumiʔ	罪过	tsumiʔ
梨	nasiʔ	苹果	liŋgo
眼镜	migane	车子	kisja

参考文献：

［1］黄典诚.福建省志·方言志［M］.北京:方志出版社,1998:600－659.

［2］游文良.畲族语言［M］.福州:福建人民出版社,2002.

［3］林峰、蓝永泉.蕉城畲族歌言简集(内部)［M］.宁德:宁德市文化出版局,2006.

［4］陈国强、蓝孝文.崇儒乡畲语［M］.福州:福建人民出版社,1993.

［5］厦门中文系民间采风组.霞浦畲族民歌集［M］.厦门:厦门大学中文系,1992,油印本.

［6］邓晓华.福建境内的闽客族群及畲族的语言文化关系比较［M］.日本:日本国立民族博物馆,1999.

［7］李壬癸.珍惜台湾南岛语言［M］.台北:前卫出版社,2013.

［8］黄美金.泰雅语参考语法［M］.台北:远流出版事业股份有限公司,2000.

［9］陈康.台湾高山族语言［M］.北京:中央民族学院出版社,1992.

［10］曾思奇.台湾南岛语民族文化概论［M］.北京:民族出版社,2009.

［11］洪惟仁.台湾的语种分布与分区［C］∥台北:第十二届闽语国际学术研讨会论文集,2011.

附录一

闽台方言部分单音词考释

　　闽台方言之中，有相当一部分单音词，殆属于古代汉语承传至今。它们在听感上往往有音有义，但写起来多不知字形。今略作考释，以供参考。考释范围，限于闽语方言。

　　碕　《集韵》："口箇切，船着沙不行也。"今闽台方言用引申义，用为搁置。如身倚墙壁、船搁浅等均说"碕"，其读音，福州 kho⁴、厦门 khua⁴、永安 khuɔ⁵。

　　硃　《集韵》："都果切，小崖。"闽台方言引申指"短"，也是用引申义。其读音，福州 tøy³，厦门 te³，莆田 tø³，建瓯 to²，永安 tue³。

　　餜　《集韵》"古火切，饼也。"民间指米糕类食品。其读音福州 kui³，厦门 ke³，莆田 kue³，建瓯 ko²，永安 kue³。

　　椓　《集韵》："都唾切，木本也。"今闽台方言常用为单位词，义即"块"。其读音福州 tuai⁴，厦门 te⁴，建瓯 thi⁴。

　　笆　《篇海》："白巴切，音琶，五齿笆泥，用以取草。"其读音，福州 pa²，厦门 pe²，莆田 pɒ²，建瓯 pa³。

　　枷　《集韵》："何加切，囚械也。"实即枷锁类。其读音福州 kia²，厦门 ke²，建瓯 ka¹。

　　蛇　《集韵》："除驾切，虫名。"《南越志》："水母，东海谓之蛇，或作蜡。"其读音，福州 tha⁴，厦门 the⁵，莆田 thɒ⁴，建瓯 tsha³，永安 tshɔ⁵。

　　罅　《集韵》："虚讶切，《说文》：裂也。从缶，缶烧善裂也。"闽台方言裂开说"罅开"。其读音，福州 hia¹，厦门 he⁴，建瓯 ha¹。

　　铧　《集韵》："胡瓜切，《说文》：两刃臿也。"闽台称插入土中铲土的铁器，类似铁锹。其读音，福州 hua²，厦门 hue²，莆田 hua²。

　　晡　《集韵》："奔模切，日加申时。"申时为 15 时至 17 时，即下午 3 到 5 点。福州夜晚称"暝晡"，闽南下午说"下晡"。各地说法近似。其读音，福州 puo¹，厦门 pɔ¹，莆田 pɒu¹。

塗　《集韵》：“同都切，泥也。”闽语泥土多说“塗”。其读音：福州 thu²，厦门 thɔ²，莆田 thɔu²，永安 thɔu²。

箍　《集韵》：“空胡切，篾也。”闽台一带指篾圈，可用以箍桶，其读音：福州 khu¹，厦门 khɔ¹，莆田 khɔu¹，建瓯 khu¹，永安 khu¹。

枯　《集韵》：“空胡切，～饼。”民间指豆饼、油菜饼类，可作肥料或洗发，其读音：福州 khu¹，厦门 khɔ¹，莆田 khɔu¹，建瓯 khu¹。

乌　《集韵》：“汪胡切。”《诗·邶风》“莫黑匪乌。”《小尔雅》：“纯黑而反哺者谓之乌。”闽台凡黑均称乌。其读音：福州 u¹，厦门 ɔ¹，莆田 ɔu¹，建瓯 u¹，永安 u¹。

姥　《集韵》：“满补切。女老称。”今闽台称老婆为“姥”，母子称“姥囝”，其读音：福州 muo³，厦门 bɔ³，莆田 pɔu³，建瓯 miau²。

土　《集韵》：“统五切。《说文》：地之吐生物者也。”《白虎通·五行》：“土之为言吐也。”闽台方言称“露出、伸长”为土，读上声。其读音：福州 thu³，厦门 thɔ³，莆田 thɔu³。

钴　《集韵》果五切：“钴䥉。”注：“温器。”闽台称壶形器具为钴，如“茶钴”（茶壶）、“油钴”（贮油器）。其读音：福州 ku³，厦门 kɔ³，莆田 kɔu³。

厝　住房。《集韵》：“仓故切。《说文》：置也。”置即捨（舍）。《汉书·高帝纪》上：“欲止宫休舍”，注：“舍，谓屋舍也。”今闽台多称住房为厝。其读音：福州 tshuo⁴，厦门 thu⁴，莆田 tshɔu⁴，建瓯 tshiɔ⁴，永安 tshiu⁴。

贮　《集韵》：“展吕切：积也。”闽台常用以称积藏、装盛（如盛饭）的动作。其读音：福州 tuo³，厦门 tue³，莆田 tiau³，建瓯 tu²，永安 tɔu³。

夫　《集韵》：“风无切，《说文》：丈夫也。”今闽台男人多称丈夫。其读音：福州 puo¹，厦门 pɔ¹，莆田 pɔu¹，建瓯 pu¹，永安 pu¹。

扶　《集韵》：“冯无切。《说文》佐也。”闽台称讨好、谄附人叫扶。如福州“婆婆讨好儿媳”说“大家扶新妇”。其读音：福州 phuo²，厦门 phɔ²。

珠　《集韵》：“锺输切。”闽台方言眼睛说“目珠”，荔枝小核叫“珠核”或“珠籽”，读音多 tsiu¹，故俗写作“睭”。（永安 tʃy¹）。

贿　《集韵》：“虎猥切。”《说文》：“财也。”《诗·卫风·氓》：“以尔车来，以我贿迁。”传：“财也。”闽台一带家产多称“家贿”，其读音：福州 ui³，厦门 he³，莆田 hue³，建瓯 xo³，永安 hue³。

煨　《集韵》：“虎煨切。”《玉篇》：“楚人呼火为煨。”其读音：福州 hui³，厦门 he³，莆田 hue³，建瓯 xo³，永安 hue³。

摩 《集韵》："部浣切，手起物。"用小竹尖类拨弄、撬起东西。闽台多说摩。其读音：福州 pui³，厦门 pe³，莆田 pue³。

啡 《集韵》："滂佩切。唾声。"闽台口语吐痰的动作叫"啡"。其读音：福州 phuoi⁴，厦门 phui⁴，莆田 phue⁴。

晬 《集韵》："祖对切。子生一岁也。"婴儿满周岁，闽台称晬。其读音：福州 tsoy⁴，厦门 tsue⁴，莆田 tsø⁴，建瓯 tso⁴，永安 tsã⁵。

鯑 《集韵》："户佳切，吴人谓腌鱼为鯑"。今闽台一带用盐腌的水产叫鯑。其读音：福州 kie²，厦门 kue²，莆田 ke²，建瓯 kai²。

解 《集韵》："下买切，晓也。""晓"即晓悟，领会。今闽台口语"会了"多说"解"。其读音：福州 a⁵，厦门 e⁵，莆田 ɛ⁵，建瓯 ɔ⁵，永安 e⁵。

箄 《集韵》："普卦切。竹片也。"今闽台口语凡片状物多说箄。如"柴箄"（木屑，片状）。其读音：福州 phuoi⁴，厦门 phe⁴，莆田 phue⁴，建瓯 phue³，永安 phe⁵。

世 《集韵》："始制切。"《说文》：三十年为一世。"《诗·小雅·裳裳者华·序》："绝功臣之世焉。"《疏》："世谓继也。"闽台口语"连接、续上"之类动作称世。如"接下去"称"世落去"。其读音：福州 sie⁴，厦门 sua⁴，莆田 ɬyŋ⁴。

喙 《集韵》："充芮切，口也。"闽台口语说喙。其读音：福州 tshuoi⁴，厦门 tshui⁴，莆田 tshui⁴，建瓯 tshy³，永安 ʧhyi⁵。

奶 《集韵》："乃礼切。"《博雅》："奶，母也。"今闽台口语母多说"娘奶"。其读音：福州 nɛ³，厦门 le³，建瓯 nai²，永安 li¹。

髀 《集韵》："并弭切。"《说文》：股也。"《释名》："髀卑也，在下称也。"闽台口语屁股多说"尻川髀"。其读音：福州 pɛ³，厦门 pue³。

粞 《集韵》："思计切，米屑。"今闽台口语称大米磨成的粉剂为"粞"。其读音：福州 tshia⁵，厦门 tshue⁴，莆田 tshe⁴，建瓯 tshai³。

侪 《集韵》："才谐切，等也。"《易·系辞下》传，干注："等，群也。"等、群即众多。闽台口语多说多为"侪"。其读音：福州 sa⁵，厦门 tsue⁵，莆田 ɬe⁵，建瓯 tsai⁵，永安 tse⁴。

疕 《集韵》："普弭切，痂也。"闽台口语多说痂为疕。如"头皮"也说"头疕"。其读音：各地多说 phi³。

黏 《集韵》："抽知切，《博雅》：黐，粘也。"闽台口语"黏乎乎"说"黏黐黐"，（福州说"上黐"）。其读音多为 thi¹。

摣 扯，撕下。《集韵》："丑豸切，析也。"撕纸的动作，闽台口语多说

"摣"。其读音:福州 thie³,漳州 thi³。

施　《集韵》:"商支切。《说文》:敷也。"闽台口语敷散或散落多说"施"。其读音:福州 sie¹,厦门 sua¹。

攲　《集韵》:"丘奇切。《说文》:攲陁也。"《荀子·宥坐》:"孔子观于鲁桓公之庙有攲器焉。"注:"攲器,倾攲易覆之器。"今称倾斜为攲。其读音普遍读 khi¹。

蜞　《集韵》:"渠之切,虫名,水蛭也。"水蛭,福州称蚂蜞,闽南称蜈蜞。其读音:福州 khi²,厦门 khi²,莆田 khi²,建瓯 khi³。

挼　《集韵》:"儒垂切,擩也。"闽台口语揉搓衣服的动作叫挼。其读音:福州 nui²,厦门 lue²,莆田 nɒ²,永安 gye²。

枘　《集韵》:"之诔切。闽人谓水曰枘。"今闽语正是称水为枘。读音大多为 tsui³。

薅　《集韵》:"呼高切。《说文》:拔田草也。"今闽台口语耘田多称"薅草"。其读音:福州 hau¹,厦门 khau¹,莆田 hau³,永安 hø²。

㩪　《集韵》:"乎刀切。较多少。"闽台方言指刁难,如福州口语"㩪勒"[kho²lɛi²ʔ];闽南口语指巧取豪夺,如厦门口语"㩪侬"[ko²laŋ²](图谋他人)。

醪　《集韵》:"郎刀切。《说文》:汁滓,酒也。"闽台口语中,福州"粘乎"说"粘醪"[nien²lo³],闽南浑浊说"醪"[lo²]。义均"浊酒"引申而来。

毛　《集韵》:"谟袍切。"《后汉书·冯衍传》:"饥者毛食。"注:"毛者,无也。"《佩觿集》:"河朔谓无曰～。"闽台口语多说无为"毛"。读音是:福州 mo²,厦门 bo²,莆田 po²,建瓯 mau²,永安 bau²。

脬　《集韵》:"披交切。《说文》:膀胱也。"今闽台口语膀胱多说"屚脬",福州音 liŋ⁵pha¹,厦门音 lan⁵pha¹,建瓯"□脬"nɒ²pha³。

铰　《集韵》:"居肴切,削刀也。"今闽台口语剪多说"铰",剪刀多说"铰刀"。其读音福州、闽南普遍为 ka¹,其他则莆田 kɒ¹,建瓯 kau¹,永安 ko¹。

骹　《集韵》:"丘交切。《说文》:胫也。"今闽台口语脚大多说"骹"。其读音:福州、厦门均 kha¹,莆田 khɒ¹,建瓯 khau¹,永安 kho¹。

爻　《集韵》:"何交切。《说文》:交也。"闽台口语多指绳索类两端交叉成束。如把稻草捆成束称"爻草"。其读音:福州、闽南均 ha²tshau³,莆田 hɒ²tshau³。

齩　《集韵》:"下巧切。齧骨。"闽台口语咬正说齩,其读音:福州、闽南均 ka⁵,莆田 kɒ⁵,建瓯 kau⁶,永安 ko⁴。

疱 《集韵》："皮教切。《说文》：面生气也。"闽台口语凡水泡、浓疱均说疱。其读音多为 phau⁵ 或 phau⁴。

褿 《集韵》："慈焦切，衣齐好。"闽台口语凡齐整、均匀多说褿。其读音：福州 sɛu²，闽南 tsiau²，莆田 tsiau²，永安 tsø²。

蹺 《集韵》："牵幺切，举足也。"举足即翘起脚跟，闽台口语常说。读音是：福州音 khiu¹，闽南 khiau¹，莆田 khiau¹，建瓯 khiau¹。

撟 《集韵》：《集韵》："渠庙切，举起。"闽台口语用工具撬重物称撟。其读音：福州 kieu⁵，厦门 kiau⁵，莆田 kiau⁵，建瓯 kiau⁴。

嬈 《广韵》胡茅切："淫也。"闽台口语女人不正经称嬈。其读音是：福州 hɛu²，闽南 hiau²。

藻 《集韵》："毗宵切。萍也。"闽台口语浮萍多说"藻"。其读音：福州 phiu²，闽南 phio²，莆田 phiau²，建瓯 phiau²，永安 phiu²。

猶 《集韵》："思邀切。狂也。"福州一带，老不正经说"老猶"〔lau⁵ tshiu¹〕，闽南一带雄性动物发情称"起猶"〔khi³ tshio¹〕。

匏 《集韵》："蒲交切：《说文》：瓠也。从包，取其可包藏物。"闽台口语普遍说葫芦瓜为匏，音 pu²；仅建瓯读音有异，读 py²。

炰 《集韵》："蒲交切。《说文》：毛炙肉也。"闽台口语用炭火烤番薯均说"炰番薯"。其读音，各地普遍为 pu²。

雺 《集韵》："迷浮切。《尔雅》：天气下地不应曰雺。"闽台口语多称雾曰雺。其读音，福州 muo²，闽南 bɔ²，莆田 pou²。

吼 《集韵》："许后切。"《玉篇》："牛鸣也。"福州呼唤说吼，音 hau³；闽南哭叫说吼，读音同。莆田亦说 hau³，建瓯 e³，永安 hø³。

敨 《集韵》："他口切。展也。"闽台凡解开（如包袱｜绳结等）均说敨。其读音多为 thau³，或 the³（建瓯），永安 thø³。

遘 《集韵》："古候切。《说文》：遇也。"《尔雅·释训》："遘、逢、遇、逆：见也。"注："行而相值也。"闽台口语多引申指到达，其读音是：福州 kau⁴，闽南 kau⁴，莆田 kau⁴，永安 kø⁵。

鲎 《集韵》："下遘切，鱼名，似蟹，有子可为酱。"闽台常见海鱼，多成对出现，其甲壳用以制饭勺。其读音：福州 hau⁴，厦门等 hau⁴，莆田 hau⁴。

勼 《集韵》："居尤切。《说文》：聚也。"闽台口语多指收束、缩起。其读音闽东、闽南等普遍为 kiu¹。

趏 《集韵》："渠尤切。足不伸也。"闽台口语手足痉挛为"趏跟"。该字读音,普遍是 khiu²。

臼　《集韵》:"巨九切。《说文》:舂糗也。"事物硬韧难以咬动、咀嚼,闽台口语常说臼。其读音,福州 khieu⁴,闽南 khiu⁵,莆田 khiu⁴。

粙　《集韵》:"直祐切。稻实。"今闽台口语水稻大多说"粙",读音是:福州 tieu⁵,闽南 tiu⁵,闽南 tiu⁵,莆田 tiu⁵。

岫　《集韵》:"似救切。《说文》:山穴也。"今闽台多称巢穴为岫。其读音,福州 sieu⁴,闽南 siu⁵,莆田 ɬiu⁴。

伏　《集韵》:"扶富切。菢卵也。"母鸡孵化小鸡,闽台口语多说伏。其读音:福州 pou⁵,闽南 pu⁵,建瓯 iu³,永安 pu⁵。

躯　《集韵》:"丘奇切。一身也。"闽台口语单一、不成双也说"躯"。其读音:福州 khia¹,厦门同,莆田 kha¹,建瓯 kuɛ¹。

桸　《集韵》:"虚宜切。勺也。"勺即瓢。闽台方言鲎甲制的饭勺叫鲎桸。福州说 hau⁴ie¹,厦门说 hau⁴hia¹,莆田 hau⁴hyɒ¹,永安水瓢说"匏桸"pu²khya¹。

徛　《集韵》:"巨绮切。立也。"今闽台口语站立说"徛"。其读音:福州 khiɛ⁵,闽南说 khia⁵,莆田 khyɒ⁵,建瓯 kyɛ⁶,永安 khya⁴。

伊　《集韵》:"於夷切。"《太仓州志》:"吴语指人曰伊。"今闽台第三人称代词一般说伊,读音为 i¹(永安、建瓯在外)。

箎　《集韵》:"抽迟切。竹器。"闽台方言筛子称箎。其读音福、厦、莆 thai¹ 建瓯 thi¹,

夷　《集韵》:"延知切。"《左传·隐公六年》:"芟夷蕴崇之",注:"夷,杀也。"闽台方言宰杀一般说夷,读音多为 thai²,唯建瓯 thi³,永安 thi²,音读稍异。

籣　《集韵》:"古禫切。盖也。"闽台口语,说"盖"为籣。如福州"籣被子"说"籣被",厦门锅盖说"鼎籣盖"。其读音,福州 kaŋ³,厦门 kam³,建瓯 kaiŋ²。

錾　《集韵》:"在敢切。《博雅》:镵谓之錾。"又去声:"小凿也。"闽台口语称打石的器具为"錾",其读音,福州 tsaŋ⁵,闽南 tsam⁵,建瓯 tsaŋ⁴。

唊　《集韵》:"辖夹切。相着也。"闽台口语黏着或密合难分称"唊"。如福州口语"唊糊"[kaʔ⁷ku²]指"含糊不清",厦门口语"糊唊"[kɔ²khaʔ⁷]则指"粘乎、依赖";莆田音 kɒ⁷。

煠　《集韵》:"实洽切。《博雅》:瀹也。"今闽台口语白水清煮叫煠。如

"煠卵"，指煮蛋。其读音：福州 saʔ⁷，厦门同，莆田 ɬɒ⁷，建瓯 sa⁶，永安 sɔ⁴。

裓 《集韵》："古狎切。《广雅》：襦也。"又《说文》："短衣也。"今闽台口语背心成"裓囝"。其读音福州 kaʔ⁶，厦门 kaʔ⁶。

櫼 《集韵》："将廉切。《说文》：楔也。"闽台口语乃其义。如木楔子俗言柴櫼。其读音，福州 tsien¹，厦门 tsī¹，莆田 tsiŋ¹，永安 tseiŋ¹。

憯 《集韵》："子冉切。……味醶。"醶，《说文》："薄酒也。"今闽台口语味淡多说"憯"。其读音，福州 tsiaŋ³，厦门 tsiã³，莆田 tsia³，建瓯 tsiaŋ³，永安 tsiõ³。

盐 《集韵》："以赡切。以盐渍物。"闽台口语腌制食物多说"盐"。其读音，福州 sieŋ⁴，厦门 sī⁵，莆田 ɬai³，建瓯 iŋ⁵。

蹑 《集韵》："昵辄切。《说文》：蹈也。"闽台口语用为踮起脚跟行走。其读音：福州 niaʔ⁶，厦门 liʔ⁶，建瓯 nie⁵。

瞁 《集韵》："昵辄切。目动。"今闽台口语多指眨眼的动作。其读音，福州 niaʔ⁶，厦门 liʔ⁶，建瓯 nie⁵。

寻 《集韵》："徐心切。"《说文》："度人之两臂为寻。"《小尔雅》："寻，舒两肱也。"闽台口语伸直两臂的长度称"一寻"。其读音，福州 tshieŋ²，厦门 si-am²。

砧 案板。《集韵》："知休切。捣缯石。"又"斫木质。"斫木质，即案板。今闽台口语仍说"砧板"或"柴砧"。其读音：福州 tiŋ¹，厦门 tiam¹，建瓯 teiŋ¹，永安 tā¹。

禁 经受得了、耐久。《集韵》："居吟切。胜也，制也。"今闽台口语耐用说"禁使"，各地口音：福州，kiŋ¹ sai³，厦门 kim¹ sai³，莆田 kiŋ¹ ɬai³。

揕 刺，动词。《集韵》："知林切。刺也。"闽台口语多指赤脚走路被石子刺到的感觉。其读音，福州 teiŋ¹，厦们 tiam¹。

饮 米汤。《集韵》："於锦切。《说文》：歠也。"《论语·述而》："饭疏食饮水。"此饮水应即米汤。今闽台口语米汤仍多说"饮"。其读音，福州 aŋ³，闽南 am³，莆田 aŋ³，建瓯 aiŋ³。

熻 闷热。《集韵》："迄及切。《博雅》：焎也。"今闽台口语仍称闷热为熻。其读音：福州 heiʔ⁶，厦门 hip⁶，莆田 hi⁵，建瓯 xi⁵，永安 hø⁶。

噏 《集韵》："迄及切。敛也。"今闽台口语摄取称噏。福州用力敛鼻涕的动作称"噏鼻"；闽南照相称噏相。其读音，福州 heiʔ⁶，厦门 hip⁶．莆田 hi⁵，建瓯 xi⁵，永安 hø⁶。

𥐽　《集韵》："侯旰切。弓柎也。"今闽台口语凡桶、篮类的提擎多称𥐽。其读音，福州 kuaŋ⁵，厦门 kuā⁵，莆田 kua⁵。

　　晏　《集韵》："於旰切。晚也。"今闽台口语"早晚"一般说"早晏"。该字读音，福州 aŋ⁴，厦门 uā⁴，莆田 ua⁴，建瓯 uiŋ³，永安 um⁵。

　　澶　《集韵》："他案切。漫也。"闽台口语液体漫延、渗透称澶。其读音，福州 thaŋ⁴，厦门 thuā⁴，莆田 thua⁴。

　　灡　口水。《集韵》鲁旱切："潘也。"闽语借指涎水。其读音：福州 laŋ³，闽南 luā⁵，莆田 nua³，建瓯 luiŋ⁴，永安 lum³。

　　卵　《集韵》鲁管切。《说文》："凡物无乳者卵生。"闽台方言称蛋为卵。其读音，福州 lauŋ⁵，厦门 lŋ⁵，莆田 nø⁵，建瓯 søŋ⁴，永安 sum⁴。

　　㳮　《集韵》："莫葛切，塗也。"闽台口语指涂抹。其读音，福州 miaʔ⁶，厦门 buaʔ⁶，建瓯 miɛ⁵。

　　涍　《集韵》："子末切。水溅也。"挑水时水从桶中溅出，闽台口语称涍。其读音，福州 tsiaʔ⁶，厦门 tsuaʔ⁶。

　　裀　《集韵》贾限切："裙幅相襕也。"闽台口语打褶叫"拾裀"。其裀字读音，福州 kiɛŋ³，厦门 kiŋ³。

　　八　《集韵》："布拔切。《说文》：别也。"《谷梁传·襄公六年》："犹别之而不别也。"注：别犹识也。闽台口语认识说八。其读音：福州 paiʔ⁶，厦门 patʔ⁶，莆田 pɛʔ⁶。

　　齰　《集韵》："土滑切。《博雅》：齧也。"齧须上下齿交错用力，今闽台口语借指差错。其读音，福州 tsuaʔ⁷，厦门 tsuaʔ⁷；莆田 tsuaʔ⁷，永安 ʧya⁴，但义为"歪斜"。

　　爿　《集韵》："步还切，片也。"《广雅·释诂》："片，半也。"闽台口语一半、半片等均说爿。其读音，福州 pɛiŋ²，厦门 piŋ²。

　　戋　《集韵》："子浅切，少意。"闽台口语年轻、不老到称戋。其读音，福州 tsiɛŋ³，闽南 tsĩ³。

　　囝　《集韵》："九件切。闽人呼儿曰囝。"唐时曾遣人来闽取小儿为宦官，顾况因作《哀囝诗》以讽。其读音，福州 kiaŋ³，厦门 kiā³，莆田 kyɒ³，建瓯 kyiŋ³，永安 kyeŋ³。

　　擠　《集韵》："子贱切，插也。"闽台口语用劲挤进称擠。其读音福州 tsiɛŋ⁴，厦门 tsĩ⁴。

　　皦　《集韵》："敕列切。明也。"闽台一带光亮、洁净称皦。其读音，福州

thaʔ⁶，厦门 theʔ⁶，莆田 tha⁵。

揭 《集韵》："巨列切，担也。"《说文》："负举也。"闽台口语举起、肩扛等动作多用揭。如"揭旗"（举旗）。该字音读，福州 kiaʔ⁷，厦门同，莆田 kyɒ⁷。

吮 《集韵》："竖兖切。舐也。"用舌头舔，闽台口语说吮。其读音，福州 suaŋ⁵，厦门 tsŋ⁵。

缳 《集韵》："须绢切。"《博雅》："索也。"用绳索猛力绞勒称缳。读音是：福州 sauŋ⁴，厦门 sŋ⁴，莆田 ɬue⁴。

趨 《集韵》："似绝切。旋倒也。"今闽台口语称回旋、转悠为趨。其读音：福州 suoʔ⁷，厦门 seʔ⁷，永安 se⁶。

歠 《集韵》："姝悦切。"《说文》：饮也，用也。"今闽台口语称歠。实即大口喝下。其读音：福州 tshuoʔ⁶，厦门 tsheʔ⁶，建瓯 tshue⁵，永安 ʧhye⁶。

潘 《集韵》："孚袁切，米澜也。"今闽台口语泔水多说潘。其读音：福州 phuŋ¹，闽南 phun¹，莆田 phoŋ¹。

裿 《集韵》："委远切。袖端屈。"闽台口语衣袖多说"手裿"。其读音，福州说 uoŋ³，厦门 ŋ³，莆田 ue³，建瓯 yiŋ³，永安 yeiŋ³。

篅 《集韵》："委远切，竹器。"今闽台口语指称东西的小竹篮为篅。其读音，福州 uoŋ³，厦门 ŋ³，莆田 ue³，建瓯 uiŋ²，永安 yeiŋ³。

伐 《集韵》房越切："《尚书·牧誓》：一刺一击曰伐。"一刺一击即一跨步。其读音，福州 phuaʔ⁷，厦门 huaʔ⁷，莆田 huaʔ⁷。

枵 《集韵》："虚娇切。"《说文》：木根空也。"闽台口语肚子饿多说枵。其读音，福州 ɛu¹，厦门 iau¹，莆田 iau¹。

焦 《集韵》："即消切。火所伤也。"《玉篇》炙也。闽台口语干燥说焦。福州、厦门读 ta¹，莆田 tɒ¹，建瓯 tiu²，永安 tiɯ¹。

批 《梦溪笔谈补》："前世风俗，卑幼至尊者，但批纸笔答之，谓之批反。如诏书批答之义。"后用"批"指信件。今闽台口语多以"批"代信。如福州读 phie¹，厦门 phue¹，莆田 phe¹。

舷 《集韵》："胡千切。船边也。"闽台口语用以指边沿。其读音福州 kieŋ²，厦门 ki²，莆田 kĩ²，建瓯 xaiŋ³，永安 ki²（俗写作墘）。

筸 《集韵》："酥典切。饭帚。"今闽台口语仍其义。其读音，福州 tshɛiŋ³，厦门 tshiŋ³，莆田 tshe³，建瓯 thiŋ³，永安 tshi³。

捵 《集韵》："他典切。手伸物也。"闽台口语推开说捵。其读音，福州 thiaŋ³，厦门 thĩ³，莆田 thyɒ³，建瓯 taiŋ⁶。

樏　《集韵》:"堂练切。木理紧密。"今闽台口语质地坚固称樏。其读音,福州 taiŋ⁵,厦门 tiŋ⁵,莆田 te⁵,永安 teiŋ⁵。

　　滇　《集韵》:"堂练切。大水貌。"闽台口语水满称滇。其读音,福州 tieŋ⁵,厦门 ti⁵,莆田 tiŋ⁵。

　　组　《集韵》:"堂练切。补缝也。"闽台口语缝补说组。其读音:福州 thiɛŋ⁴,厦门 thi⁵,莆田 thiŋ⁴。

　　簎　《集韵》:"昨结切。海蟹也。"今闽台口语指梭子蟹。其读音,福州 tshieʔ⁷,厦门 tshi⁷,莆田 tshiʔ⁷,建瓯 tshiɛ¹,永安 ʧhie⁴。

　　挃　《集韵》:"徒结切。《博雅》:摘也。"闽台口语借指动词"要"。其读音,福州、厦门、莆田均说 tiʔ⁷,建瓯 tɛ²。

　　鍥　《集韵》:"吉屑切。《博雅》:镰也。"今闽台口语仍指镰刀。其读音,福州 kaiʔ⁶,厦门 kueʔ⁶。

　　剟　《集韵》:"诘结切。刻也。"闽台口语指轧榨,如"剟糖"(榨糖)。其读音,福州 khiaʔ⁶,厦门 khueʔ⁶。

　　悬　《集韵》:"胡涓切。"《广雅·释言》:"悬,抗也。"抗,高。今闽台口语多说高为"悬"。其读音,福州 kɛiŋ²,厦门 kuāi²,莆田 ke²,建瓯 kyeŋ²,永安 kyeiŋ²。

　　喯　《集韵》:"步奔切。吐也。"闽台口语吹气的动作叫"喯",其读音:福州 puŋ²,厦门 pun²,莆田 poŋ²,永安 puā²。

　　焜　《集韵》:"胡昆切。《说文》:煌也。"闽台口语借指烧煮食物。如"煮地瓜"可说"焜番薯",其读音,福州 kouŋ²,厦门 kun²,莆田 koŋ²。

　　炖　《集韵》:"杜本切。火盛也。"闽台口语指清蒸食物。其读音,福州 touŋ⁵,厦门 tun⁵,永安 tuā⁵。

　　揾　《集韵》:"乌困切。《说文》:没也。"闽台口语常称蘸为揾。如"蘸酱油"一般说"揾豆油"。其读音,福州 ouŋ⁴,厦门 un⁴,莆田 oŋ⁴,建瓯 œyŋ³。

　　糳　《集韵》:"苏骨切,米粉。"闽台口语粉末、碎屑等物称糳。其读音是:福州 sauʔ⁶、厦门 sut⁶、永安 suɔ⁶。

　　浡　《集韵》:"薄没切。浡然,兴作貌。"闽台口语浮肿叫浡。其读音,福州说 phuʔ⁴,厦门 phuʔ。

　　烰　《集韵》:"薄没切。烟起貌。"闽台口语烟雾冒起也多说烰。其读音,福州 puʔ⁷,厦门 phuʔ⁷。

　　挬　《集韵》:"陁没切。搏挬,触也。"闽台口语用尖端刺物称挬。其读音：福州 thuʔ⁷，厦门 tuʔ⁷。

揔 《集韵》："呼骨切。楚谓击为揔。"闽台口语用棍棒击打称揔。其读音，福州 hauʔ⁶，厦门 hut⁶。

羼 《字汇》："良慎切。闽人谓阴也。"（羼为"卵"之异体字）今闽台口语仍沿用其义。其读音：福州 lɛiŋ⁵（如阴囊说"羼脬"[liŋ⁴⁴ pha⁴⁴]），厦门 lan⁵。

憗 《集韵》："鱼仅切。说（悦）也。"今闽台口语用为"嗜好、瘾"义。如"嗜吸烟"称"憗薰"。其读音，福州 ŋiɛŋ⁴，厦门 gian⁴，莆田 ŋeŋ⁵。

瘨 《集韵》："羽敏切，病也。"今闽台口语驼背称"瘨"，其读音，福州 uŋ³，厦门 un³。

秫 《集韵》："食律切。《说文》：稷之粘者。"今闽台口语江米称秫米。其读音，福州 suʔ⁷，厦门 tsut⁷，建瓯 tshy⁵。

�, 脏 《集韵》："香靳切，瘯瘯，热气着肤中。"今闽台口语称鸭肉等分泌出某种臊气为"臭脏"。该字读音，福州 hiaŋ⁴，厦门 hian⁴。

薰 《集韵》："许云切。《说文》：香草也。"今闽台口语称烟草为薰。其读音福州 houŋ¹，厦门 hun¹，莆田 hoŋ¹。

搁 《集韵》："居郎切，举也。"闽台口语抬重物叫搁。其读音：福州 kouŋ¹，厦门 kŋ¹，莆田 kuŋ¹，建瓯 kɔŋ¹，永安 kɔm。

膖 《集韵》："滂谤切，胀也。"闽台口语仍其义。福州常指猪肝放久后变质膨胀，音 phuɔŋ⁴；厦门则常说"腹肚膖"（肚子胀），音 phɔŋ⁴。

囥 《集韵》："口浪切。藏也。"闽台口语仍其义。其读音，福州 khauŋ⁴，厦门 khŋ⁴，莆田 khuŋ⁴，建瓯 khɔŋ³，永安 khɔm⁵。

博 《集韵》："伯各切"。张相《诗词曲语词汇释》卷五："博，犹换也。"闽台口语对换也叫博。今福州"博"读 pauʔ⁶，厦门 poʔ⁶，莆田 pɔʔ⁶，建瓯 pɔ⁶，永安 pauɯ⁶。

莫 《集韵》："末各切，无也。"《助字辨略》："莫，义不也；弗也。"闽台口语用于劝阻词，义同"别、不要"，其读音，福州 moʔ⁷，厦门 boʔ⁷。

恶 《集韵》："遏鄂切。"《国语·中山策》："阴简难之。"注："难，恶也。"今闽台口语难做称"恶做。"其读音福州、厦门、莆田均 oʔ⁶。

癀 《集韵》："胡光切。疸病也。"疮伤发炎，闽台口语多说"发癀"。其读音，福州 huoŋ²，厦门 hɔŋ²。

戤 《集韵》："古晃切。张大貌。"闽台口语用于指称空大的器具，如"水戤"（舀水器具）、"米戤"（量米圆筒）。其读音，福州 kuoŋ³，厦门 kŋ³，建瓯

kɔŋ² 。

烊　《集韵》："余章切。烁金也。"闽台口语指金属销熔。其读音,福州yoŋ²,厦门 iũ²,莆田 iau²,建瓯 iɔŋ³,永安 iam² 。

鲳　《集韵》："蚩良切,鱼名。"闽台常指一种海鱼,其肉味鲜美。其读音,福州 tshuoŋ¹,厦门 tshiũ¹ 。

箬　《集韵》："日灼切。《说文》:楚谓竹皮曰箬。"《玉篇》:"竹大叶。"闽台口语扩其义,泛指一切叶子。其读音,福州 nuoʔ⁷,厦门 hioʔ⁷,莆田 niau²,建瓯 nio⁶,永安 giu⁴ 。

约　《集韵》："乙却切。"《礼学记》:"大信不约",《疏》:"约为期要也。"今闽台口语中,福州指"估测(重量)",音 yɔʔ⁶;厦门指猜测,音 ioʔ⁶,莆田 iau⁵ 。

枋　《集韵》："分房切。《说文》:木可作车。"闽台口语厚木板说枋。其读音是:福州 puŋ¹,厦门 pɔŋ¹,莆田 puŋ¹,建瓯 pɔŋ¹ 。

罔　《集韵》："文纺切。"《尔雅·释言》:"罔,无也。"今闽台口语用为副词"姑且"义,实本义之远引,其读音,福州 muoŋ³,厦门 bɔŋ³,莆田 mo⁵,建瓯 mɔŋ² 。

㵁　《集韵》："墨角切。毛濡。"今闽台口语指沾上,染上。其读音,福州 mɔyʔ⁶,厦门 bak⁶ 。

嬿　《集韵》："许应切。《说文》:说(悦)也。"今闽台口语多指人的某种特殊喜好。如:"真嬿看戏"(很喜欢看戏)。其读音,福州 heiŋ⁴,厦门 hiŋ⁴,建瓯 xeiŋ⁴,永安 hā⁵ 。

拚　《集韵》："披庚切。打也。"今闽台口语多用为均分东西,其读音:福州 phaŋ¹,厦门 phĩ¹,莆田 pha¹ 。

骾　《集韵》："古杏切。《说文》:食骨留咽中也。"今仍其义。其读音,福州 kaŋ³,厦门 kĩ³,莆田 ka³,建瓯 kaŋ² 。

猛　《集韵》："母梗切。《说文》:健大。"今闽台口语常指火势猛或动作火速。其读音福州 maŋ³,厦门 bĩ³ 。

瘠　《集韵》："所景切。瘦谓之瘠。"闽台口语仍谓肉瘦为瘠。其读音:福州 seiŋ³,厦门 san³,莆田 ɬɤŋ³ 。

鞔　《集韵》："猪孟切。张皮也。"闽台口语指用力使其张开或扎劲。其读音福州 taŋ⁴,厦门 tĩ⁴ 。

粟　《广韵》："相玉切。《说文》:禾子也。"闽台口语指稻谷。其读音,福州 tshuoʔ⁶,厦门 tshik⁶,莆田 tshoʔ⁶,建瓯 sy⁵,永安 tshy⁶ 。

掌 《集韵》:"耻孟切,支柱也。"《广韵》:"邪柱也。"今闽台口语凡支撑均说掌。其读音:福州 thaŋ⁴,厦门 thi⁴,莆田 tha⁴,永安 ʧiɔ³。

拍 《集韵》:"匹陌切。《说文》:拊也。"闽台口语多说打为"拍",其读音:福州 phaʔ⁶,厦门 phaʔ⁶,莆田 phaʔ⁶,建瓯 phɔ⁵,永安 pha⁶。

敪 《集韵》:"中茎切,张也。"闽台口语多指表皮张紧或桶箍砸紧的动作。其读音,福州 taŋ¹,厦门 ti¹,莆田 ta¹,建瓯 tiaŋ¹。

镘 《集韵》:"眉耕切,销也。"销,《释名》:"削也。能有所穿削也。其字为镘之异体。《玉篇》:镘,刃端。"闽台口语凡刀口锋刃叫镘。其读音,福州 maŋ²,厦门 mĩ²。

擘 《集韵》:"博厄切。《说文》:裂也。"闽台口语指掰开。其读音,福州 paʔ⁶,厦门 peʔ⁶,建瓯 pa⁵,永安 pɔ⁶。

映 《集韵》:"于庆切。视也。"《广雅·释诂一》:望,视也。闽台口语常用。如:福州"放牛"称"映牛",音 auŋ⁴;闽南也指"盼望",如"一年映过一年",音 ŋ⁴。其读音,建瓯 iaŋ³。永安 iõ⁵(～病,看～)。

蛏 《集韵》:"痴贞切,蚌也。"《正字通》:"闽粤人以田种之,谓之蛏田。"今常指一种壳薄多肉手指形的海产。其读音,福州 theiŋ¹,闽南 thaŋ¹,莆田 theŋ¹,永安 thĩ¹。

圣 《集韵》:"式正切。《说文》:通也。"《水经·湘水注》:"圣人之神曰灵。"今闽台口语指神灵灵验为"有圣"。其读音,福州 siaŋ⁴,厦门 siã⁴,莆田 ɬia⁴。

摒 《集韵》:"卑正切。《博雅》:除也。"闽台口语,福州多指抛弃、丢掉(如垃圾等),音 piaŋ⁴;厦门多用为"扫除",音 piã⁴,如"摒清气"(扫除干净)。他处用法略同。建瓯读 piaŋ³。

墭 《集韵》:"时正切。(盛物)器也。"闽台口语多指家用小谷仓。其读音是福州 siaŋ⁵,厦门 siã⁵,莆田 ɬia⁵,永安 ʃio⁵。

饧 《集韵》:"徐盈切。《说文》:饴和馓者也。"今闽台口语多指以食物引诱鸡鸭禽鸟等。其读音,寿宁 siaŋ²,厦门 siã²。

跖 《集韵》:"之石切。《说文》:足下。"脚底,闽台口语多说"骹跖底"。其读音,福州 tsuɔʔ⁶,厦门 tsioʔ⁶。

馎 《集韵》:"夷益切。饭坏曰馎。"食物腐败,闽台多称"臭馎"。其读音,福州 ɛiʔ⁶,厦门 sioʔ⁷。

液 《集韵》:"夷益切。《字林》:汁也。"手汗,闽台口语多说"手液"。该字读音,福州 suoʔ⁷,厦门 sioʔ⁷。

　　髈　《集韵》:"傍丁切。肋骨。"闽台口语中,福州多指脊背,音 phiaŋ¹;闽南仍用本义,如肋骨下陷说"消髈"siau¹ phiā¹;莆田说 phiā¹,建瓯说"背"为 phiaŋ¹,永安 phiō¹,本字均"髈"。

　　冥(暝)　《集韵》:"忙经切。《说文》:幽也。"幽即暗,又指夜。《荀子·解蔽》:"冥冥,蔽其明也。"注:"冥冥,暮夜也。"闽台口语夜晚称冥,字又作暝。其读音,福州 maŋ²,厦门 mī²,莆田 ma²,建瓯 maŋ⁴,永安 mō²。

　　靬　《集韵》:"当经切。《说文》:补履下也。"闽台口语脚后跟多说"骹后靬"。靬字读音,福州 taŋ¹,厦门 tī¹,莆田 ta¹,建瓯 tiaŋ¹,永安 tiō¹。

　　拎　《集韵》:"郎丁切。悬捻物也。"又《六书故》:"悬持也。"今闽台口语晾衣物于竹竿上的动作称"拎",其读音:福州 liaŋ²,厦门 nī²。

　　丁　《集韵》:"当经切。一曰当也。"丁,闽台口语指当今,此刻。其读音福州 taŋ¹,厦门 tā¹,莆田 ta¹。

　　诞　《集韵》:"徒鼎切。"《玉篇》:"诞,诡言也。"闽台口语差错多说诞。其读音是:福州 taŋ⁵,厦门 tā⁵,莆田 tɒ⁵。

　　订　《集韵》:"丁定切。平议也。"平议即言谈。闽台口语仍其义。如随便议论人说"七讲八订",其读音,福州 tiaŋ⁴,厦门 tiā⁵。

　　饛　《集韵》:"谟逢切。《说文》:盛器满貌。"闽台口语中福州常指食物发酵或煮熟后蓬松的样子,读音为 møyŋ²;闽南则泛指满盈,如"滇饛饛"〔tī⁵ bɔŋ² bɔŋ²〕(满满的)。

　　鬉　《集韵》:"祖丛切。发乱。"闽东口语仍其义,音 tsøyŋ¹;闽南口语称可梳的头发为"头鬉"〔thau² tsaŋ¹〕。

　　魟　《集韵》:"呼公切。鱼名,似鳖。"闽台口语仍其义,其读音:福州 høyŋ¹,厦门 haŋ¹。

　　蠓　《集韵》:"母总切。虫名。《说文》:蠛,蠓也。"闽东小蚊子叫"蠓囝",读〔møyŋ³ ŋiaŋ³〕;闽南则蚊子统称"蠓囝",读〔baŋ³ kā³〕,莆田 maŋ³,建瓯同,音 maŋ²,永安 baŋ³。

　　搑　《集韵》:"损动切。推也。"闽台口语推即说搑,推开说搑开。其读音:福州 søyŋ³,厦门 saŋ³,莆田 ɬœŋ³,建瓯 sɔŋ³。

　　总　《集韵》:"祖动切。禾聚束也。"闽台口语菜成束说"菜总"。其读音,福州为 tsøyŋ³,厦门为 tsaŋ³,建瓯 tsɔŋ²。

　　曝　《集韵》:"步木切。日乾也。"曝即日晒。今闽台口语说晒为曝。其读音福州 phuoʔ⁷，厦门 phak⁷，莆田 phoʔ⁷，建瓯 phu⁵，永安 phu⁴。

帟　《集韵》："千木切。幮也。"幮，《广韵》："开张画绘也。"闽台口语凡悬挂画幅都称帟。其读音：福州 tsʰɔyʔ⁶，厦门 tsʰak⁶。

毁　《集韵》："都木切。击声。"闽台口语牛相顶称毁，其读音，福州 tɔyʔ⁶，厦门 tak⁶，莆田 tɔuʔ⁶，建瓯 tu⁶，永安 tɔu⁶。

漉　《集韵》："卢谷切。《说文》：浚也，一曰渗也。"福州从汤水中捞起来物体的动作称"漉"。如"漉饭"（捞饭），音 løyʔ⁷；闽南衣物等经水后提起使水漏落的动作也叫漉，音 lak⁶，其义近似。

农　《集韵》："奴冬切。《说文》：耕人也。"（此据《一切经音义》引《说文》）今闽语区称人多谓农，其读音：福州 nøyŋ²，闽南 laŋ²，莆田 naŋ²。

沃　《集韵》："乌酷切。《说文》：灌也。"闽台口语多说浇灌与雨淋为沃。其读音福州 uɔʔ⁶，厦门 ak⁶，莆田 aʔ⁶，建瓯 u⁵，永安 u⁶。

铳　《集韵》："充仲切。斧穿也。"《五方元音》："铳，火器。"今福州方言一般指火枪，读音 tsʰøyŋ⁴；闽南也指外来枪炮，如"铳子"（子弹），读音 tsʰiŋ⁴；莆田 tsʰøŋ⁴，建瓯 tsʰœyŋ³，永安 ʨiam⁵。

挎　《集韵》："去仲切。捊也。"闽台口语以指甲刮掉称挎（如挎癞疮疤之类。）其读音，福州 kɔyŋ⁴，厦门 kʰaŋ⁴。

宿　《集韵》："息六切。"《汉书·翟方进传》"是时宿儒有清河胡常"注："宿，久旧也。"今闽台口语指成熟、老到。如瓜果成熟多说宿，福州音 søyʔ⁶，厦门 sik⁶。

颂　《集韵》："似用切。《说文》：貌也。"《汉书·惠帝纪》、《集注》引如淳说："颂者，容也。"《礼记·丧大纪》："振容"《疏》："容，饰也。"今闽台口语穿着衣服、裤子等叫"颂"，其读音，福州 søyŋ⁵，厦门 tsʰiŋ⁵，莆田 ɬœŋ⁵，建瓯 tsœyŋ⁴，永安 ʨiam⁴。

冗　《集韵》："戎用切。余也、散也。"今闽台口语用于形容绑紧的带子松弛了。其读音，福州 nøyŋ⁵，厦门 liŋ⁵，莆田 lœŋ⁵，建瓯 neyŋ²。

合　《集韵》："葛合切。《说文》：两龠为合。"今闽台口语常作介词与连词用，义为"跟、和、同"，其读音福州 kaʔ⁶，厦门 kaʔ⁶，莆田 kaʔ⁶，建瓯 kɔ⁵。

趨　《集韵》："殊玉切。跳也。"今闽台口语常指震荡、跳动。其读音，福州 suoʔ⁷，厦门 tsʰik⁷。

鼎　《集韵》："都挺切。《说文》：三足两耳和五味之宝器也。"今闽台口语饭锅称"鼎"，其读音，福州 tiaŋ³，厦门 tiã³，莆田 tia³，建瓯 tiaŋ²，永安 tiõ³。

塍　《集韵》:"神陵切。《说文》:稻中畦也。"闽台口语说田为塍,其读音:福州 tsheiŋ,厦门 tshan²,莆田 tsheŋ²,建瓯 tshaiŋ²,永安 tshī²。

裉　《韵会》:"吐困切。吞去声,卸衣也。"闽台口语脱(衣)说裉,其读音:福州 thauŋ⁴,厦门 thŋ⁴,莆田 thø⁴,建瓯 thoŋ⁴,永安 thue⁶。

箸　《广韵》:"匙箸,迟倨切。"今闽台口语筷子说箸。其读音:福州 tøy⁵,厦门 ti⁵,莆田 ty⁵,建瓯 ty⁴,永安 ty⁴。

必　《集韵》:"壁吉切。《说文》:分极也。"今闽台口语裂纹称必,其读音是:福州 pɛi⁵,厦门 pit⁶,莆田 piaʔ,建瓯 pie⁶,永安 pe⁶。

沓　《集韵》:"达合切。《说文》:语多沓沓也。……一曰合也。"闽台方言用为重叠。其读音,福州 thaʔ⁷,厦门 thaʔ⁷,莆田 thɒ⁷,建瓯 tha⁴,永安 thɔ⁴。

迎　《集韵》:"鱼京切。《说文》:逢也。"《离骚》:"百神翳其备降兮,九嶷缤其并迎。"其迎,即迎神。今闽台口语仍之。其读音,福州 ŋiaŋ²,厦门 giā²,莆田 ŋia²,建瓯 niaŋ³,永安 giō²。

翼　《集韵》:"逸职切。《说文》:翅也。"闽台口语仍其义。其读音:福州 siʔ⁷,厦门 siʔ⁷,莆田 ɬiʔ⁷,建瓯 sie⁵,永安 siɔ⁴。

籚　《集韵》:"力协切。竹筥也。"筥,《集韵》:"得案切。筥也。"《集韵》筥:"居许切:盛米器也。"今闽台口语指大圆竹器。其读音:寿宁 liaʔ⁶,厦门 liaʔ⁷,莆田 liaʔ⁶,建瓯 lia⁶。

蜀　《集韵》:"殊玉切。"《管子》:"抱蜀不言",注:"蜀,一也。"闽台口语说一为蜀。其读音,福州 suoʔ⁷,厦门 tsit⁷,莆田 ɬoʔ⁷,建瓯 tsi⁶。

掣　《集韵》:"尺制切。《尔雅》:掣,曳。"曳,拽。《说文》:"捈也。"闽台口语用为娶。如闽南娶妻称"掣姥"tshua⁴ bɔ³。莆田携带也说掣,音 tshyŋ⁴,均用引申义。

赴　《集韵》:"芳遇切。《说文》:趋也。"今闽台口语"来得及"(赶得上)称"会赴"。其读音,福州 hou⁴,厦门 hu⁴,莆田 hu⁴,建瓯 xu³,永安 hu⁵。

惊　《集韵》:"居卿切。《说文》:马骇也。"闽台口语说怕为惊。其读音,福州 kiaŋ¹,厦门 kiā¹,莆田 kia¹,建瓯 kiaŋ¹,永安 kiō¹。

鉎　《集韵》:"师庚切。铁衣也。"铁衣即铁锈。闽台口语仍其义,其读音,福州读 siŋ¹ 或 tsiŋ;厦门 san¹,莆田 ɬɛŋ¹。

拗　《集韵》:"于绞切。拉也。"闽台口语用为折断。如"折花",一般说"折花"。其读音,福州 a³,厦门 a³,莆田 ɒ³,建瓯 au²,永安 o³。

清 《集韵》:"七正切。《说文》:寒也。"闽台口语寒冷说清。其读音,福州 tsʰeiŋ⁵,厦门 tsʰin⁴,莆田 tsʰiŋ⁴,建瓯 tsʰeiŋ⁴,永安 tsʰā⁴。

困 《集韵》:"苦闷切。《说文》:一曰极也。"闽台口语睡觉说困。其读音,福州 kʰauŋ⁴,厦门 kʰun⁴,莆田 kʰoŋ⁴,永安 kʰɔm⁴。

汩 《集韵》:"莫佩切。潜藏也。"闽台口语指潜水的动作。其读音,福州 mei⁵,厦门 bi⁵,莆田 pi⁵,永安 bui⁴。

趁 《集韵》:"丑刃切。《说文》:逐也。"今闽台口语挣钱、赚钱均谓"趁钱",其读音:福州 tʰeiŋ⁴,厦门 tʰan⁴,莆田 tʰeŋ⁴,建瓯 tʰeiŋ³,永安 tʰā⁵。

跋 《集韵》:"蒲发切。一曰跋,蹩行貌。"闽台口语跌跤称跋。其读音福州 puaʔ⁷,厦门 puaʔ⁷,莆田 puaʔ⁷,永安 puɔ⁴。

殕 《集韵》:"斐父切。物败生白也。",闽台口语发霉均说"生殕"。各地"殕"的读音是:福州 pʰu³,厦门 pʰu³,莆田 pʰu³,建瓯 pʰy²,永安 pʰu³。

烌 《集韵》:"许休切。吴人谓灰曰烌。"闽台方言灰烬多说"火烌"。其读音,福州 hu¹,厦门 hu¹,莆田 hu¹,建瓯 xo¹,永安 hu¹。

腹 《集韵》:"方六切。厚也,一曰身中。"《增韵》:"肚也。"闽台因其义。其读音:福州 pouʔ⁶,厦门 pak⁶,莆田 paʔ⁶,建瓯 pu⁵,永安 pu⁶。

屐 《集韵》:"竭戟切。《说文》:屟也。"闽台口语仍其义,均指木屐,其读音:福州 kʰiaʔ⁷,厦门、莆田 kiaʔ⁷,建瓯 kia⁶,永安 kiɔ⁴。

昼 《集韵》:"陟救切。《说文》:日之出入与夜为界。"闽台口语白天也说"昼",读音是:福州、厦门、莆田均 tau⁴,建瓯 te⁴,永安 tø⁵。

走 《集韵》:"子苟切。"《释名》:"疾趋曰走。"闽台说"跑"为走,一仍古义。其读音:福州、厦门、莆田均 tsau³,建瓯 tse²,永安 tsø³。

行 《集韵》:"何庚切。《说文》:人之步趋也。"闽台说"走"为"行"。读音是:福州、建瓯 kiaŋ²,厦门 kia²,莆田 kia²,永安 kiō。

缚 《集韵》:"符约切。《说文》:束也。"闽台口语也是说"束"为"缚"。其读音:福州 puoʔ⁷,厦门 pak⁷,莆田 pɒʔ⁷,建瓯 pu⁴,永安 pu⁴。

炊 《集韵》:"姝为切。《说文》:爨也。"《方言》:"爨,齐谓之炊。"闽台用为"蒸熟"(如"炊糕")义。其读音:福州 tsʰui¹,厦门 tsʰe¹,莆田 tsʰue¹,永安 tʃʰye¹。

食 《集韵》:"实职也。"《玉篇》:"饭食。"闽台口语吃、喝、吸等均可说食。其读音:福州 sie⁷,厦门 tsiaʔ⁷,莆田 ɬiaʔ⁷。

啼 《集韵》:"田黎切。《说文》:号也。"闽台口语多用于哭叫(如福州),

其读音是：福州 thie²，厦门 thi²（用于禽鸟叫），莆田 thi²，建瓯 thi³，永安 the²。

掇 《集韵》："都括切。《说文》：拾取也。"闽台口语多用于双手端桌椅的动作。其读音是：福州 tauʔ⁶，厦门 tuaʔ⁶，莆田 tuaʔ⁶，建瓯 tɔ⁶，永安 ₌tuɔ⁵。

捋 《集韵》："卢活切。《说文》：取易也。"《广韵》"手捋也。"闽台口语五指轻抚并理直头发的动作说"捋"。其读音是：福州 laʔ⁷，厦门、莆田 luaʔ⁷，建瓯 lo⁶，永安 luɔ⁴。

泅 《集韵》："徐由切。《说文》：浮行水上也。"闽台口语用于游泳。其读音是：福州、厦门 siu²，莆田 ɬiu²，建瓯 siau²，永安 sɯu²。

砑 《集韵》："陟格切。石追也。"今闽台口语用为"压"义。其读音是：福州 taʔ⁶，厦门 teʔ⁶，莆田 ta⁶，永安 tiɔ⁶。

附录二
福建省汉语方言分布示意图

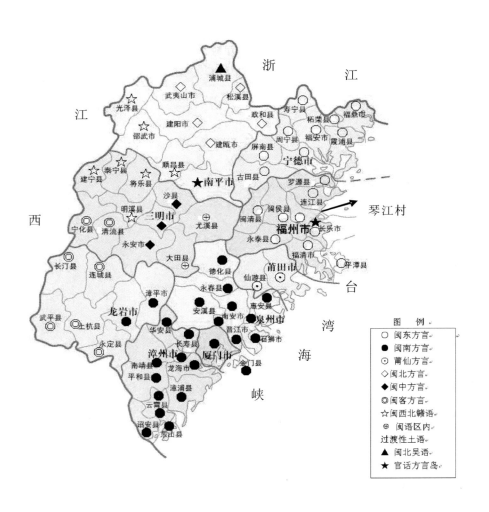

附录三

台湾方言分布示意图

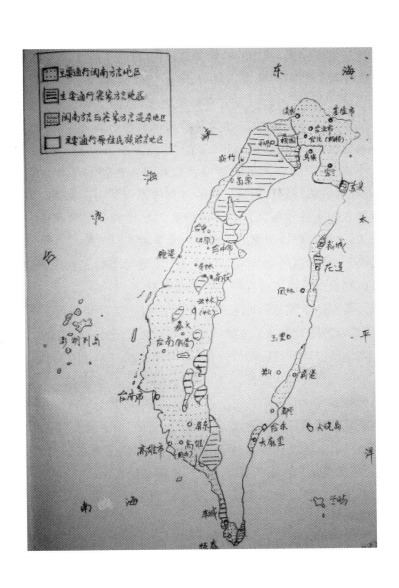

∽ 后 记

　　《闽台方言习俗资源调查》书稿完成，自己可谓松了一口气。两年来的辛苦劳作终于有了结果，其中的酸甜苦辣，只有自己才能体味得到。

　　由于本书稿涉及闽台两岸语言资源，无论时间跨度还是空间跨度之大均属空前，且所调查的内容涉及方言种类之多、范围之广也不言而喻，其难度可想而知。虽然自己从 1979 年师从黄典诚教授研习方言音韵之学以来，半生从事福建汉语方言调查与研究工作，积累了一些资料。但要完成该课题还远远不够，还需要作大量的实地调查和艰苦的整理工作，值得庆幸的是，本课题在大纲的筹划和田野工作的过程中都得到不少专家、学者的指教和发音合作人的支持和帮助。没有他们的无私指教和热诚帮助，本课题是难以完成的，这里需要特别提出鸣谢的前辈学者和朋友是：

　　著名语言学家、厦门大学人文学院博士生导师李如龙教授，他对本书稿的撰写方向和重点曾提出过宝贵的指导性意见；

　　厦门大学经济学院黄国聪教授和厦门湖里中学高级教师、书记许永茂同志，他们二位为笔者提供了大量闽南方言尤其厦门方言语料；

　　厦门大学图书馆许建生副研究员，则为笔者探讨漳州方言历史形成、特点提供了一些有用资料和意见；

　　台湾著名方言学专家洪惟仁教授，南岛语专家李壬癸教授，为本书稿撰写提供了极其珍贵的岛内闽南话、客话和"原住民"语言的有关资料；

　　福州南禅山边居民林振宝、林青士一家，均曾为笔者提供了大量福州方言资料，尤其是福州方言文艺等方面的一些罕见资料；

　　厦门大学信息学院吴锦霖教授、厦大嘉庚学院陈素贞女士为笔者调查莆田方言、民俗热情帮忙，不辞辛劳；

　　原建瓯一中校长潘渭水、原福建省电力局办公室主任杨光宇等先生，为笔者调查建瓯话给予了大力支持，二人对旧有资料还提过不少建议和意见；

永安县退休教师刘思森、邱其永,永安一中副校长范纯正、高级教师林永全等为笔者调查永安方言与民俗先后都提供过无私的帮助和支持;

长汀一中高级教师、福建省作家协会会员廖金璋老师为笔者调查闽西客话给予了积极协助;

邵武市民俗文化馆长傅唤民同志为笔者调查邵武方言给予了大力支持;

原将乐县方志办主任郑大余同志为笔者调查将乐县方言提供了资料支持;

宁德市蕉城镇民族与宗教局干部蓝永泉先生为笔者调查宁德畲族方言、民俗提供了许多帮助;蕉城区民族中学职工钟章盛、钟奶旺、蓝红呀也为此献出不少心力;

长乐市琴江满族村王念祖一家为笔者调查当地流行的土官话也给予热心支持,并为笔者提供了种种方便和关照。

赴台调研期间,协助我们开展工作的有台湾铭传大学部分领导,及一些亲友。台湾大学陈天香教授一家,台北市经贸文化交流协会总干事苏相达先生,台湾"行政院""原住民族"委员会教育文化处蒋文鹃专员,台北市客家事物委员会主任秘书林伟忠先生,台湾政治大学、"原住民族"研究中心专职助理林星芸小姐,台湾"原住民族"权益保护协会高江孝怀,新北市乌来镇图书馆、台湾(乌来)泰雅族民族历史博物馆等工作人员。台湾铭传大学为我们赴台一行提供了方便的食宿条件,并帮我们联系调查对象;苏相达先生则陪同笔者专车前往台北、新北等多个有关单位联系访谈、索要资料和购买图书;而高江孝怀先生一家,包括他的母亲、姨妈和亲戚杨玲玲、高孝璐等带领我们深入乌来泰雅族聚居点实地考察当地民风民俗,并为我们介绍泰雅语言,录唱泰雅情歌。乌来博物馆工作人员王进发、福山里小学民族语言教师陈进财则协助我们调查了数百条泰雅语词汇和部分语法例句。厦门大学海外教育学院周铁博士、人文学院许彬彬博士在繁忙的教学与科研工作之余为本书文稿打印、校对,付出了辛苦劳动;硕(博)研究生辛婷、刘少博、崔丹丹、杨志娟、陈凯丽、傅杏兰、斐梦苏等人,则放弃或牺牲了不少难得的假期与课余休息时间,与他们积极配合并动手帮忙,使这一繁难的任务得以顺利完成。为方言学著作出书,是吃力不讨好的事,历来令业界人士视为畏途,望而却步。而本书责编、厦门大学出版社的曾妍妍则勇挑重担,乐于接受。

她为该书出版废寝忘食、苦心擘画,终使这本充满音标和生僻字的语言学专著克服重重困难,得以面世。其敬业态度与对读者负责的精神也令人仰慕!上述所有提及的单位与个人为本课题的开展所提供的各方面帮助,均将永远铭刻在笔者心中。在此谨向他们表示衷心的感谢和崇高的敬意。

书稿撰毕,仔细回顾全稿写作过程和最后成果,总觉不少地方尚嫌不足,有待将来进一步调查、核实,不断提高,日臻完善。

图书在版编目(CIP)数据

闽台传统方言习俗文化遗产资源调查/林寒生著. —厦门:厦门大学出版社,
2014.5
(闽台历史民俗文化遗产资源调查)
ISBN 978-7-5615-4989-6

Ⅰ.①闽⋯　Ⅱ.①林⋯　Ⅲ.①闽语-方言研究-资源调查-福建省②闽语-方言研究-资
源调查-台湾省　Ⅳ.①H177

中国版本图书馆 CIP 数据核字(2014)第 043083 号

厦门大学出版社出版发行

(地址:厦门市软件园二期望海路 39 号　邮编:361008)

http://www.xmupress.com

xmup @ xmupress.com

厦门集大印刷厂印刷

2014 年 5 月第 1 版　2014 年 5 月第 1 次印刷

开本:720×1000　1/16　印张:24.75　插页:4

字数:450 千字　印数:1～4 000 册

定价:58.00 元

本书如有印装质量问题请直接寄承印厂调换